21世纪高等院校规划教材·财经管理系列

财经应用文写作

（第三版）

主　编　刘春丹
副主编　于保泉　张　泉
　　　　杨士荣　潘　峰

内 容 简 介

本书第三版的修订坚持了加强写作思路和写作方法训练、注重写作能力培养的原则，突出以学生为中心、加强写作技能训练等特色。内容上突出了财经活动中使用频率较高的文书类型，贴近课程和专业实际。本书从引发兴趣、拓展视野、启迪思维等方面，将社会生活中鲜活的案例和可资借鉴的范文选入，具有典范、新颖、时代感强等特点。

本书可作为高等院校财经类、管理类学生应用写作课程的配套教材，也可作为社会工作者的参考用书和自学用书。

图书在版编目(CIP)数据

财经应用文写作/刘春丹主编. —3版. —北京：北京大学出版社, 2017.8
（全国高等院校规划教材·财经管理系列）
ISBN 978-7-301-28555-8

Ⅰ. ①财… Ⅱ. ①刘… Ⅲ. ①经济—应用文—写作—高等学校—教材 Ⅳ. ①H152.3

中国版本图书馆CIP数据核字（2017）第169901号

书　　　　名	财经应用文写作（第三版）
著作责任者	刘春丹　主编
策 划 编 辑	李　玥
责 任 编 辑	李　玥
标 准 书 号	ISBN 978-7-301-28555-8
出 版 发 行	北京大学出版社
地　　　址	北京市海淀区成府路205号　100871
网　　　址	http://www.pup.cn　新浪微博：@北京大学出版社
电 子 信 箱	zpup@pup.cn
电　　　话	邮购部 62752015　发行部 62750672　编辑部 62704142
印 刷 者	三河市博文印刷有限公司
经 销 者	新华书店
	787毫米×1092毫米　16开本　17.25印张　476千字
	2007年8月第1版　2012年8月第2版
	2017年8月第3版　2024年1月第11次印刷　总第23次印刷
定　　　价	38.00元

未经许可，不得以任何方式复制或抄袭本书之部分或全部内容。
版权所有，侵权必究
举报电话：010-62752024　电子信箱：fd@pup.pku.edu.cn
图书如有印装质量问题，请与出版部联系，电话：010-62756370

第三版前言

《财经应用文写作》(第二版)自出版以来,得到了许多高校师生的关注、厚爱与好评,编者深受鼓舞和感动。为更好地服务于高等院校财经应用文写作的教学工作,我们感到有必要对《财经应用文写作》(第二版)作进一步修订。

《财经应用文写作》(第三版)根据党的"二十大"精神进行修订,除继续坚持前两版教材的特色,对个别不妥之处进行修改之外,主要做了如下修订:

1. 更换了"例文看台"中的部分例文,尤其是对第四章"常用党政机关公文"的例文作了大幅度的调整、更新与补充,使其更具时效性。

2. 更新了部分"综合训练"的内容,有利于学生加强针对性训练,提高应用写作能力。此外,应读者的要求,本书各章的"综合训练"除写作题之外,其他题目均补充了参考答案,以更好地满足教学的需要。

3. 根据教学需要和法律文书在现实运用中的变化,对第三章"经济纠纷常用法律文书"进行了全面修订。修订后的理论介绍更准确、简明,例文更通俗易懂,更适合于教师教和学生学。

本书第三版的修订分工如下:刘春丹负责第一、三、七章,王维青负责第二章,刘春丹、于保泉负责第四章,张泉、杨士荣负责第五章,潘峰负责第六章。全书由刘春丹、张泉负责修改并统稿。

本书第三版的修订得到了北京大学出版社和责任编辑李玥女士的大力支持与热情鼓励,还得到了山东文之律师事务所刘景立律师的无私指导和帮助。在教材付梓之际,我们一并表示衷心感谢。

本书第三版在修订过程中,我们参考了有关专家、学者的论著、相关教材和报刊、网络资料,借鉴了应用写作方面的一些研究成果,通过各种途径选用了一些公务文书和个人文章作为例文。在此,谨向本书所有参考文献的原作者表示诚挚的谢意。

希望广大师生和读者朋友们更加喜爱第三版教材,也希望大家经常交流,多提改进意见,以便使本书不断完善。

刘春丹

2023 年 7 月

目　录

第一章　财经应用文写作基础 ……………………………………………… (1)
　第一节　财经应用文概说 ……………………………………………… (1)
　第二节　财经应用文的写作要素 ……………………………………… (5)
　第三节　综合训练 ……………………………………………………… (13)

第二章　常用财经文书 ………………………………………………………… (17)
　第一节　市场调查报告 ………………………………………………… (17)
　第二节　市场预测报告 ………………………………………………… (26)
　第三节　可行性研究报告 ……………………………………………… (33)
　第四节　招标书　投标书 ……………………………………………… (42)
　第五节　合同 …………………………………………………………… (51)
　第六节　协议书 ………………………………………………………… (58)
　第七节　意向书 ………………………………………………………… (63)
　第八节　经济活动分析报告 …………………………………………… (68)
　第九节　营销策划书 …………………………………………………… (75)
　第十节　广告文案 ……………………………………………………… (86)
　第十一节　产品说明书 ………………………………………………… (91)
　第十二节　商务信函 …………………………………………………… (94)
　第十三节　综合训练 …………………………………………………… (101)

第三章　经济纠纷常用法律文书 ……………………………………………… (104)
　第一节　仲裁申请书　仲裁答辩书 …………………………………… (104)
　第二节　民事起诉状 …………………………………………………… (110)
　第三节　民事答辩状 …………………………………………………… (114)
　第四节　民事反诉状 …………………………………………………… (118)
　第五节　民事上诉状 …………………………………………………… (120)
　第六节　民事再审申请书 ……………………………………………… (124)
　第七节　申请执行书 …………………………………………………… (127)
　第八节　综合训练 ……………………………………………………… (129)

第四章　常用党政机关公文 …………………………………………………… (131)
　第一节　党政机关公文概述 …………………………………………… (131)

第二节　通知 …………………………………………………………………（138）
　　第三节　通报 …………………………………………………………………（146）
　　第四节　报告 …………………………………………………………………（152）
　　第五节　请示 …………………………………………………………………（157）
　　第六节　意见 …………………………………………………………………（162）
　　第七节　函 ……………………………………………………………………（167）
　　第八节　纪要 …………………………………………………………………（172）
　　第九节　综合训练 ……………………………………………………………（177）

第五章　常用事务文书 ……………………………………………………………（182）
　　第一节　计划 …………………………………………………………………（182）
　　第二节　总结 …………………………………………………………………（189）
　　第三节　述职报告 ……………………………………………………………（197）
　　第四节　简报 …………………………………………………………………（201）
　　第五节　规章制度 ……………………………………………………………（206）
　　第六节　启事　声明 …………………………………………………………（215）
　　第七节　综合训练 ……………………………………………………………（220）

第六章　学生常用文书 ……………………………………………………………（222）
　　第一节　演讲稿 ………………………………………………………………（222）
　　第二节　毕业论文 ……………………………………………………………（228）
　　第三节　求职类文书 …………………………………………………………（236）
　　第四节　综合训练 ……………………………………………………………（244）

第七章　常用礼仪文书 ……………………………………………………………（249）
　　第一节　礼仪书信 ……………………………………………………………（249）
　　第二节　祝词　贺词 …………………………………………………………（255）
　　第三节　欢迎词　欢送词　答谢词 …………………………………………（259）
　　第四节　综合训练 ……………………………………………………………（267）

参考文献 ……………………………………………………………………………（269）

第一章

财经应用文写作基础

[章前提示]

本章主要介绍财经应用文写作的基础知识。通过学习,了解财经应用文的含义、特点,熟悉其写作要求;了解确立主旨的基本要求,掌握主旨的表现方法;把握聚材、选材、用材的基本要求;掌握财经应用文常见的开头、结尾方式和主体的结构模式;掌握财经应用文写作语言运用的要求和常用的表达方式,为后面学习各类财经应用文书的写作奠定基础。

第一节 财经应用文概说

[学习目标]

通过学习,了解财经应用文的含义、特点,熟悉财经应用文的写作要求。

开篇案例

招人碰到尴尬事,邀请函难倒众位毕业生

某年,江苏省人才市场曾拿出10个岗位面向应届毕业生招聘,经过筛选,八十多名文科毕业生入围。考试时,有一道题是要求根据所给材料写一份邀请函,但令招聘人员没想到的是,竟没有几人能写出一份完整的邀请函!其中,南京某知名大学新闻系的一名女生的自荐材料特别出众,她不仅几乎年年获得奖学金,而且各种荣誉证书复印件有十几张,尤其她有一摞厚厚的在数家报社实习发表的作品,令她看上去"高人一等"。招聘人员当时决定,如果这名女生考试通过就录取她专门从事宣传工作。但考试结果却大大出人意料。这名女生在正文部分将素材罗列了一下,不仅题目没有"邀请函"字样,文章也没有抬头,时间、地点则被移到了"备注"里面。而其他参加考试的八十多名应聘者写出的邀请函,绝大部分也"缺胳膊少腿"。这让招聘人员大跌眼镜。

《南京晨报》曾报道,参加首届"中国人才教育高层论坛"的海内外一百余名专家学者提出一个令人揪心的问题:缺乏读写技能的"传统文盲"正重返大学校园。上述案例告诉我们,大学生的写作表达能力确已处于一种令人尴尬的状态。

叶圣陶先生在《作文要道》中曾说过:"大学毕业生不一定要能写小说、诗歌,但是一定

要会写工作和生活中实用的文章,而且非写得既通顺又扎实不可。"因此,如何克服"电脑依赖症",重视并加强读写训练,提升应用写作能力,已成为摆在大学生面前一个重要而紧迫的现实问题。

一、财经应用文的含义

应用文是党政机关、企事业单位、社会团体或个人在日常工作、学习、生活中处理公私事务时经常使用的具有惯用体式和实用价值的文章总称。它是应用写作的文字表现形态。

应用文是为解决工作、生活中的实际问题而撰写的,重在实用,与社会生活关系密切,是交流经验、传递信息、表达意愿、解决问题、开展工作的重要工具。

财经应用文是现代财经活动中记录、交流、沟通财经信息,处理各种财经事务时撰写的应用文章。它是应用文的一个分支。

财经应用文是随着现代市场经济的发展和现代财经活动的需要而产生的。它能够帮助人们处理市场经济活动中的各种财经事务,指导人们更好地进行经营运作、贸易往来、开拓市场等经济活动,保证企业经营活动的健康发展,以获得良好的经济效益。

二、财经应用文的特点

财经应用文是应用文的一个组成部分,它具备应用文目的明确、表达具体、内容真实、格式规范、使用范围和读者对象特定、语言朴实简洁等特点。此外,作为一种开展财经工作的工具,财经应用文与其他应用文相比有以下特点:

(一)政策性强

写作财经应用文是为了处理财经活动中的各种事务,而财经业务活动的开展,必须遵循国家的各种法律、法令和法规,贯彻国家的经济方针和政策。因此,作为反映财经活动状况、交流和沟通财经信息、处理和解决财经问题的工具,财经应用文必须符合国家的法律法规和方针政策,因而它也就会具有明显的政策性。撰写者必须认真学习有关法律法规和方针政策,增强政策意识,提高政策水平,才能保证写作质量,提高财经工作效率和经济效益。

(二)专业性强

财经应用文涉及现代财经活动的各个方面。撰写财经应用文,要涉及经济、贸易、市场、金融等专门领域的知识。因此,作者应具备相应的专业知识,懂得现代经济管理的基本理论,了解经济管理的对象、方法和技术,熟悉经济管理过程等。此外,作者还要掌握经济学、市场学、商品学的知识以及贸易、金融、财政、税务、投资和一些专门的分析方法、数学统计方法等方面的知识,才能写出指导财经工作实践的应用文。由此,财经应用文的专业性显而易见。

(三)多用数据

财经活动中经营决策、贸易往来、签订合同、组织生产、效益分析的主要依据是真实、确凿的数据。没有市场调查与预测的准确数据,企业就无法对市场未来做出准确判断,无法进行经营决策、组织生产;当事人签订的合同,如果没有准确、清楚的量化表达,就会导致合同无法顺利履行,引起合同纠纷;对企业的经营运作状况进行分析,也离不开真实、准确、可靠的数据。和其他应用文相比,财经应用文处处离不开数据。因此,写作财经应用文时,撰写者一定要对所运用的数据反复核查,以保证数据真实、准确,哪怕是一个小数点,也要准确无误。绝对不允许"填平补齐""米不够水来凑"。

三、财经应用文的写作要求

(一) 财经应用文写作的基本要求

古人曾说:"情欲信,辞欲巧""辞达而理举",都是讲文章内容要信实,文辞要达巧。衡量一篇文章的水平,要有一个基本的标准。评价一篇财经应用文的质量,有以下基本标准。

1. 主旨明确单一

财经应用文的主旨必须明确单一。这是由财经业务的需要和财经业务的具体性质决定的。明确就是既要符合党和国家的方针政策和财经业务的实际情况,又要是非清楚,赞成什么,反对什么,态度鲜明。单一是指一篇财经应用文只能表达一种主要意图或一个基本观点,不能在同一篇文章中出现两件不相干的事情,不能体现两个以上的意图,或出现两种截然相反的观点。

2. 材料真实典型

材料真实典型,是财经应用文的生命。财经应用文中使用的一切材料,包括事例、数据、引文都必须真实准确,符合实际。这就要求写作者必须深入财经活动的实际,收集财经活动中真实的情况、数据和典型的人物、事件。即收集那些能够反映法律法规、方针政策和财经业务工作实际的材料;收集那些财经活动中最具普遍性、最生动、最能反映财经活动本质规律、最能突出主旨的材料。

3. 体式恰当规范

财经应用文的种类很多,不同种类的文体,其内容、主旨、结构模式和表达方式等都是不同的。这就需要写作者必须在确定行文目的的前提下,根据阅读对象和文体作用恰当地选择文体种类,用恰当的形式反映所要表达的内容和主旨。同时,写作者还应了解不同的文体种类有其特定的结构模式和格式要求。只有掌握不同文体的结构模式和格式规范,才能够写出高质量的财经应用文。例如,在对市场进行了充分调查,并获得丰富的市场资料后,是写作市场调查报告,还是写作市场预测报告?就必须根据市场调查的意图、写作目的以及两种文体的作用确定写作的文体。当然,还必须了解所写文体的结构要求。又如,要拟制上行文,是写请示,还是写报告?也要根据行文的目的和文体的作用来确定行文种类。同时,还要把握请示或报告的结构模式和规定格式。

4. 语言简明得体

简明得体是财经应用文语言运用的最基本要求。古人曾说:"辞,达而已矣。"叶圣陶先生也曾经指出:"公文不一定要好文章,可是必须写得一清二楚,十分明确,句稳词妥,通体通顺,让人家不折不扣地了解你说的是什么。"因此,写作财经应用文,语言既要简洁又要明确,言简意明才有助于提高财经工作的效率。财经应用文属于事务语体,其语言运用既要符合事务语体的要求,又要与行文关系、行文目的、行文对象和具体的文体特点相适应。写什么,如何遣词造句,都不能任意而为。

(二) 财经应用文对写作主体的要求

在工作、生活中,往往会遇到这样的现象:有些人的写作能力很强,会写诗歌、小说、散文、报告文学,甚至有被称为作家的写作高手,但要他写公文,却无从下手,而且写出的"公文"往往不合要求。由此可见,应用写作有不同于其他写作的特殊规律,只有掌握了其规律,并进行强化训练,才有可能写出符合要求的应用文章,发挥其应有的社会作用。而要把握财经应用文的写作规律,写出高质量的财经应用文,写作主体还必须努力做好以下几个方面:

1. 端正学习态度,培养写作兴趣

美国著名的未来学家约翰·奈斯比特在《大趋势——改变我们生活的十个新方向》一书中指出:"在工业社会向信息社会过渡的过程中,有五件最重要的事情应该记住,而其中的一件就是:在这个文字密集的社会里,我们比以往任何时候都更需要具备最基本的读写技巧。"这里所说的读写技巧,首先就是足以应付日常工作和生活所需的写作能力,也就是应用写作能力。社会已经进入信息化时代,一个大学毕业生要从事财经工作,不会写反映财经活动的常用公文,不会写生产经营计划,甚至连财经工作的经验也不会总结,他又怎能担负起相应的工作职责,实现其回报社会的理想呢?社会给在校大学生提出了新的要求——既懂专业知识,又会写文章。因此,我们应该端正态度,培养兴趣,认真学好财经应用文写作。

2. 熟悉方针政策,具备业务知识

财经应用文的政策性特点要求写作主体必须有较高的政策理论水平。因此,要写好财经应用文,就必须了解有关的方针政策,特别是国家的有关经济政策,熟悉有关的法律法规。财经应用文是为解决财经工作中的实际问题而写的,它和财经业务有着密切的联系。《文心雕龙·议对》指出:"郊祀必洞于礼,戎事必练于兵,田谷先晓于农,断讼务精于律。"由此可见,要写出有水平的财经应用文,不仅要熟悉方针政策,而且还要加强财经业务的学习,具备丰富的财经业务知识,成为财经业务的行家里手。

3. 掌握写作知识,练好表达能力

《典论·论文》曾说:"夫文本同而末异"。财经应用文虽有自身的特点和规律,但也和其他文章一样,在确定主旨、选择材料、安排结构、运用语言等方面,必须遵循写作的基本规律。因此,写作者必须掌握财经应用文写作的基础知识,熟悉财经应用文写作从准备、写作到修改的一般过程,了解财经应用文的格式规范和有关数字的用法、图表的处理技术等知识。另外,写作主体还要认真学习语法、修辞、逻辑等写作基础知识。

要撰写出符合实际需要的财经应用文,写作主体还必须加强写作实践,不断提高选材、立意、谋篇、语言、图表显示和文面规范化等写作表达能力。具体地说,应从以下几点做起:

(1) 多读。要从理论和范文两个方面入手,将精读与泛览相结合。古人说:"写作无秘诀,作文有要道。"阅读有关应用写作的书籍,懂得一些应用写作的基本方法和技巧,可以使我们在学习中少走弯路,减少盲目性,增强自觉性,较快地提高应用写作能力。此外,还应该有意识地研读一些范文,以资借鉴。

(2) 多思。在多读的基础上,多分析比较,多总结借鉴,从中汲取营养,以指导写作实践。

(3) 多写多练。多写多练是提高写作能力最有效的途径。清人唐彪《读书作文谱》曾说:"多读乃借人之工夫,多作乃切实求己之工夫,其益相去远矣。人之不乐多作者,大抵因艰难费力之故;不知艰难费力者,由于手笔不熟也。若荒疏之后,作文艰难,每日即一篇半篇亦无不可;渐演至熟,自然易矣。"写作是一种技能,技能的提高要靠实践。只有勤学苦练,坚持不懈,才会熟能生巧,运笔自如。

(4) 多改。多写多练固然重要,修改也是提高财经应用文写作能力很重要的一个途径。古人云:"善作不如善改""文章不厌百回改"。我们应该养成修改文章的好习惯,对每一篇文章反复推敲,精心细改。这样,写作能力才会提高得快。

第二节 财经应用文的写作要素

[学习目标]

了解财经应用文的主旨、材料、结构等的含义,掌握主旨的主要表现方法;把握聚材、选材、用材的基本要求;掌握财经应用文常见的开头、结尾方式和主体的结构模式;了解财经应用文写作语言运用的要求和常用的表达方式。

开篇案例

海尔广告语的变迁

海尔集团是世界四大白色家电制造商之一。海尔集团的辉煌经历了从单一品牌到多元品牌、从国内市场走向国际市场的发展道路。海尔集团在品牌地位还未完全建立起来的发展初期,适时地提出了"海尔,中国造"的口号,打响了其品牌营销第一枪,得到了消费者的认同。我国家电市场竞争日趋激烈之时,也是海尔集团快速成长时期,其不失时机地提出了"真诚到永远"的广告语,这一口号既朗朗上口,让消费者产生亲切感,又传递了海尔集团"顾客至上"的服务理念。2008年北京奥运会期间,"一个世界一个家"的广告语,既让人感到温馨,又体现了海尔集团走出国门走向世界的理念。

财经应用文是企业组织生产经营、处理财经事务、传递财经信息、沟通财经情况、交流财经工作经验的有效工具。海尔集团根据其不同发展时期产品所处市场地位、竞争环境等变化提出的不同广告语,不仅朗朗上口、便于记忆,而且立意准确、主旨鲜明。与时俱进的广告语赋予了海尔品牌持续不断的生命和活力。

一、财经应用文的主旨

(一)主旨的含义

主旨是指作者通过文章的内容所表达出来的基本观点或主要意图。在具体的财经工作中,处理财经事务、反映情况、解决问题需要有一个明确的态度、意见或看法,因此,在财经应用文写作中所表达出来的态度、意见或看法,就是财经应用文的主旨。在一篇文章中,主旨是"统帅"和"灵魂"。

明末清初的思想家王夫之在《姜斋诗话》中曾说:"无论诗歌与长行文字,俱以意为主。意犹帅也;无帅之兵,谓之乌合。"这个比喻,形象地说明了材料、结构、语言等写作要素因为有了特定的主旨才会凝聚成浑然一体的文章。具体来说,财经应用文的主旨具有决定材料、支配结构、制约表达、影响言辞的作用。

(二)主旨的基本要求

1. 正确

正确是指财经应用文的主旨符合国家的法律法规和方针政策,遵循经济规律,符合财经活动的实际情况,能够经受实践的检验。首先,必须保证基本观点正确;其次,解决问题的具体办法和措施必须正确。

2. 单一

单一是指一篇财经应用文只能表达一个主要意图或基本观点，即"一文一事""一文一旨"。单一的要求含义有二：一是事项单一，二是主旨单一。

早在我国唐、宋时代就把"一文一事"作为一种制度规定下来，宋代规定群臣奏状"皆直述事状，若名件不同，应分送所属；而非一宗者，不得同为一状"。请看下面一则请示的正文：

我公司冷库自建成至今已有 25 年，这期间虽经两次大规模的扩建，但仍无法满足我公司的生产需要。鉴于目前冷库面积过小、设备陈旧的现状，为了保证我公司能保质保量地按期完成今年的生产任务，需对冷库进行扩建和改造。经测算，此项工程共需经费 200 万元。目前，我公司已自筹 120 万元，尚有 80 万元缺口。为此，请总公司拨给专项经费 80 万元。妥否，请批复。

另外，我公司离休干部的医疗费问题也亟待解决，请一并批准。

这则请示明显地不符合主旨表达要单一的要求。请示主旨是请求总公司拨给冷库改造所需经费，可是文中又提到"离休干部的医疗费问题也亟待解决"一事。这样，请示中就出现了两个不同的事项，不符合"一文一事""一文一旨"的要求。

3. 鲜明

鲜明是指财经应用文的主旨要清楚明白。作者通过文章赞成什么、反对什么、提倡什么、抵制什么，应该让人一目了然、一读就懂，并明确指出怎样做是对的，怎样做是错的，决不能含糊其词、模棱两可，使人糊涂，无所适从。请看下面一份报告的正文：

××××年给我中心下达的培训纯收入为×万元，经过中心全体职工的努力，从 1 月份到 10 月份，已完成任务的 85%，现将培训收入完成的情况报告如下：

随着中央工作重点的转移和经济体制的改革，一个大搞经济建设的高潮来到了。要搞建设，就要打好基础，抓好业务培训工作，培训的作用和地位也就很重要了，这便成了全体职工努力的动力。

公司在年初给我中心下达培训纯收入任务是×万元。这个数字是在去年计划完成的基础上重新调整确定的，比××××年多 20%。任务多了，但职工并不害怕，而是更有信心地接受了。

1 月份到 10 月份，从领导到全中心的工作人员，齐心协力，完成培训收入×万元，占全年计划的五分之四。现在到年底还有一个季度，完成全年计划是没有问题的。

以上是我们任务完成情况的报告，如有不妥之处，请指正。

这份报告没有将培训工作的具体情况汇报出来，因而主旨不明确。原文只是汇总了本年度前 10 个月完成任务的数字，而真正需要汇报的、能反映该培训中心特色的"情况"，如管理手段、培训措施和培训经验等，报告并没有具体写，只写了一句"任务多了，但职工并不害怕，而是更有信心地接受了"，根本没有把培训中心是怎样完成培训任务的情况介绍出来。如果这份报告能用丰富、具体的材料深入说明"任务多了"，职工为什么"并不害怕"，为什么"更有信心"，采取了什么措施、办法等，"情况"也就摆了出来，主旨也就明确了。

4. 深刻

深刻是指财经应用文的主旨能够揭示事物的本质,反映财经工作的内在规律性。这就要求作者能够认真研究材料,透过现象抓住本质,见微知著,"小中见大",提出真知灼见。

5. 新颖

新颖是指财经应用文的主旨要有新意、有创意。正如俄国作家屠格涅夫曾说的:"最重要的是要有你自己的声音,最重要的是要发出别人喉咙中所没有的那种独特的音调。"这就要求不因袭旧说,收集的材料要新,看问题的角度要新。

(三)主旨的确立与表现

财经应用文是为解决实际财经问题而作的。因此,其主旨的确立必须遵循一定的原则,即依据国家的法律法规和方针政策,依据财经活动的客观实际。

财经应用文的主旨主要是通过财经领域的公务活动表现出来的,总是围绕财经活动作出判断。它不要求塑造人物形象,也不需要系统阐述理论。财经应用文表现主旨的主要方式有:

1. 篇名点旨

篇名点旨就是用标题概括点明主旨。公文经常采用这种方法使主旨一目了然。概括事由或概括主旨的文字要严密、准确。如《国务院关于积极稳妥降低企业杠杆率的意见》,标题就概括地点明了其主旨是"积极稳妥降低企业杠杆率"。

2. 篇首亮旨

篇首亮旨就是开门见山,开头交代行文目的、意义等。如《国务院关于进一步加强淘汰落后产能工作的通知》,开头就直接交代行文目的:"为深入贯彻落实科学发展观,加快转变经济发展方式,促进产业结构调整和优化升级,推进节能减排,现就进一步加强淘汰落后产能工作通知如下";又如一份通知的开头,直接阐述意义表明主旨:"棉花是关系国计民生的战略物资,是产棉区农民收入的基本来源,是纺织工业的主要原料。做好棉花购销工作,对于稳定农业大局,保证纺织行业正常生产,安排好人民生活,增加出口创汇具有重要意义。"

3. 篇中明旨

篇中明旨就是将主旨分解为几个方面,每部分用小标题或段首句概括其基本内容。如《国务院关于积极稳妥降低企业杠杆率的意见》,为了充分地表述"积极稳妥降低企业杠杆率"的主旨,在篇名点旨的基础上,主体部分用"一、总体要求""二、主要途径""三、营造良好的市场与政策环境"三个小标题列写,表述如何"积极稳妥降杠杆率"的思路和意见。每个小标题均是该部分内容的概括,也是全文主旨的构成部分。

4. 呼应显旨

呼应显旨就是采用开头与结尾相互呼应的方式表现主旨。常常是文章开头提出与主旨相关的问题,文章结尾与开头相呼应以深化主旨。篇幅较长的应用文章常用此种显旨方法。

5. 篇末显旨

篇末显旨就是在文章结尾点出总的要求、目的的显旨方法,主要是进一步强调,以加深读者的印象。

二、财经应用文的材料

（一）材料的含义

材料是指作者用来表现主旨的一系列事实和证据，包括具体的情况、措施、意见、数据、图表和有关的法律法规、方针政策等。

"巧妇难为无米之炊""夫立言之要在于有物"，不占有丰富的材料，就写不出好文章来。因此，收集、掌握大量的多方面的材料，是财经应用文写作的基础和前提。

（二）聚材

茅盾在《有意为之——谈如何搜集题材》中讲过一个精彩的比喻："采集之时，贪多务得，要跟奸商一般，只消闻得何处有门路，有货，便千方百计钻挖，弄到手方肯死心，不管是什么东西，只要是可称为是'货'的，便囤积，不厌其多。"具体地说，财经应用文写作应通过各种途径收集这样几类材料：① 直接材料和间接材料；② 历史材料和现实材料；③ 典型材料和概括材料；④ 正面材料和反面材料；⑤ 文字说明材料和数据统计材料。

收集材料有直接（观察、体验、感受、调查、采访）和间接（阅读、会议、交换、网络）两种途径。写作者既要深入实际，调查研究，掌握第一手资料，又要勤于读书，勤于积累，多多收集第二手资料。

（三）选材

选择材料是在占有大量丰富材料的基础上进行的。一般来说，选择材料要做到以下几点：

1. 紧扣主旨

材料是为表现主旨服务的。因此，选择材料必须紧扣主旨进行。凡是能充分表现、反映、突出主旨的材料就选取；反之，就要果断地舍弃不取。

2. 真实典型

必须是深入实际，经过调查研究后获取的真实情况、数据、事件等，即能够反映党和国家的方针政策、法律法规和实际工作规律的材料，它能反映客观事物的本质和主流，具有代表性，能以一当十、以少胜多。材料失真不仅会造成决策失误，还会给工作带来不良影响，甚至造成严重危害。材料不典型就没有代表性，没有说服力。

例如，某机械厂曾向上级写了一个请示，要求拨款数万元把全厂室外的泥土路改建成水泥路，理由是风天尘土飞扬，雨天道路泥泞，有碍厂容，卫生检查难以合格等。这些理由都是事实，但不充分、不典型，说服力不强，因此未获批准。后来他们再次请示，强调了不修水泥路对生产的影响，如机械产品常用润滑油，尘土飞扬影响质量；雨天道路泥泞运输受阻，影响生产进度等，结果由于这则请示突出了极具代表性和说服力的典型理由，因此很快获准。

可见，选择材料不仅要真实，还要典型，否则，很难达到行文目的。

3. 新颖生动

明末清初的文学家、戏剧家李渔《闲情偶寄》曾说："人惟求旧，物惟求新；新也者，天下事物之美称也。而文章一道，较之他物，尤加倍焉。"新颖生动就是新近发生的新情况、新问题、新经验、新信息，并且能够吸引人、打动人。因此，我们应该做有心人，时刻关注社会生活中的人和事，捕捉社会生活中出现的新事实、新经验、新问题、新情况和新信息，注意收集新颖生动的材料。

（四）用材

材料表现主旨，主旨统帅材料，这是文章使用材料的基本原则，也是处理材料和主旨关系的基本前提。此外，使用材料还要注意以下几点：

1. 先后有序

文章的主旨确定后，选择好了材料，在写作之前，还要根据主旨表达的需要，安排材料使用的先后顺序，确定先写什么，后写什么，以便材料能充分表现主旨。特别是篇幅比较长的文章，结构上分为几个部分，更要注意材料使用的先后顺序。

2. 详略得当

文章写作时，要根据主旨表达的需要，详略得当地安排材料，做到有主有次，有详有略，疏密详略得当，不能平均用力。一般地说，重要的材料宜详，次要的材料宜略；新材料宜详，旧材料宜略；具体的材料宜详，概括的材料宜略；新的见解宜详，转述引用宜略；人所难言者宜详，人所易知者宜略。

3. 注意色彩

要使材料突出表现主旨，写作者还必须对材料进行润色，使其具有与文体、阅读对象和语境等相适应的情调和色彩。因此，我们应不断加强写作训练，研读、揣摩典范的应用文章，加强语言文字修养，才能掌握材料润色的技巧，写出符合要求的应用文章。

三、财经应用文的结构

（一）结构的含义

结构是表述内容、表达主旨的一种重要形式。财经应用文的结构是指对文章整个格局的布置与安排。它包括三个方面的内容：外部结构格式、正文的篇章结构和内部的逻辑结构。

1. 外部结构格式

外部结构格式是指文章外在的各个组成部分。如党政机关公文的外部结构格式，一般由份号、密级和保密期限、紧急程度、发文机关标志、发文字号、签发人、标题、主送机关、正文、附件说明、发文机关署名、成文日期、印章、附注、附件、抄送机关、印发机关和印发日期、页码等组成。这些是党政机关公文特有的外在结构，有别于其他任何文体。简报、合同、学术论文等也都有特定的格式。这些外在的组成部分，在文中具有固定位置，反映写作者的思维过程。正确把握和使用这一外部结构格式，有利于提高工作效率，也有利于文档管理的科学化、规范化。

2. 正文的篇章结构

正文的篇章结构是指正文材料的安排顺序，也就是谋篇布局。它包括开头、结尾、段落、层次、过渡、照应等要素。

3. 内部的逻辑结构

内部的逻辑结构是指正文内在的逻辑关系，即作者的思路在文章中的反映，集中表现在把文章各部分结合为一个有机整体，充分发挥主旨的作用。

（二）结构的要求

财经应用文是处理财经事务、反映财经活动情况的文章。在组织安排文章结构时，必须从实际出发，注意在文章中表现财经活动的规律和内在联系。如按照"提出问题—分析问题—解决问题"的逻辑顺序安排篇章结构，就符合处理问题的规律性，符合事物本身发展的逻辑顺序。财经应用文和其他文章一样,对结构有一些基本的要求。

1. 完整统一

一篇文章就是一个完整统一的有机整体。要素齐全、布局完整、和谐匀称是财经应用文结构的基本要求。不管是"法定"格式还是"俗成"格式,是外部结构还是内部结构,都要求完整统一。如商务信函就有收信人和写信人等构成要素,写作时必须在相应位置标明,否则就会影响事情的办理。如果财经应用文的结构要素残缺不全或顾此失彼,不仅会影响文章结构的整体统一,还会影响财经活动的顺利开展。

2. 严密有序

财经应用文的结构要求首尾贯通,前后组合有序,先写什么,后写什么,都要清清楚楚。即文章的层次与层次之间、段落与段落之间应当排列有序,联系紧密,承接自然。为了做到条理分明、层次清楚,财经应用文常常采用分条列项的结构形式。

3. 适应文体

财经应用文的种类繁多,各种文体多数有较为固定的结构模式,写作时一定要注意从所写内容与文体的实际出发,采用恰当的结构形式,以适应不同文体的需要,做到内容与形式统一。如工作报告一般采用"概述基本情况—介绍成绩、经验、做法或体会—指出存在问题—提出改进意见及今后打算"的结构形式;而请示一般采用"提出问题—分析问题—解决问题"的结构形式。尽管没有一成不变的结构模式,但写作时,安排结构一定要考虑不同文体的特点和要求。

(三)结构的要素

"定体则无,大体须有。"财经应用文的结构形式虽然多种多样,但开头、结尾的方式和主体的结构模式,都有一些大致可以遵循的规律。

1. 开头

开头是篇章结构的有机组成部分,是文章的"序幕",在文章中起着"定调子"的作用。开头写好了,既可有效地引导下文,又能抓住读者的注意力。财经应用文常用的开头方式有:

(1)概述式。概述工作的基本情况或文章的主要内容、要点,使读者有一个总印象。总结、报告、调查报告、会议纪要、简报、讲话稿等常用这种开头方式。

(2)目的式。开门见山,交代行文目的。常用"为了""为"等介词起笔,说明要达到的目的。决定、通告、规章制度等常用这种开头方式。如"为确保国际民航班机的运输安全,决定从××××年××月××日起,在中华人民共和国境内各民用机场,对乘坐国际班机中的中、外籍旅客及其携带的行李物品,实行安全技术检查"。

(3)依据式。开头交代制文的依据,常用"根据""依照"等介词引起全文。指挥性、周知性、法规性应用文常用这种开头方式。如"根据中华人民共和国国务院第108号令,现就中华人民共和国国家货币出入境限额公告如下"。

(4)引述式。在开头引述其他机关的来文。批复和函的开头就需引述对方来文。如"你公司《关于成立×××××××的请示》收悉"。

(5)提问式。开头提出问题,以引起读者注意。调查报告、简报等常用这种开头方式。如"原材料价格上涨,产品成本下降,这种'水涨船低'的事能办得到吗?"

(6)结论式。把结论置于文章的开头。这种开头方式,可以收到总览全文的效果。调查报告、经济活动分析报告经常运用这种开头方式。如"最近,我们调查了我县50个先进村,发现这些村有一个共同点,那就是村干部关心群众,群众支持干部"。

（7）缘由背景式。开头交代制文的缘由、背景等。这样的开头方式可以使发文的来龙去脉更加清晰，使读者易于接受。通知、意见、通告、请示、报告等多用这种开头方式。如《国务院关于加强环境保护重点工作的意见》就采用了缘由背景式开头："多年来，我国积极实施可持续发展战略，将环境保护放在重要的战略位置，不断加大解决环境问题的力度，取得了明显成效。但由于产业结构和布局仍不尽合理，污染防治水平仍然较低，环境监管制度尚不完善等原因，环境保护形势依然十分严峻。为深入贯彻落实科学发展观，加快推动经济发展方式转变，提高生态文明建设水平，现就加强环境保护重点工作提出如下意见"。

开头方式多种多样，写作时应根据实际情况，选择运用恰当的开头方式，不可拘泥于某一种方式。

2. 结尾

一篇财经应用文，不仅要有好的开头，也要有好的结尾。结尾也有多种方式，要根据实际需要来确定。有些文章全文的内容表达得很清楚了，就不需要画蛇添足再加个结尾。常见的结尾方式有：

（1）总结式。以简练的语言概括全文的主旨，总结并深化全文，帮助读者进一步理解全文，加深印象。篇幅较长的公文、调查报告、总结、讲话稿等多用总结式结尾。

（2）号召式。提出希望，发出号召，以激励读者。表彰性决定、表彰性通报、会议纪要、讲话稿等常用这种结尾方式。

（3）强调式。在总结全文的基础上，进一步将全文的内容归纳概括，以深化、突出主旨。如"鉴于××公司采取欺骗手段，以次充好，不讲商业道德，毫无履约能力，我们要求终止合同，同时请求法庭维护我方权益，帮助追回货款，并据合同由供方赔偿我方一切损失"。

（4）说明式。在结尾交代、说明一些有关的问题，以引起读者的注意。公文、规章制度常用此法。如"本条例自2016年7月1日起施行"。

（5）定型式。以惯用语收束全文，常用于党政机关公文。如"特此通告""上述意见妥否，请指示""特此函达，请研究见复"等。

3. 主体的结构模式

主体部分是应用文章的核心内容，应根据不同的行文目的，紧扣主旨有序展开。主体部分的层次安排，有以下常用的基本模式：

（1）纵式结构。主体部分安排层次的方式，或以时间先后为序，或以事情的发生、发展、结果为序，或以逐步深入的逻辑推理为序。凡是需要以人物或事件的发展进程、来龙去脉表现主旨的，或需要逐层递进、层层深入表现主旨的，可以采用这种结构模式。

（2）横式结构。主体部分的内容按照横向的并列方式展开，层次之间表现为平行关系。主体的内容或按材料的性质分类安排，即把相同性质的材料归纳到一个层次中，或根据主旨的需要，将文章主旨分解为平行并列的几个方面。这种结构模式有利于从不同侧面阐述全文的基本主旨。

（3）复合式结构。这是一种纵式与横式相结合的结构模式。主体部分或以纵式为主，其中某个部分是横式结构；或以横式为主，其中某个部分是纵式结构。这种结构模式适用于内容较为复杂、材料较为丰富、篇幅较长的文章。如篇幅较长的市场预测报告、市场调查报告等。

主体部分的写作应根据实际需要来安排层次结构，不能拘泥于某种结构模式。为了层次分明、条理清楚，每层可以加小标题，或用序号标明。

四、财经应用文的语言

语言是最重要的信息交流工具。在财经应用文的写作过程中,有了明确的主旨,选择了恰当的材料,掌握了一定的结构方法后,还需要用精确的语言来表达。因此,我们要熟练掌握语言工具,才能写出具有实用目的和应用价值的文章。

(一)语言运用的要求

财经应用文所用的语言属于事务语体,它以实用为本,这就决定了财经应用文写作对语言运用的要求有以下几点。

1. 准确

财经应用文具有较强的政策性和客观性,因此语言运用必须准确无误,否则就会贻误工作,达不到行文的目的。如一份市场预测报告,必须在实事求是地及时地进行市场调研的基础上,根据所获得的真实的市场信息,用准确的语言表述市场未来的发展趋势,否则就会影响企业正确决策。财经应用文的语言运用要准确,必须做到:

(1)遣词造句遵守语法规则,判断推理合乎逻辑规律。这就要求写作者学习掌握有关的语法知识和逻辑知识,为准确表达打下语文基础。

(2)对事实的陈述要准确,符合实际。文章中涉及的数字、名称、时间、地点、引语等都应准确无误,不能吞吞吐吐、模棱两可。

(3)字斟句酌,慎用词语。汉语中有很多词义相同或相近的词语,有很多词的感情色彩相近,财经应用文写作要慎用这些词语,做到用词精当、准确无误。同时还要慎用模糊词语。

2. 简明

简洁明快的行文风格,便于及时处理实际工作。要做到语言简洁明确,写作者就必须掌握语言运用的规律,下大力气锻炼语言概括能力,遣词造句惜墨如金,用尽可能少的文字表达尽可能丰富、深刻的思想内容。要像鲁迅所言:"竭力将可有可无的字句、段删去,毫不可惜。"力求语言干净利落,精练晓畅。

3. 平实

财经应用文的语言应质朴无华、通俗明白,不追求华丽辞藻。因此应多讲实事,不说大话、空话、套话、假话;应直言其事,不拐弯抹角;尽量不用或少用形容词、修饰语,应于平实中见神采。不追求形象的描绘和情感的抒发,不滥用修辞方式,重在词语和句式的选用上下功夫。财经应用文写作常用引用、数概等修辞格;也可用对比、借喻、借代、排比、层递等修辞格;极少使用明喻、暗喻、比拟等修辞格。

4. 得体

财经应用文的语言运用既要符合事务语体的要求,又要顾及具体的文体要求,要与行文目的、行文对象和语言环境和谐一致。不同的文体,应使用个性色彩不同的语言,力求口吻、语气、情感和色调的恰切得体。如同是公文,请示属于上行文,用语应谦恭,以示对上级的尊重,因此"请立即批准"等命令的语气就属于不得体;决定属于下行文,语言应庄重严肃,体现上级的指挥决断性;函属于平行文,行文应体现出平等相待、以诚相商的语气。

5. 生动

财经应用文写作在做到上述语言运用要求的基础上,应适当吸收社会生活中新鲜活泼的词汇,以增强文章的生动性和表现力,提高文章的可读性,引发读者的阅读兴趣。惯用语、俗语、谚语、警句、顺口溜,甚至口语,只要能增强文章的表现力和生动性,又符合语言运用的要求,都可以运用。

如"无农不稳,无粮则乱"是警语;"政策对了头,干活有奔头;政策开了放,致富当榜样"是顺口溜;"少数主管部门对所属单位,不是严格要求,而是'护短'"中的"护短"是口语;"要防止历史上曾经出现过的简单地换'婆婆'和'一放就乱,一乱就收'的现象重演,防止'一刀切',一哄而起和搞形式主义"中的"婆婆""一刀切"都是比喻的说法;"……要摸着石头过河,水深水浅还不很清楚,要走一步看一步,两只脚搞得平衡一点。走错了收回来重走,不要摔到水里去"中的"摸着石头过河"是俗语。这些词语的运用生动活泼,富有表现力,值得我们借鉴。

(二)表达方式

财经应用文写作由于受其固有特点的制约,在表达方式的运用上,有自己的鲜明个性和特殊要求。叙述、说明、议论是财经应用文写作常用的表达方式。在具体运用各种表达方式时,都必须做到概括,要而不繁,即用概括的语言组织文章。

1. 叙述

财经应用文写作运用叙述,多用顺叙、实叙、概述、略叙,主要用来交代背景、介绍情况、综合事迹、概括发展规律,追求叙述的直陈性,不铺陈。叙述常与议论、说明等表达方式结合运用,即夹叙夹议、叙事论理、叙述说明等。

2. 说明

财经应用文写作运用说明,主要是介绍事物的性质、特点、范围、类别和有关背景材料,或说明解决问题的措施与办法、发文机关的意图或主张,或说明事物的好坏、进退、优劣等。它为叙述作铺垫,为议论提供依据,不面面俱到解说事物、剖析事理,不掺杂炫示的描绘,不追求形象性和艺术感,不糅合感情成分,追求说明的平实性。

3. 议论

财经应用文写作运用议论,不需要反复推理论证,而是就事论理,直接对议论对象加以论断,做出自己的评价、判断,或阐明处理公务活动的立场观点、意图主张,追求议论的简括性。

第三节　综 合 训 练

(一)试比较下面三组文字,分析其作为公文语言的优劣。

第一组

(1)市××仓库506库房保管员李××于××××年××月××日晚上值班时,违反仓库规定,带了5岁女儿私自燃火烧煮食品,9点多又抱了女儿外出采购食物。一小时后,当他匆匆回到仓库时,只见506库房淹没于滚滚浓烟之中,火舌还频频上窜,他顿时手脚失措,呆立一旁。总值班等人闻讯赶到后,立即打电话呼救,大火才得以熄灭,但库房已化为灰烬,×××损失×××千克,给国家造成×万元的巨大经济损失。

(2)××××年××月××日,市××仓库保管员李××,在506库房值夜班时,违反规定,私自燃火烧煮食品后,又因私离岗,以致酿成火灾。事发后,在慌乱中未能及时报警,失去抢救时机,后果严重,给国家造成×万元的巨大损失。

第二组

(1)请转知该厂将其主要产品开列详细清单,径送轻工业产品展览会办公室。

(2) 请告诉该厂把他们的主要产品开一个详细的清单,直接交给轻工业产品展览会办公室。

第三组
(1) 为此,请分行下达专项救灾贷款×万元。
(2) 为此,特申请专项救灾贷款×万元。

(二) 下面这份总结的开头,语言运用有何特点?是否符合要求?为什么?

像跃出东海的一轮红日,像喜马拉雅山傲然盛开的雪莲,像茫茫戈壁上悠然而现的清泉,像草原上铺锦刺绣的格桑,在科技强国、科技强军的号角感召下,我们迎来了部队科技文化教育的明媚春光……

(三) 试比较下面两份商函,分析其在语言运用上有什么不同?哪份更符合商函写作的语言要求?为什么?

关于订购"牡丹牌"真丝绣花女衬衫的复函

××公司:

你们××月××日的来信我们刚刚收到,从信中我们了解到你们想购买我公司"牡丹牌"真丝绣花女衬衫一事。我公司生产的"牡丹牌"真丝绣花女衬衫,质量上乘,款式高雅,犹如盛开的牡丹风靡世界,博得各国客商的青睐。在此,万分感激你们对我公司产品的好感。

由于今年的订单已超出生产能力,所以一律不接受新订单,请你们不要误解。凭着我们双方之间良好的贸易关系,你们不必担心,一等到有货,我们一定会首先通知你们的。

××公司
××××年××月××日

关于订购"牡丹牌"真丝绣花女衬衫的复函

××公司:

贵公司××月××日来函已悉。获悉贵公司欲订购我公司"牡丹牌"真丝绣花女衬衫,现回复如下:我公司"牡丹牌"真丝绣花女衬衫,质量上乘,款式高雅,市场供不应求。该货暂时脱销。但贵公司订单业已登记在册,一俟有货,当即函告。

特此函复

××公司
××××年××月××日

(四) 试分析下面的复函在语言运用上存在哪些问题?

××公司人事部门对应聘求职者的复函

××女士:

最近一段时间里,我们公司的工作人员一直在招聘有关人员,看到你的来信,我们很高兴,你能够勇于推荐自己,并且对我们公司表示很高的信任,在此,我们深深地表示真挚的感谢。也请你在收到我们的信以后,可不可以请你在这个月的25日(星期五)下午3点钟整,准时到我们公司的人事处来,见见面,详细谈谈你的情况。来的时候最好带上你的身份证和

学历、经历的证件,给我们参考,你看好吗?再一次对你的应聘,表示感谢。祝你取得成功,成为我公司的一员。此致

敬礼

××公司
××××年××月××日

(五)阅读下文,并回答文后的问题。

××县财政局关于×厂违犯财经纪律滥发奖金的通报

各企事业单位:

我县×厂历年是个亏损单位。年初由我局、主管局组成的财务检查小组,通过清仓查库与财务检查发现该厂在生产过程中损失浪费严重,财务管理不严,造成企业亏损×万元,责令限期扭亏增盈。

10月份再次由局检查员进入该厂检查,发现该厂通过企业整顿,生产秩序有所好转,但经营管理仍然偏松,如发现1—9月份共发放奖金×万元,为该厂标准工资的×倍,超过批准奖金指标×万元。特别严重的是该厂为了逃避监督,不经批准擅自从银行骗取大量现金发了奖。这种弄虚作假,骗取奖金的行为严重地违反了财经纪律。

该厂1—9月份生产,特别是5—9月份稍有起色,在扭亏增盈上迈出了可喜的一步,但不应以奖金作为刺激生产的手段,更不应超规定发放。该厂领导在认识错误的态度上表现较好,同意扣回超发的奖金。为了杜绝今后类似事件的发生,特此通报。望该厂今后加强思想政治工作,正确处理国家、集体、个人三者利益,并将检查材料报我局备查。

××县财政局
××××年××月××日

问题:

1. 这篇批评性通报的主旨应该是什么?
2. 从全篇看,通报符合主旨、事项单一的要求吗?

(六)阅读下面的调查报告,回答文后的问题。

想致富 受教育

王亚洲

教育在社会发展中处于什么地位?它与科技、经济的关系如何?不久前,河南省教委组织17个地市、34个县教育部门的同志对100多个村进行调查,调查结果表明:

1. 劳动者的文化水平与其收入水平成正比

据郑州市对4097户农民家庭的调查,年人均收入在1000元以上的家庭,其主要劳动成员为初中以上文化程度的占92%;收入在500~1000元的家庭,其主要劳动成员为初中以上文化程度的占86%;收入在200~500元的家庭,其主要劳动成员为初中以下文化程度的占95%。又据淅川县和开封县对4个村、3710个劳动力的调查,高中以上文化水平的年人均收入501元,初中文化水平的年人均收入385元,小学文化水平的年人均收入341元,文盲、半文盲年人均收入265元,由此可见,文化水平的高低与收入的多少成正比关系。但是,从调查中也发现个别"错逆"现象,即文化水平相对比较低的人收入却比较高,甚至是"万元户"。

这是因为目前河南省大多数地方生产力低下，一些文化水平不高的人靠增加劳动量、资金或冒风险的投入也可获得较高收益。但是，个别现象不能反映基本事实。随着整个民族文化素质的提高和社会的进步，这种现象将会逐渐减少。

2. 文化水平高的农民向二、三产业转移快

随着农业生产力的提高，农村劳动力向非农产业转移，是产业结构变化的一般规律。百村调查的结果表明，劳动者文化素质高低是决定这种转移速度快慢的重要因素。据罗山县对7635个劳动力的调查，在初、高中文化水平的1788人中，从事工、商等非农产业的有343人，占全部初、高中文化水平劳动力的19%；在小学文化水平的4955人中，从事非农产业的242人，占整个小学文化水平人数的4%；文盲、半文盲892人，从事非农产业有19人，仅占整个文盲、半文盲人数的2%。

3. 文化水平高的农民吸收和运用科技的能力强

文化水平高的农民能够利用自然资源，运用新技术、新方法进行科学种田和经营管理，其经济效益明显高于使用传统耕作方法进行生产的农民。邓州市田营村村民田西俭（高中毕业生、科技班班长）和他的妻子（初中生）、父亲（高小毕业）种棉3亩，由于一家人都有文化，对科学种植方法理解得透，运用得好，连续几年亩产皮棉均在170斤以上，成为村里的"种棉状元"。而文化低的农民，对于科学技术的吸收和运用则处于一种简单模仿、被动接受的状态；用错化肥、农药导致减产，甚至绝收的事也时有发生。至于农业集体经营、地膜覆盖、管道输水和良种的培育、选择等较复杂的管理技术，文化水平低的农民更是望之兴叹，接受和掌握非常困难。

由此可见，发展教育，提高劳动生产者素质，无疑是发展生产、治穷致富的根本措施。

问题：

1. 找出这篇调查报告的开头、主体和结尾三个部分。
2. 作者采用了什么样的开头方式？这样写有什么好处？
3. 主体部分采用了什么样的结构模式？
4. 结尾有何特点？
5. 这篇调查报告的主旨是什么？采用了什么样的显旨方式？
6. 文中运用了哪些类型的材料？试分析主体部分的材料和主旨是如何组织的。

第二章

常用财经文书

[章前提示]

随着市场经济体制的发展和逐步完善,财经文书在社会经济活动中的地位和作用越来越重要。它已经成为工商企业和各类经济组织赖以生存和发展的重要手段与工具。

本章主要介绍市场调查报告、市场预测报告、可行性研究报告、招投标文书、合同、协议书、意向书、经济活动分析报告、营销策划书、产品说明书、广告文案和商务信函等使用频率较高的财经文书的写作。要求通过学习和写作训练,掌握这些文书基本的写作方法和写作技巧,并能结合财经活动的实践,写出符合规范要求的常用财经文书。

第一节 市场调查报告

[学习目标]

了解市场调查报告的概念、特点和用途;掌握市场调查报告的基本要素、结构和写法;领会市场调查报告的写作要领;学会用恰当的表达方式展示自己市场调查的成果。

开篇案例

吉列公司为什么会"发疯"

创业百年的美国吉列公司以其高质量的剃须刀而享誉世界。1974年,该公司做出了一个"荒唐"的举动,推出面向女性的雏菊牌专用"刮毛刀"。它的同行都以为吉列发疯了。男人用剃须刀来对付胡子,但女人呢?

1973年,吉列公司通过市场调查发现,在被调查的8360万名30岁以上的妇女中,大约有6490万人为了自身美好的形象,要定期刮除腿毛和腋毛。在这些妇女中,有四千多万人使用电动刮胡刀和脱毛剂,有两千多万人主要是通过各种男用刮胡刀来美化自身形象,一年的费用高达7500万美元,远远高出妇女们花在"描眉画眼"上的钱。吉列公司正是看准了这个商机,才推出了适销对路的"刮毛刀"。公司还根据多数妇女的意见,选择了"不伤玉腿"作为卖点。结果,雏菊牌女性专用"刮毛刀"一炮打响,迅速畅销全美国。

上述案例告诉我们:市场经济时代,企业要在激烈的市场竞争中获得丰厚的利润回报,就必须重视并做好市场调查工作。而要将市场调查的成果提供给企业或有关部门作为决策的依据,就必须撰写成市场调查报告。

一、基本知识

(一)市场调查报告的含义和用途

1. 市场调查报告的含义

市场调查报告是指市场调查者对产品的市场营销情况及其他市场现象进行调查,并在调查的基础上,经过分析和研究后写成的反映市场现状、揭示市场发展规律的报告性文书。

2. 市场调查报告的用途

市场调查报告主要为政府和企业了解国内外经济状况、市场价格、产品供需等情况,为制定经济政策、企业经营决策、调整生产规模等提供依据和帮助。

市场调查报告是市场调查工作的最终成果,也是市场调研过程中最重要的一环。一份好的市场调查报告,能对企业的市场营销活动提供有效帮助,还能为企业经营发展做出正确决策提供可靠依据。

(二)市场调查报告的类型

市场调查报告按内容来分主要有以下六种类型。

1. 市场需求调查报告

市场需求调查报告的主要内容包括产品销售对象的数量与构成,消费者家庭收入水平、实际购买力,潜在需求量及其购买意向,如消费者收入增加额度、需求层次变化情况,消费者对商品需求程度的变化、消费心理等。

2. 市场供给调查报告

市场供给调查报告的主要内容包括商品资源总量及构成,商品生产厂家有关情况,产品更新换代情况,不同商品市场生命周期的阶段,市场供给前景等。

3. 商品销售渠道调查报告

商品销售渠道调查报告的主要内容包括渠道种类与各渠道销售商品的数量、潜力,商品流转环节、路线、仓储情况等。

4. 商品价格调查报告

商品价格调查报告的主要内容包括商品成本、税金、市场价格变动情况,消费者对价格变动情况的反映等。

5. 市场竞争情况调查报告

市场竞争情况调查报告的主要内容包括竞争对手情况,竞争手段,竞争产品质量、性能、价格等。

6. 市场消费行为调查报告

市场消费行为调查报告的主要内容为消费者的分布情况及经济状况,消费习惯,消费水平及广告对消费者的影响等。

(三)市场调查报告的特点

1. 针对性

针对性是市场调查报告的灵魂。市场信息包罗万象、错综复杂,市场调查必须有针对性地、有选择性地进行。它包括两个方面:一是要目的明确,只有这样才能有的放矢,明确调查对象;二是要阅读对象明确,只有明确阅读对象,在市场调查中才能明确侧重点,提高报告的指导性意义和作用。

2. 新颖性

市场调查者必须善于抓住市场活动中的新动向、新问题,通过研究得到新发现,提出新观点。只有如此,才能提高市场调查报告的使用价值,达到为经济部门决策提供依据,指导企业开展市场经营活动的目的。

3. 真实性

市场调查者必须坚持实事求是的原则,以求真务实的态度对待市场调查的全过程,只有通过调查获得真实的、反映市场现状和变化规律的信息材料,才能写出真实反映市场发展趋向的市场调查报告,为决策者提供真实可靠的依据。

4. 时效性

市场变幻莫测,信息包罗万象,市场竞争更是残酷无情。如何在市场大潮中准确、及时、系统地把握市场变化的趋向,对市场经营者至关重要。只有及时、迅速地把握市场商机,对掌握的市场信息和材料及时进行分析,顺应瞬息万变的市场形势,并在市场调查报告中全面地反映出来,才能真正发挥市场调查报告对决策者的指导性作用。

(四)市场调查常用方法

市场调查报告写作的前提是市场调查,正确的市场调查方法对完成调查报告至关重要。俗话说:"没有调查研究,就没有发言权。"调查研究是获取资料和信息的重要手段,掌握恰当的调查方法对市场信息资料的收集与获取十分重要。市场调查的常用方法主要有以下四种:

1. 实验调查法

常见的试销会、订货会、展销会、博览会、顾客意见征询会都属于实验调查法。为了预测产品的销售量,掌握客户对产品的反映,常常进行小规模的实验,以调查客户对产品的设计、包装、品质、价格等方面的意见和建议。这种调查方法较为科学,但成本高,有一定的风险。实验前必须周密设计,选好实验对象、实验时间,并准确地统计实验结果。

2. 问卷调查法

即根据调查内容的需要,编制调查问卷或调查表格,发放给调查对象,让调查对象填写问卷或表格,了解调查对象的反映和看法,然后将相关信息进行统计处理和定量分析,从而对市场的总体情况做出评估和预测。

3. 访问调查法

即根据事先确定的调查目的,确定好调查问题,用口头或书面的形式向调查对象进行询问,以此来获取市场信息和资料的方法。这种调查方法要求调查者将向调查对象询问的问题设计得科学合理,让调查对象乐意配合调查。访问调查的方法包括当面询问、开座谈会、电话询问、邮件调查等。

4. 统计调查法

即对所调查的对象有目的的收集各种资料,利用企业所能提供的销售情况、会计报表等数据和资料,对其进行统计、分析、归类的方法。这种调查方法有利于采用定量分析的方法,对企业目前的经营状况或产品的销售情况,尤其经营策略是否对路具有一定的参考价值。

二、例文看台

提高农村实用人才队伍素质　切实解决人才老龄化问题
——松江区2012年度农村实用人才调查报告

为全面掌握本区农村实用人才资源状况，摸清农村实用人才总量和结构情况，进一步做好农村实用人才队伍建设工作，在市委组织部、市农委、市人保局、市统计局、国家统计局上海调查总队的统一部署下，松江调查队联合区委组织部、区农委、区人保局、区统计局等部门，于2013年3月至4月开展了农村实用人才调查。本次调查涉及松江区14个街镇和1个工业区，含87个村，10个涉农居委会。

一、2012年度松江区农村实用人才现状

（一）农村实用人才规模

调查显示：目前，我区共有农村实用人才3559人，比去年减少5.5%。从性别来看，以男性为主，共2715人，占76.3%；从政治面貌来看，中共党员1084人，占总实用人才的30.5%。从户籍来看，以本市户籍为主，共3412人，占95.9%。

（二）农村实用人才年龄分布

从年龄结构来看：3559名农村实用人才中，35岁以下的413人，36～40岁的271人，41～45岁的349人，46～50岁的687人，51～54岁的475人，55岁以上的1364人。由此可见，年龄结构以50岁以上为主，共1839人，占总数的51.7%。

（三）农村实用人才学历情况

3559名农村实用人才中，小学文化程度的472人，初中文化程度的1705人，高中或中专文化程度的717人，大专及以上文化程度的665人，分别占13.3%、47.9%、20.1%、18.7%（详见图2-1）。

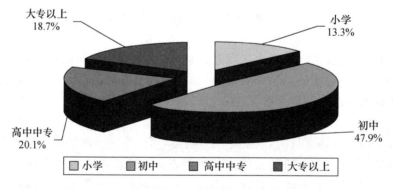

图2-1　2012年度松江区农村实用人才学历结构图

二、松江区农村实用人才特点

（一）结构性差异突出

3559名农村实用人才队伍中，生产型人才1737人，占48.8%，比去年增加4.2%；社会服务型人才920人，占25.8%，比去年减少12.5%；技能服务型人才602人，占16.9%，比去年减少13.8%；经营型人才为272人，占7.6%，比去年减少20.0%；技能带动型人才28人，占0.7%，比去年增加180.0%。由此可见，我区的农村实用人才主要由生产型人才、社会服务型人才、技能服务型人才构成，经营型人才和技能带动型人才较少。

在生产型人才中,种植能手1651人,随着我区家庭农场和大规模种植的不断发展,农村生产型人才主要向家庭农场主及大规模种植集中。在社会服务型人才中,乡村文体艺术人员9人,乡村社会工作人员911人。社会服务型人才主要是在村委会工作的两委人员、大学生村干部、村医生、村条线干部等,其他类型社会服务人员较少。技能服务型人才,主要集中在各街镇农技服务中心、各街镇的农机手。随着松江区农业产业化的不断发展,农村经营型人才主要是农民专业合作社负责人、农业生产单位经营者等。工商经营型人才较少。经营型人才中,经营人才215人、农村经纪人5人、农民专业合作组织负责人52人。技能带动型人才由于随着城镇化、工业化的快速发展,要么进城、要么淘汰,在农村地区已经鲜见建筑队带头人、铁匠、木匠等技能型人才。

(二) 地区性分布差异明显

调查显示,目前我区农村实用人才主要分布在浦南、西北片等农业较为发达的地区。而浦北、中心城区等地区由于城镇化建设速度加快,不断推进撤村建社区工作,农村社会服务型人才(农村实用人才之一)转型为居委社区服务人才,农村实用人才减少。从街镇来看,农村实用人才分布前五位的分别是:叶榭镇815人,比去年增加0.6%;泖港镇639人,比去年增加11.7%;新浜镇566人,比去年增加12.7%;石湖荡镇331人,比去年减少1.5%;佘山镇288人,比去年减少29.4%。主要原因是佘山镇城镇化推进后,撤并了许多行政村,减少了部分经营人才,此外推进农业规模化以后,种植户也有所减少,社会服务型人才因拆迁三个村而减少。这五个镇的农村实用人才合计为2639人,占全区农村实用人才总数的74.2%。农村实用人才分布后五位的依次为:方松街道13人;九亭镇19人,新桥镇26人,比去年增加30.0%;中山街道29人,比去年增加16.0%;永丰街道62人,比去年减少3.1%。这五个街镇的农村实用人才总共149人,占全区农村实用人才的4.2%。由此可见,农村实用人才地区分布差异明显(详见表2-1)。

表2-1 农村实用人才街镇情况表

街镇	人数/人	所占重/(%)
叶榭镇	815	22.9
泖港镇	639	18.0
新浜镇	566	15.9
佘山镇	288	8.1
石湖荡镇	331	9.3
小昆山镇	296	8.3
泗泾镇	82	2.3
车墩镇	262	7.4
洞泾镇	121	3.4
永丰街道	62	1.7
中山街道	29	0.8
新桥镇	26	0.7
九亭镇	19	0.5
方松街道	13	0.4
工业区	10	0.3
合计	3559	100.0

(三)专业培训力度较大

调查显示:从培养渠道来看,农业技术推广机构培训1165人,占32.7%;农业广播电视学校188人,占5.3%;农业职业学校211人,占5.9%;代继或师承53人,占1.5%;其他390人,占11.0%;自学1552人,占43.6%。由此可见,近年来,我区不断加大专业农民培训力度,多数农村实用人才或多或少通过一定的渠道,进行了专业培训。

三、农村实用人才存在的问题

(一)成才环境有待进一步改善

从人才成长环境看,缺少促使农民成为农村实用人才的有效载体和平台。一些大中专毕业生乡土创业观念薄弱,外出打工居多,潜在人才流失,加剧了农村人力资源的结构失衡,导致农村人才后继不足。

(二)文化程度偏低

我区农村实用人才中,初中、高中、中专、小学文化程度占的人数较多,大专及以上学历偏少,这种状况不利于农村实用人才的素质提升,大量的农村实用人才靠的是自己多年的实践经验,虽然技术熟练和经验丰富,但多属于传统的农村实用技术,由于接受系统的教育和职业技术教育较少,一定程度上限制了他们对新知识、新技术的吸收。

(三)结构性矛盾比较突出

我区农村实用人才中,青壮年人才不足,45岁以下人才共1033人,45岁以上人才共2526人,年龄呈现显著的老龄化特征;女性人才少,仅仅占实用人才总量的23.7%;初级人才多,中高级人才少,普通技能人才多,具有专业技术职称的人才少;传统技能人才多,技术服务和技术带动人才不足。

四、加强农村实用人才队伍建设的对策

实用型人才队伍是农村经济和社会发展的基础力量。因此,要加强农村实用型人才队伍建设,就必须在管理、培养、激励上下功夫。

(一)加强宣传指导,营造农村实用人才大环境

发挥典型的示范作用。充分发挥农村实用人才的辐射带动作用,推广典型经验。通过这些工作,激发农民学科技、用科技的积极性,以科技促致富。利用电视、广播、报刊等媒体大力宣传农村人才开发的意义和成果,不断扩大影响,使人们意识到农村实用人才能带动广大农民科技素质的提高,能带动实用技术成果的推广,能带动更多的农民走向富裕,从而提高人们对农村实用人才的思想认识。对农村实用人才实行跟踪管理和服务,不断充实新知识,提高新技能,将农村实用人才建设成为热爱家乡、服务家乡和繁荣家乡经济的重要主力军。

(二)加强培训教育,提高农村实用人才队伍素质

扎实开展农村专业技术人员知识更新工程,落实农村专业技术人员注册管理工作,部署并开展继续教育培训工作,有效保证农村人才队伍的稳定性。注重家庭农场培训,做好家庭农场分级资格培训,强化家庭农场生产管理基础知识,提高家庭农场解决实际问题的能力;拓展培训形式,组织家庭农场开展经验交流和学习,逐步缩小家庭农场间的能力水平差距,促进家庭农场均衡发展。继续组织开展农村实用人才职称评审和评议工作,提高农村实用人才素质。

(三)将农村人才日益老龄化作为需要重点解决的问题

数据显示,农村实用人才中年龄55岁以上共1364人,占38.3%,人才老龄化为当前以

及今后一段时期内较突出的问题。农村实用人才队伍的建设不仅需要外部环境的推动,还要调动广大农村劳动力和有志于新农村建设的劳动者自我发展的欲望,激发其在广阔农村实现自身价值的愿望。建议鼓励大中专毕业生面向农村基层就业成才,吸引他们到农村工作,通过实践与锻炼,改变农村实用人才年龄大、文化程度低的状况。引导农村青年学习农业生产知识,不断通过培训、学习等方式,逐步解决好农村实用人才队伍青黄不接的现象。

(资料来源:松江市统计局,http://www.stats-sh.gov.cn/fxbg/201309/261169.html。有改动)

【评析】 本文采用概述式开头交代调查的目的、时间、对象范围等。主体采用纵横交错的复合方式安排文章结构,共分为四个部分。第一、第二部分借助数据、图、表等直观的表达形式,运用确凿的数据客观地阐述了松江区农村实用人才的现状和特点;第三部分在前文对调研情况进行梳理分析的基础上,指出了松江区农村实用人才存在的问题;第四部分从三个方面提出了"加强农村实用人才队伍建设的对策"。这篇文章没有专门的结尾。作者提出建议后,骤然搁笔,全文即告结束,文章干净利落,不拖泥带水,值得我们借鉴。

三、市场调查报告的构成要素与写法

(一)标题

一般来说,市场调查报告的标题要求与文章的内容融为一体,是文章内容的高度概括,需要用精练简洁的文字去表现文章的主旨。常见的标题形式有:

1. 公文式标题

公文式标题是指在标题里直接写明市场调查的地区、调查的项目和文体,如《关于海尔冰箱山东市场的调查报告》《关于大学生消费心理问题的调查报告》。

2. 文章式标题

文章式标题是指在标题里直接提出某一种商品在市场上的问题,点明文章的中心,如《×牌冰箱被冷落》《当前通货膨胀的潜在危机不容忽视》。

3. 新闻式标题

新闻式标题是指用主标题点明文章的中心,再用副标题说明市场调查的项目、地区和文体,如《手机品牌,谁主沉浮——2016年山东手机市场调查报告》《"皇帝的女儿"也"愁嫁"——关于舟山鱼滞销情况的调查》。

(二)正文

1. 前言

前言即开头,其写法很多,无固定模式。或概述调查的对象范围、时间地点及所采用的调查方式、方法;或交代调查的目的、意义,提出要解决的问题;或点明调查报告的主要内容、观点等。前言不管怎样写,都应开门见山、简明扼要。

2. 主体

主体部分是前言的引申展开,也是结论的根据所在,是调查报告的核心部分,一般包括三个方面的内容:

(1)基本情况。即对调查对象过去和现在的客观情况,经过分析研究真实地反映出来,对所得到的数据和资料,或按材料的性质归纳整理,或按对象产生、发展的时间加以整理,使之条理化。一般包括发展历史、市场布局、销售情况等。

(2) 分析与结论。这是市场调查报告的主要组成部分,对调查所收集的材料进行科学的分析。通过分析,找出事物发展的内在联系,从分析中得出调查的结论或结果。

(3) 措施与建议。根据调查结论,提出相应的对策、措施或建议。

主体部分的结构形式有以下四种:

(1) 时序式。一般可按照事物发生、发展、结局的先后顺序,将材料组织起来,将来龙去脉交代清楚即可。

(2) 并列式。将调查得来的材料梳理为几个方面或几个部分,每部分可用小标题统领,各部分之间是平行并列关系。

(3) 因果式。一般先将调查的结果、结论告知读者,然后再通过调查所得材料和数据阐述结论、结果的由来,或从几个方面分析形成结果的原因。

(4) 递进式。即将调查所得的材料按照从表面现象到内在本质的逻辑关系层层深入地展开。较为复杂的事物,在发展过程中总是由浅入深、由表象到本质的,采用层层递进的方式能将较为复杂的问题讲得更为清楚明白。

3. 结尾

市场调查报告的结尾方式多样,有的概括说明全篇的主要观点,以深化主旨;有的对未来做出展望,指出方向。有的市场调查报告主体写完,全文自然结束。

四、写作注意事项

1. 目的明确,主旨集中

市场调查者要明确市场调查的主要目的。对调查得来的材料认真分析,在基本情况已经掌握的前提下,要围绕核心问题将调查的重点放在要解决的主要问题上。

2. 材料典型,内容真实

好的市场调查报告离不开真实典型的材料。只有调查来的材料真实、准确、典型,才能保证市场调查报告的质量。因此,应下大力气收集具有说服力的第一手材料。

3. 方法科学,结论准确

调查得到的材料会很多,但如何让材料为主旨服务,就需要用科学的方法对材料和数据进行分析,通过定性分析或定量分析的方法,对事物的本质进行剖析、推理、归纳,从而得出较为全面客观的结论。

4. 调查及时,注重时效

时效性是市场调查报告的灵魂。只有紧紧把握市场脉搏,对瞬息万变的市场做出迅速、及时的反应和判断,才能充分发挥市场调查报告应有的作用。

五、病文诊断

洗衣机市场营销情况调查

××洗衣机厂曾经几起几落,激烈的市场竞争使该厂明白:企业能否在激烈的市场竞争中取得主动权,关键在于要有过硬的一流产品,只有产品技术含量高、适销对路,才能打开和发展市场。面对洗衣机行业生产过剩的现实,××洗衣机厂使出了三个"绝招"。

第一,工厂果断地抛弃当时流行的双筒洗衣机生产技术,集中精力与日本松下公司技术合作,生产具有国际先进水平的"×××"牌微电脑全自动洗衣机。确立技术优势,并获得了全国唯一国家金牌。目前,该厂与松下公司进行第二期技术合作,开发模糊理论洗衣机的技改项目已获得批准,以确保产品的技术优势。

第二,工厂按照松下公司××××年的标准严格考核工厂的产品,连续不断地进行质量攻关活动,不久前,"×××"洗衣机通过了5000次无故障运行测试,达到了国家标准。

第三,技术优势、质量优势和使用优势是决定产品竞争力的三大要素。有了这三大要素,就能够刺激市场,引导市场,甚至创造市场。工厂去年推出具有防震箱体结构、圆弧形造型、国际流行色彩的产品——爱妻91型洗衣机,刺激了市场;又在原微电脑全自动机上增加了排水功能。创造市场,以适应一部分无下水道用户的需要;目前又根据对未来市场的原则,设计开发了高档次的爱妻92型洗衣机,引导市场,以满足各种用户的需要。

采取独特的营销方式大力开拓市场,才能在竞争中取胜。××洗衣机厂采取的措施是:

1. 进行市场调查和预测,发展市场、占领市场

去年2月通过对全国各地销售各种洗衣机数量的统计,及时加强在北京、武汉等城市的销售力量,开展了"买洗衣机就买全自动,买全自动就买×××"的宣传活动,收到了良好的成效,月度资金回笼突破1500万元大关。

2. 开拓市场离不开高素质的销售队伍

工厂大胆地把一批大中专毕业生充实到销售队伍中去,销售队伍的整体素质得到了较快提高,企业的销售局面焕然一新。

3. 把一流产品推向市场

工厂制定了"一流产品进入一流商场销售"的营销策略。目前一个以大型商场为龙头,带动所在地区其他商店的"×××"洗衣机销售网络已经形成。

4. 坚持服务第一,销售第二,巩固市场

在北京、上海、武汉等有条件的地区,工厂先发放了"金奖产品信誉卡",规定"预约维修,5天上门,3年免费,终身保修",在售出后的1月内,保证通电话1次,写慰问信1封,询问使用情况,帮助解答疑问,从而获得了更多的顾客。

【诊断】这是一篇不符合写作要求的市场调查报告。综观全文,它存在以下主要问题:① 标题不准确、不清楚。市场调查报告的标题,不管采用什么形式,表意必须准确、清楚,否则会使人模糊或引起歧义。标题为"洗衣机市场营销情况调查",从正文内容来看,标题范围过宽,题文不符。② 全文缺乏充分典型的事实、数据。市场调查报告主要靠事实和数据反映市场某方面的客观情况,用材料说明观点,用观点统帅材料,做到观点和材料统一。而本文显然没有做到这点。③ 结构不完整。这篇市场调查报告应在开头概括介绍"×××"洗衣机市场营销的基本情况。主体部分应当由基本情况、分析与结论、措施与建议三部分构成,而本文只写了面对市场过剩的现实所采取的措施和做法。缺乏具体的分析与结论,也没有提出针对性的建议。④ 主旨不鲜明,内容不全面。文章是介绍"×××"洗衣机市场营销中的经验,还是分析营销中存在的问题并提出对策建议,写作意图不清,主旨不鲜明。本文主体部分可以选择下面的任何一个方面收集材料进行写作。一是主要反映"×××"洗衣机市场营销中的经验。这就需要在占有充分调查资料和大量数据的基础上,介绍他们经营中值得肯定的做法和措施。但本文显然缺乏具体准确的一手市场材料,使文中的做法、措施失去了依据,因而文章显得笼统浮泛,缺乏针对性和说服力。二是在占有确凿资料和数据的基础上,通过科学分析,找出"×××"洗衣机市场营销中存在的问题及原因,并从分析中得出调查的结

论或结果,然后提出有针对性的营销对策和建议。但文章也没有按照这样的思路展开。⑤ 文章存在语病。如"企业能否在激烈的市场竞争中取得主动权,关键在于要有过硬的一流产品"一句可修改为"企业能否在激烈的市场竞争中取得主动权,关键在于是否有过硬的一流产品",或"企业要在激烈的市场竞争中取得主动权,关键要有过硬的一流产品"。

第二节 市场预测报告

[学习目标]

认识市场预测报告在经济活动中的重要性;了解市场预测报告的含义、分类及特点;掌握市场预测报告的构成要素和写法;初步学会撰写市场预测报告。

开篇案例

是什么导致了泛美航空公司的失败

泛美航空公司曾是美国一家航线最长、历史最久的航空企业巨头。它为什么会从一家全美第三大航空公司的航母级大型航空企业,落败到一蹶不振,最后竟然宣布破产倒闭呢?

泛美航空公司的失败,是从选择飞机机型开始的。早在20世纪70年代,泛美航空公司就着手淘汰陈旧且耗油量大的波音707客机,而在当时,市场上并没有与波音707的载容量及续航能力等指标相当的机型。泛美的决策者们没有对相关市场作深入而全面的分析和预测,对于选择机型的重大决策,只是直观上作了一些粗略比较后,就凭直觉做出了决定,选择了一家公司的L1105-500型飞机。由于L1105-500型飞机油耗大,单位飞行成本高,使泛美航空公司的竞争力大打折扣。不久,L1105-500型飞机停止了生产,维修又成问题。这一忽视市场预测的决定,为后来泛美航空公司的破产倒闭埋下了隐患。

泛美航空公司的案例告诉我们:市场是不断变化的,企业要想赢得竞争优势,就必须重视市场预测,随时通过预测,把握市场变化的规律,预测市场未来的发展趋势,并据此调整生产经营策略。否则,企业就可能误入歧途,迷失方向。

一、基本知识

(一)市场预测报告的含义

市场预测报告是指以经济理论为指导,以市场调查为基础,通过大量翔实的调查资料和统计数据,对市场的历史和现状作系统周密的考察、分析和研究,运用科学的预测方法和手段对市场前景进行分析判断,从而预见其发展趋势的书面报告。

(二)市场预测报告的类型

市场预测报告可按照不同的标准划分成不同的类别。

(1)按预测时间分,市场预测报告可分为长期市场预测报告、中期市场预测报告和短期市场预测报告。

(2)按预测性质分,市场预测报告可分为宏观市场预测报告和微观市场预测报告。

(3)按预测内容分,市场预测报告可分为综合性市场预测报告和专题性市场预测报告。

(4)按预测地理区域分,市场预测报告可分为国际性市场预测报告、国内市场预测报告和地区性市场预测报告等。

(5)按预测方法分,市场预测报告可分为定性市场预测报告和定量市场预测报告。

(6)按预测对象分,市场预测报告可分为市场需求预测报告、市场占有率预测报告和新产品开发市场预测报告等。

(三)市场预测报告的作用

1. 提供决策依据

市场预测报告的本质就是依据市场过去和现在的情况对未来的发展趋势做出理性的判断,从大的方面讲,市场预测报告可以为经济决策提供依据,具体而言,它能为企业的生产经营活动即为产品的改进、减少或扩大生产提供可靠的信息保障。

2. 避免盲目生产

企业只有在更好地了解了国际、国内市场的相关信息,为自己在市场中定好位置,才能把握生产的节奏和数量,调整自己的生产经营模式,从而做到有的放矢,最终提高企业在市场上的竞争力,避免盲目生产带来的损失。

(四)市场预测报告的特点

1. 预见性

市场预测报告是根据市场的历史和现状,推断市场未来的走向和发展变化趋势,预测市场经济活动发展的前景,从而为企业未来的经营管理决策提供科学依据。因此,预见性是市场预测报告最突出的特点。

2. 准确性

只有收集到的调查资料和统计数据是真实准确的,对未来市场发展趋势做出的预测判断才能是正确的,也才能更好地发挥市场预测报告的重要作用。

3. 时效性

时间是市场预测报告的生命和力量。市场是不断变化的,企业要想赢得竞争优势,就必须以最快的速度,迅速、全面地掌握市场信息情报,并及时提供给企业的决策者。否则,就会错失商机。

二、例文看台

2012年广东省农业生产资料价格走势分析

2011年,受国际原油、天然气和煤炭市场价格持续攀升等因素影响,我省农资市场价格呈持续震荡上行走势,市场平均价格与2010年比,大幅上升12.95%。其中,化肥价格上升8.77%,延续上升态势继续走强,个别品种化肥价格再创近年新高;农膜和农药价格相对稳定,小幅上升4.26%和1.52%,;农用柴油价格上升12.71%。预计2012年我省农业生产资料价格高位运行的可能性较大。

一、2011年价格运行基本情况

(一)化肥价格持续上升

据监测,2011年,我省主要化肥价格总体持续上升,其中除国产氯化钾价格保持去年同期水平外,其他品种如碳酸氢铵、国产尿素、过磷酸钙、进口氯化钾、国产和进口三元复合肥价格同比分别上升16.22%、18.84%、16.67%、4.69%、13.71%和8.31%。2011年,我省氮肥、磷肥和三元复合肥价格升幅相对较大(如表2-2、图2-2所示)。

表2-2 2010—2011年我省化肥价格对比表

商品名称	标准、等级	单位	2010年	2011年	与去年同期比/(%)
碳酸氢铵	国产	元/千克	0.74	0.86	16.22
尿素	国产,含氮46%	元/千克	2.07	2.46	18.84
过磷酸钙	国产,含磷12%	元/千克	0.60	0.70	16.67
氯化钾	国产	元/千克	3.68	3.68	0.00
氯化钾	进口	元/千克	3.41	3.57	4.69
三元复合肥	国产	元/千克	2.99	3.40	13.91
三元复合肥	进口	元/千克	4.09	4.43	8.31

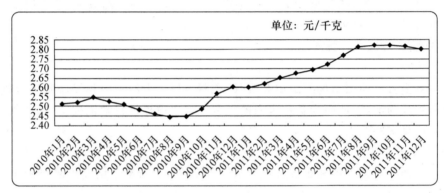

图2-2 2010—2011年主要化肥综合平均价走势图

(二)农膜和农药价格总体小幅上升

2011年,我省农膜中高压聚乙烯棚膜和高压聚乙烯地膜均价每千克分别为12.68元和11.77元,与去年比分别上升了4.62%和3.88%;农药中敌敌畏、氯氰菊酯、氧化乐果、稻瘟净和百草枯价格每千克分别为22.02元、28.72元、22.19元、27.99元和19.38元(500毫升/瓶),与2010年比分别上升2.18%、4.25%、下降0.09%、0.04%和上升1.10%(如图2-3所示)。

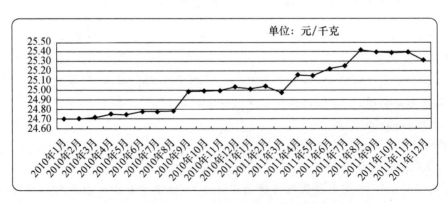

图2-3 2010—2011年广东省主要农药综合平均价走势图

(三) 农用柴油价格持续上升

2011年,我省农用柴油(0号)价格持续上升,均价每千克由2010年的7.16元升至8.07元,同比大幅上升了12.71%(如图2-4所示)。

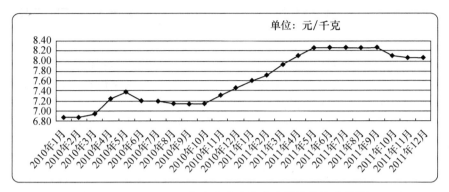

图2-4 2010—2011年广东省农用柴油零售价格走势图

二、影响我省农业生产资料价格持续攀升的主要原因

(一) 农产品价格上升预期增加支撑化肥市场价格高位攀升

一方面,在国家提高水稻等农产品收购价格后,农户种粮积极性进一步增加,化肥市场价格也呈现出持续向上走势,特别是氮肥和磷肥市场价格升幅过快,其中,我省化肥品种中碳酸氢铵、过磷酸钙因农户使用的偏爱导致市场消费量较大。同时,全省化肥批发价格亦表现强势,价格持续走高,至12月下旬,我省农业生产资料市场尿素批发价格为2280~2530元/吨,青海钾肥为3050元/吨,复合肥为3800元/吨,均比2010年有较大幅度的攀升。另一方面,我国化肥淡储工作的缓慢启动,化肥市场消费依旧没有明显增加。2011年年底,在化肥生产和经销企业库存普遍相对较低的因素影响下,国内化肥市场价格高位震荡趋稳的可能性将进一步增加。

(二) 化肥生产和流通成本大幅增加,市场价格高位运行

今年以来,国际油气、天然气、硫黄和煤炭等原材料市场价格的持续攀升,有效刺激了包括化肥在内的化工产品成本的大幅增加:一是国际市场天然气和煤炭价格持续震荡走高;二是国内水、电、油价格的高位运行和涨价预期进一步推动包括我省化肥在内的农业生产资料成本大幅攀升;三是化工成本的上升也是支撑我省农膜、农药市场价格高位运行的重要原因;四是其他农资价格如农用柴油价格上升,主要是受国内成品油价格上升的影响。

三、2012年我省农业生产资料市场价格预测与展望

2012年,考虑到我国化肥产能仍然严重过剩,其他国家不断加大化肥产业的发展步伐,同时世界经济形势仍存在诸多不确定因素,化肥市场价格大幅攀升的可能性不大。但在需求、出口和成本增加的因素影响下,我省化肥市场价格在一定时期内仍然将高位运行,农药、农膜、农用柴油价格受化工产品回落将可能进一步震荡盘整。因此,预计2012年我省农业生产资料价格高位震荡运行的可能性较大。

四、几点建议

一是大力倡导绿色农产品种植技术和提高农产品质量,鼓励使用农家肥;二是加大对化肥生产企业的资格审查,淘汰落后产能的力度;三是严厉查处制售假冒伪劣化肥和农药的行

为;四是积极推广应用测土配方施肥技术,减少化肥浪费和过量使用现象;五是进一步加大化肥淡储力度和规模,保证资金到位;六是加大对化肥生产和流通企业的监测和巡视力度,加强价格信息服务建设。

(资料来源:广东省价格监测中心,http://price.gdcct.net/forecast/201202/t20120203_650206.html)

【评析】 这是一篇短期市场预测报告。文章开头运用比较法概述了2011年广东省农资市场价格呈持续震荡上行的走势,并指出"2012年农业生产资料价格高位运行的可能性较大",为下文的展开做铺垫。主体分为四个部分,首先从三个方面介绍了2011年农业生产资料价格运行的基本情况,接着分析了影响农业生产资料价格持续攀升的两个主要原因,并对2012年农资市场价格进行了预测判断,最后提出了六点针对性的建议。文章文字介绍与数据图表说明相结合,资料充分具体,预测结论令人信服。

三、市场预测报告的构成要素与写法

(一)标题

市场预测报告的标题一般有以下三种写法。

1. 完整式标题

完整式标题包括区域+时间+内容+文种,如《山东市场2015—2016年啤酒需求量预测》《××股份有限公司2016年利润预增报告》。

2. 省略式标题

省略其中一两个要素,由两三个要素构成,如《2015—2016年纺织品"流行色"预测》《山东市场家用汽车销售趋势预测》。

3. 消息式标题

采用新闻消息标题的写法,带有新闻的色彩,但标题中寓含着"预测",如《国产手机市场占有率将持续上升》。

市场预测报告的标题,无论采用何种写法,都不能省略预测的对象。

(二)正文

正文主要由前言和主体两部分组成。

1. 前言

前言一般介绍预测的对象、时间、目的、基本情况等方面的内容。前言也可以省略不写。

2. 主体

主体包括历史与现状、预测分析和对策建议三个部分。

(1)历史与现状。历史与现状是利用具体的资料和数据,对经济活动的历史和现状作简要的回顾和说明。预测报告的特点,就是根据过去和现在的经济活动预测未来,因此,在"现状"说明中要选择精确、简明的资料,为预测分析打下基础。要写好这部分内容,要求写作主体对预测对象的现状进行深入细致的调查,占有大量的资料和数据,并在此基础上进行科学的分析、判断,才能科学地预测未来。

(2)预测分析。分析资料数据,预测经济活动的趋势与规律,这是市场预测报告的核心部分。在掌握了预测对象的基本情况的基础上,对数据和资料进行定性、定量分析,通过科学的原理,预测市场未来的发展趋势和规律,从而形成对预测对象未来前景的正确估计,作

为市场决策的主要依据。

(3) 对策建议。根据预测分析,在对资料作了细致的分析研究并对市场未来的发展趋势做出预测之后,提出切实可行的建议,这是预测的目的。建议应该具体可行,操作性强,有指导性,避免笼统、抽象、不得要领。

总而言之,写作市场预测报告,要求能运用数据资料,准确说明现状;通过分析数据资料,科学推断未来;依据分析预测,提供可行建议。

四、写作注意事项

1. 目的明确,及时到位

撰写者要有明确的目的,才能做到有的放矢,为企业经营决策提供可靠依据。同时,更要及时到位。市场预测报告应是在企业决策之前完成,如果错过了时机,一方面市场预测报告失去了价值,另一方面也会给企业带来不可挽回的损失。

2. 讲究科学,预测准确

只有讲究科学,才能做到预测准确。这需要两个方面:一是要方法科学,无论是采用定性还是定量的分析方法,都应以科学为依据,做到客观真实;二是要有科学的思维方式,不能人云亦云,不能凭空想象,无论是预测的程序还是预测的内容都应以科学的态度来对待,不能感情用事。

3. 数据确凿,应时而变

在写作方式上,除了用文字陈述外,还应使用数据和图表的方式来说明问题,尤其是数据的使用一定要准确,确实是通过认真调查得来的第一手材料。市场风云变幻,影响市场的因素也在不断变化,因此,市场预测报告也要应时而变,要根据新的情况、新的信息更新预测,这样才不至于被市场所淘汰。

五、病文诊断

2014年市场预测

2014年,水稻播种面积将有所扩大,产量呈恢复性增长,但库存进一步下降,稻米价格预计将维持在现有的较高价位运行。

一、生产形势分析

(1) 全国粮食安全工作会议后,农业部提出了确保2014年全国粮食总产不低于6亿吨的目标,各地加大了粮食生产的力度。但小麦播种面积减少已成定局,单产又难以有大的提高,小麦总产量增加很难;玉米存在与大豆和棉花争地的问题,因此,2014年粮食目标任务的完成主要依靠稻谷。

(2) 随着农村税费改革、粮食直补政策和良种补贴政策的实施,特别是稻谷和稻米价格的大幅反弹(较2013年年初上涨30%以上),较好地激发了农民种粮的积极性,水稻生产播种面积将有一定程度的扩大,如果不发生大的自然灾害,稻谷总产量将出现恢复性增长。

(3) 全球粮食产量和库存量连续几年减少的情况,已引起各国政府的高度关注,2014年度全球包括水稻在内的粮食作物的播种面积和产量将出现转折,呈扩大和增长态势。

综上所述,2014年国内、国际水稻生产均呈扩大趋势。

二、供需状况分析

1. 弥补库存的需求增加

据国家粮油信息中心稻米市场年度分析,去年,我国稻米商品库存量与国内消费量的比例、全国稻谷产量均有所降低,价格坚挺,出库量大于入库量。因此,为保证粮食安全,2014年各地将增加粮食储备。

2. 消费数量呈增长态势

稻米消费途径主要是口粮、工业用粮和饲料用粮,口粮需求随着人口的自然增长呈刚性增加,工业用粮随着粮食工业的扩张而呈上升趋势,饲料用粮近几年将保持10%的增长速度。

3. 进出口将呈现净出口格局

我国稻米出口市场主要在第三世界国家,这些国家大米进口首先考虑价格因素。我国稻米品质不断提高,加上出口采取优质优价的策略,参与国际市场竞争的能力明显增强。因此,稻米进出口将呈现出口大幅增长而进口明显减少的格局。

根据需求状况,结合库存和生产情况分析,2014年全国稻米市场供求可基本保持平衡。

三、价格走势预测

1. 从供求关系的影响来看

2014年,水稻播种面积虽有一定程度的扩大,总产会相应增加,但由于与经济作物相比,种植水稻的比较效益仍然较低,播种面积大幅增加的可能性不大,增产潜力有限,供求关系不会出现大的改变。因此,价格下降的压力和进一步上涨的动力都不会太大。

2. 从生产成本的影响来看

根据中国商业联合会的市场预测报告,2014年国内市场物价将有所上升。随着生产资料包括农资的价格上涨,稻谷生产成本也将有所增加,社会上涨价心理预期较强,稻米价格下降的压力很小。

3. 从国际稻米价格的影响看

全球稻米处于供求平衡或求略大于供的状况,库存下降,今后稻米价格将有所上升,但升幅有限,这将为国内稻米价格维持在较高水平提供支撑。在经过价格大幅上扬后,国内稻米价格已明显接近或高于国际价格,进一步上涨空间较为有限。

因此,总体而言,全国大部分地区的稻米价格仍将维持在较高价位运行。

【诊断】这份市场预测报告主要存在的问题有:首先,标题不明确。写作市场预测报告,无论采用什么形式的标题,都不能缺少预测对象。本文标题没有明确指出市场预测的对象"水稻"。其次,结构内容不完整。市场预测报告的主体部分应当由历史与现状、分析预测、对策建议三个部分构成,而这篇预测报告的内容只有现状及分析预测,缺少了对策建议的内容。最后,数据资料缺乏。市场预测报告要求占有大量的数据资料,并在此基础上运用定性与定量相结合的方法进行分析、判断,才能做出科学的分析预测。本文没有具体确凿的数据资料,缺乏定量分析。因而,做出的判断缺乏科学性,难以让人信服。

六、异同辨析

市场预测报告和市场调查报告都是在市场调查研究基础上撰写而成的报告性文书,但两者有明显的区别。

1. 写作目的不同

市场预测报告主要是对市场的未来和发展前景做出预测;而市场调查报告则侧重对市场的现状进行分析研究,及时掌握市场变化情况,不失时机地调整生产和经营。

2. 方法和手段不同

市场预测报告的数据和资料既可以是通过市场调查得来的,又可以通过其他途径获取;市场调查报告的数据和资料一定要通过实际调查获取,并对其进行系统、科学的分析研究。

3. 写作内容不同

市场预测报告一定要告诉人们预测结果,并且要根据这些预测提出建议和对策;市场调查报告主要侧重调查对象现状情况的阐述,其余可让人们自己去判断。

第三节　可行性研究报告

[学习目标]

掌握可行性研究报告的含义和特点,了解可行性研究报告的类型及写法,能够按照规范的要求写作较简单的可行性研究报告。

开篇案例

银行会贷款给科学家吗?

一位杰出科学家到银行借贷创业资金,但他说不清产品的市场在哪里。此前他未曾接触任何可能的潜在客户,也没有对同类产品的市场状况进行调查分析,对与创业项目相关的行业现状与市场前景、产品的SWOT(优势、劣势、机会、危机)等方面也从未做过分析研究,更没有对拟创业项目的盈亏点进行测算和盈利预测。创业过程中,会遇到哪些风险,如何控制等,这位科学家也没有思考过,更没有论证过,他认为做市场可行性研究并不必要,只要产品功能优异,顾客自然就会上门。银行会贷款给他吗?

一个创业者如果不能在创业之前对创业项目的技术、工程、经济等方面是否科学、合理、可行进行前期调查论证,想到的只是成功,尽管他有高明的创意和优秀的产品,银行也是不可能贷款给他的。等待他的也只能是市场的"惩罚"! 这个案例告诉我们:创业要得到银行的贷款支持,就必须做好创业项目可行性研究并撰写出可行性研究报告。

一、基本知识

(一)可行性研究报告的含义

可行性研究报告是指投资建设、合资经营、新产品研发、技术改造或科研立项之前,对项目实施的可能性、有效性及技术方案等进行具体、深入的可行性论证和经济评价,以求确定一个在政策上合理、技术上先进、经济上合算的最优方案和最佳时机而写出的书面报告。

目前,可行性研究报告在我国经济社会发展中运用广泛,无论是新公司成立、新项目上马,还是新产品研发、新技术改造,在投资之前,都需要从经济、技术、生产、市场和社会环境等方面进行具体调查、研究、分析,确定有利和不利的因素、项目是否可行,估计成功率大小、经济效益和社会效益等,以便为决策者和主管机关审批提供可靠依据。

(二) 可行性研究报告的特点

1. 科学性

任何重大项目的开发或投资建厂等,可行性研究报告是必需的工作步骤,它是项目开发和工程投资的决策依据。树立科学的理念和发展观,进行广泛深入的调查研究,对获得的资料本着科学的态度进行分析,才能得出科学的结论,提出建议,科学地指导工程建设和项目开发,避免失败和浪费。

2. 真实性

真实性主要是针对资料而言。可行性研究报告必须对拟建项目有影响的各方面情况予以调查、分析、研究,得到的数据必须是真实可靠的。这是能否客观、全面地做出分析和判断的最为重要的前提,也是判断拟建项目的重要依据。

3. 系统性

可行性研究报告的论证要全面系统,对拟建项目的各种因素应做出全面系统的调查、分析和研究,在分析研究中应采用较为系统的方法和手段,既要注重现在,也要关注未来;既要注重静态和动态分析相结合,又要注重定量分析与定性分析的全面综合。只有这样,才能得出正确的结论。

(三) 可行性研究报告的类型

(1) 按研究内容,可行性研究报告可分为项目建设可行性研究报告,投资或合资经营可行性研究报告,新产品研发可行性研究报告,新技术改造可行性研究报告,利用外资、技术引进或设备进口可行性研究报告等。

(2) 按研究范围,可行性研究报告可分为一般性项目可行性研究报告和大中型项目可行性研究报告。

二、例文看台

大米加工厂建设项目可行性研究报告

一、项目概况

1. 项目名称:××乡年产2000吨优质大米加工厂建设
2. 项目建设地点:××××××
3. 项目联系人:×××

联系电话:×××××××× 传真:××××××××

4. 项目建设类型:新建
5. 项目建设规模与内容:新建年产2000吨优质大米加工厂
6. 项目投资估算:项目总投资为350万元。其中,固定资产投资为300万元,流动资金50万元。
7. 效益分析:项目建成后,年创利税120万元。

二、项目建设的必要性和可行性

(一) 必要性

1. 粮食是安天下的产业

国以民为本,民以食为天。农业是产粮的主业,无农不稳,无粮则乱。粮食生产为国家经济发展、社会稳定提供物质保证,既有战略意义,又有经济意义;同时,对提高广大农民群众的物质生活水平,建设小康社会打下良好的物质基础。

2. 优质大米符合人们消费需求

随着人们生活水平的不断提高,吃少吃好吃绿色产品成为人们的消费主流,大米是中国人的主食,普通大米的市场越来越窄,优质大米越来越受人们青睐,生产加工优质大米,是市场消费的需要。

3. 优质大米加工是增加农民收入的需要

粮食生产受自然条件、自然环境和市场的制约非常大。近几年来,农民增产不增收成为制约农业农村经济发展的突出问题。对大宗农副产品进行加工增值,是解决农产品增产不增收的唯一出路。

4. 发展粮食加工是增加财政收入的需要

××是个工业基础薄弱的乡镇,工业对财政收入的贡献率很低。随着农村税费改革工作的不断深入,直接从农产品中获得财税收入的可能性越来越小,只有进行农产品深加工,把直接农产品通过工业转化为工业产品,政府财政部门才能获得利税收入。本项目通过先建种植基地,就地加工,适应了当前国家改革趋势,为解决××财政增收难问题开辟了新的财源。

5. 粮食生产和加工面临着发展的机遇

首先,在我国大部分地方粮食以及农副产品价格出现自××××年以来的粮食价格上涨,为我国进行粮食改革提供良好环境,建立良好的粮食流通体制和运行机制,实现粮食购销市场化和市场主体多元化,充分发挥市场调节在粮食资源配置中的作用。其次,中国已融入了全球一体经济。我国粮食生产水平提高,粮食的品质和卫生安全质量有所改善。粮食在国际市场上的竞争能力有所增强,使我国粮食价格在国际市场上的优势得以体现。粮食出口量有所增加,为我国粮食生产销售提供了广阔市场空间。最后,当前粮价回升,国家出台一系列保护和提高粮食综合生产能力的政策措施,从人、财、物等方面的粮食生产体系倾斜,为粮食生产和加工的发展提供了良好的机遇。

(二)可行性

项目建设以市场为导向,充分发挥××乡农业大乡,耕地多,产粮多资源优势。本项目的建设对推动××粮食生产良性循环,做大优化产业结构及农村经济结构的调整,促使粮食生产产业化经营有着促进作用和样板示范作用,对促进农民增收和财政增收有着极其重要的意义。通过对优质稻谷的加工,增加了附加值,把原来的卖原粮变为卖优质大米,推动全乡优质水稻的推广种植。实行生产、加工、销售一体化服务,以市场为导向,企业(工厂)为龙头,基地为背景,农户为依托,企业农民得益,国家稳定,从而促进××农业经济快速发展,项目的建设切合××农业发展方向。

三、项目市场供求分析及预测

(一)市场分析

1. 国际大米市场现状

根据有关部门测算,全球2007年度大米产量为3.7986亿吨,2008年度全球大米产量预期3.9046亿吨,较2007年度增加1060万吨。在产量增幅缓慢的情况下,全球大米消费却在不断增加。缺口大米1200万吨。产需出现缺口,库存不断减少,大米价格提升空间较大,今年新增供给不足当年需求,缺口继续扩大。

2. 国内大米市场现状

近年来,随着我国种植结构的不断调整,稻谷的播种面积和产量也逐年减少。根据有关资料显示,我国稻谷已连续4年减产,其中,早稻减产则更为明显,今年国内早稻总产量预计为294亿千克,比上年减少8.5亿千克,而要稻谷减产的同时,需求量却表现为稳步增长。主要原因是:① 随着人口的不断增长,作为口粮的大米需求也在不断增加;② 今年以来各地陈粮抛售量大,市场大米可售量缺口加大,据有关资料显示,目前国内库存量相当于1994年和1995年水平,特别是企业库存更少,粮食部门和企业部门在新粮上市后急需补库,收购积极性较高。市场上大米可售量缺口加大;③ 由于我国在水稻种植技术方面大力推广标准化生产技术,稻谷的品质和卫生安全质量有所提高,我国大米在国际市场上竞争力逐渐增强,大米出口量不断增加,已连续多年保持一定规模的出口。据海关总署统计数据显示,2008年1—9月份全国进口大米193万吨,净出口69万吨。出口数量扩大,进口数量减少,进一步加大了国内市场的缺口。

3. ××乡粮食加工现状

目前,全乡稻谷加工厂仅有2家,年加工能力仅为1000吨,还没有优质大米加工厂。

(二) 市场预测

1. 国际大米市场预测

近年来,全球大米产量增幅较慢,根据美国农业部的预测,2007年度全球大米产量为3.798 6亿吨,2008年度全球大米产量预计为3.904 6亿吨,较上年产量增加1060万吨。但是,全球消费却在不断增加,根据国际方面报告,2008年度全球大米消费预期为4.123亿吨,较上年度增长0.8%,良好的消费,有利于国际大米价格上涨。因此,在2~3年内优质大米价格相对看好。

2. 国内大米市场预测

水稻连年减产,需求增加,国内大米尤其是优质大米价格上调有基础。近年来,随着我国种植结构的不断调整,稻谷播种面积和产量也逐年减少,据有关资料显示,我国稻谷连续4年减产,今年国内早稻总产量预计为589亿斤,比上年减少17亿斤,在稻谷减产的同时,需求却在增长。首先,随着人口的不断增长,作为口粮的大米需求也不断增长。其次,今年以来,各地陈粮大量销售,需求不断增加,产需出现缺口,库存不断减少,大米价格提升有支撑。今年稻谷减产,新增供给不足当年需求,缺口继续扩大,动用库存较多。最后,是由于我国大米在国际市场上的竞争力逐渐增强,加上世界大米库存量下降,国际市场大米价格上涨,我国出口大米数量不断增加,为国内大米价格提供了有力上行空间,这为项目基地建设提供了广阔的发展前景。

四、项目建设地点选择分析

1. 地理位置

××乡地处××县城北部,位于××山南段东麓,是闽赣两省四县八乡的结合部。它东邻建宁县均口镇,南接宁化县河龙、水茜乡,北连建宁客坊、黄埠、伊家乡,西面与江西石城县高田镇和广昌县塘坊乡毗邻。平均海拔478米,乡政府所在地海拔400米。

2. 区位条件

××乡是三明市重点边贸乡镇,市场辐射人口约20万人。乡域面积280平方千米,居全县第一,辖有19个行政村和1个居委会,257个村民小组。总人口34 909人,其中,农业人口32 968人,劳动力1.5万个。

3. 资源条件

××乡土地肥沃,物产丰富,盛产粮食,素有"鱼米之乡""宁化粮仓"的美誉。全乡现有耕地面积350万亩,其中水田55万亩,2008年粮食播种面积6万亩,其中水稻播种面积5万亩,总产量21 108吨,占粮食总产量的85.9%。2008年优质稻播种面积达3.5万亩,预计总产达2100吨;2009年优质稻面积将达到4万亩以上。

4. 交通运输现状

××乡距宁化县城46千米,省道富下线通过乡政府驻地,途经均口镇46千米达建宁,110千米到泰宁可上京福高速路(在建),200千米到邵武。经南丰、南城、抚州可达江西鹰潭。经省际塘安(安远至广昌塘坊)公路(在建)1小时可上昌厦(南昌至厦门)高速公路,交通方便。

5. 通信、电力

××乡早于2002年完成农村电网改造,并入华东电网,加工用电可以保证。已实现了各行政村村村通电话,移动电话信号覆盖全乡,为项目建设信息交流和今后产品销售提供便利,对项目建设和管理提供了良好条件。

五、生产工艺技术方案

1. 社会技术基础

××是一个农业大乡,种植农作物主要是以水稻为主,是全县的产粮大乡。社会技术基础良好,能接受优质生产技术标准要求。

2. 项目需要的技术力量

××乡县农业服务中心农业科技推广站有6名大专以上毕业高、中级技术职称的技术人员,他们长期在基层从事专业技术研究、推广工作,积累了成熟的技术经验,可为项目开展提供技术基础。

3. 主要技术工艺流程

稻谷除尘→稻谷提升→稻谷清筛→碾米→抛光→大米分筛→色泽分级→包装→保鲜储存。

六、项目建设目标

(1) 新建年加工优质大米2000吨的生产车间,稻谷储存和大米储存仓库各一个。

(2) 配套建立大米质量和卫生安全检测化验室一个。

七、项目建设内容、规模和投资概算

(一) 加工厂

(1) 建设砖混优质稻米加工车间一座,建筑面积800m^2,按500元/m^2计,需投资40万元。

(2) 配套建设精包装车间一座,建筑面积500m^2,按500元/m^2计,需投资25万元。

(3) 购置加工设备一套,投资50万元。

(4) 购置精包装设备一套,投资42万元。

(5) 配套建设砖混成品仓库一座,建筑面积1000m^2,按500元/m^2计,需投资50万元。

(6) 购产品运输车辆一辆,投资18万元。

(二) 优质稻米质量安全检测体系建设及购置相关设备

(1) 建设检验检测室及配套设施,建筑面积500m^2,按500元/m^2计,需投资25万元。

(2) 购置检验检测仪器设备一套,投资50万元。

以上两项合计投资为300万元。

八、项目总投资及资金筹措

项目建设中加工厂建设投资225万元,优质稻米质量安全检测体系建设及购置相关设备75万,流动资金50万元。三项合计,项目总投资为350万元。拟吸收本县社会资金或引进县外资金投资建设。

九、环境保护与安全措施

1. 环境保护

本项目中新建的优质稻米加工厂,在稻米加工中产生的谷壳、米糠及其他废料采取三种处理方案:一是米糠作为上等饲料,集中销售给养殖企业发展禽畜产业;二是谷壳可通过集中燃烧作肥料或供给农户作燃料;三是其他废料可集中沤制,供给农户用做有机肥料。

2. 安全措施

建设中严格按照土建项目施工安全要求,建立安全工作制度,确保施工人员规范操作施工,保障施工人员安全,特殊工种,要求持上岗证上岗。

3. 消防措施

严格按消防规范要求,建设和安装消防设施。

十、项目组织管理与保障措施

1. 组织机构

乡党委政府成立由乡长任组长,分管副书记任副组长的项目建设领导小组,抽调3～5名专业人员专职跟踪项目建设,提供服务,确保项目建设不受干扰。

2. 实行项目法人责任制

项目业主为法人,××乡政府为责任单位,按项目法人责任制要求,项目法人对项目工程质量终身负责。

3. 项目质量管理

项目建设严格按规定实行招投标,设计与施工必须由有资金的单位进行,严格进行工程质量检验或质量监理,保证工程质量合格。

十一、效益分析与风险评价

(一)效益分析

1. 经济效益

工厂年加工优质米2000吨,以加工稻谷每吨获纯利100元,优质米每吨销价比普通大米增加500元计算,可年创利润120万元,经济效益显著。

2. 社会效益

项目建成后,形成固定资产300万元,可带动粮食的产业化经营,促进粮食质量提高及产品流通,最少可安排30人就业,社会效益显著。有力地增强农业生产后劲及全面提高土地综合生产能力,为发展优质粮生产打下坚实的基础,为全县粮食产业发展起到典范作用。

(二)风险评价

项目建设是加强农业的基础地位、大力发展社会生产力的重要举措,是落实"科学发展观"重要的具体行动,对稳定粮食产业的长效发展有利。项目的投入,经济效益明显,社会效益显著,项目建设不存在风险问题或风险极小。

综上所述,建设优质大米加工厂既非常必要,又非常可行。

【评析】无论是投资建厂,还是开发新产品、新项目,都必须进行科学的研究论证和评估方可实施。因此,将可行性研究报告写得内容翔实,分析透彻,点面结合是很有必要的。本文从项目概况、项目建设的必要性和可行性、项目市场供求分析及预测、项目建设地点选择分析、生产工艺技术方案、项目建设目标、项目建设内容和规模和投资概算、项目总投资及资金筹措、环境保护与安全措施、项目组织管理与保障措施,以及效益分析与风险评价十一个方面对建设优质大米加工厂的必要性、可行性和合理性等进行了分析、阐述、论证,资料充分,论述有力,有较强的说服力,最后得出的结论也令人信服。

三、可行性研究报告的构成要素与写法

一份完整的可行性研究报告一般由封面、目录、正文和附件等部分组成。

（一）封面

封面一般包括可行性研究报告的名称、可行性研究报告编写单位的名称、负责人的姓名和编写时间等。

可行性研究报告的名称即标题,一般由项目单位、项目名称和文种组成,如《××市关于扩建高新开发区的可行性研究报告》。也可省略项目单位,强调项目名称,如《农产品出口基地建设项目可行性研究报告》。

（二）目录

内容较多、篇幅较长的可行性研究报告,一般都需要将报告的纲目性内容列出,放在报告正文的前面作为目录,方便读者阅读。

（三）正文

正文一般包括总论、主体和结论三个部分。

1. 总论

总论亦可称引言、前言或总说明。一般介绍立项的依据、原则、背景、目的以及实施该项目的意义,承担可行性研究的单位、项目负责人、实施单位的简要情况等。

2. 主体

这是可行性研究报告的核心内容,也是系统论证项目可行性的主要部分。要求以大量的数据和资料为依据,以经济效益和社会效益为中心,对项目的可行性展开论证和分析,因可行性研究报告的内容较多、涉及面广,不同的项目又有不同的特点,故在主体内容上有不同的模式和要求。以新建一个工厂为例,其可行性研究报告的主体内容按国家有关文件规定,一般应包括：市场需求情况预测以及项目的规模和产品方案;资源、原材料、燃料、动力、运输及公用设施落实情况;建厂条件和厂址方案;技术工艺方案;总图和运转方案;环境保护、生产安全及劳动卫生方案;企业组织、劳动定员和人员培训意见;建设工期和实施进度;项目投资、生产成本和资金筹措方案;企业经济效益和社会效益的评价等。

3. 结论

这部分应包括结论和建议。通过主体部分的论证,对项目建设的必要性和可行性做出判断,得出可行或非可行的结论。另外,在得出结论的同时还可提出建议。

（四）附件

即附在正文后面的必要的有关资料和说明性文件。附件一般包括：可行性研究委托书,项目建议批准书,有关协议、意向书,地址选择报告书,环境影响报告,有关图表等。

四、写作注意事项

1. 准备充分

撰写可行性研究报告之前,必须认真调查、勘察,详细收集大量资料,做好充分的准备工作,才能对项目的可行性研究做到心中有数。

2. 内容真实

可行性研究报告涉及的内容以及反映情况的数据,必须绝对真实可靠,不允许有任何偏差和失误。因此,所运用的资料、数据,都要经过反复核实,以确保内容真实。

3. 科学预测

可行性研究报告是在投资决策或建设新项目等经济活动开展之前撰写的研究性报告。它是对事物未来发展的情况、可能遇到的问题和结果的估计,具有预测性。因此,撰写者必须进行深入的调查研究,充分占有资料,运用切合实际的预测方法,科学地预测未来经济活动的前景。

4. 论证严密

论证性是可行性研究报告的一个显著特点。要使其有论证性,必须做到运用系统的分析方法,围绕影响项目的各种因素进行全面、系统的分析,既要进行宏观的分析,又要进行微观的分析。

五、病文诊断

吸发式电推剪生产可行性研究报告

一、国际国内理发业目前使用的电推剪的缺点

据初步调查,国际(亚洲如韩国和日本、美洲如美国、欧洲如意大利、中东如以色列等)国内理发业目前广泛使用的电推剪在进行理发作业时,存在如下缺点:第一,被剪断的发屑以及头屑会散落飞溅到人们的头上、脸上、脖子里、衣服上、理发座椅及其附近地面上,同样会散落或飞溅到理发人员的脸上、双手和衣服上,不仅令人讨厌和难受,而且污染环境,传播皮肤疾病;第二,理发必须由专业理发人员进行。

二、吸发式电推剪的优点

使用专利产品——吸发式电推剪进行理发作业时,它能将被剪断的头发以及头屑方便地收集起来,防止其到处散落和飞溅,使被理发人员和理发人员免除不舒服之感,改变环境卫生和防止皮肤疾病传染;同时,非专业理发人员按照说明书的要求,凭借专门设计的理发靠模,就可以十分方便地进行理发作业,而且可理多种发型(这就意味着吸发式电推剪可以进入家庭),极大地提高人们的生活质量。

三、吸发式电推剪的适用对象

因为吸发式电推剪克服了本报告第一条所列出的现在普遍使用的电推剪的缺点,具有本报告第二条所列之优点,所以,吸发式电推剪适用于以下消费对象:① 家庭;② 医院、疗养院、老人院;③ 美容美发厅;④ 军队;⑤ 一般理发店。同时,吸发式电推剪还适用于出口。(具体分析从略)

四、吸发式电推剪的趋势

因为吸发式电推剪具有本报告第二条所列之优点,有广泛的适用性,相关的人员均表示

欢迎(已做过近五年的广泛调查),而且价位适中(每台售价预计 300 元人民币左右),故吸发式电推剪面市后,将逐步淘汰现在国际国内目前普遍使用的旧式电推剪。

五、国内吸发式电推剪的市场前景与经济效益量化分析

1. 市场饱和量和年度需求量

(1) 居住在城镇的家庭用户饱和量:3000 万台[15 亿(居住在城市的家庭约有 15 亿个)×20%(每 100 个该类家庭有 20 个家庭采用)]。

该类家庭年度需求量:500 万台[3000 万台÷6(使用 6 年报废)]。

(2) 居住在农村的家庭用户饱和量:600 万台[2 亿(居住在农村的家庭约有 2 亿个)×3%(每 100 个该类家庭有 3 个家庭采用)]。

该类家庭年度需求量:100 万台[600 万台÷6(使用 6 年报废)]。

(3) 医院、疗养院、干休所、老人院用户饱和量:60 万台[根据《2006 中国统计年鉴》概算]。

该类单位年度需求量:20 万台[60 万台÷3(使用 3 年报废)]。

(4) 美容美发厅用户饱和量:45 万台(根据抽样调查估算)。

该类单位年度需求量:15 万台[45 万台÷3(使用 3 年报废)]。

(5) 军队用户饱和量:3 万台(估算)。

该类用户年度需求量:1 万台[3 万台÷3(使用 3 年报废)]。

(6) 一般理发店用户饱和量:280 万台(按每 500 人拥有一个理发店概算)。

该类用户年度需求量 140 万台[280 万台÷2(使用 2 年报废)]。

以上(1)~(6)类用户的年度需求总量为 776 万台。

2. 目标年度销售收入和利润

(1) 年度主机销售收入:23.28 亿元人民币[300 元×776(万台)]。

(2) 年度配件销售收入:2.328 亿元人民币(配件销售收入一般占主机销售收入的 10%)。

(3) 目标年度利润额:5.1216 亿元人民币[(23.28 亿元+2.328 亿元)×20%(销售收入利润率)]。

3. 可望实现的年度销售收入和利润

以上目标年度销售收入和利润数,即使只实现 30%(这个目标通过努力是完全可以达到的),则该产品进入成熟期后,可望实现的年度销售收入为 7.6824 亿元人民币(主机加配件),利润为 1.53648 亿元人民币。

六、出口的市场前景和经济效益量化分析(暂未计算)。

七、实施吸发式电推剪项目,投资少,风险小,组织生产容易。

八、吸发式电推剪为专利产品,且设计独特,他人无机可乘,独家生产和销售有法律保障。

九、吸发式电推剪出口的专利保护(略)。

十、以吸发式电推剪为龙头,可以形成一个生产系列理发工具、洗发护发用品和化妆品的企业群。

吸发式电推剪设计独特,为专利产品。如精心组织生产和销售,则很容易获得较高知名度。当该产品获得一定知名度后,以该产品为龙头,向该产品的两翼发展,则形成一个生产系列理发工具、洗发护发用品和化妆品的企业群,也并非难事。

十一、结论

吸发式电推剪较国际国内普遍使用的电推剪,具有明显的优点和适用性,必然深受顾客

和理发员(即使用人)欢迎。该产品面市后,毫无疑问将逐步淘汰现在国际国内普遍使用的电推剪,市场容量巨大。实施吸发式电推剪项目,投资少、风险小,组织生产并形成较大批量并不困难,以此为龙头形成一个企业群亦有可能,经济效益和社会效益十分可观。因为是专利产品,要做好专利保护工作,独家生产并向国内国际市场销售产品,其合法权益会受到国内和国际法保护。

【诊断】本文是一篇论证产品开发的可行性研究报告。文章分析了目前普遍使用的电推剪的缺陷,阐述了本项目的优点、适用范围、发展趋势、市场前景等方面的情况,比较全面地论证了本项目实施的可行性。文章的论证部分,材料数据比较充分,分析、论证也较合理。

该例的不足之处在于:① 缺少"前言"部分,应交代清楚本项目的承担人或实施单位等情况;② 缺少"附件"部分;③ 文中结构层次序码使用不规范;④ 分析有些理想化。

第四节　招标书　投标书

[学习目标]

了解招标书、投标书的含义、特点和种类;掌握招标、投标的程序;能够按照写作要求撰写招标书、投标书。

开篇案例

民政局有权对婚姻登记照相服务招标吗

在哪家影楼照结婚登记照片,即将走入婚姻殿堂的有情人有自由选择的权力。A县民政局却发布公告对婚姻登记照相服务项目公开招标,结果被告上法庭。

20××年7月26日,A县民政局发布了《婚姻登记照相服务公开招标公告》,决定对婚姻登记照相服务项目进行公开招标采购,邀请符合条件的投标人于20××年8月15日上午9点10分前参加投标,并于20××年8月17日上午9点40分开标。招标公告发出后,A县JFR婚纱摄影公司、YG影艺公司、QMAR婚纱摄影公司和FH图片社四家影楼均认为A县民政局无此项行政权力,其具体行政行为侵犯了行政相对人的合法权益,遂联手提起行政诉讼,把A县民政局推向被告席。后来,A县民政局做出书面说明,终止了该服务项目的招标行为,四家影楼见诉讼目的已达到,自愿向法院申请撤诉。

招标是一种什么样的活动?上述案例中,A县民政局有权对婚姻登记照相服务招标吗?招投标过程中常用的文书有哪些?这一节我们就来学习招投标活动中常用文书的写作。

一、基本知识

招标书与投标书是招投标过程中不可缺少的重要文书,是招标投标工作的重要依据。

(一)招标书的含义、类型和特点

招标书也称"招标公告"或"招标通告",是招标人为择优选择合作伙伴,在法律法规许可的条件下,根据自己的招标事项和要求,通过不同的媒体方式向社会不特定的邀请对象发出的明确招标条件的公告性文书。

招标书有不同的类型。按内容和性质可以分为大宗商品采购招标书、工程建设招标书、企业承包经营招标书、企业租赁招标书、劳务招标书、科研课题招标书、技术引进或技术转让招标书等。

招标书有以下三个方面的特点。

1. 规范性

招标书的制作有法可依,即按照《中华人民共和国招标投标法》(以下简称《招标投标法》)的基本规定和要求,严格制作过程和基本内容。

2. 公开性

招标的过程应该本着公开、公平、公正和诚实信用的原则进行,整个招标过程应该是透明的。招标书一般应该通过媒体公开发布。

3. 效益性

通过公开招标,让众多的投标人竞争,从中选出最能胜任该项工程或服务的人选,以取得最佳的经济效益。

(二)投标书的含义、类型和特点

投标书也称"标函"或"标书",是投标人按照招标条件和要求制作的在规定时间内递送招标人的承诺性文书。

招标人组织开展的评标、决标一系列活动,都必须以投标书为依据。

投标书有不同的类型。按内容和性质可以分为大宗商品采购投标书、工程建设项目投标书、企业承包经营投标书、企业租赁投标书、劳务投标书、科研项目投标书、技术引进或技术转让投标书等。

投标书有以下三个特点。

1. 针对性

投标书的针对性很强,它的内容必须针对招标书提出的项目、条件和要求来做出承诺,并针对自己的情况进行有理有据的分析。

2. 竞争性

投标人要中标,投标书必须具有较强的竞争力,通过对自我优越条件的分析,表明自己的竞争实力,有能力按照投标书提出的要约按时按量的完成标的。

3. 求实性

求真务实是投标人应该具有的本色,对投标项目和自己的条件做出客观公正的分析和介绍,对拟采取的举措和承诺以实事求是的态度对待,方能在竞争激烈的市场取胜。

(三)招标与投标的程序

招标和投标必须在法律监督和保护的条件下进行,具体程序如下:

1. 招标

招标单位成立招标机构、编制招标文件、确定项目标底、发布招标公告或发出投标邀请书、审查投标人资格、出售招标文件。

2. 投标

投标人领取或购买招标文件,研究招标文件,编写投标文件,填写标书并按时将投标文件密封递送给招标人。

3. 开标

招标人在规定的时间、地点按要求将各投标方的投标文件当众揭晓。开标必须邀请各投标方代表参加。

4. 评标

招标人根据有关规定，邀请有关人员和专家对所有标书进行评审。审查标书，对标书进行分析、比较、评审，评定标书，写出评标报告。

5. 决标

招标人最终裁定、通知中标人，通知未中标人并退还其投标保证金。

6. 签约

招标人与中标人签订合同，招标工作结束。

二、例文看台

例文1

××都市报2017年商业印刷项目招标公告

受广东××都市报经营有限公司委托，广东××报业传媒集团有限公司遵循公开、公平、公正的原则，现对××都市报2017年商业印刷项目进行公开招标，欢迎合格的投标人前来投标。

1. 项目概况

1.1 项目名称：××都市报2017年商业印刷项目

1.2 项目编号：ZB××××××

1.3 项目简介

1.3.1 本集团现拟对××都市报2017年商业印刷进行公开招标，合同期为一年。

1.3.2 本项目需选取两个中标人，原则上第一中标人承担铜版纸系列的全年主要印务，第二中标人为铜版纸系列的补充印点，承担铜版纸系列的部分印刷及装订业务。招标人有权根据业务需要调配中标人的承印业务。

2. 投标资格

2.1 在中华人民共和国境内注册成立，具有独立法人资格。

2.2 第一中标人须有两台或以上商业轮转机，三条以上7头骑马订龙；第二中标人须有一台或以上商业轮转机，两条以上7头骑马订龙。

2.3 不接受联合体投标。

3. 投标报名

3.1 即日起以传真方式报名，报名函须注明所投项目名称、投标人名称、投标人联系方式等信息，并加盖法人公章。

3.2 报名时间截至2017年5月29日上午10时。

4. 招标文件发售

4.1 招标文件每份300元，售后不退。

4.2 广州本地单位持单位有效证明到本公司购买；广州市外单位将招标文件购买款汇至如下账户，并将银行汇款凭据传真给招标人。

招标人开户银行：

单位：广东××报业传媒集团有限公司
开户行：建设银行广州市××××支行
账号：440014009050500×××××
4.3 招标文件发售时间：2017年5月29日14时至16时。
4.4 招标文件发售地点：广州市××大道中×××号××报业传媒集团××楼321室。
5. 购买招标文件时须报送的文件
5.1 委托代表人身份证明书。
5.2 法定代表人授权委托书。
5.3 工商营业执照副本及税务登记证副本。
5.4 厂家印刷设备清单（列明所有印刷设备的类型、数量及油墨使用情况）。
购买招标文件时报送的文件原件审核后退还，复印件须加盖法人公章。招标人仅对审核通过的投标人发放招标文件。
6. 投标文件递交
6.1 地点：广州市××大道中×××号××报业传媒集团××楼321室。
6.2 时间：2017年6月6日16：00截止（逾期送达或不符合规定的投标文件将被拒绝）。
7. 联系方法
联系人：×××　××
联系电话：(020)×××××××
传真号码：(020)×××××××
地　址：广州市××大道中×××号××报业传媒集团招投标办公室（××楼321室）

××报业传媒集团招投标委员会
2017年5月21日

【评析】这份招标书首先介绍了招标的原则和招标的项目，接着主体部分从招标项目概况、投标资格、投标报名、招标文件发售、购买招标文件时须报送的文件、投标文件递交以及联系方法等方面，将招标的事项、条件和要求等内容表述得清楚、具体，便于招标工作的开展。最后写明招标单位和发布招标书的时间。全文内容明确、语言简洁，符合招标书写作的规范要求。

例文 2

投标邀请书

××××××（被邀请单位全称）：
　　××××××工程，是我省××××年度重点计划安排的项目。经请示××××同意采取招标办法进行发包。
　　你单位多年来从事××××工程建设，施工任务完成得较好。对此，我们表示赞赏。
　　随函邮寄"××××工程施工招标书"一份。如同意，望于××××年××月××日光临××招待所×楼××号房间，领取招标文件，并请按规定日期参加工程投标。

招标单位：××省××厅××处招标办公室
地址：××省××市××路××号
联系人：×××
电话：××××××
邮政编码：××××××

××省××厅××处招标办公室
××××年××月××日

【评析】 招标的方式有两种：一是公开招标，通过报刊公布或公开张贴的形式，向不特定的对象公布招标的有关信息；二是邀请招标，即由招标单位邀请特定对象参加投标，一般采用"投标邀请书"的形式。该例文属于第二种方式的招标文书。投标邀请书通常由标题、称谓、正文、署名等部分构成，正文部分要求说明招标的目的、依据，以及招标的具体事项，如果另有招标公告或招标通告，则不需就招标事项进行详细说明，只需向对方发出邀请，希望对方参加投标。该例就是这种写法。

例文 3

投标申请书

××市招标投标管理办公室：

我单位依据现有施工能力，决定参加××工厂××厂房工程投标，保证达到招标文件的有关要求，遵守其各项规定。

特此申请。

附：《××建筑工程公司简介》

投标单位：××建筑工程公司（章）
负责人：×××（签章）
××××年××月××日

【评析】 投标申请书，是投标单位按照招标公告或投标邀请书规定的时间递交的申请书，一般附带着投标企业简介等文字材料，以备招标单位审定投标资格。只有投标申请获准后，才能参加投标。投标申请书一般由标题、称谓、正文、附件、署名五个部分构成。正文部分要表明参加投标的意愿和有关事项。该例文格式正确，内容言简意赅，态度明朗，是一篇较为规范的投标申请书。

例文 4

投 标 书

××市水文局：

我单位研究了贵局的××花园园林绿化工程招标文件及工程的图纸和其他有关资料，并勘查了现场，现正式提出，我方愿意以人民币×万元的总承包价承包××花园园林绿化工程的施工任务，并同意按照该工程的图纸、合同条款、施工细则和工程量清单以及招标文件中其他有关条款进行施工。

一旦我方中标,我方将保证按投标书着手承建准备,并保证在××××年6月10日以前完成并移交整个工程,同时我方将按规定交纳履约保证金(合同金额的5%)×万元,工程风险抵押金(合同金额的10%)×万元。

我方的投标书从开标日期××××年××月××日起×天内有效,在此期间该投标书始终对我们保持约束,我方保证不改变投标总金额,并随时接受中标。

投标保证金在投标有效期内,如果我方撤回投标书或不参加开标仪式,或开标后修改投标总金额,或在接到中标通知后2天内拒签合同,则投标保证金可由贵局没收。

我方理解贵局不保证报价最低的投标单位中标。我方同意负担直至合同协议签署时,为此次投标所发生的一切费用。

附件:(略)

投标单位:××××绿化种苗有限公司
法人代表:×××
联 系 人:×××
单位地址:××市××路××号
联系电话:×××××
投标日期:××××年××月××日

【评析】这是一篇园林绿化工程施工承包投标书,全文从投标意愿、投标承诺、投标声明等方面进行说明,清楚明白,结构完整,内容虽比较简略,但是一篇符合规范要求的投标书。

三、招标书与投标书的写作

(一)招标书的构成要素与写法

《招标投标法》第十六条第二款规定:"招标公告应当载明招标人的名称和地址、招标项目的性质、数量、实施地点和时间以及获取招标文件的办法等事项。"招标书一般由标题、正文和尾部三部分构成。

1. 标题

招标书的标题有以下两种形式。

(1)完整式标题。包括招标单位名称+项目内容+文种,如"××大学图书馆建设工程招标书"。

(2)省略式标题。可以省略招标单位名称,如"××高架路工程施工招标公告";或者省略项目名称,如"××××责任有限公司招标公告"。

2. 正文

招标书的正文包括前言和主体两部分。

(1)前言。简要介绍招标项目的基本情况,包括招标项目名称、招标单位名称和招标的依据、目的、范围等。以便有意投标者明确努力的方向和目标,按照招标文件的要求编制投标文件。

(2)主体。这是招标书的核心部分,应具体交代招标方式(如公开招标、内部招标或邀请招标等)和招标程序等,一般要写明以下内容:标的的性质、数量、技术规格和要求;投标价格的要求和计算方式;完成标的或提供服务的时间;投标人应该提供的有关资料和资信证明;提供招标文件的方式、地点和截止日期;开标的时间、地点等。

招标项目的性质不同,招标书的内容和要求也就有所不同。如果是大宗货物采购的招标书,一般要写清楚货品的名称、数量、规格、型号和交货日期等;如果是工程建设类招标书,应写明工程名称、工程规模、工程地址、工程工期等内容。

主体部分可采用条文式、表格式、条文表格组合式表述。语言应准确、周密、简洁,便于投标单位阅读及定夺。

3．尾部

招标书的尾部应写清以下内容,以便投标人与招标人及时联系。

(1) 招标单位全称。

(2) 详细地址。

(3) 通讯号码(电话、传真、邮编或网址等)。

(4) 行文日期。

招标书正文的写作,没有固定的模式,但最重要的应将招标的项目、条件、购买招标文件的时间、地点、价格和方式等内容告知有意投标者。只要将这些写清楚,在安排写作内容时,顺序可灵活掌握。

(二) 投标书的构成要素与写法

投标书常见的表述形式有文字式、表格式和文字表格兼有式。表格式一般由招标单位拟制,投标单位只要按照标书的表格填写好即可。下面我们主要介绍文字式投标书的写作。

投标书一般由标题、主送单位、正文、附件和尾部五个部分组成。

1．标题

投标书的标题主要有以下两种形式。

(1) 完整式标题:包括投标人名称+投标项目+文书名称,如"××建筑公司承包××建筑工程投标书"。

(2) 省略式标题:或省略项目名称,如"××物业管理公司投标书";或省略投标人名称,如"××土地使用权投标书";亦可直接写"投标书""投标单"。

2．主送单位

主送单位是对招标单位的称呼。应在标题之下,顶格写明招标单位的名称。

3．正文

投标书的正文部分包括引言和主体两个部分。

(1) 引言。引言简要交代投标目的、依据和指导思想,表明投标的意愿,点明投标的项目和内容。亦可简要介绍投标单位的现状和情况。

(2) 主体。这部分是投标书的核心内容,主要根据招标文件提出的目标、要求等,说明投标企业具备的投标条件和优势,提出标价(可用表格表示),完成招标项目的时间、质量、措施等承诺条件,并可根据招标者提出的要求填写招标单等。

不同的投标项目,投标书的写作内容有所不同。

工程建设投标书的主体一般应写明:工程项目的基本情况,工程标价,工程项目的开工、竣工日期,施工进度安排,施工方法及技术措施,质量等级和质量保证措施,主要材料指标等;投标人的基本情况、技术力量、施工装备情况;投标人承诺、声明。

大宗货品采购投标书的主体一般应写明:货品报价,货品规格、型号、数量、质量,交货方式、时间、地点,质量保证措施等;投标人的基本情况、应标条件及优势;投标人承诺、声明。

4．附件

附件是指投标书所附带的利于投标人中标的有关文件材料等。一般在正文左下方分别写明各种附件的名称、正本、副本数量。

5．尾部

尾部必须写清以下内容,以便双方及时联系:

(1) 投标人的名称;
(2) 详细地址;
(3) 法人代表及联系人;
(4) 通讯号码(电话、传真、邮政编码等);
(5) 递送标书的日期并盖章。

四、写作注意事项

1. 招标书的写作注意事项

(1) 事项合法,切实可行。应依据《招标投标法》开展招标工作,招标程序应符合实际、科学规范、切实可行。

(2) 内容全面,具体明确。介绍招标项目的内容要真实全面,招标的步骤要清楚具体,对投标人的要求应明确。

(3) 合乎规范,准确简洁。"定体则无,大体须有。"招标书的写作应合乎规范,语言表述更应准确简洁。尤其招标项目名称、技术规格、质量标准、投标方法、投标和开标的时间期限、招标文件的发售等应准确表达,不可笼统、含糊,避免歧义,以免影响招标工作的开展。

2. 投标书的写作注意事项

(1) 实事求是,资料真实。投标书的内容直接关系能否中标,因此投标书在介绍自己的条件和优势时,一定要实事求是。所附的有关资料、数据,也应真实准确。

(2) 考虑周密,表达准确。投标书的内容关系对招标人的承诺,具有法律的严肃性。应考虑周密,语言表达准确,力避模棱两可、易生歧义的语句。

(3) 态度谦和,用语得体。标书中宜用"贵方""贵单位""贵公司"等尊重对方的词语,显示投标人的谦和,以便对方容易接受投标。

五、病文诊断

病文 1

招 标 书

我校拟在××校区新建一座办公楼,由××市城市建设委员会批准,建筑工程实行公开招标,现将招标有关事项公告如下:

一、工程名称:××××大学××校区办公楼

二、建筑面积:××××m²

三、设计及要求:详见附件

四、承包方式:全部工程实行包工包料

五、领取招标文件时间:有意投标者,请于20××年3月20日前领取招标文件,逾期不予办理。

投标人请将投标文书及上级主管部门的有关签证等,密封投寄或派人直接送本校基建处。收件至20××年4月20日截止。开标日期定于20××年××月××日,在××市公证处公证下启封开标,地点在××市××路××号××大学办公楼312室。

××大学××校区建设招标办公室

20××年2月25日

【诊断】招标书的写作应将招标的项目、招标的范围、招标的条件、招标的步骤等内容表述得明确、具体,不可笼统、含糊。这则招标书的招标范围、工程施工地点、投标人应具备的条件、招标的起始时间、招标文件发售的具体时间、地点,招标文件的价格与购买方式,招标单位的地址、联系人与联系电话等内容写得不清楚、不具体。这势必会影响招标工作的开展。应按招标书的写作要求补写得完整、清楚。

病文 2

致××公司投标书:

 我们看到了××公司的招标书,觉得凭借我们的实力一定能够中标。因此,我们决定投标。

 1. 货物总报价:500万元人民币。
 2. 货物清单一式三份。资格审查文件一式三份。
 3. 投标保证书一份。

 另外,我们必须郑重声明,我们拥有以下权利和义务:

 1. 我们将根据招标文件的规定履行合同的责任和义务。
 2. 投标人放弃要求你们进一步招标文件。
 3. 如果在开标之后的投标有效期内撤标,那么投标保证金将归你们所有。
 4. 鉴于以上情况,我们认为你们一定会选择我们中标。

××机械制造厂

××××年××月××日

【诊断】这份投标书主要存在以下问题:① 格式不规范。将标题和投标书的主送单位混为一体,不符合规范要求。应按要求补写出标题,主送单位修改为"××× 公司"。缺少附件。一般来说,投标人递送给招标人的投标书还应附带有关文件材料,它是投标文件的主要内容,有利于投标人中标。该投标书的附件应写清楚名称、数量等。文尾部分缺少投标人的详细地址、法人代表、联系人和联系电话、传真、邮政编码等内容,应写全。② 语言运用不符合写作要求。用语没有做到谦和得体,多处语句运用不妥。如开头"我们看到了×× 公司的招标书"中的"看到"修改为"审阅"或"研究"更得体,"×× 公司"改为"贵公司"比较妥当。"觉得凭借我们的实力一定能够中标"一句,有失谦和,给人一种自我吹嘘的感觉,对中标不利。"鉴于以上情况,我们认为你们一定会选择我们中标"一句主观性太强,中标靠的是企业的实力和商业信誉,而不是自吹自擂。"另外,我们必须郑重声明,我们拥有以下权利和义务"一句,修改为"我们郑重承诺"较好。"投标人放弃要求你们进一步招标文件"一句存在语法错误,意思也表述不清,应修改为"投标人放弃要求贵公司进一步解释招标文件的权力"。根据《招标投标法》的规定,投标人一旦向招标人递交了标书,那么该标书就具有法律效力,如果撤标就要承担法律责任,因此"如果在开标之后的投标有效期内撤标,那么投标保证金将归你们所有"一句表述不妥。文中多处出现"你们"显得对招标人不够尊重,运用不得体。另外,该投标书正文主体部分的内容不具体,前后顺序也应作适当调整。

第五节 合 同

[学习目标]

了解合同的含义和种类;掌握合同的构成要素和订立合同的原则;把握合同写作的语言要求,学会拟写常用合同。

开篇案例

擅改广告词吃大亏

据《齐鲁晚报》:日照酿酒(集团)公司总厂委托济南东信公司在电视台代理发布广告。双方在签订的广告合同中约定:播出时间共 7 个月,广告词为"日照特曲,祝您幸福"。同年 6 月 1 日至 9 月 24 日,东信公司按合同规定发布广告。但到 9 月份,电视台规定所有栏目内广告一律不得出现酒类品牌。东信公司未经酒厂同意自行变更广告词为"日照集团,祝您幸福",并于 1997 年 9 月 25 日至 12 月 31 日播出,此段时间广告费为 376 822.08 元。其间,酒厂也未提出异议。但广告播完后,酒厂拒付广告费。于是东信公司起诉至日照市中级人民法院,酒厂同时提出反诉。此案最后的判决结果是:东信公司违约,应承担违约责任,但酒厂在应当知道广告词已变更的情况下未及时提出异议,导致损失扩大,也应承担一定责任。法院最终判定,1997 年 9 月 25 日至 12 月 31 日期间的广告费由东信公司自行承担 263 775.46 元,酒厂承担 113 046.62 元。

据不完全统计,我国每年订立的合同有 40 多亿份。人民法院每年受理的合同纠纷案件,有 300 多万件。上述案例告诉我们,市场经济时代,我们必须认真学习与合同有关的知识,会拟写合同。

一、基本知识

(一)合同的含义

合同是具有某种法律关系的契约性文书。《中华人民共和国合同法》(以下简称《合同法》)第二条规定:"合同是平等主体的自然人、法人、其他组织之间设立、变更、终止民事权利义务关系的协议。"

合同关系是一种法律关系,对当事人具有法律约束力。当事人应当按照约定履行自己的义务,不得擅自变更或者解除合同。依法订立的合同,受法律保护。

(二)合同的原则

依据《合同法》,签订合同应遵循下列原则:

1. 平等原则

合同当事人的法律地位平等,一方不得将自己的意志强加给另一方。一方以胁迫手段订立的合同无效。

2. 自愿原则

当事人依法享有自愿订立合同的权利,任何单位和个人不得非法干预。一方以欺诈、胁迫的手段或者乘人之危,使对方在违背真实意愿的情况下订立的合同无效,受损失方有权请求人民法院或仲裁机构变更或者撤销合同。

3. 公平原则

当事人应当遵循公平原则确定各方的权利和义务。因重大误解订立的合同，或在订立合同时显失公平的，当事人一方有权请求人民法院或仲裁机构变更或撤销合同。

4. 诚实信用原则

当事人行使权利、履行义务应当遵循诚实信用原则。

5. 守法重德原则

当事人订立、履行合同，应当遵守法律、行政法规，尊重社会公德，不得扰乱社会经济秩序，损害社会公共利益。订立合同本身属于法律行为，因此守法是当事人必须遵循的基本原则。凡是恶意串通损害国家、集体或他人利益的合同，以合法形式掩盖非法目的的合同等，都是无效合同。

（三）合同的种类

《合同法》按合同的性质和内容，把合同分为以下 15 类。

(1) 买卖合同：是出卖人转移标的物的所有权于买受人，买受人支付价款的合同。

(2) 供用电、水、气、热力合同：是供电人向用电人供电，用电人支付电费的合同。供用水、供用气、供用热力合同，参照供用电合同的有关规定。

(3) 赠予合同：是赠予人将自己的财产无偿给予受赠人，受赠人表示接受赠予的合同。

(4) 借款合同：是借款人向贷款人借款，到期返还借款并支付利息的合同。

(5) 租赁合同：是出租人将租赁物交付承租人使用、收益，承租人支付租金的合同。

(6) 融资租赁合同：是出租人根据承租人对出卖人、租赁物的选择，向出卖人购买租赁物，提供给承租人使用，承租人支付租金的合同。

(7) 承揽合同：是承揽人按照定做人的要求完成加工、定做、修理、复制、测试、检验等工作，交付工作成果，定做人给付报酬的合同。

(8) 建设工程合同：是承包人进行工程建设，发包人支付价款的合同。建设工程合同包括工程勘察、设计、施工合同。

(9) 运输合同：是承运人将旅客或者货物从起运地点运输到约定地点，旅客、托运人或者收货人支付票款或者运输费用的合同。运输合同包括客运合同、货运合同、多式联运合同。

(10) 技术合同：是当事人就技术开发、转让、咨询或者服务订立的确立相互之间权利和义务的合同。技术合同包括技术开发合同、技术转让合同、技术咨询合同和技术服务合同。

(11) 保管合同：是保管人保管寄存人交付的保管物，并返还该物的合同。

(12) 仓储合同：是保管人储存存货人交付的仓储物，存货人支付仓储费的合同。

(13) 委托合同：是委托人和受托人约定，由受托人处理委托人事务的合同。

(14) 行纪合同：是行纪人以自己的名义为委托人从事贸易活动，委托人支付报酬的合同。行纪合同也称信托合同。

(15) 居间合同：是居间人向委托人报告订立合同的机会或者提供订立合同的媒介服务，委托人支付报酬的合同。

（四）合同订立的程序

合同涉及当事人的切身利益和权利，因此应该严肃认真地对待。在签订合同时应该注意以下几个环节。

1. 审核资格

签订合同前应首先了解对方的资质情况、履约能力；是否有履行类似合同的经历；是否具备与合同相应的支付能力:财力、物力或生产能力等。《合同法》第九条规定:"当事人订立合同,应当具有相应的民事权利能力和民事行为能力。当事人依法可以委托代理人订立合同。"与代理人签订合同,要审核代理人的一般情况,如姓名、性别、单位、职务、住所等,还要审核代理人的授权代理范围和期限。

2. 要约与承诺

《合同法》第十三条规定:"当事人订立合同,采取要约、承诺方式。"向对方提出合同条件做出签订合同的意思表示称为"要约",而另一方如果表示接受就称为"承诺"。合同是经过当事人反复要约、承诺才得以达成的。而当事人一次又一次地讨价还价、反复协商的过程就是反复要约、承诺的过程。当事人对合同必备条款协商一致、达成一致意见时合同就成立了。

3. 拟写书面合同

《合同法》第十条规定:"当事人订立合同,有书面形式、口头形式和其他形式。"为了维护合同的严肃性,保证合同的切实履行,订立合同应采用书面形式。因此,当事人应将协商谈判、达成一致意见的合同条款内容拟写出来。有合同示范文本的,可采用示范文本。

4. 办理生效手续

《合同法》第三十二条规定:"当事人采用合同书形式订立合同的,自双方当事人签字或者盖章时合同成立。"因此,合同拟定后,当事人、法定代表人或委托代理人应在合同上签名、盖章。需要鉴证或公证的合同,在鉴证机关或公证机关鉴证或公证之后才能生效。

二、例文看台

产品销售合同

合同编号:×××××

售货单位:胜利精细化工有限公司(以下简称甲方)

购货单位:红旗彩色印务有限公司(以下简称乙方)

为了明确双方的权利义务,根据《中华人民共和国合同法》特订立本合同,以资共同信守。

一、产品的名称、品种、规格:RH-5 分散剂(质量、规格同样品)。

二、产品的数量:100kg。

三、产品的价格、总值及结算方式:单价1200元/kg,总值120 000元(人民币壹拾贰万元整),乙方缴款后提货。

四、产品的包装:聚乙烯桶包装,25 kg/桶。

五、产品交货方法、运输方式、到货地点、费用承担:

1. 交货方法,按下列第(2)项执行:

(1)甲方代运;

(2)乙方自提自运。

2. 运输方式:乙方自定。

3. 到货地点和接货单位(或接货人):乙方自定。

4. 费用承担:乙方。

六、产品的交(提)货期限:2011年10月10日至2011年10月20日。

七、货物验收:

货到后由乙方验收,如有质量问题,乙方须在货到后 10 天内提出。乙方未按规定期限提出书面异议的,视为所交产品符合合同规定。甲方接到乙方的书面异议后,应在 10 天内负责处理(乙方提出的书面异议中,应说明合同号、发货和到货日期;说明不符合规定的产品名称、型号、规格、质量保证书号、数量、包装、检验方法、检验情况和检验证明)。如系甲方责任,甲方将负责换货或者退货。

八、违约责任:

甲乙双方任何一方违反合同约定,应按合同金额的 20% 向守约方支付违约金并赔偿损失。

九、不可抗力:

甲乙双方任何一方由于不可抗力原因不能履行合同时,应及时向对方通报不能履行或不能完全履行的理由,在取得有关主管机关证明以后,允许延期履行、部分履行或者不履行合同,并根据情况可部分或全部免予承担违约责任。

十、本合同执行期内,甲乙双方均不得随意变更或解除合同。本合同如有未尽事宜,经双方协商可签订补充合同,补充合同与本合同具有同等效力。

十一、本合同如发生纠纷,双方应协商解决,协商不成的,提请人民法院裁判。

十二、本合同一式二份,甲乙双方各执一份,具有同等效力,经双方代表签字盖章后生效。

售货单位:胜利精细化工有限公司(章)　　购货单位:红旗彩色印务有限公司(章)
代表人:(签字)　　　　　　　　　　　　代表人:(签字)
地址:　　　　　　　　　　　　　　　　　地址:
开户行:　　　　　　　　　　　　　　　　开户行:
账号:　　　　　　　　　　　　　　　　　账号:
联系人:　　　　　　　　　　　　　　　　联系人:
联系人电话:　　　　　　　　　　　　　　联系人电话:
　　　　　　　　　　　　　　　　　　　　××××年××月××日于某地

【评析】这是一份符合要求的产品销售合同。从内容上来看,《合同法》要求具备的条款都已齐全;从结构上来看,合同的名称、约首、正文、约尾四个构成要素都完备。正文的前言写得简洁明了,主体部分分条列项,清楚、有序,语言表述也明确、具体。这就为今后双方顺利履行合同奠定了基础。

三、合同的构成要素与写法

(一)合同的主要条款

《合同法》第十二条规定:"合同的内容由当事人约定,一般包括以下条款:(一)当事人的名称或者姓名和住所;(二)标的;(三)数量;(四)质量;(五)价款或者报酬;(六)履行期限、地点和方式;(七)违约责任;(八)解决争议的方法。当事人可以参照各类合同的示范文本订立合同。"

1. 当事人的名称或姓名和住所

当事人是依法订立合同的平等主体,是与合同直接有关的自然人、法人或其他组织,是在合同中应首先明确的条款。当事人必须是两个或两个以上的主体。当事人是法人或组织的,必须注明其名称(要求用全称,即营业执照上的名称)和住所(地址)。当事人是自然人的,必须注明其姓名和住所,姓名和住所必须与有效证件如身份证、军官证、护照上的姓名和住所一致。

2. 标的

标的是合同当事人双方权利和义务共同指向的对象,它是合同中必须具备的最主要的、最基本的条款。标的在合同中一般用货物、财产、劳务、工程项目等的名称来表示。标的的名称、品牌、规格、款式,乃至生产日期(批号)等,在合同书都应明确标出,否则会影响合同的履行,导致合同纠纷。

3. 数量和质量

合同必须明确规定标的的数量和质量。数量规定中,计量单位和计量方法也必须在合同中写清楚,有的商品还应规定合理的磅差、正负尾数、损耗标准等。质量是指标的的内在素质和外表形态的优良程度。质量标准应以国际标准、国家标准或行业标准作为强制性标准。没有强制性标准的,由当事人协商约定。数量和质量直接影响当事人的权利和义务。

4. 价款或者报酬

价款或者报酬是指取得合同标的的一方当事人向对方当事人支付的代价,一般是以一定的货币数量来表示的。价款是用来支付财物的,报酬是付给劳务或完成某项工作的。价款或者报酬应该写明支付的总金额、计量单位、计算标准、结算方式、计价的货币名称等。

5. 履行的期限、地点和方式

履行期限是指在合同中规定的当事人交付标的和另一方当事人支付价金的时间界限。它是确定合同是否按时履行的客观标准,也是一方当事人要求对方履行合同的时间依据。

履行地点是指当事人履行合同义务的地方,指交付标的和价金的地点。

履行方式是指当事人履行义务的方式,履行方式有一次完成还是分几次完成、供方送货、需方提货和代办托运等方式。合同中都应明确注明。

6. 违约责任

违约责任是当事人一方不履行合同义务或者履行合同义务不符合约定的,应当承担继续履行、采取补救措施或者赔偿损失等责任。

《合同法》第一百一十四条规定:"当事人可以约定一方违约时应当根据违约情况向对方支付一定数额的违约金,也可以约定因违约产生的损失赔偿额的计算方法。"

当事人也可以依照《中华人民共和国担保法》第八十九条规定:"约定一方向对方给付定金作为债权的担保。债务人履行债务后,定金应当抵作价款或者收回。给付定金的一方不履行约定的债务的,无权要求返还定金;收受定金的一方不履行约定的债务的,应当双倍返还定金。"《合同法》第一百一十六条规定:"当事人既约定违约金,又约定定金的,一方违约时,对方可以选择适用违约金或者定金条款。"

订立合同时在违约责任条款中应注明合同当事人各方未能履行合同应负的具体责任。并应约定违约金、赔偿金的支付结算方式和逾期法则。

7. 解决争议的方法

解决争议的方法是指在合同中约定,当合同发生纠纷时解决纠纷的办法,包括和解、调解、仲裁、诉讼,选择其一写于合同条款中。《中华人民共和国仲裁法》第四条规定:"当事人采用仲裁方式解决纠纷,应当双方自愿,达成仲裁协议。没有仲裁协议,一方申请仲裁的,仲裁委员会不予受理。"因此,若选择仲裁方式解决纠纷,必须在"解决争议的方法"条款中注明,方能仲裁。

8. 其他条款

不同的合同因其性质不同,合同当事人还可依法共同约定有关条款。如包装、运输、保管等依据合同性质当事人认为应当明确的内容,合同份数、保存人、有效期限等。有些合同还附有表格、图纸、资料、实物等。如"本合同正本一式两份,甲乙双方各持一份;合同副本一式四份,分别由双方主管部门及××公证处、××银行各存一份。"

（二）合同的写作

一份完整、有效的合同一般由以下四个要素构成。

1. 合同名称

合同名称应表明合同的性质,一般由事由和文种构成。如《农副产品买卖合同》《××工程设计合同书》《建筑工程承包合同》等。

2. 约首

约首位于合同名称下方,主要包括以下内容。

（1）当事人名称或姓名和地址：当事人如果是法人或其他组织,必须写明它们的全称和地址。当事人如果是自然人,必须写明其姓名和住所。合同中还常常要表明当事人的关系地位,如发包方、承包方、出租人、承租人、贷款方、借款方。

（2）合同编号、签订时间、地点：对合同编号,利于存档备查。签订时间是合同生效的时间。签订地点事关日后申诉和适用的法律法规。签订时间、地点也可以在约尾中写明。

3. 正文

正文一般包括引言和主体两个部分内容。

（1）引言。引言要写明双方签订合同的依据和目的,一般用"根据《×××××法》及有关规定,为明确双方的权利和义务,经双方协商一致,签订本合同,以资共同遵守"语句。

（2）主体。主体是合同的主要内容,即按《合同法》规定,双方协商一致的合同条款。具体包括标的,数量,质量,价款或者报酬,履行期限、地点和方式,违约责任,解决争议的方法,以及当事人双方认为应该具备的其他条款。

4. 约尾

清楚明确地写好约尾,便于合同的履行。约尾包括以下内容：

（1）当事人、法定代表人、委托代理人签名并盖章；

（2）写明当事人的详细地址、电话号码、传真号码、邮政编码和开户银行、账号；

（3）需要办理鉴证或公证手续的合同,应由鉴证机关或公证机关签署意见并盖章；

（4）如约首没有写明合同签订的日期,约尾应写清楚。

四、写作注意事项

合同是当事人双方履行义务的依据,也是发生纠纷后当事人依法维护自己权益的依据,因而对当事人来说是最具法律效力的文书。"一诺千金"在合同中体现得最为明显,当事人必须重视合同的写作,不可有疏忽和疏漏,以免造成经济损失。

1. 遵守法律法规

合同是根据当事人的意愿依法订立的,与其他财经类文书有着本质的不同。合同的内容和程序都必须严格遵守《合同法》中的条款。根据《合同法》规定,凡与国家法律法规和《合同法》内容相违背的合同均属于无效合同,不受法律保护。

2. 格式严格规范

无论是使用表格式还是条款式,均应按照有关规定和相关要求,以合同示范样本为范本,认真填写或书写。

3. 条款完备具体

合同的内容要素不能缺失,条款不能遗漏。如果缺少某项条款,一旦发生纠纷,将没有解决的依据,给当事人双方造成麻烦和损失。内容应清楚具体,不可含混不清。如数量和质量要求,违约责任,交货的时间、地点、方式等,都应明白无误。

4. 表达准确严密

条款式合同写作内容应周密严谨、言简意赅、概念准确、条目清晰。切忌词不达意、含糊不清、模棱两可。避免用"最近""基本上""差不多""可能""大概""上一年"等模糊词语。价款和酬金数字必须用大写。

五、病文诊断

合 同

××市××局基建处(甲方)

立合同人:

××建筑公司办公室(乙方)

一、甲方委托乙方建造一座楼房,由乙方负责建造。

二、全部建造费为人民币×万元左右。甲方在订立合同生效一个月左右,先付给乙方全部费用的70%,其余部分在楼房建成能够验收后一次付清。

三、建房所用的各种材料,由乙方根据需要自行解决。

四、大楼从合同签订之日起,用一年以内时间完工交付使用。

五、合同一式两份,双方各执一份为凭,并作为检查督促的依据。

××市××局基建处
××建筑公司办公室
××××年4月5日

【诊断】这是一份无效合同,主要存在以下问题:① 合同主体不合法。该合同的主体应该是法人,即依法成立、能够独立享有民事权利和承担民事义务的组织,在这里应该是××市××局和××建筑公司。而××市××局基建处和××建筑公司办公室只是单位内部的职能处、室,在该合同里不能成为签约主体。② 格式不合规范要求。合同的写作有比较规范的结构形式,写作时一定要符合要求。首先,该合同标题笼统,没有标明合同的性质。其次,正文缺少前言部分,使得合同结构不完整,应补上。最后,结尾缺少必要的内容,如无双方法定代表人、委托代理人的名、章;无双方单位的详细地址、电话号码、传真号码、邮政编码和开户银行、账号等;这会给合同履行带来麻烦。如果合同需要办理鉴证或公证手续,还应有鉴证机关或公证机关的签署意见并盖章。③ 条款内容有缺漏。建设工程合同应具备的条款内容,如"工程名称""工程地点""施工面积""工程质量及工程验收""工程保修""临时设施""违约责任""解决争议的办法""合同的生效日期"等条款均遗漏,没有明确,而这些都是影响合同履行的主要条款,必须齐备。因此,应按要求补写完整。④ 语言表达不具体、不准确、不严密。如"立合同人"含义模糊,"左右""能够验收后一次付清""根据需要自行解决""用一年以内时间完工交付使用"等语句含混不清,模棱两可,看似内容写了,却漏洞百出。这样,履行时就无所适从,等于没写。另外,"甲方""乙方"的说法不合要求,应改为"以下简称甲方""以下简称乙方",或称为"发包方""承包方"。

第六节 协 议 书

[学习目标]

了解协议书的含义、类型和作用;掌握协议书的写法;学会拟写协议书;了解合同与协议书的异同。

开篇案例

"爱心活动"协议书

为了使学生拥有更强的责任心和爱心,养成尊老爱幼的良好风气,成为德、智、体、美、劳全面发展的当代青年,使学生步入社会后,真正为社会办实事,办好事,上海市商业学校商贸信息教学部与闸北之星敬老院签订了"爱心活动"协议书。这份协议书包括"爱心活动"的时间、地点和"爱心活动"的内容及安排等条款。协议书还规定每次"爱心活动"结束后,要请敬老院领导给予评价。

"爱心活动"协议书这个案例告诉我们:在现代社会,协议书的使用范围非常广泛,它涉及我们社会生活的方方面面,不仅仅运用于经济活动中。那么,经济活动中常见的协议书又有哪些呢?

一、基本知识

(一)协议书的含义和类型

协议书是双方或多方当事人就某一问题,依据法律规定,经过充分研究协商取得共识后签订的一种契约性文书。

签订协议书的主体不像合同那样有严格的限定,单位之间、单位与个人、个人与个人之间,都可以成为协议书的主体。协议书比合同适用范围广,不仅仅运用于经济活动中。

经济活动中常见的协议书主要有补充、变更或解除合同协议书,联营或合作协议书,代理或经销协议书,仲裁协议书,和解、调解协议书,委托协议书等。

(二)协议书的作用

1. 约束作用

协议书属于契约性文书,也是在当事人协商一致的情况下签署的,因此,当事人应按协议书的规定享受权利并履行职责。

2. 证明作用

当事人为了证明某种活动的有效性,怕彼此因为某种原因不能按照当时约定的执行,经协商一致签订协议书。

3. 补充作用

对于一些已签订合同的当事人,在执行合同时发现有些条款不太明确或不太完善,甚至有些条款不能执行时,往往需要经协商谈判后签订协议书,作为已订合同的补充或修改,并成为已订合同的组成部分。

二、例文看台

销售代理协议书

制造商：××制造有限公司　　　　　代理人：××商贸有限公司
公司地址：＿＿＿＿＿＿＿＿＿＿　　公司地址：＿＿＿＿＿＿＿＿＿＿
联系电话：××××××　　　　　　联系电话：××××××

××制造有限公司（以下简称制造商）与××商贸有限公司（以下简称代理人）本着相互尊重、互利互惠的原则，通过友好协商，达成销售代理协议如下：

第一条　约因

制造商同意将××产品（简称产品）的独家代理权授予代理人，代理人优先在××××地区（简称地区）推销该产品。

第二条　代理人的职责

代理人应在该地区拓展用户，代理人应向制造商转送接收到的报价和订单。代理人无权代表制造商或签订任何具有约束的合约。代理人应把制造商规定的销售条款（包括装运期和付款）对用户解释。制造商可不受任何约束地拒绝由代理人转送的任何询价及订单。

第三条　代理业务的职责范围

代理人是××市场的全权代理，应收集信息，争取用户，尽力促进产品的销售。代理人应精通所推销该产品的技术性能。代理所得佣金应包括为促成销售所需费用。

第四条　广告和展览会

为促进产品在该地区的销售，代理人应刊登一切必要的广告并支付广告费用。凡参加展销会，需经双方事先商议后办理。

第五条　代理人对用户的财务责任

代理人应采取适当方式了解当地订货人的支付能力并协助制造商收回应付货款。通常的索款及协助收回应付货款的开支应由制造商负担。

未经同意，代理人无权也无义务以制造商的名义接受付款。

第六条　用户的意见、代理人的作用

代理人有权接受用户对产品的意见和申诉，及时通知制造商并关注制造商的切身利益为宜。

第七条　向制造商不断提供信息

代理人应尽力向制造商提供商品的市场和竞争等方面的信息，每4个月需向制造商寄送工作报告。

第八条　保证不竞争

代理人不应与制造商或帮助他人与制造商竞争，代理人更不应制造代理产品或类似于代销的产品，也不应从与制造商竞争的任何企业中获利。同时，代理人不应代理或销售与代理产品相同或类似的（不论是新的或旧的）任何产品。

此合约一经生效，代理人应将与其他企业签订有约束性的协议告知制造商。不论是作为代理的或经销的，此后再签订的任何协议均应告知制造商，代理人在进行其他活动时，决不能忽视其对制造商承担的义务而影响任务的完成。

本协议规定，在此协议终止后的5年内，代理人不能生产和销售同类产品；本协议终止后的1年内，代理人也不能代理其他类似产品。

所有产品设计和说明均属制造商所有，代理人应在协议终止时归还给制造商。

第九条　保密

代理人在协议有效期内或协议终止后，不得泄露制造商的商业机密，也不得将该机密超越协议范围使用。

第十条　分包代理人

代理人事先经制造商同意后可聘用分包代理人，代理人应对该分包代理人的活动负全部责任。

第十一条　工业产权的侵犯

代理人应视察市场，如发现第三方侵犯制造商的工业产权或有损于制造商利益的任何非法行为，代理人应据实向制造商报告。代理人应尽最大努力并按照制造商的指示，帮助制造商使其不受这类行为的侵害，制造商将承担正常代理活动以外的此类费用。

第十二条　代理人独家销售权的范围

制造商不得同意他人在该地区取得代理或销售协议产品的权力。制造商应把其收到的直接来自该地区用户的订单通知代理人。代理人有权按第十五条规定获得该订单的佣金。

第十三条　向代理人不断提供信息

为促进代理活动，制造商应向代理人提供包括销售情况、价目表、技术文件和广告资料等一切必要的信息。制造商应将产品价格、销售情况或付款方式的任何变化及时通知代理人。

第十四条　技术帮助

制造商应帮助代理人的雇员获得代理产品的技术知识。代理人应支付其雇员往返交通费及工资，制造商应提供食宿。

第十五条　佣金额

代理人的佣金以每次售出并签字的协议产品为基础，其收佣百分比如下：

_____美元按_____％收佣；

_____美元按_____％收佣。

第十六条　平分佣金

两个不同地区的两个代理人为争取订单都做出极大努力，当订单于某一代理人所在地，而供货之制造厂位于另一代理人所在地时，则佣金由两个代理人平均分配。

第十七条　商事失败、合约终止

代理人所介绍的询价或订单，如制造商不予接受则无佣金。若代理人所介绍的订单合约已中止，代理人无权索取佣金。若该合约的中止是由于制造商的责任，则不在此限。

第十八条　计算佣金的方法

佣金以发票金额计算，任何附加费用如包装费、运输费、保险费、海关税或由进口国家征收的关税等应另开发票。

第十九条　佣金的索取权

代理人有权根据每次用户购货所支付的货款按比例收取佣金。如用户没有支付全部货款，则根据制造商实收货款按比例收取佣金；若由于制造商的原因用户拒付货款，则不在此限。

第二十条　支付佣金的时间

制造商每季度应向代理人说明佣金数额和支付佣金的有关商务，制造商在收到货款后，应在30天内支付佣金。

第二十一条　支付佣金的货币

佣金按成交的货币来计算和支付。

第二十二条　排除其他报酬

代理人在完成本协议之义务时所发生的全部费用,除非另有允诺,应按第十九条规定支付佣金。

第二十三条　协议期限

本协议在双方签字后生效,协议执行一年后,一方提前3个月通知可终止协议。如协议不在该日终止,可提前3个月通知,于下一年的12月30日终止。

第二十四条　提前终止

如第二十三条规定,任何一方都无权提前终止本协议。除非遵照适用的_____法律具有充分说服力的理由方能终止本协议。

第二十五条　文件的归还

协议期满时,代理人应将第十三条中所述及的由制造商提供的全部广告资料及所有文件归还给制造商。

第二十六条　存货的退回

协议期满时,代理人若储有代理产品和备件,应按制造商指示退回,费用由制造商负担。

第二十七条　未完之商务

协议到期时,由代理人提出终止但在协议期满后又执行协议,应按第十五条支付代理人佣金。代理人届时仍应承担履行协议义务之职责。

第二十八条　赔偿

协议因一方违约而终止外,由于协议终止或未能重新签约,则不予赔偿。

第二十九条　适用法律

本协议适用于制造商总部_____所在国之现行法律。

第三十条　仲裁

因执行本协议而发生的任何争执,应根据_____的法律_____仲裁解决。投诉方和被投诉方应各指定一名仲裁员,双方应提名一位公证人。

如两名仲裁员在30天内未能就提名一位主席达成协议,仲裁应有权提名第三名仲裁员为主席。仲裁所作出的裁决是终局的,对双方均有约束力。

第三十一条　变更

本协议的变更或附加条款,应以书面形式为准。

第三十二条　禁止转让

本协议未经事先协商不得转让。

第三十三条　留置权

代理人对制造商的财产无留置权。

第三十四条　无效条款

如协议中的一条或一条以上的条款无效,协议其余条款仍然有效。

本协议一式两份,双方各执一份。

制造商：××制造有限公司(章)　　　　代理人：××商贸有限公司(章)

签署地：_____　　　　　　　　签署地：_____

日　　期：_____　　　　　　　日　　期：_____

董事长：_____　　　　　　　　总　　裁：_____

【评析】这是一份销售代理协议书。本协议书标题明确,由事由和文种构成。协议书的正文部分对制造商授予代理人在指定地区独家代理销售某产品的事宜,作了全面详细的说明,把双方合作的共同目标、双方的权利义务关系、双方的业务关系等内容表述得清楚具体,为双方互惠互利的贸易合作奠定了基础。

三、协议书的构成要素与写法

协议书一般由标题、约首、正文、约尾四个部分组成。

（一）标题

协议书的标题一般有三种形式:一是由当事人双方名称、事由和文种构成,如"××公司与××商场关于建立××服务中心的协议书";二是由事由和文种构成,如"租赁协议书""合作建房协议书"等;三是直接写文种"协议书"。

（二）约首

在标题之下,写明当事人的单位名称或姓名、地址等,有些协议书还需要写明性别、年龄、通讯号码等内容。

（三）正文

正文一般由前言和主体两个部分组成。

1. 前言

前言用于简单介绍签订协议的原因、目的,如"中国××公司与美国××公司,通过初步协商,双方就××××××达成如下协议"。

2. 主体

主体部分是双方或多方协议的主要内容,一般由几项或多项条款组成。因此,应分条列项写明双方或多方协商确定的具体内容。协议书的条款内容不像合同那样有严格的规定,不同性质的协议书所包括的条款内容会有所不同,具体包括哪些条款主要由协议书的性质和当事人协商的结果而定。

（四）约尾

约尾部分一般应写明当事人的单位名称或姓名、法人代表姓名,注明签约的具体时间,然后盖章。

四、病文诊断

协 议 书

协议双方名称:

中国××公司×分公司(被代理人)

×国×公司(代理人)

一、中国××公司×分公司(以下称作"被代理人")指定×国×公司(以下称作"代理人")为被代理人的××产品在瑞典、丹麦和挪威以××、××销售的唯一代理人。

二、双方同意在本协议的有效期限内,被代理人不得向上述国家的任何其他实体提供本协议约定的商品,而代理人也不得从任何其他公司进口同一产品。

三、代理人同意每年至少销售×××吨×××。具体的销售数量、规格、交货安排、价格、付款条件、包装等,以每份成交合同或订单规定为准。

四、为便于被代理人准备和交付货物,代理人应在每一次装船前至少60天向被代理人提交订单。

五、为了让被代理人保持了解上述三个国家的市场行情,代理人每年应向被代理人提交一份市场报告。

六、本协议自签字之日起生效,有效期为两年,期满后可自动延期一年,除非任何一方在期满前120天出具书面通知,提醒对方本协议行将终止。

七、本协议用中、英两种文字书写,两种文本内容完全相同,皆具同样法律效力。协议双方各执一份。

被代理人:中国××公司×分公司(章)　　　代理人:×国×公司(章)
地址:中国××市××路××号　　　　　　　地址:×国×市×街×号
签约地点:×××××　　　　　　　　　　　签约日期:××××年××月××日

【评析】这是一份国际贸易代理协议书,其存在的问题主要有:① 标题不明确。应在标题前加"代理"二字。② 正文内容不全。第一,缺少前言,显得较为突兀。应补写"中国××公司×分公司与×国×公司本着相互尊重、互惠互利的原则,通过友好协商,达成代理协议如下"等内容。第二,主体部分缺少有关条款,也漏写"合作过程中如发生争执,双方协商解决"等条款,应补上。

五、异同辨析

协议书与合同都是契约性文书,它们的用途、写法相近,都具有法定的约束力。但两者有明显的不同。

1. 适用范围不同

合同主要运用在经济活动中,《合同法》对合同的种类作了明确的规定,合同的适用范围有一定的限制;相比之下,协议书的适用范围要比合同广泛,不仅仅限于经济活动。

2. 条款内容不同

《合同法》对合同应具备的主要条款作了明确的规定,合同的条款内容较为具体详尽;而协议书的内容一般比较原则。

3. 签订时间不同

一般是先签订协议书,后签订合同。在经济活动往来中,协议书可以为正式签订合同做准备。

4. 规范程度不同

为了维护社会的经济秩序和当事人的合法权益,《合同法》对合同的签订有严格的规定,规范程度较高;协议书的规范程度相对较弱。

第七节　意　向　书

[学习目标]

理解意向书的含义、用途和特点;了解意向书写作的注意事项;掌握意向书的结构和写法;学会拟写意向书。

> **开篇案例**

意向书为合作奠定基础

中国××省××公司、××市××厂与日本东京××公司本着"友好、平等、互利"的原则,经过几次接触,就合资兴建××加工厂有关事宜进行了友好协商,中方和日方还相互邀请到中国和日本考察,三方同意利用中国××省××市××厂的现有厂房等设施合资兴建一座××加工厂,并达成合作意向。内容包括:① 整体规划、分期投资;② 合营期限与货币计算名称;③ 工厂规模;④ 投资金额比例;⑤ 责任分担;⑥ 利润分配及亏损分担;⑦ 其他说明,共七项。

这为后来三方真正合作时签订合作协议书奠定了基础。而要将三方初步洽谈后达成的共同意向表述清楚,就要用到意向书。

一、基本知识

(一)意向书的含义与用途

意向书是指双方或多方就某一问题在进入实质性谈判之前、进行初步洽谈后形成的表达某种合作意向的带有原则性、方向性的意向性文书。

意向书是临时的协商性文书,不具有法律效力,主要是为日后进一步正式签订协议书或合同做准备,为项目立项和对项目进行可行性研究奠定基础。它一般用于就某事项初次发生联系的当事人之间,主要是为达到某种目的而表达的基本意图和愿望,多用于经济技术合作领域。它可以在谈判纪要的基础上整理而成。

(二)意向书的特点

1. 前瞻性

意向书是对合作前景的展望和合作意愿的表示,对合作双方或多方来说都具有前瞻性。

2. 灵活性

意向书的灵活性主要表现在两个方面:一是可以根据需要随时协商更改有关内容;二是意向书表述的是双方或多方的初步合作意向,其写作内容、条款形式由双方或多方当事人协商确定,没有固定的模式和要求。

3. 临时性

意向书是初步洽谈的成果,也是今后进一步协商谈判的基础。一旦达成正式协议或签订合同,意向书便完成了其使命。

4. 原则性

意向书的内容多是原则性的,一般是将合作意图、合作项目等合作所要涉及的最基本的内容要点分条列项表述清楚即可,不涉及具体细节,只表达原则性的意向而已。

二、例文看台

校企全面合作意向书

甲方:××职业技术学院　　　　　　　　乙方:××有限公司
地址:××省××市××区××路××号　　地址:××市××区××路××号

联系电话：　　　　　　　　　　　　　　联系电话：
传真：　　　　　　　　　　　　　　　　传真：

第一章　总　　则

第一条　为贯彻科教兴国方针，推动高等职业技术教育的发展，促进企业提高人才水平和科技创新能力，甲乙双方决定进行全面合作，共同培养具有服务意识、创新能力和可持续发展能力的高素质高技能人才。

第二条　双方经友好协商，本着优势互补、共同发展的宗旨，在人才培养培训基地、订单式人才培养和科研开发、技术服务等领域加强合作，达成一致意向，签订本意向书。

第三条　双方应保持经常性沟通与联系，互通信息，共同建立规范的合作信息网络工作系统，促进合作的全面深入开展。

第二章　人才培养培训基地

第四条　人才培养培训基地，是在新的经济社会环境下产教结合的一种新形式，是以学校和企业在教育培训方面的共同利益作为结合点，实行双向合作的一个途径。其具体形式是甲方在乙方建立挂牌基地，乙方在甲方建立挂牌基地，通过基地载体为甲方培养学生和为乙方培训员工，实现校企双赢。通过人才培养培训基地，甲方和乙方的培训要求都得以实现，促进资源使用的高效低耗和教学质量的优化。

第五条　甲方在乙方建立基地有双重功能：既是大学生技能实训基地，同时也是大学生人文素质教育校外基地。甲方在乙方挂牌名称为"××职业技术学院大学生技能实训基地"和"××职业技术学院大学生人文素质教育基地"；乙方在甲方挂牌名称为"××有限公司（厂）员工培训基地"。

第六条　甲方安排学生到乙方参加实践、实习、实训，教育学生遵守乙方的有关规章制度；乙方为甲方学生实践、实习、实训提供必要条件，并指派相关人员参与指导，在进行技能实践指导的同时，注重对学生职业道德的培训，对学生实习、实训情况提出考核评价意见。

第七条　乙方安排员工到甲方参加专业培训，教育员工遵守甲方的有关规章制度；甲方为乙方员工培训提供包括专业教师授课在内的必要条件。

第三章　订单式人才培养

第八条　订单式人才培养，是甲乙双方共同制订人才培养计划，共同开展人才培养工作，学生毕业后在乙方就业的一种产学合作教育人才培养模式，可以实现学生安心学习、不愁就业，学校提高人才培养和学生就业质量，企业节省人才培养时间和成本，获得量身定做的优秀人才的三方共赢。

第九条　双方成立5～7人的专业指导委员会，共同制订适应社会需求的人才培养计划，进行专业建设和对教学质量进行评估检查。

第十条　双方共同制定人才培养模式，乙方可参与修改课程计划、调整课程设置；甲方根据企业需要培养人才，学生毕业后直接去企业就业。

第十一条　乙方可以在学院内建立实验实训室；甲方认真维护与管理乙方资助建立的实验实训室。

第十二条　乙方可以资助甲方用于教学与管理的各种设备、仪器等，督促甲方认真维护与有效利用；甲方认真维护与有效利用乙方资助甲方用于教学与管理的各种设备、仪器等。

第四章　教学科研经营合作

第十三条　教学科研经营合作，包括互派教师技术人员、共建实验实训室、设立基金奖教奖学、合作创办企业以及其他一切有利于双方共同利益的合作事项。

第十四条　甲方聘请乙方经营、生产技术、科研、管理人员到甲方作学术报告；乙方推荐经营、生产技术、科研、管理人员到甲方作学术报告,向甲方提供相关技术信息、咨询等服务。

第十五条　甲方聘任乙方推荐的高级技术人员、管理人员为双师型兼职教授、副教授、讲师,直接参与甲方的教学工作;乙方推荐符合双师型要求的技术人员、管理人员作为甲方的兼职教师,并支持他们到甲方开展授课、指导实训、编写教材等教学活动。

第十六条　甲方安排有经验的专业教师承担或参与乙方的科研工作,优先优惠为乙方提供新信息、新技术的科技咨询和科技成果转让;乙方聘请甲方推荐的专业教师参与科研工作。

第十七条　乙方可以在学院设立奖教基金、奖学基金、助学基金、创新基金、校企合作办学基金、大学生创业基金、大学生艺术团基金、大学生社会实践基金、大学生科技创新基金;甲方对乙方设立的各种基金制定完善的评选与管理办法,认真评选,妥善管理。

第十八条　乙方可以申请对甲方二级学院（部）、实验实训室、楼堂馆所、班级等进行冠名;冠名事项商定、实施后,甲方尊重并维护乙方的冠名权。

第十九条　乙方优先使用甲方校内教学实训场所及设备,参股甲方的校办企业,开展经营合作。

第五章　附　则

第二十条　本协议为双方进行合作的原则性文件,应当根据双方具体的合作事项,依据本意向书精神,协商具体实施细则,签订具体的合作协议。

第二十一条　双方每年检查评估本意向书执行情况,总结合作经验,调整、完善合作方案。

第二十二条　双方根据全面合作开展情况,在各类媒体上进行相关宣传,扩大双方影响。

第二十三条　本意向书一式四份,双方各执两份。经双方授权代表共同签字盖章后生效,协议有效期三年。如需延长,在协议到期前三个月双方进行协商。

甲方（章）：××职业技术学院	乙方（章）：××有限公司
授权代表（签字）：	授权代表（签字）：
签署日期：	签署日期：

【评析】该意向书的标题点明了合作单位性质与合作范围,为下文张目。标题之下首部写明了合作双方当事人的名称、地址和联系方式,信息全面,便于联系。主体部分以章条式的结构方式分为五章内容表述,将协商一致的条款有逻辑顺序地分条列项,一一列举出来。内容周全,表述清楚。尾部写明了签署合作意向书单位的全称、加盖公章,授权代表签名,并注明了签署时间。该意向书内容明确,层次清晰,是一份值得借鉴的意向书范文。

三、意向书的构成要素与写法

意向书一般由标题、正文和落款三个部分组成。

（一）标题

标题一般写明事由和文种,如《关于合作经营×××××的意向书》；也可以写明各合作单位的名称、事由和文种,如《××公司与××研究所联合开发××××的意向书》；有的仅写明文种,如《意向书》。

（二）正文

正文可分为导语、主体和结尾三个部分。

导语一般应写明双方或多方当事人的单位名称、签订意向书的原因、目的、依据或遵循的原则,有时还要说明合作方协商谈判的大致情况。常用"达成如下意向"过渡到意向书的主体部分。如"××厂与××公司本着平等互利的原则,经友好协商,就××进行合作经营以及今后采用其他形式继续合作,达成如下意向"。

主体是意向书的主要内容,一般是分条列项写明双方或多方达成的意向性共识,如合作的项目、合作的方式、合作的程序、双方的义务,等等。

结尾一般写明"本意向书一式×份,各执一份备查"或"未尽事宜,双方另行协商"之类的语句。

（三）落款

落款写明签订意向书的单位名称,代表人签名,加盖印章,同时注明签订意向书的时间、地点。

四、写作注意事项

（1）坚持平等互利的原则。不分国家大小、单位大小或资本多少,应一视同仁,平等对话;既不能迁就对方,又不能把自己的要求无原则地强加给对方。

（2）态度诚恳,行文语气体现协商色彩。不用规定性或强制性的语句。

五、病文诊断

共建合资企业意向书

一、甲、乙双方愿以合资或合作的形式建立合资企业,名称为××有限公司,地址在中国××市××街××号。建设期为××年,即从××××年至××××年全部建成。双方签订意向书后,即向各有关上级申请批准,批准的时限为×个月,即××××年××月至××××年××月完成。然后办理合资企业开业申请。

二、合资公司经营范围:合资公司从事××产品的生产、研究和开发。新产品在中国国内外市场销售,并进行销售后的技术服务。

三、合资公司为有限公司。合资各方按其在注册资本中的出资额比例分配利润、分担亏损和承担风险。

总投资为×万元人民币,其中注册资本为×万元,贷款为×万元。

甲方投资×万元人民币(以工厂现有房产、水电设施等现有设备折款投入),占注册资本的百分之××。乙方投资×万元人民币(以美元投入,购买设备),占注册资本的百分之××。

四、合资公司所需要的机械设备、原材料等,应首先在中国购买,如果中国国内不能满足供应的,可以在中国国外购买。

五、合资企业自营出口或委托有关进出口公司代理出口,价格应由合资企业定。

六、合资年限为×年,即××××年××月至××××年××月。

七、合资企业其他事宜按《中外合资企业法》有关规定执行。

八、双方在各方上级批准后,再具体协商有关合资事宜。

九、本意向书生效后,甲、乙双方应认真遵守本意向书的规定。任何一方因不执行本意向书规定的义务,对方有向违约一方索取赔偿经济损失的权利。

××公司(甲方) ××××公司(乙方)

代表:××× 代表:×××

××××年××月××日

【诊断】本意向书存在的问题主要有:① 缺少导语。可补写"××公司与××××公司本着平等互利的原则,对以合资或合作的形式建立合资企业事宜进行了初步协商,达成如下初步意向",然后将第一条中的"甲、乙双方愿以合资或合作的形式建立合资企业"删掉,加上"合资企业暂定"等内容,下接"名称为××有限公司……"等内容。② 多数条款内容过细,不符合意向书的要求。意向书的写作较为原则概括,一般不涉及很细致的内容,语言运用也要注意留有余地和使用弹性语言,这样方能体现意向书的特点。第二条中的最后一句可删掉,第三条中的总投资额和各方出资额不必详述,第四条宜修改为"合资公司所需要的机械设备、原材料等可优先在中国购买"。③ 意向书不写违约责任等内容,故第九条相关内容应删掉。另外,可在条款内容之后补写"未尽事宜,双方另行协商"之类的语句。

六、异同辨析

意向书与协议书、合同虽然都属于协议类文书,但它与协议书、合同有明显不同。

1. 约束力不同

意向书不具有法律效力,对合作各方不具有法律约束力,只有信誉的约束力;协议书、合同都具有较强法律效力。各方必须按规定履行责任与义务。

2. 签订时间不同

意向书签订的时间较早,是在各方正式合作之前签订的,它并不意味着进入实质性的合作;协议书与合同则是意味着合作各方开始正式合作。

3. 写作内容和要求不同

意向书的内容较为原则、简略,没有特别规范的格式要求;相比较而言,协议书与合同的内容比较具体,特别是合同,应严格按《合同法》的规定签拟,写作上也有较为规范的格式、语言运用方面的要求。

第八节 经济活动分析报告

[学习目标]

了解经济活动分析报告的含义、种类、特点及作用;掌握经济活动分析报告的写法,学会写作经济活动分析报告。

开篇案例

企业的有效运营离不开经济活动分析

某企业是一个新建厂。建厂几年来,经济效益一直不是很好。为走出困境,厂领导决定对企业的经济活动进行详细的"诊断"。他们收集了近期企业营运的各种内部信息资料,如生产计划指标、实际完成情况的数据等,有成本、产值、销售、利润等有关统计资料和会计核算资料等。同时,还派人到各地进行市场调查,收集到了有关本行业其他厂家经济效益的有关情况、资料和数据。经过分析发现,该厂与同行业先进水平和平均水平在成本、产值、销售、利润等方面都有不少差距。企业认真地查找、分析影响经济效益提高的种种原因,并采取了有针对性的改进经营管理的措施。过了一段时间,企业又对经营情况进行了分析,发现效益不好的状况正在逐步好转。

这个案例告诉我们,企业的管理者应及时地对企业的经营管理情况进行"诊断"和分析,了解企业的经营状况,采取有效措施,提高企业的经营效益。而一份好的经济活动分析报告能够为企业决策提供可靠依据。

一、基本知识

(一) 经济活动分析报告的含义

经济活动分析报告是指运用多种分析方法,以经济计划指标、会计核算资料、相关的统计数据和从经济活动实际中获得的第一手资料为依据,对某项经济活动进行科学的分析评价后,将分析评价的结果用书面形式表述出来的报告性文书。

经济活动分析是对企业从生产到耗费整个流程中的全过程或某一环节进行科学的分析,并得出一定结论,从而考核一定时期企业的运转状况,找出各个环节完成指标或没有完成指标的原因,摸清企业经济活动的规律。其目的是肯定成绩经验,揭露矛盾,解决问题,促使企业走上健康发展的轨道。对经济活动进行分析,是企业提高经济效益和经营管理水平的重要手段。对企业的经济活动进行分析,撰写者必须熟悉国家的经济政策,掌握经济理论和基本的经济知识。

(二) 经济活动分析报告的类型

根据不同的标准,经济活动分析报告可分为以下不同的类型。

(1) 按范围分类,经济活动分析报告可分为宏观经济活动分析报告和微观经济活动分析报告。

(2) 按内容分类,经济活动分析报告可分为全面经济活动分析报告和专题经济活动分析报告。

(3) 按时间分类,经济活动分析报告可分为定期经济活动分析报告和不定期经济活动分析报告;事前预测性分析报告和事后总结性分析报告。

(4) 按涉及对象分,经济活动分析报告可分为生产、销售、成本、财务、消费、利润、效益等分析报告。

(三) 经济活动分析报告的特点

1. 总结性

经济活动分析报告是对企业或一定区域某一特定时间内的经济活动所做出的分析评价性的书面报告。因此,每份报告都具有总结性的特点,可为经营决策者提供具有参考价值的经验和教训,以便于企业在经营中提高经济效益,步入良性发展的轨道。

2. 分析性

分析性是经济活动分析报告的核心特点,没有分析就没有报告。分析是对企业发展现状进行横向或纵向比较与研究,分析其成功与失败的主客观原因,通过对自我的评价和与其他同行的比较获得对本企业的理性认知,当然分析的依据是各种经济指标和数据,方法也有多种,如比较分析法、因素分析法、动态分析法、平衡分析法、比率分析法、差额分析法,等等。这些方法在分析中既可单独使用也可综合运用。

3. 依据性

经济活动分析报告在企业的经营活动与决策中具有十分重要的参考价值,它是企业在生产、管理、营销等方面决策的重要依据。

4. 专业性

经济活动分析报告涉及生产、销售、成本、财务、利润等多个专门领域。因此,分析经济活动现象,总结经济工作规律,撰写经济活动分析报告,必须具备经济领域所需的专业知识,还要懂得相关的分析方法和一定的数学知识。

(四)经济活动分析报告的作用

1. 为决策和计划的制订提供依据

经济活动分析报告要通过对企业运营过程中的经济指标和数据的分析,找出规律性的东西,分析成败得失、经验与教训。这些都是决策中需要掌握的最重要的资料。通过经济活动分析报告,全面了解和掌握过去的经营情况,便于在制订经营计划时有的放矢。

2. 提高经营管理水平

企业经营中的任何报表和数据统计都是单一的、零散的和客观的,它们还不能完全说明问题。只有将这些数据和经济指标综合在一起,通过一定的科学的分析方法将这些材料和数据提高到一个理性的认知高度,才能真正找出经营中存在的问题和不足,制定相应的切实可行的办法和措施,从而改善企业的经营管理状况,提高经济效益。

3. 提升企业竞争力

经济活动分析报告不但有纵向的自我分析,而且也有横向的与国内同行业和国际同类企业的比较与分析,只有在横向对比中找到差距和不足,才能通过加强企业内部管理,提高生产经营和管理水平,提升在同行中的竞争力。

二、例文看台

××卷烟厂××××年上半年经济效益分析报告

我厂是近年来新建的地方国有卷烟厂,现有职工 600 人。建厂几年来,生产逐年上升,但利润增长较慢,远低于生产的增长。

一、基本情况

我厂本年上半年利润额略有下降,有关资料见表 2-3。

表 2-3 产量、销售、利润等指标对比表

指标\项目	上年上半年实际	本年上半年计划	本年上半年实际	本年与上年对比		本年与计划对比	
				差异	%	差异	%
产量/万箱	3.8	4.2	4.2	+0.4	+10.5	0	0
销售量/万箱	3.8	4.2	4.0	+0.2	+5.3	-0.2	-4.8
销售收入/万元	2000	2200	2060	+60	+3	-140	-6.4
销售利润/万元	90	100	86	-4	-4.4	-14	-14
单箱利润/元	23.68	23.92	21.5	-2.18	-9.2	-2.42	-10.1

从表2-4看出,本年上半年实际与上年同期对比,产量继续上升,增长10.5%,销售量增长5.3%,销售收入增加3%,但销售利润却下降4.4%,单箱利润下降9.2%。如与计划对比,除产量计划完成外,其他指标都未完成,特别是销售利润指标比计划下降14%,单箱利润下降10.1%。

经济效益差,这是我厂需要重点分析研究的重大课题。为了分析这一问题,现收集有关经济效益的数据资料和情况,以及国内同行业的有关资料见表2-4。

表2-4 上年度本厂与同行业先进水平、全国平均水平的有关指标对比表

指标\项目	同行业先进水平	全国平均水平	本厂	与先进水平对比 差异	%	与全国平均水平对比 差异	%
劳动生产率/(箱/人)	400	240	221	-179	-44.8	-19	-7.9
产品合格率/(%)	99.9	99.5	98.1	-1.8	-1.8	-1.4	-1.4
单箱消耗烟叶/hy	51	56	58	+7	+13.7	+2	+3.6
煤/hy	18.9	19.2	21.1	+2.2	+11.6	+1.9	+9.9
电/度	0.3	8.9	10.9	+4.6	+73	+2	+22.5
百元产值占用流动资金/元	2.7	9.8	10.4	+7.7	+285.2	+0.6	+6.1
单箱利润/元	52.20	25.10	23.20	-29	-55.6	-1.9	-7.6

从表2-5可以看到,与同行业先进水平比,本厂各项指标都相差很远。与全国平均水平比,本厂各项指标都有不小差距。足以说明本厂的人力、物力、财力利用效果欠佳,生产耗费过多,利润减少,经济效益差。

二、原因分析

经过调查研究,产生上述差距的原因主要有以下四点。

1. 职工队伍素质较差,技术力量薄弱,劳动纪律松弛

我厂是新建厂,除少数老工人、骨干是兄弟厂支援来的外,大部分是近年进厂的新工人。目前全厂工人技术等级水平为1.9级,有的车间平均只有1.05级。职工队伍文化技术素质较低,又没有进行严格培训,劳动纪律松弛,不按规程操作。相当一部分人顶不了岗,定员超编,劳力浪费。这使得劳动生产率不高,不仅与国内先进水平相差甚多,且比全国平均水平还低7.9%;产品质量欠佳,合格率比全国平均水平还低1.4%。

2. 采购无计划,验收不合格

烟叶是卷烟工业的主要原料,约占卷烟成本的80%以上。为保证生产,一般要求甲99级烟叶贮备1年生产用量,其他等级烟叶贮备半年用量即可满足要求。但本厂采购无计划,盲目购进大量烟叶,积压严重。仅甲级烟叶库存量,按目前生产用量计算,即可用4年多。超额贮存从而大量占用储备资金,使资金周转减慢(由上年的40天周转一次减慢为本年上半年的56天周转一次)。百元产值占用流动资金指标也上升较多。另外,烟叶收购入库无严格的验收手续,缺斤短两,混级变质,时有发生;既增加了烟叶的采购成本,又影响烟卷质量。

3. 消耗无定额,成本上升

由于各项规章制度不健全,生产用料无严格定额和核算,材料和能源的消耗偏高。

从表2-5可看出,上年度每箱卷烟消耗烟叶58千克,比全国平均超过3.6%,消耗煤和

电也分别超过 9.9% 和 22.5%,本年上半年仍无下降趋势,使成本降低计划难以完成,从而利润计划也没完成。

4. 追求产量,忽视质量

因片面追求产量,忽视了质量。加以新工人增加,技术力量薄弱,卷烟质量逐步下降。上年度产品合格率为 98.1%,比全国平均水平低 1.4%;本年上半年与去年同期对比,一级品率下降,次品烟和废品烟比重上升,以致平均单价略有降低,使销售收入受到影响。

此外,由于烟叶提价、水费提高和银行利息升高等客观因素,也给经济效益的提高带来不利影响。

三、对策建议

根据上述分析过程和结果,我厂今后应在如何提高经济效益方面多做些努力。具体来说,应从以下四个方面进行改进。

(1) 积极抓好职工队伍的培训工作,提高他们的文化技术素质。同时,大力整顿劳动纪律,制定各项岗位责任制。

(2) 加强计划管理工作,健全各项规章制度,使采购有计划,消耗有定额,费用开支有预算,材料和成品进出库有严格的验收手续。

(3) 努力提高产品质量,搞好市场调查,以销定产。

(4) 搞好经济核算,加强经济活动分析工作,及时总结经验教训,发扬成绩,提出措施,改进工作。

××××年××月××日

【评析】 这是一篇工业企业经济效益专题分析报告。它遵循了经济活动"怎么样—为什么这样—应该怎么办"的写作思路,在写法上很值得借鉴。

文章的标题要素齐全,由单位名称、时限、内容范围和文种构成,属于全称式标题。前言部分简要交代背景,指出存在的问题。主体部分包括基本情况、原因分析和对策建议三个方面的内容。文章首先介绍了分析对象的基本情况,把产量、销售、利润等经济指标完成情况与去年同期和计划进行对比介绍,把劳动生产率、产品合格率、单箱消耗烟叶、煤电消耗、百元产值占用流动资金、单箱利润等经济指标与同行业先进水平、全国平均水平进行横向对比介绍,并用表格的形式表述,数据精确,简洁明了,浅显易懂。企业的主要经济指标与计划比、与去年同期比、与同行业先进水平和平均水平比,均有明显差异。原因何在?接下来的原因分析部分,作者采用因素分析法,从四个方面分析了企业经济效益差的原因。分析中肯,推断合理,层次分明,逻辑性强。最后作者针对存在的问题,提出了四条建议。建议明确、可行,针对性强。

三、经济活动分析报告的构成要素与写法

(一) 标题

经济活动分析报告的标题有以下五种主要形式。

(1) 由单位、时限、事由和文种构成,如《××超市 2016 年 2 月份销售情况分析》。

(2) 省略单位或时限的,如《××××年度财务状况分析报告》《统计局年度财务分析报告》。

(3) 采用概述式标题,揭示经济活动分析报告的观点或主要内容等,如《从价格战中吸

取经验教训》《产品库存积压的原因何在》。

(4) 采用提问式标题,以引起读者注意,如《第三季度的利润指标何以提升得如此之快》。

(5) 部门分析报告的标题要标明部门,如《×市××系统企业2016年主要经济指标分析》。

(二) 正文

正文一般由前言、主体和结尾三个部分组成。

1. 前言

前言又称导语或开头,或概括介绍经济活动的基本情况,或交代经济活动分析的目的、起因,或指出存在的问题。一般应简洁明了。

2. 主体

这部分内容必须根据经济活动的实际情况来安排写作内容。主体一般包括情况介绍、分析评价、意见建议三个部分,如上面的例文主体部分即是如此。

(1) 情况介绍。介绍经济活动的基本情况。作者可以将收集到的被分析对象的各种经济指标和统计数据,以列表的形式说明,以便读者了解各项经济指标完成的情况,对经济活动的状况有一个完整的印象。

(2) 分析评价。这是经济活动分析报告的核心内容。作者要根据被分析对象的各种经济指标和统计数据,运用比较分析、因素分析等多种科学的分析方法,对影响经济活动运行的主客观因素进行详细的分析,并对经济活动的运行情况做出客观评价。或肯定成绩,总结经验;或寻找问题,分析原因;或既肯定成绩、总结经验,又寻找问题、分析原因。

这部分内容在表达上可以采用文字叙述和表格说明相结合的写法,应做到数据准确无误,文字说服有力,条理清晰,层次分明,重点突出。

(3) 意见建议。根据存在的问题,作者有针对性地提出改进今后工作的意见或措施,为今后经济活动的开展指明方向,为企业的经营决策提供依据。

不同类型的经济活动分析报告主体部分的侧重点也应有所不同。如全面分析报告,应侧重对具有战略性意义的问题进行分析,专题性分析报告应抓住带有关键性的问题进行分析。但无论哪种类型的经济活动分析报告都应指出较为明确的发展方向,回答好"怎么办"的问题,意见具体,建议行之有效,具有较强的针对性。

3. 结尾

结尾应该是全文的总结。有的强化主题,有的与开头呼应,有的表明态度,有的提出今后努力的方向和决心。如果正文内容已经表述清楚,也可自然收尾。

四、写作注意事项

1. 明确对象,突出重点

把握好分析对象是经济活动分析报告成功的关键所在。任何内容的分析报告都不可能面面俱到,那样反而无的放矢,主次不明,重点不突出。因此,在把握好分析对象的同时,还应抓主要矛盾,通过现象揭示本质。只有如此,才能找到问题的切入点,通过有理有据的分析,提出合理化建议,使经济活动有效开展。

2. 数据精确,材料典型

经济活动分析离不开大量的经济指标和统计数据,指标和数据准确,分析才具有说服力。

因此,指标和数据必须精确、科学、规范。而只有抓住问题的实质,才能揭示经济活动运行的规律。因此,写作经济活动分析报告,还应收集并运用能够反映经济活动本质的典型材料。

3. 客观公正,报喜也报忧

对经济活动进行分析,是为了促进部门或企业的经济健康发展。因此,写作经济活动分析报告,应树立客观公正的态度,如实反映被分析对象的真实情况,切忌"报喜不报忧"。

4. 正确运用分析方法

用于经济活动分析的分析方法有多种,如比较分析法、因素分析法、动态分析法、结构分析法、平衡分析法、比率分析法、差额分析法,等等。只有掌握这些分析方法,了解各种分析方法的优势与不足,扬长避短,才能对经济活动的运行情况做出全面而深刻的分析与判断,得出正确结论,从而提高企业的经营管理水平。

五、病文诊断

××厂××××年11月份财务情况分析

一、利润

(一)基本情况

11月份实现利润 66 876.89 元,累计实现利润 435 205.73 元,上年同期累计实现利润 890 251.24 元,比上年同期减少了 455 045.51 元,降低了 51.1%。

(二)利润增减因素

利润增加因素:

(1) 产品销售价格提高(扣除包烟纸降价因素)使利润增加 37.8 万元(包烟纸降价减少利润 10.5 万元)。

(2) 税金变化、免税因素使利润增加 22.4 万元。

(3) 纸烟销售数量增加使利润增加 8.2 万元。

(4) 其他因素使利润增加 1.8 万元。

合计增加利润 70.2 万元。

利润减少因素:

(1) 产品成本提高使利润减少 90.9 万元。

(2) 打孔纸销售下降使利润减少 15.7 万元。

(3) 营业外支出增加(退休统筹基金)使利润减少 9.1 万元。

合计减少利润 115.7 万元。增减利润相抵使利润比去年同期降低 45.5 万元。

二、成本

产品	单位成本(元)	本期累计(元)
打孔纸	5622.72	5626.68
激光纸	7169.57	6807.73

三、资金情况

	本期	累计
(一)定额流动资金周转天数	201 天	195 天
(二)定额流动资金平均余额	342 万元	296 万元
(三)定额流动资金期末余额	353 万元	

（四）期末储备资金余额　　　　　　56万元

（五）期末成品资金余额　　　　　　132万元

四、存在问题及分析

（一）利润比上年同期减少的主要原因是产品生产成本提高，主要是原材料价格上涨。

（二）打孔纸销售数量低于去年同期160吨，使利润减少了15.7万元。

（三）成品资金占用高达到132万元，使定额流动资金占用额增加、周转天数延长。

××厂财务科
××××年12月××日

【诊断】本文存在以下主要问题。① 结构不完整。一份有效的经济活动分析报告应当包括基本情况、分析评价和对策建议三个部分。该例文缺少对策建议部分，结构不完整。另外，若能在介绍基本情况之前，首先概述11月份财务状况的总体情况，给读者一个总体印象，效果会更好。② 内容不全面不具体。按照写作要求，该例文应首先从利润、成本和资金利用等方面分别说明11月份财务的基本情况，其次依据有关指标和数据，运用恰当的分析方法，对11月份的财务状况做出分析评价，最后提出措施建议。但从该例文来看，基本情况介绍只是罗列了一些数字，缺少适当的文字概述，内容过于单薄；分析评价部分缺乏具体深入的分析。文中只简单列举了利润的增减因素，对影响财务状况的其他因素没有进行分析，并且内容上缺少对策建议。③ 层次不清。经济活动分析报告的写作一般按照"情况怎么样—为什么会这样—今后应该怎么办"的思路安排文章的层次。按照这样的要求，该例文主体在结构层次上的合理安排应为"基本财务状况（包括利润、成本、资金利用）—存在问题—原因分析—对策建议"。而该例文中的"利润增减因素"放在基本情况里显然不妥。另外，文中成本和资金情况的数据若以列表的形式来表述会更清楚明了。

第九节　营销策划书

[学习目标]

　　了解策划书的基本知识；掌握不同类型策划书的一般写法；学会撰写营销、广告、公关、会展策划书和大型活动策划书。

开篇案例

公司巧策划，没花钱提高了知名度

　　20世纪50年代，在美国人造卫星正式发射前，一家公司一本正经地给五角大楼写信，要求在人造卫星上做广告，并询问广告价格是多少，费用如何支付。那时，发射卫星并没有电视转播，卫星放到天上谁也看不到，花钱在卫星上做没有人能看到的广告，美国军方认为这家公司负责人的脑子大概出毛病了，简直是白痴。于是，五角大楼没有给这家公司复信，仅把此事当作笑料而已。笑料一传开，就有记者在报纸上写了一篇讥笑这家公司的文章。于是，在人们的谈话中，很自然地把卫星上天与这家公司联系到了一起。殊不知，此举正是这家公司别出心裁、出奇制胜的策划——虽然没花一分钱，但其知名度却大大提高。

这是个令人拍案叫绝的策划案例。它告诉我们：在知识经济时代，策划的作用越来越重要。因此，我们有必要了解策划的基本知识，掌握策划书的写作。

一、基本知识

（一）策划的含义

策划是为了实现特定目标而提出新颖的思路、对策和具体行动方案的活动。它根据现实的各种情况和信息，判断事物变化的趋势，围绕特定的活动目标，全面构思、设计、选择合理可行的行动方式。因此，策划是一项立足现实、面向未来的活动。

好项目是策划出来的。成功的策划不仅能够创造良好的经济效益，还应该具有长远的社会效益。

策划除具有明确的目的性和功利性外，还具有社会性、创造性、时效性和超前性等特点。

（二）策划书的含义

策划书是策划人员通过对某一项目或活动进行系统分析，对项目或活动开展的整体战略和策略进行全面筹划、设计后，为项目或活动的顺利开展提供行动依据而撰写的书面文案，也可称为策划方案。

（三）策划书的特点

一份好的策划书通常具备以下三个特点。

1. 独创性

策划书必须言他人所未言，发现他人所未发现，提出自己的独到见解。独创性是策划书的灵魂，没有独创性的策划书就如同没有灵魂的躯壳。

2. 可操作性

撰写策划书必须充分考虑项目或活动的实际情况，以及各个执行部门的运作实际，如果执行部门难以操作，将会影响策划书的执行效果。

3. 科学性

策划书的撰写必须建立在充分的调查分析的基础上，策划效果的评估必须用数据表达，用事实说话。

（四）策划书的类型

在当今社会，策划被广泛运用于社会生活的各个领域，不仅各种经济商贸活动需要策划并撰写策划书，而且其他领域和场合，如举办大型的节日庆典活动、文化艺术活动、体育比赛活动、募集筹资活动和社会公益活动等，都需要事先进行周密的策划，形成策划书，为活动的顺利开展打下坚实的基础。因此，策划书有多种多样的类型。这里主要介绍营销策划书的写作。

二、例文看台

"KBD健康乐园系列活动"营销策划书

一、计划概要

通过对KBD整个市场状况和在营销4P方面的分析，提出本次"KBD健康乐园系列活动"的目标和具体运作方案。

本次"KBD健康乐园系列活动"主要目标：通过"KBD终端陈列比赛"和"KBD销售积分比赛"两个持续4个月的活动，改变KBD在全国零售终端整体落后的现状，使KBD的整体终端形象得到一个大的提升。单点销量有一个明显的提高。

整个活动分为计划、控制、执行、落实、评估五个方面。分为三个实施阶段。期间通过穿插其他OTC促销手段，由各地OTC部门根据当地情况按市场部制定的时间上报，以保证KBD终端工作的多样性和持续性。

二、情势分析

1. 市场环境

随着感冒药市场竞争的白热化，感冒类产品越来越多，在城市市区内：一般A级药店有100多种，B级药店有60～70种，C级药店有20～30种；在外围周边市场品种相对少得多：一般A级药店有30～40种，B级药店有10～20种。

随着市场竞争的细分化，感冒药生产企业在市场终端的争夺更是百舸争流，各显其能，地方品牌占有相对优势。市场终端的争夺对于感冒药生产企业的重要性已经上升到关系企业以后能否发展甚至生死存亡的地位。可以这么说："感冒药没有市场终端的优势，她就绝不会成为市场领导者。"

2. 产品分析

KBD目前市场占有率在90%左右，店员推荐率几乎为零，消费者指名购买率与主要竞争品基本上在同一个水平。

这次提价对市场的影响：

（1）目前KBD市场占有率有一定下降的趋势。其原因是现阶段市场批发价有所提高，但零售价没有涨起来，导致药店利润下降，药店进货或补货的积极性下降。

（2）市场批发和终端药店零售价格比较混乱，理顺还需要一段时间。

（3）店员对消费者指名购买存在一定的负面影响。

（4）经销商存在比较严重的窜货和不同程度的囤货现象。

3. 竞争情势

（1）KBD由于以前从未进行过终端促进的工作，存在着：

① 终端产品陈列水平远远落后于主要竞争品，如XKTK、GK、TN、BJH、GN（区域强势品牌）。

② 客情关系很差：主要竞争品开展OTC促销工作都有一段时间，终端基础工作比较好。店员对竞争品的推荐对KBD的指名购买率有一定影响。

③ 单点销量方面与竞争品相比：KBD在城市市区内重点药房落后较多（主流竞争品一般＞70盒/月，KBD一般在40盒左右），B级、C级药店上的差距也较大；在外围周边地区整体上KBD与竞争品相差不多，有的单点超过竞争品。

④ 非主流竞争品对KBD的销售形成一定冲击。

（2）竞争品目前的销售促进（Promotion）组合方式主要分三类

① 广告＋礼品＋终端展示：以XKTK为主。XKTK在品牌形象和营销运作风格上树立了专业化、规范化的典范。其通路（Place）运作在前端（总经销商）、中段（一、二级分销商）、终端都有针对性的工作，形成了整个通路协调配合。这也是为什么XKTK终端陈列状况远远超过其他同类产品的重要原因。而且XKTK终端工作遵循了营销销量产生的"8020"原则（即80%的销量产生在20%左右的重要终端上）。其产生的结果不仅仅体

现在树立了终端陈列上领导者地位,其形象对消费者的影响也非常大,达到了整合营销的目的。

② 广告＋礼品＋挂金:主要是 BJH、GN、DNRYP、GK(部分药店挂金)。

③ 礼品＋较高的挂金:主要是 MK、SGN、KLL、GK、ZGJ 等为主。此类药品一般都是非广告类或广告投入很少,市场占有率较低的品种,其整体竞争力比较差。但此类药品在单点药房对主流品牌销售也形成了一定的冲击。

(3) 竞争品销售促进行为利弊分析

① 挂金销售。

挂金销售的确有能在较短时期内建立相对良好的客情关系(主要是店员推荐)和占领好的产品展示位的作用。它多用于新产品打入市场或产品销售出现一定的积压时为提升销量采取的一种短时权宜之策。但是如果没有一个持续性,它反而会起到很大的负面作用。市场上能够长期保持挂金销售的产品可以说很少,因为毕竟感冒药是一种低附加值的药品。零售价 20% 左右的挂金对企业利润的影响会是多大?

重庆的 GN 在市场启动的初期,以媒体广告高密度的投放和 OTC 终端政策的强力推进(特别是高挂金),迅速在经销商和药店层面引起轰动效应,短期内就形成了一定的销售规模,在药店终端也有较好的口碑。但随着其市场的逐渐成熟以及 GN 市场重心的转移,在市区逐步取消了挂金。从我们调查的资料表明,药店店员对 GN 的态度发生了极大的变化,形成很大的反差,GN 的终端陈列也迅速变差。

单纯的挂金或直接的挂金销售我认为不适宜 KBD,原因:

a. KBD 毕竟是高市场占有率的产品,挂金所能够涉及的广度有限;

b. 挂金的控制问题;

c. KBD 单价较低,即使挂金,其对店员的吸引力也有限,投入产出比不划算。

② 公共关系

XKTK 的陈列状况远远超过其他竞品,原因是 XKTK 的市场领导者地位,在长期的厂商合作中,企业在销售通路的多个层面进行了一系列的 PR 行为,比如:与公司结成某种程度的战略关系;对连锁公司的中层员工,不定期开展商务旅游、礼品赠送活动;对药店销售达标的某些人,也有不同的奖励(旅游、礼品、参观等)。在流通环节的多个层面产生了影响力。

这种方式目前我们不一定适用,但它的营销策略思想值得我们借鉴。原因有以下几点:

a. KBD"企业—经销商—分销商—药店—消费者"的销售结构模式中,对分销商的影响力是制约的关键因素。我们企业基本上与分销商没有什么战略上的紧密利益。这可以作为我们下一步考虑的一个方向。

b. 企业由通路上端到下端的梳理过程,是一个相对长期的过程,对销售促进的效果会比较慢。KBD 目前的终端形势要求我们必须从最基础做起。

总的来说,KBD 的竞争情势比较严重,只要是在竞品有终端政策的区域,KBD 在多个单项评价指标(产品陈列、终端展示、客情关系、店员首荐率、单点销量、消费者行为影响)上都落后于竞争品很多。目前仅在市场占有率这一指标上比非主流品牌有优势,但与主要竞争品也在同一个水平,而且也有下滑的趋势。

三、SWOT 分析

1. 机会与威胁分析

KBD 面临的机会是:

第一,这次提价正是公司进行销售结构调整的一个契机;

第二,终端工作上升空间很大;

第三,KBD的品牌优势对多产品营销会产生整合的效果;

第四,形成以KBD为前导,建立终端网络,为公司其他产品终端工作铺路。

KBD面临的威胁是:

第一,竞争厂家日益增多;

第二,竞争品在终端的促销力度越来越大;

第三,竞争品终端政策覆盖率越来越高。

2. 优势与劣势分析

KBD的优势是:第一,产品有固定的消费群,消费者对品牌忠诚度高;第二,专利产品,产品疗效好。

KBD的劣势是:终端网络不健全。

3. 问题分析

第一,通路的整合问题:分销与OTC工作的协调配合。

第二,终端工作确立重点的问题:市场终端工作是一个基础工作,它是循序渐进的过程,对销量的影响不是立竿见影的。必须针对不同的市场状况采用不同的终端促进策略。目前终端最大的问题就是陈列状况太差和客情关系不好,所以这次"KBD健康乐园系列活动"的工作重心确立就是一个大的问题。

第三,目前竞争品在终端的投入比较大,方式也多样化,在没有基础的前提下,我们的投入问题。

第四,KBD在宣传上的高空轰炸和地面宣传上的配合问题。

四、营销目标

第一阶段:在2017年12月份迅速改变KBD终端陈列远远落后于主要竞争品的现状。

第二阶段:在2018年1、2月份完成在整体终端陈列上达到主要竞争品水平,并且在20%以上的终端陈列超过竞争品;终端药店销售量整体上达到和主要竞争品基本在同一个水平。

第三个阶段:在2018年3、4月份完成整体终端陈列水平超过主要竞争品。20%以上重要药店销量超过竞争品。

五、营销策略

本次活动的营销策略是:

1. 抓住重点,分步推进。

2. 短期的迅速提高与长期的稳步发展相结合。

3. 体现OTC工作长期的延续性。

六、"KBD健康乐园系列活动"行动方案

1. 方案陈述

本次系列活动包含"终端陈列比赛"和"销售累计积分比赛"两个部分,以总积分的方式使两部分结合。根据时间分步重点推进,以达到陈列和销量同步推进的整体效果。

终端陈列比赛:主要以KBD陈列位置、陈列面、陈列保持时间三个指标作为评分标准(附KBD每月陈列评分表1)。

销售累计积分比赛:主要以KBD销售盒数进行积分。

2. 方案计划

(1) 时间计划：2017.12.9—2018.3.31。

分为三个目标阶段，每个阶段对工作效果进行评估，根据变化进行一定的调整和补充。

(2) 目标计划。

第一阶段：2017.12.9—2017.12.31。主要目标：终端陈列提高，次要目标：为客情关系的建立进行铺垫。

第二阶段：2018.1.1—2018.2.28。主要目标：良好的客情关系形成和销量的提升，次要目标：整体终端陈列达到主要竞争品水平，20%终端陈列超过竞争品。

第三阶段：2018.3.1—2018.3.31。主要目标：整体终端陈列水平超过主要竞争品，次要目标：20%以上重要药店销量超过竞争品。

(3) 奖励设置计划。

根据OTC目前全国各省的具体状况，把全国各省分为三个层次：

特别市场(2个)：北京、上海；这类城市主要着眼于下一步24片KBD销售的促进。主要是在评分的标准上销售积分的比重偏大一点，以促使药店进货(24片KBD)。

一组市场(7个)：浙江、湖南、陕西、辽宁、山东、江苏、重庆；这类城市主要着眼于目前市场通路、药店覆盖和人员的具体情况。

二组市场(8个)：河北、湖北、河南、广东、黑龙江、安徽、四川、天津。

① 特别市场和一组市场奖励设置：(附特别市场和一组市场奖级设置及分析表)

特等奖：1名，奖励品价值金额1800元。

一等奖：4名，奖励品价值金额800元。

二等奖：800名，奖励品价值金额38元。

陈列奖：1100份，奖励品价值金额18元。

小礼品：10000份，价值金额0.8元。

(费用合计：每省63 200元，总计568 800元。)

② 二组市场奖励设置：(附二组市场奖级设置及分析表)

特等奖：1名，奖励品价值金额1800元。

一等奖：3名，奖励品价值金额800元。

二等奖：600名，奖励品价值金额38元。

陈列奖：900份，奖励品价值金额18元。

小礼品：8000份，价值金额0.8元。

(费用合计：每省4.96万元，总计39.68万元。)

全国活动费用总计：96.56万元

奖品说明：(附"KBD健康乐园系列活动评分办法")

小礼品：在整个活动过程中(4个月)用于OTC人员在平时工作和店员的沟通上。可以多样化和体现一定的价值差。

陈列奖：主要用于12月份提高产品陈列上，对药店的奖励面在91.6%，对药店店员的奖励面在25%左右。奖品形式体现实用性。

二等奖：主要用于在活动完后综合评分发放，奖励面在17%左右，奖品形式体现要有特色和有价值。

一等奖：以抽奖的方式发放，入围条件是积分达到45分以上(指标不宜定得过高，以让更多的人看到希望)。

特等奖：以抽奖的方式发放，体现较大吸引力，入围条件是积分达到60分以上。

3. 方案的执行和控制

(1) 活动通知到位的问题：关系参与药店广度的问题。

具体规定：活动告知—临时协议—判定认可标准。

(2) 评分记录准确的问题：OTC代表对大局和自己利益平衡的问题。

具体规定：流动相册评比、陈列奖和小礼品各省的区域细分。

(3) 陈列比赛奖品发放的问题：参加活动的药店店员提供身份证。

具体规定：活动流程告知书。

(4) 活动终止前(3月份)的烘托问题：媒体炒作，消费者促销。

4. 方案的落实和评估

(1) 落实(附活动执行方案)。

(2) 评估的几个问题。

① 活动的吸引力：能使用的费用不高，这对一个跨度较长的活动来说是一个难点(目前通过缩短跨度时间和增加奖励面基本解决)。

② 本次活动目标(被动的)比较多，显得有一定的复杂性，怎样简化问题(活动执行细化表)。

③ 店员会怎么看这次活动：

关键因素：吸引力？与其他竞争品的比较性？奖励面？

④ 本次活动中必须要有其他活动的穿插，才能体现HL制药的整体形象：大气、上档次。

七、营销预算

1. 礼品费用预算：96.56万元，占总费用比78.5%(见表2-5)；
2. 终端药店告知活动费用：8.5万元，占总费用比7%；
3. 资料收集、效果评估费用：10万元，占总费用比8%；
4. 其他不可预知费用：8万元，占总费用比6.5%。

(总费用：123.06万元)

表2-5　礼品费用统计表

核算指标市场类别	单一市场费用/万元	占费用的百分比/%	覆盖药店数/家	药店百分比/%
战略市场(2个)	12.64	13.1	2400	14
一组市场(7个)	44.24	45.8	8400	48.8
二组市场(8个)	39.68	41.1	6400	37.2
总　计	96.56	100	17200	100

附件：(略)

(资料来源：http://mkt.icxo.com/htmlnews/2010/11/10/1423413_0.html。有改动)

【评析】这是一篇营销策划书。其目标是改变KBD在全国零售终端整体落后的现状，提升KBD的整体终端形象，并且使KBD的单点销量明显提高。营销策划书的计划概要部分首先扼要概述了活动的主要目标,指出活动将分为计划、控制、执行、落实、评估五个方面和三个实施阶段。接着主体部分从情势分析、SWOT 分析、营销目标、营销策略、行动方案、营销预算等方面对"KBD 健康乐园系列活动"进行了详细策划,并作出具体安排。此例文内容安排详略得当,切合实际,具有较强的针对性和可操作性。

三、营销策划书的构成要素与写法

从写作角度看,策划书没有一成不变的写作模式,不同类型的策划书应依据活动的不同要求,灵活安排策划书的构成要素和具体内容。下面主要介绍营销策划书的写作。

企业的产品不同,营销目标不同,营销策划书写作的侧重点、详略、篇幅都会有所不同。如果策划书的篇幅较长,还应有封面和目录等内容,封面一般包括策划书的名称、策划者、策划日期和策划书适用期等。从营销策划活动的一般规律来看,一份有效的营销策划书的正文一般应包括市场营销的分析、规划、执行方法和控制方法等内容,由前言或计划概要、市场营销环境状况分析、市场机会与问题分析、营销目标、营销策略、行动方案、费用预算、控制或方案调整等部分构成。

(一)前言(或计划概要)

前言是营销策划书的开头部分,一般概括说明策划的背景、缘起或目的等内容。

(二)市场营销环境状况分析

这部分是为制定相应的营销策略,采取正确的营销手段提供依据的,因此对市场营销环境状况的分析要建立在充分的市场调研基础上。市场营销环境状况分析主要包括以下内容。

1. 当前市场状况及市场前景分析

这一部分如产品的市场性、现实市场及潜在市场状况;市场成长状况,产品目前处于市场生命周期的哪一阶段上,对于不同市场阶段上的产品,其营销侧重点如何,相应营销策略效果怎样,需求变化对产品市场的影响;消费者对产品的接受性,产品市场发展前景分析。

2. 对产品市场影响因素进行分析

这一部分主要是对影响产品的不可控因素进行分析,如宏观环境、政治环境、居民经济条件,消费者收入水平、消费结构的变化、消费心理等。

(三)市场机会与问题分析

营销策划是对市场机会的把握和营销策略的运用,因此分析市场机会与问题就成了营销策划的关键。

1. 分析目前产品营销中存在的问题

如企业知名度不高,形象不佳影响产品销售;产品质量不过关,功能不全,被消费者冷落;产品包装太差,提不起消费者的购买兴趣;产品价格定位不当;销售渠道不畅,或渠道选择有误,使销售受阻;促销方式不当,消费者不了解企业产品;服务质量太差,令消费者不满;售后保证缺乏,消费者购后顾虑多等都是营销中存在的问题。

2. 针对产品特点,分析其优势、劣势

从问题中找劣势予以克服,从优势中找机会,发掘其市场潜力。分析目标市场或消费群特点,进行市场细分,对不同的消费需求尽量予以满足,抓住主要消费群作为营销重点,找出与竞争对手的差距,把握利用好市场机会。

（四）营销目标

营销目标是在前文分析的基础上，提出企业所要实现的具体目标，即营销策划书执行期间所要实现的经济效益目标，如总销售量、市场占有率等。

（五）营销策略

这部分陈述的是企业用以达成目标的主要策略，主要包括以下内容。

1. 产品策略

通过前面产品市场机会与问题分析，提出合理的产品策略建议，形成有效的4P组合，达到最佳效果。产品策略一般包括产品定位策略、产品质量策略、产品品牌策略、产品包装策略、产品服务策略等。

2. 价格策略

目的是使产品价格更具竞争力。如拉大批零差价，调动批发商、中间商积极性；给予适当数量折扣，鼓励多购。若企业以产品价格为营销优势，更应注重价格策略的策划。价格策略一般包括定价标准、制约定价的基本因素、定价的程序、定价的基本方法和定价策略等。

3. 营销渠道策略

营销渠道策略包括营销渠道的选择策略和中间批发商的营销策略等内容。产品目前销售渠道状况如何，对销售渠道的拓展有何计划，采取一些实惠政策鼓励中间商、代理商的销售积极性或制定适当的奖励政策等都属于营销渠道策略的范畴。

4. 促销策略

促销活动实质是一种沟通活动、激励活动，它具有沟通信息、创造需求、突出特点、稳定销售等功能，其中包括促销手段的选择和营销推广，如广告宣传、公关促销等。

（六）行动方案

行动方案是根据策划期内各时间段的不同特点，推出的各项营销具体行动方案，也就是保证活动顺利开展的人、财、物和时间等实际安排的行动性内容。方案要细致、周密，既具可操作性，又有灵活性，还要切实可行。

（七）费用预算

费用预算是营销策划书实施过程中的费用投入，包括总费用、阶段费用、项目费用等，其制定原则是以较少投入获得最优效果。

（八）控制与方案调整

在策划书实施过程中可能出现与现实情况不相适应的状况，因此必须随时根据市场的反馈情况及时对策划书进行调整。控制与方案调整应该包括应付策划书中所没有涉及的意外情况的意外应急计划等内容。

四、写作注意事项

1. 逻辑性强，有序合理

策划的目的在于解决企业经营管理中的问题，因此策划书应具有较强的逻辑性。首先是预设情况，交代背景，分析现状，提出策划目的；其次是详细阐述具体的策划内容；最后明确提出解决问题的策略和行动方案。

2. 简明扼要，突出重点

应抓住所要解决的核心问题，深入分析，提出可行性的相应对策，针对性强，具有实际操作指导意义。

3. 可操作性强

营销策划书是要用于指导企业的营销活动,其指导性涉及活动中的每一个参与者的工作及各环节关系的处理。因此,策划书具有可操作性非常重要,不具备可操作性的策划书,其创意再好也没有任何价值。

4. 主题鲜明,创意新颖

要求活动的主题鲜明,策划的点子新、内容新、活动的方式新,给人以全新的感受。创意新颖是策划书的灵魂。

五、病文诊断

×××化妆品策划书

×××是世界化妆品行业的领先者,它的销售业绩在全球范围内稳步增长。迄今为止,×××在亚洲国家的发展势头依然迅猛,其最大动力正是来源于它把亚洲市场作为今后数年扩展的目标。×××的中国之行始于香港,早在1966年就通过一家名为Scental Ltd的经销办事处销售产品。当时,这个公司的主要业务是将××和××品牌的产品推销到化妆品专卖店、百货商场和各类免税商店。1979年,××成为其全资子公司,同时将其业务拓展到护发产品,并建立了广泛的市场渠道。1993年年初,×××向进军中国广阔市场迈出了重要一步,一支由中国人组成的致力于开拓内地市场的队伍正式在香港成立,为尽快了解和把握中国市场,×××首先在广州、上海、北京三大城市设立了形象柜台。在成功收购了×××品牌之后,×××不仅扩大了它全球市场的产品线,还取得了全面进入中国市场的机会。通过×××的销售渠道,×××迅速渗透了中国化妆品市场。至2000年,×××在中国50多个大城市成立了870家专卖店,聘用了2000名专业美容顾问,并成功推广了×××等四个品牌。在此之后,×××又耗资3000万美元在苏州新加坡工业园区建造了分厂。专门生产大众化妆品的苏州工厂于1999年4月正式投产。新工厂将从事染发剂、粉底、睫毛膏和指甲油的生产,其生产能力将达到2000万套,并向全球市场供货。

一、在中国的产品策略

研究数据表明,×××产品卓尔不凡的高品质是它博得中国消费者青睐的主要原因。此外,产品的多样化也是造就其良好销售业绩不可忽视的重要原因。产品线的拓展全面满足了消费者的不同需求并赢得了市场份额。尽管售价颇高,但消费者更愿意获得×××的承诺。

就中国市场而言,×××的四大产品类型各具特色,它们分别是:专业美发品;大众化妆品;高档化妆品(香水和美容品);特殊化妆品。如今,×××在中国市场推出的品牌有:巴黎×××、巴黎××、纽约×××等。×××更多的产品将逐步走近中国消费者,×××相信更多的产品将扎根于中国市场,它们中不仅包括大众化化妆品,也包括高档化妆品。

1996年,×××与中国最负盛名的医学院之一苏州医学院共同成立了苏州×××化妆品股份有限公司。在与苏州医学院的长期合作下,×××充分了解了中国顾客并获得了大量权威而及时的信息,使得其研发部门能生产出符合中国顾客需要的化妆品。1992年2月,×××中国总部正式在上海成立。从那时起,×××成功地推出多种产品,包括皮肤护理产品、美发产品、彩妆、香水等。

二、在中国市场的广告策略

广告策略是×××进军中国市场又一重要手段。×××对于不同的产品采用不同的广告策略,根据不同的目标顾客×××采取了行之有效的促销方法。同一产品,×××拥有多个广告版本,这一策略的关键在于产品推广市场的需求与广告传播概念的吻合。这里有两个实例,其一是×××,它以大众消费者为目标顾客。×××是×××于1992年收购的一个美国品牌。先于×××进入中国市场,早在×年之前就已在苏州建立自己的工厂。×××将其定位为一个大众化的品牌,每一个中国妇女都应该拥有一件×××的产品。中国消费者把×××当作时尚的代表,所以×××在中国投放的是由美国影星为模特的国际版广告。(下略)

三、在中国市场的销售策略

(一)广泛的销售区域

×××的产品遍布整个中国,在立足于大城市的同时,×××越来越注重深入中小城市的销售。通过过去几年销售记录的统计,×××总结到:

(1)中国人对现代美的追求愈显迫切,他们在美容品上的花销越来越多。

(2)新产品很容易在中国市场流行,中国消费者乐于接受高品质新概念的全新产品。×××正准备逐步向中国消费者介绍在世界市场上畅销的产品。

近年来,×××的覆盖区域日益增多。早在1997年,当×××第一次出现在中国市场时,它的产品主要集中在大城市周边,而如今更多的销售增长则来自零碎的市场,因为这些市场里的消费者的购买力正在与日俱增。

(二)独特的销售渠道

面对不同的顾客,×××为其产品设计并建立了最佳的销售渠道:

专业美发品:美发产品部是这一领域的领导者,它向专业发型师或通过美发沙龙单一渠道直接向消费者提供一系列美发产品。

大众化妆品:大众化妆品部通过集中的市场分销和媒体广告,使×××的产品进入了普通消费者的生活。

特殊化妆品:特殊化妆品部通过指定药房及其他专门渠道销售皮肤护理产品。

四、在中国市场的包装定价策略

为了更好地服务于中国顾客,更好地参与竞争,×××注重产品对中国消费者的适应性,并致力于以下几方面的努力:

(1)与苏州医学院联合成立了化妆品研究中心。通过设立研究项目帮助×××了解中国消费者的特点,以生产出专门适用于他们的产品,与此同时,充分掌握当地消费者的需求能促使×××及时调整产品以适应不断变化的中国市场。

(2)由当地的市场部门全面负责产品的包装和标签。对当地消费者而言,这保证了产品外观的方便实用,"区域化"外包装对中国顾客更具吸引力。

(3)由当地市场部门决定产品的价格,尽管销售以盈利为目标,但是灵活的价格体系更有利于×××在中国开拓新市场,对不同层次的市场采取不同的营销策略。×××的销售业绩证明该决策的正确性。(下略)

【诊断】这是一篇不符合写作要求的策划书,主要存在以下问题:首先,该策划书的标题内容不明确,是营销策划,还是广告策划?抑或是公关活动策划?标题中应该写清楚。因为不同类型的策划书,其写作内容和侧重点是不同的。从正文内容看该策划书应是一份产品营销策划。其次,该例文内容不符合策划书的写作规范。开头第一段主要介绍了自己业务拓展的情况,接下来分别从产品策略、广告策略、销售策略和包装定价策略介绍了×××化妆品在中国市场的营销拓展策略,而营销策划书应该具备的其他内容文中没有涉及。因此,综观全文,该例文更像是一篇营销策略方面的案例分析,而非营销策划书。

第十节 广 告 文 案

[学习目标]

了解广告的含义、特点、种类和作用;掌握广告文案的写法及注意事项;学会撰写广告文案。

开篇案例

特别的鞋店广告

很早以前,南京有家鹤鸣鞋店,牌子虽老,却无人问津。有一天,账房先生为老板献计:花钱在市里最大的报纸上登三天的广告。第一天只登个大问号,下面写一行小字:"欲知详情,请见明日本报栏。"第二天照旧,等到第三天揭开谜底,广告上写"三人行必有我师,三人行必有我鞋,鹤鸣皮鞋。"老板一听,觉得此计可行,依计行事,广告一登出来果然吸引了广大读者,鹤鸣鞋店顿时家喻户晓,生意红火。

在广告已经无孔不入的时代,企业怎样做才能吸引更多的人呢?鹤鸣鞋店的账房先生可谓独具匠心。广告虽然做得简单,但敢于标新立异,冲破传统,因而取得了极大的成功。这个案例告诉我们:在经济发展突飞猛进的今天,只有不断创新,不断满足受众的心理期待,才能唤起受众的注意,收获财富。

一、基本知识

(一)广告的含义

"广告"是外来词语,最早出现在 17 世纪末、18 世纪初的英文中,直到 19 世纪末,才由日本传入我国。到了 20 世纪 20 年代,"广告"一词已被普遍使用。

关于广告的含义,历来有不同的解释。上海辞书出版社 2002 年 1 月版《辞海》中把广告定义为"通过媒体向公众介绍商品、劳务和企业信息等的一种宣传方式。一般指商业广告。从广义来说,凡是向公众传播社会人事动态、文化娱乐、宣传观念的都属于广告范畴"。由此可见,广告有广义和狭义之分。

广义的广告包括商业广告和非商业广告。狭义的广告一般指商业广告,是指企业单位通过各种媒体,将所生产的产品及其服务信息有计划地传递给消费者,以求引起消费者的兴趣和购买动机的一种应用文体。

(二) 广告的特点

1. 科学性

广告学本身就是一门独立的学科，它在传达商品信息、介绍商品知识时，必须有可靠的科学依据，必须进行准确的科学分析，必须实事求是。只有如此，才能具有说服力，才能取得消费者的信任，发挥广告应有的作用。《中华人民共和国广告法》第四条规定："广告不得含有虚假或者引人误解的内容，不得欺骗、误导消费者。"如果商家弄虚作假，夸大其词，欺骗顾客，消费者完全可以根据法律，要求执法部门予以制裁。

2. 艺术性

广告不仅大量运用绘画、摄影、电视、电影、歌曲等艺术形式，就是在文字的写作上，也必须运用生动、形象、富有感染力的语言，才能具有强烈的吸引力，激发起人们购买的欲望。

3. 思想性

广告不仅要以经济效益为目的，而且要以社会效益为依据。因此，广告的制作要有利于精神文明和物质文明建设，要有利于市场经济的发展，并把思想性作为广告的灵魂，通过健康的审美观、高尚的格调、新颖有趣的表现手法、独特的艺术形式，来吸引消费者，促进商品销售。

(三) 广告的分类

根据不同的分类标准，可以对广告进行不同的分类，对此学术界尚无统一定论。这里主要介绍以下三种情况。

1. 按媒体的性质不同，广告可以分为以下十种类型

(1) 印刷广告：主要包括报纸广告、杂志广告、画册广告、挂历广告、招贴广告等。

(2) 电子广告：主要包括电视广告、电影广告、广播广告，运用录像、幻灯、电子显示屏所做的广告，以及新兴的网络广告。

(3) 邮寄广告：包括以信件、明信片、商品说明书、商品目录单等方式邮寄的广告。

(4) 店铺广告：包括橱窗、柜台、货架、壁橱等媒体上所做的广告。

(5) 户外广告：如路牌、墙壁上的广告，建筑物上的广告牌刊登的广告，氢气球广告等。

(6) 车体广告：利用移动的交通工具所做的广告。

(7) 包装广告：包括商品自身包装上的说明、图案，也包括火柴盒、手提袋上的广告等。

(8) 人体广告：是指以人体为媒介所做的广告，广告信息或写在绶带上，或写在衣服上。

(9) 礼品广告：是指通过奖品、礼品、纪念品等赠送方式所做的广告。

(10) 空中广告：如烟雾广告、空中投光广告、空中传音广告等。

2. 按内容不同，广告可以分为以下四类

(1) 商业广告：是指在生产、流通领域和服务行业中推销商品或提供劳务、服务等的广告。

(2) 社会广告：是指提供社会福利、社会服务、社会保险等方面的广告，如征婚、挂失、寻人、换房、人才交流等。

(3) 文化广告：是指以传播科学、文化、教育、体育、新闻出版、文艺演出、影视节目预告为主要内容的广告。

(4) 公益广告：是指呼吁公众关注某一社会性问题，提倡新的道德风尚、新的观念，以及宣传国家政策的广告。如遵守交通规则、保护环境、节约用水等广告。

3. 按诉求方式不同,广告可以分为以下两类

(1) 理性诉求广告:主要是指采取理性的说服方法,有理有据地直接表述产品的优点和长处,让公众自己做出判断,进而引起购买行为的一种广告。

(2) 感性诉求广告:主要是指采取感性的说服方法,向目标公众诉之以情,使他们对所宣传的商品产生友好的感情和态度,进而采取购买行动的一种广告。

(四) 广告的作用

1. 传递商品信息,活跃市场,指导消费

随着商品经济的发展,新产品层出不穷,消费者往往要借助广告的力量,才能了解到更多的商品的性能、特点、用途、价格及使用方法,并产生对比,从而选择自己喜欢、满意的产品。

2. 引起竞争,改善企业管理,提高产品的质量和性能

广告把消费者在购买活动中表现出来的行为及时反馈给企业经营者,让他们能及时把握市场脉搏和消费者心理动向,调整企业经营思想和管理方略,适时进行技术革新,从而提高产品的质量和企业的服务质量。

3. 美化社会环境

实践证明,发挥广告的美化功能,能使广告起到很好的传播作用。好的广告,也是一件精美的艺术作品,无论是实物造型、字画色彩,还是音响旋律、任务表演,都能给人以美的享受。这样的广告,在传播经济信息的同时,也美化了人们的生活。广告的美化功能已越来越为人们所重视。

二、例文看台

例文 1

DIPLOMA 奶粉广告文案——试图使他们相会

亲爱的扣眼:

  你好!

  我是纽扣,

  你记得我们已经有多久没在一起了?

  尽管每天都能见到你的倩影,

  但肥嘟嘟的肚皮横亘在你我之间,

  让我们有如牛郎与织女般不幸。

  不过在此告诉你一个好消息,

  主人决定极力促成我们的相聚,

  相信主人在食用 DIPLOMA 脱脂奶粉后,

  我们不久就可以天长地久,

  永不分离。

【评析】这是 DIPLOMA 脱脂奶粉的广告文案。它充满神奇的想象力,将纽扣拟人化,借纽扣之口说出了幽默风趣的广告语,不但让人读后开怀一笑,同时也向消费者传递了 DIPLOMA 脱脂奶粉有益于身体健康的信息。文案创意新颖,诉求重点突出,使消费者在富有

趣味性的阅读中不知不觉地接受了广告信息,易于引发消费者采取购买行动,具有良好的广告效果。

例文 2

别让疲劳弯您腰　三勒浆抗疲劳

每天,您的腰杆也许这样变化

清晨——笔直

中午——打瞌睡

下午——不由自主弯曲

晚上——依靠床来支撑

工作过于紧张,让您缺乏充沛精力,腰杆由直到曲。疲劳的困扰由来已久,如今,三勒浆为您轻松解决。每天一支三勒浆,迎接工作挑战,随时随地挺直腰杆。

抗疲劳,当然三勒浆!

【评析】 这是一则保健品广告文案。文案的正文不急于把要传达的主要商品内容表述出来,而是用通俗易懂的语言,将人在一天中不同时候的疲劳特征通过描述的方式展示给读者,让读者明白疲劳就会使人缺乏精力,弯腰曲背。此时,读者可能会问:怎么办呢?怎样才能精力充沛,挺直腰杆?接着广告就用简洁的语言向读者介绍三勒浆的功效——抗疲劳。文案通过标题、正文和广告口号反复强调"三勒浆抗疲劳",既显得重点突出,又强化读者记忆,具有良好的广告效果。

三、广告文案的构成要素与写法

一份完整的广告文案包括标题、正文、广告口号和随文四个部分。

（一）标题

标题是广告文案的主题或基本内容的高度概括,它统领整个广告,具有提示广告内容、引发兴趣、诱导消费者购买的作用。广告标题要求新颖、独特、醒目、简短。它可分为直接标题、间接标题和复合标题。

1. 直接标题

直接标题直接提供商品名称或企业名称,如"××市五缘商业街隆重招商"。直接标题明确、具体,使人一目了然。

2. 间接标题

间接标题不直接点明商品的名称或企业名称,而是间接地表明商品的特点、性能等,以引发读者的兴趣。如某保险公司广告的标题"当晚霞消失的时候……",海尔空调的广告标题"母爱让人难忘"。

3. 复合标题

复合标题是前两种标题的组合,虚实相生,强化表达效果。如"把广州彻底拧干——在这个湿冷的季节,广州需要重量级胜风除湿王。"

（二）正文

正文是广告的主要内容,是标题的延伸和说明,一般包括商品或服务的名称、质量、特点、功能、规格、价格等。正文应做到重点突出,结构紧凑,材料充实,介绍清楚。正文可分为引语、主体和结束语。

1. 引语

引语紧接标题,主要任务是引出广告的中心内容,对后面做一个铺垫。并不是所有的广告都有引语。

2. 主体

主体是广告文案的核心,它要用有说服力的事实或材料来宣传商品或服务独具的优点或优势。主体可以是几句话,也可以是一段话或几个段落。如"别让疲劳弯您腰"的主体有三句话:"工作过于紧张,让您缺乏充沛精力,腰杆由直到曲。疲劳的困扰由来已久,如今,三勒浆为您轻松解决。每天一支三勒浆,迎接工作挑战,随时随地挺直腰杆。"向消费者介绍了"三勒浆"的抗疲劳功效,对消费者极具吸引力。

广告文案正文的写法多种多样,常见的表达形式通常有以下几种类型:

(1)叙述式。即在广告正文中,简要介绍产品的名称、性能、特点、用途、规格、价格、服务等。

(2)描写式。即用文学性的语言对广告的内容和受众可能会从该广告中获得的利益,进行生动的描绘,引起受众的注意和兴趣,以加强广告宣传的力度。

(3)问答式。即在广告正文中以对话问答的方式表达有关商品的情况,它往往针对消费者的心理,或自问自答,释疑解惑,或形如剥笋,步步引导,通常用于介绍知识性比较强的产品或技术。

(4)论述式。即在叙述事实的基础上进行理性的分析,不仅告诉受众广告传播的"是什么",而且进一步告诉受众"为什么",把产品的内在要素用合乎逻辑的方式加以表达,以强化其打动人的力量。

3. 结束语

结束语或委婉含蓄地提出建议,或提醒消费者应注意的问题,或坦诚告知企业的销售目的,它一般要用简洁有力的鼓动性语句促使消费者采取购买行动,如"抗疲劳,当然三勒浆!"

(三)广告口号

广告口号是企业在较长一段时间内反复在广告中运用的语句。它既简短凝练,便于记忆,又独具个性,号召力强。如:"海尔,中国造""味道好极了""非油炸,更健康"。广告口号可根据表达的需要,放在正文的任何位置。有时,也可没有广告口号。

(四)随文

随文是广告文案的附属内容,是对广告内容的补充说明。一般再示主题,提出诚挚的希望,引起消费者的购买兴趣。另外,随文还要写清楚商品名称、企业名称、地址、邮政编码、联系电话及联系人等信息。

四、写作注意事项

(1)内容要真实。不搞"假、大、空",不欺骗和误导消费者。

(2)主题要突出,创意要新颖。掌握商品的特点和消费者的心理,适当利用诸如"明星效应""名牌效应""集团效应"等方式来加强广告的宣传力度,切忌俗气平淡。

(3)广告的语言要清新、朴实、风趣、幽默,反对千孔一面,枯燥无味。

(4) 广告中不能含有宣扬迷信、淫秽、反动、恐怖、暴力等的内容,也不能贬低其他生产经营者和其产品。

五、病文诊断

并非所有的人都能赢得这样热烈的欢呼
——上海大众汽车桑塔纳 2000 系列广告

在这个世界里,这样的热闹并不多,它们出类拔萃,它们以自己超凡的智慧、惊天动地的创造力和脱俗的品位与个性赢得了万众热烈的欢呼和狂热的尾随。几天内,它就要出现在你的面前,如果你有足够耐心去等待,它的出现将大大出乎你的任何预期和想象,但是有一点是毋庸置疑的,那就是它和它的拥有者将赢得万众欢呼的无上荣耀。

【诊断】这是上海大众汽车桑塔纳 2000 系列的广告文案。这则文案让人有点"丈二和尚摸不着头脑"的感觉。因此,它不是一则成功的广告文案。其最大的不足在于:没有抓住桑塔纳 2000 系列独特的产品特点介绍,广告文案的诉求点模糊,不能达到真正的诉求目的。如果不告诉我们这是一则汽车广告的文案,又有谁会知道这是为桑塔纳 2000 系列所撰写的广告文案呢?由于不了解产品的特点和优势,又没有很好地揣摩受众的心理,因而,这则广告文案不能使受众获得深刻印象,也就难以促成购买行动。

第十一节 产品说明书

[学习目标]

了解产品说明书的含义、特点和类型,掌握产品说明书的构成与写法;学会写作产品说明书。

开篇案例

像天书一样的理财产品说明书,让金融博士自叹"书都白念了"

张先生收到××银行的一份理财产品说明书,被上面的一句话打动了:"有效帮助您对冲美元兑人民币贬值的风险。除每年保息外,每年潜在更高票息。"在看完长达数页的理财产品说明书后,"除了认购起点和其他的一些基本信息外,别的根本看不懂,这哪是产品说明书,分明就是天书嘛!"张先生无奈地说。他找到了学金融出身已念到博士的同事吴先生。吴先生看了这份理财产品说明书后,自叹"书都白念了"。吴先生原本以为很简单的理财产品说明书,第一次硬是没看懂,后来虽然勉强看懂了,但还是觉得理财产品说明书至少有两点问题:一是信息不够全面,投资者对于产品的风险难以判断;二是有很多专业术语,且涉及诸多计算的关键的数据没有交代,会使一般投资者觉得比较晕。

一项调查显示,有高达 67% 的消费者遇到过看不懂说明书的情况。消费者看不懂说明书或不愿意看说明书,说明书内容过于模糊是一个主要原因。产品说明书是人们日常生活中经常接触到的一种应用文体,怎样才能将产品说明书写得通俗易懂,使其名副其实呢?

一、基本知识

(一)产品说明书的含义

产品说明书也叫商品说明书,是企业向消费者介绍产品的用途、规格、性能、特征、使用方法、保养、维修等方面知识,用以指导消费者正确使用商品的说明性文书。

产品说明书以说明为主要表达方式。随着商品经济和科学技术的迅猛发展,人民生活水平和消费水平的不断提高,产品说明书的价值越来越受到人们的重视。它是工商企业推介产品、指导消费、传递产品信息的重要工具。

(二)产品说明书的特点

1. 实用性

实用性是产品说明书的首要特点。产品说明书是为了方便消费者了解产品、正确使用产品,同时也是为了宣传产品而制作的。因此,介绍产品的有关科学知识、操作技能和注意事项等内容是产品说明书的主要目的。

2. 说明性

产品说明书的另一个显著特点就是说明性。在表达上,它不用议论、描写、抒情等方式,而是运用科学、准确的说明方式,通俗易懂地介绍产品的有关信息。产品说明书不需要写得声情并茂,只要客观、清楚地加以介绍即可。

3. 科学性

产品说明书是指导消费者正确使用产品的指导性文书,必须实事求是,不能为了推销而任意夸大产品的功用。其语言运用、数据要力求准确、无误。

(三)产品说明书的类型

可以从不同角度对产品说明书进行分类。

1. 根据产品说明书的写法不同,可分为条款式和短文式

(1)条款式。条款式是指把产品的有关事项按一定顺序分条列项地说明。这种说明书常用于说明一些程序性较强的产品。条款式说明书清楚简洁,一目了然,便于阅读查询,是较常用的一种。

(2)短文式。短文式是指用短文把有关事项综合述说,上下文贯通一气,使全文相对完整。一般用于介绍性说明,尤其书刊出版说明、影剧简介等,如果以条款列出,则会破坏整体效果,而用短文式说明能浓缩情节,概括描述,连贯生动,让人们读后了解一个基本面目和大概情况。

2. 根据产品说明书的表达方式不同,又可分为说明式和描述式

(1)说明式。运用说明方式对产品各方面的情况进行平实的介绍。大部分产品说明书属于说明式的。

(2)描述式。描述式产品说明书在向人们介绍产品信息的同时,还适当采用形象化表达方式介绍产品的特点、风格等。如通过讲故事的方式对商品进行介绍说明。这种说明书带有一定的趣味性。

二、例文看台

清凉油说明书

此油系采用各种贵重药料,用科学方法炼制而成,有清凉、解毒之功效,实为家居旅行必备之良药。

主要成分:薄荷脑、薄荷油、樟脑油、桂皮油、樟脑、桉叶油、丁香油、凡士林。

功能与主治:清凉、解毒。用于感冒、头痛、蚊叮虫咬。

用法与用量:外用。需要时擦于太阳穴或患处。

贮藏:密闭,置阴凉处。

××医药保健品有限公司

【评析】这是一则条款式说明书。由于清凉油是大家非常熟悉的日常用品,因而这则清凉油说明书篇幅较短,简约概括。正文部分简要地说明了产品的主要成分、功效、使用方法、贮藏等事项,使人一目了然。

三、产品说明书的构成要素与写法

产品说明书因产品性质、用途等的不同,写法也是多样的,没有固定模式。就其结构而言,包括标题、正文和具名。

(一)标题

产品说明书的标题一般写明产品名称和"说明书""说明"或"介绍"等字样即可。如《××牌清凉油说明书》《A-1车用吸尘器说明》《××牌皮革去污膏说明书》。有的产品说明书为了简略、醒目起见,标题只写商品名称,还有的标题为加强效果,吸引消费者注意力,采用正副标题的形式,如《××西装——××设计师的倾情之作》。如果产品属于国家有关部门批准许可生产的,还需要将批准部门的名称(简称)、文号、专利证号等写在标题的上方或下方。

(二)正文

正文是产品说明书的主体部分。这一部分主要详细介绍产品的有关事项,如原材料、用途、性能、科学原理、技术参数、使用方法、保养与维修方法、注意事项等内容。

正文篇幅可长可短,长的多达数页,短的三言两语。内容的多少视具体产品而定,精密仪器、有危险性产品、刚投放市场的新产品、高新技术产品等,一般需要详细说明;而日常用品,则一般不需要长篇大论。

正文内容可分条列项表述,也可作概述式介绍。

(三)具名

正文结束后,还要在正文之后,标明生产企业的名称、地址、邮编及联系电话等信息,以方便消费者联系。

四、写作注意事项

1. 内容全面、真实

尤其是对于大型产品、贵重产品、特定使用范围的产品,介绍应尽可能全面、真实、客观,使消费者正确认识产品,避免因不了解产品,错误操作而造成损坏,或因不能满足消费者的需要而造成消费者与经销者或企业之间的争议。

2. 语言科学、通俗

产品投放到市场就成了商品，供大众消费。从对大众负责的角度看，产品说明书的语言运用既要科学，又要通俗易懂。所谓科学，就是要求准确地使用专业术语；所谓通俗，即尽量用平实的语言将专业术语解释明白。有些操作性产品，还可以通过图文方式说明操作的步骤和方法。

五、病文诊断

雪花牌特效祛斑霜产品说明书

本品引进法国最新祛斑技术，含有名贵植物精华等成分，对祛除顽固性黄褐斑、雀斑、日晒斑及其他原因引起的色斑有显著的效果。使用本产品二十天后，能彻底淡化外部色斑，恢复肌肤细腻白嫩，使你青春永驻，旧颜换新颜。

使用人群：有黄褐斑、雀斑者。

使用方法：洁面后，取本品适量均匀涂于面部，轻轻按摩至吸收，早晚各一次。

××市××化妆品有限公司

【诊断】这则化妆品产品说明书存在以下主要问题。① 内容有虚夸、不实之处。产品说明书以介绍产品为目的，内容应客观真实，用语要准确朴实。该化妆品产品说明书中的"最新""显著"等词语含义模糊、不确切，"使用本产品20天后，能彻底淡化外部色斑，恢复肌肤细腻白嫩，使你青春永驻，旧颜换新颜"等语句，夸大产品功效，内容违背真实性原则，有虚假宣传之嫌。② 表达不够清楚具体。该产品含有哪些主要成分，应明确具体地告诉消费者，不能用"含有名贵植物精华等成分"这样含糊笼统的语言一笔带过。③ 正文内容不全面。作为化妆品产品说明书，正文还应写明卫生许可证号、生产许可证号、执行标准、注意事项、保质期等内容。这样才能使消费者放心地使用产品。另外，文尾还应写明生产企业的详细地址、联系电话等信息。

第十二节　商 务 信 函

[学习目标]

了解商务信函的含义、特点及类型；掌握商务信函的构成要素与写作格式；学会写作商务信函。

开篇案例

挂号信做证据，讨回广告服务费 10 万元

张×在广西南宁市注册成立了一家广告公司，从事广告宣传业务。2013年10月，广告公司与柳州市××房地产公司签订了一份合同，合同约定广告公司为该房地产公司所开发的楼盘做广告宣传，时间为一年，广告服务费按照所售出房屋纯收入的2%收取。合同签订后,广告公司按照合同的约定履行了合同义务。2014年10月,双方结算对账,房地产公司应支付给广告公司广告服务费22万元,房地产公司支付12万元后,尚欠广告服务费10万元。此后,张×多次向柳州市××房地产公司追讨欠款,均被其以种种理由拒绝。2016年8月,广告公司以挂号信函形式向××房地产公司追讨广告服务费,××房地产公司不予理睬。2017年1月6日,广告公司向法院起诉,要求××房地产公司给付广告服务费。法院审理后认为,××房地产公司没有支付全部广告服务费,构成了违约,遂判决××房地产公司在判决生效后10日内给付广告公司广告服务费10万元。

广告公司能够通过法律途径成功维护自己的合法权益,要回房地产公司所欠10万元广告服务费,挂号信函起到了关键的证据作用。这个案例告诉我们,买卖、交易过程中往来的信函,是双方洽谈生意、联系业务、处理问题的依据,一旦双方发生纠纷,信函的内容就成为解决纠纷和矛盾的重要凭证。

一、基本知识

（一）商务信函的含义

商务信函是指商务活动中用于双方联系业务、洽谈生意、处理问题的信件。商务信函是一种具有信用特性的商务文书。

在商务往来活动中,从建立贸易关系开始到询价、报价、订货、发货、付款,直到索赔、理赔,各个环节几乎都需要使用商务信函进行有效沟通。虽然信息时代传递信息的方式多种多样,但商务信函仍然是一种重要的沟通方式,与其他电子化的信息传递方式相比,商务信函能够传递更为准确、更为翔实的信息。

（二）商务信函的特点

1. 内容精确

商务信函如涉及数据或者具体的信息时,比如时间、地点、价格、货号等,应做到精确无误。

2. 格式固定

这是商务活动长期实践约定俗成的结果。无论是英文信函,还是中文信函,都有固定的格式。在国际贸易中要遵循国际惯用的格式。

3. 具有约束力

双方应按信函中所提条件、要求办理业务,特别是售购函件,更具有法律效力。

4. 具有依据凭证作用

双方来往的函件,是订立协议、合同和双方买卖、交易的依据,一旦双方发生纠纷,信函的内容就成为解决纠纷和矛盾的凭证。

（三）商务信函的类型

国际经贸活动中有许多复杂的环节。从建立贸易关系开始,要做成一笔生意,贸易双方需要对某项商品的交易条件反复磋商,才能最终成交。一旦签订合同,双方就要按照合同的规定履行各自的职责和义务。在商务活动全过程中,买卖双方在各个环节无一不需要反复的信函往来,国际经贸活动中使用的商务信函种类繁多。最常用商务信函大致有以下几类。

1. 建立贸易关系函

建立贸易关系函包括信用调查函、建立业务关系函。

2. 洽谈类商函

洽谈类商函包括询价函、报价函、订购函、确认订购函或拒绝订购函等双方贸易洽谈过程中往来的函件。

3. 履约函

履约函包括装运函、付款函、索赔与理赔函等。

不同的商务信函,因其用途和性质不同,写作内容也有所不同。但无论哪种商务信函,写作内容都应该全面、清楚、具体、明确。

二、例文看台

例文 1

答复客户建立贸易关系函

×××经理:

1月21日来函暨附红茶推销方案一份均收到。为了打开中国袋泡红茶在美国市场的销路,贵公司已经进行了各项工作,并制订了有关推销方案,对此,我们表示赞赏。

对于贵公司推销我方红茶的业务,我公司愿从多方面给予支持。首先在货源供应上,将尽力优先安排,以满足贵方的销售需要。由于贵我双方还未面洽,因而不能立即达成交易。我方期待着您早日来访,共商发展业务大计。

××进出口公司

××××年××月××日

例文 2

询 价 函

××茶叶有限公司:

我单位对贵公司生产的绿茶感兴趣,需订购君山毛尖茶。品质:一级。规格:每包100克。烦请贵公司能就下列条件报价:

1. 单价;
2. 交货日期;
3. 结算方式。

如果贵方报价合理,且能给予最惠折扣,我方将考虑大批量订货。

盼速见复。

××超级商场

××××年××月××日

例文 3

茶叶报价函

××超级商场:

贵方××月××日询价函收悉。谢谢。兹就贵方要求,报价详述如下:

品名：君山毛尖茶。
品质：一级。
规格：每包100克。
单价：每包×元（含包装费）。
包装：标准纸箱，每箱100包。
结算方式：商业汇票。
交货方式：自提。
交货日期：收到订单10日内发货。
我方所报价格极具竞争力，如果贵方订货量在100箱以上，我方可按95％的折扣收款。
如贵方认为我公司报价符合贵商场的要求，请早日订购。
恭候佳音。

××茶叶有限公司
××××年××月××日

例文4

报　价　函

××公司：
　　前从××处获悉，贵公司为发展转口贸易，拟订购我××药品，直销香港。为配合你方开展这一业务，我们愿意大力支持，通力合作。现报供10 000箱，每箱20美元CIF香港净价；交货期××××年××月××日和××××年××月××日，分两批各5000箱，付款条件是不可撤销即期信用证。上述发盘××××年××月××日前有效。
　　谨祝
商安

××进出口公司
××××年××月××日

例文5

"五粮液"确认订购函

××先生：
　　非常高兴收到贵方××月××日第32号100瓶五粮液特曲酒订单。我方即速予办理，货物将在贵方要求日期内运抵指定地点。
　　根据商业汇票的规定，我方通过××银行开出以贵方为付款人的银行承兑汇票，面额为×元，承兑期限为3个月。我们相信此汇票必得承兑。
　　贵方对此货还有何要求，请即函告。
　　感谢贵方的惠顾，希望我们能保持经常的贸易联系。

××酿酒有限责任公司
××××年××月××日

例文 6

装运通知函

××先生：

贵公司第 74 号订单所订 30 台打印机,已于××月××日交付托运,预计一周后到达指定地点。30 台打印机分 3 箱包装,每箱上均标有▲标记。

兹随函附寄下列装运单据,以便贵公司在货物抵达时顺利提货：

1. 我方第××号发票一份；
2. 第××号货运提单一份；
3. 第××号装箱单一份；
4. 第××号保险单一份；
5. 第××号检验单一份。

感谢贵公司对我公司的支持,希继续来函询价、订购。

××电脑公司
××××年××月××日

例文 7

质量不符索赔函

××茶具厂：

随函寄上××市××检验所的检验报告(2016)××号。报告证明贵方售出的玻璃茶具中,有一部分的质量明显低于贵方所提供的样品,因此,特向贵方提出不符合质量标准的货物按降低原成交价 30% 的扣价处理。

特此函达,候复。

附件：××市××检验所的检验报告一份。

××百货公司
××××年××月××日

例文 8

通知开出信用证函

××先生：

10 月 1 日寄给贵公司的订单谅已收悉。此订单编号为 FT-678,向贵公司订购手表一批,并限于 11 月份内交货。

本公司已指示第一商业银行××总行,开出面值美金 3500 元的不可撤销的跟单信用证。这将由我方的往来银行——旧金山的美国大通银行确认,他们将接受您依据发票所开出的 30 天期汇票。

此信用证的有效期限至 12 月 20 日止,所需文件有：

1. 提货单(全套)；
2. 商业发票(4 份)；
3. 保险单(1 份)。

贵公司向我方的报价为××港的C.I.F.计价方式,本公司信用证将包含贵公司发票的全额货款及运费与保险在内。

××公司

××××年××月××日

【评析】上述是一组商务往来活动中使用频率很高的商务信函。它们共同的特点是内容具体明确,行文简短,语言准确得体,条理清晰,突出做买卖的效率。

三、英文商务信函的构成要素与格式

中英文商务信函虽然都有比较固定的构成要素和规范的格式要求,但因中西方语言、文化等方面的差异,中英文商务信函的构成要素和格式要求有所不同。下面主要介绍国际贸易往来中英文信函的构成要素与写作格式。

(一)构成要素

1. 信头(Letter Head)

信头一般事先印好,表示写信人所在公司名称、地址、通讯号码等。目的是让收信人一看便知信函来自何处,以便复信。

2. 日期(Date)

在信头之下三到六行处,左上角标明发信日期。日期可用美式或英式写法,可用基数词,也可用序数词。

如美式:Feb.10,2007 或 Feb.10th,2007

英式:10 Feb,2007 或 10th Feb,2007

3. 信内地址(Inside Address)

信内地址指收信人的姓名和地址,写在信纸的左上角,低于发信日期一两行处。按照收信人姓名、头衔、单位名称、地址的顺序书写。

4. 称呼(Salutation)

称呼是对收信人的称呼用语。写在信内地址之下一两行处,左起顶格写。

5. 正文(Message)

正文是信函的主体部分。各类商务信函的内容应简明扼要,条理清楚。

出于礼貌,正文的开头和结束常用敬语。

6. 结束语(Complimentary Close)

结束信函时要使用一些客套话。除了上面提到的敬语外,还要加上类似于中文的"谨上""敬上"之类的结束语。一般在正文以下两行,首写字母大写,末尾用逗号。如"truly yours,"。

7. 签名(Signature)

签名在结束语的下方,隔一两行,手签,表示对所发信函负责。

以上七部分是商务信函必须包含的构成要素。以下三部分内容则较为特殊,是否具备视情况而定。

8. 编号(Reference Number)

商务活动中,由于贸易往来函件繁多,为了便于处理或归档,必须对信函进行编号。编号常写在信内地址之上,发信日期行之下。

如 Your Ref.：PD-201；Our Ref.：RM-105。

9. 主题（Subject）

主题是对发信函内容的高度概括，让收信人一看就知道信的主要内容或发信人的主要目的是什么。它一般写在正文正上方，用黑线标出，以引起收阅人的注意。

如 Subject：Overdue Account。

10. 附件（Enclosure）

若信函中附带有其他文件、材料等，应在签名左下方注明附件的名称、份数等。如附件不只一件时，应注明"Encls"。

如 Encls：1. Bill of loading（3 copies）；2. Insurance Certificate（1 copy）。

（二）写作格式

英文商务信函的格式一般可分为平头式、缩行式和混合式三种。

1. 平头式

凡是用打字机打上去的单词，都从最左边开始打起，每个段落之间的间距是两行。能省掉的标点都省掉。平头式打字方便，省时省力，是商务信函中最常见的一种方式。

2. 缩行式

信内地址第二行和后续行比前一行缩进数格。信函正文的段首缩格。同一信函的缩格数一样。

3. 混合式

信内地址和其他分行部分为平头式。信函正文每段段首缩格。

四、写作注意事项

1. 熟悉业务，严肃认真

写信人应熟悉贸易业务，按照业务要求，认真严肃地书写，避免因疏忽、不认真引起纠纷或造成商业损失。

2. 简明扼要，避免虚礼

对商务活动而言，时间就是效率，时间就是金钱。商务信函是商务活动中不可或缺的沟通手段和工具，是商务活动的一部分。因此，不管拟写什么类型的商务信函，都应直奔主题，简明扼要，避免虚礼，不必过于客套。

3. 遵循"7C"原则

商务信函写作用词应准确、具体、简洁、达礼、得体，少用饰语。人们常用"7C"原则来概括这些写作要求。即完整（Completeness）、准确（Correctness）、清楚（Clearness）、简洁（Conciseness）、具体（Concreteness）、礼貌（Courtesy）、体谅（Consideration）。

五、病文诊断

关于订购"××牌"真丝女衬衫的复函

××公司：

你们××月××日的来信我们刚刚收到，从信中我们了解到你们想购买我公司"××牌"真丝绣花女衬衫一事。我公司生产的"××牌"真丝绣花女衬衫，质量上乘，款式高雅，犹如盛开的牡丹风靡世界，博得各国客商的青睐。在此，万分感激你们对我公司产品的好感。

由于今年的订单已超出生产能力,所以一律不接受新订单,请你们不要误解。凭着我们双方之间良好的贸易关系,你们不必担心,一等到有货,我们一定会首先通知你们的。

××公司
××××年××月××日

【诊断】这是一则拒绝订购函,它最主要的错误就是违反了商函写作的语体要求。首先,该函中的"刚刚收到""想购买""一事""好感""不要误解""凭着""担心""等到""一定会首先通知你们的"等语句口语色彩太浓,语言不典雅、不得体;其次,文中的"犹如盛开的牡丹风靡世界,博得各国客商的青睐"运用了形象化的修辞方式和感情色彩强烈的语句,不符合事务语体简明、平实的语言运用要求;再次,该函语言运用不够委婉,如"一律不接受新订单"等语句过于直白、生硬,很容易失去已经拥有的客户资源;最后,作为一则拒绝订购的商函,语言运用还违反了礼貌原则。函中多处出现"你们"一词,显然缺乏对对方应有的尊重。

第十三节　综 合 训 练

一、下面是一份借款合同,文中有许多不妥之处,请指出来并加以改正

借贷款合同

贷款方:中国_____银行_____分(支)行

借款方:×××

保证方:×××

借款方为进行_____生产,向贷款方申请借款。贷款方业已审查批准,经双方协商,订立本合同,以便共同遵守。

一、贷款类别:_____。

二、贷款金额:_____元整。

三、借款利率:借款利息为千分之_____,利随本清。

四、借款和还款期限。

1.借款时间:共_____年零_____个月。

2.还款时间:到期连本带利还请贷款。

五、还款资金来源及还款方式。

1.还款资金来源:_____。

2.还款方式:_____。

六、违约责任。

1.贷款方如未按期发放贷款,应按所欠贷款数额和延期天数,根据银行的规定向借款方偿付违约金。

2.借款方若不按合同规定时间还款,贷款方有权限期追回贷款,并按银行的规定加收罚息。

二、根据给定材料进行写作

（一）根据下面的公告内容，拟写一份合作意向书。

XSD电气股份有限公司关于签署合作意向书的公告

本公司及董事会全体成员保证信息披露内容的真实、准确和完整，没有虚假记载、误导性陈述或重大遗漏。

特别提示：

1. 本次签订的仅是意向性的框架协议，属于合作双方意愿和基本原则的框架性、意向性约定，意向书实施过程中尚存在不确定性，该投资行为的实施等事项亦须履行公司内部决策程序。

2. 本次投资行为不构成关联交易，也不构成《上市公司重大资产重组管理办法》规定的重大资产重组。

一、合作意向概述

1. 2014年7月22日，XSD电气股份有限公司（以下简称"公司"或"本公司"）与Atsushi Kozakai先生（以下简称"合作方"）签署了合作意向书，公司拟以现金出资的方式与合作方在巴西圣保罗州市共同建立合资公司。

2. 本次拟投资所需要的资金全部使用公司的自有资金。

3. 本次签订的合作意向书仅为意向性的框架协议，属于双方合作意愿和基本原则的框架性、意向性的约定，具体付诸实施及实施过程中均存在变动的可能性。在履行相应的内部审批程序后，双方视情况签署正式的投资协议。

二、合作方基本情况

Atsushi Kozakai，男，巴西国籍，现任OCL公司总经理，持有该公司25％股份。合作方及其关联人与公司及公司控股股东、实际控制人、主要股东、董事、监事、高级管理人员均不存在关联关系。

三、合作意向书主要内容

1. 按照巴西有关法律和法规，上述双方同意在巴西圣保罗州建立合资公司。

2. 合资公司拟定名称：SSD（以下简称"合资公司"，合资公司名称以最终注册为准）

3. 拟定注册资本：520 000.00巴西雷亚尔，其中：公司认缴注册资本265 200.00巴西雷亚尔，占比51％；合作方认缴注册资本254 800.00巴西雷亚尔，占比49％。

4. 拟合资法律形式为有限责任公司，合资公司的责任以其全部资产为限，合资双方的责任以各自对注册资本的出资为限。合资公司的利润按双方对注册资本出资的比例由双方分享。

5. 拟合资公司业务范围：进口、销售XSD电气股份有限公司电梯及工业控制变频器、产品线解决方案及机器人设备，并提供技术支持及售后服务。

四、合作目的及对公司的影响

本次投资合作，通过资源整合和优势互补，凭借合作方在当地累积多年的行业经验，有利于公司在巴西市场拓宽客户群体，扩大市场份额及提升品牌知名度，提高公司的综合竞争力，从而最终实现公司和全体投资者利益的最大化。

本意向书仅为双方合作意愿和基本原则的框架性、意向性的约定，具体投资事项将会进行进一步协商,并在履行相应的内部审批程序后,双方签署正式的投资协议。因此,此次合作事项能否最终实施尚存在不确定性。

特此提醒广大投资者注意投资风险。公司董事会将积极关注该项目的进展状况,及时履行信息披露义务。

特此公告

XSD 电气股份有限公司董事会
2016 年 7 月 23 日

(二)下面是关于焕彩美白洁面乳的说明材料,请根据下列材料写一份产品说明书,要求格式完整,语言简洁明了。

××省××市××美容化妆品有限公司生产的焕彩美白洁面乳,含有坚果油,它不仅能畅通毛孔,清除堵塞毛孔的灰尘和污垢,还能有效去除老化角质及清除脸部色素沉淀,改善缺水现象。使用本产品后,能令肌肤迅速美白,且达到滋润美白的功效。它适用于油性和混合性肌肤。具体使用方法是:取出适量洁面乳放于手掌心,加水揉出丰富的泡沫,然后用于湿润的脸部,用指尖轻轻按摩,再用水清洗。本产品可每天早晚使用。但由于每个人的皮肤特性各异,所以使用后如有不适,请暂时停用。本公司的生产许可证号为 XK16-3051245,卫生许可证号为(2016)卫妆准字 27-XK-0698 号,执行标准为 QB/T2286,生产批号及限期使用日期见产品标注。

(三)请参考本章例文《质量不符索赔函》,代××茶具厂拟写一份答复对方的理赔函。

三、情景模拟写作

(一)在你校范围内对华为智能手机进行产品消费情况调查,并根据调查的情况拟写一篇小型的消费情况调查报告。

(二)××大学要在新校区建一座图书馆,请代为拟写一份建设工程招标公告。

(三)在夏季即将来临之际,空调已成为市场上最畅销的商品。为了获得更大的利润,各商家尽力施展他们的营销招数,以赢得顾客的青睐。某品牌空调拟在某市组织一次今夏新款空调推介会,请你为某空调厂家拟制一份此次推介活动的策划书。

(四)2017 年 4 月 24 日《国务院关于同意设立"中国品牌日"的批复》(国函〔2017〕51 号)将每年 5 月 10 日设立为"中国品牌日"。为庆祝"中国品牌日"的设立,增强全社会的质量意识和自主品牌意识,某市工商局和质检局拟联合开展以"深化供给侧结构性改革,全面开启自主品牌发展新时代"为主题的系列宣传活动,引导全社会广泛知晓,积极参与首个"中国品牌日"活动,为首个"中国品牌日"加油喝彩。请你撰写一份首个"中国品牌日"系列宣传活动策划书。

第三章
经济纠纷常用法律文书

[章前提示]

  随着社会的进步,市场经济的发展,公众法治观念的增强,当人们在经济生活中遇到纠纷而又不能通过协商、调解等方式解决时,为了维护自身的合法权益,通常会利用下述方式解决:第一,向约定的仲裁机构申请仲裁,由仲裁机构裁决;第二,向人民法院提起民事诉讼,请人民法院裁判。根据仲裁机构申请仲裁需要提出仲裁申请书,答辩的一方要出具仲裁答辩书;请求人民法院裁判则要提交法院要求的诉讼文书。这些向仲裁机构或者人民法院提交的书面文件都是广义的法律文书。了解这些法律文书的特点、作用,掌握它的写作格式、要求和方法是十分必要的。本章重点介绍经济纠纷发生时,常用到的仲裁申请书、仲裁答辩书和在人民法院进行诉讼时常用到的民事起诉状、民事答辩状、民事反诉状、民事上诉状、民事再审申请书和申请执行书的写作。

第一节 仲裁申请书 仲裁答辩书

[学习目标]

  了解仲裁的概念及特点,掌握仲裁申请书和仲裁答辩书的写作要求和格式,学会写作仲裁申请书和仲裁答辩书。

开篇案例

经纬纺织有限公司和正达投资有限公司的投资建厂纠纷案

  2015年3月5日某地经纬纺织有限公司和正达投资有限公司经过协商签订了《投资建立纬达服装厂协议书》。协议书约定:双方共同投资400万元在经纬纺织有限公司驻地建立纬达服装厂,双方均出资200万元各占50%的股份;投产后按投资比例共享利润、共担风险;第一批投资各100万元于2015年3月底到位,第二批投资各100万于2015年7月底到位;服装厂厂房由经纬纺织有限公司组织施工建设,2015年4月开始施工,计划2015年12月底建成投产。协议书第十二条还规定:"本协议签订后,任何一方不得无故单方终止协议,否则,将由违约方赔偿守约方的一切损失。"双方在协议书中同时约定,如在协议履行中产生纠纷双方不能协商解决时交由某地仲裁委员会裁决。

第一批投资各100万元双方均履行了出资义务,经纬纺织有限公司按时施工。2015年7月27日正达投资有限公司突然致函经纬纺织有限公司称:"经我方研究决定,不再给服装厂投资。"为此,经纬纺织有限公司多次找正达投资有限公司协商,要求其履行协议。对于经纬纺织有限公司的要求,正达投资有限公司非但不予理会,还故意给施工工作设置障碍,致使经纬纺织有限公司损失80多万元。

经纬纺织有限公司为了维护自己的合法权益,向协议书约定的仲裁委员会递交了仲裁申请书,请求依法裁决。

上述案例告诉我们:仲裁也是解决纠纷的一种方式。本节主要讲授仲裁申请书和仲裁答辩书的写作。

一、仲裁申请书

(一)基本知识

仲裁是指发生争议的双方当事人,根据其在争议发生前或发生后所达成的协议,自愿将该争议提交中立的第三者进行裁决的争议解决制度和方式。

当事人采用仲裁方式解决纠纷,应有仲裁协议(合同中的仲裁条款视同仲裁协议),没有仲裁协议,仲裁委员会不予受理。有效的仲裁协议,一般情况下可排除人民法院的管辖。

仲裁申请书是申请人根据当事人自愿达成的仲裁协议,向约定的仲裁机构提交的、由该仲裁机构对申请人与被申请人之间的争议进行仲裁的书面请求。

依据《中华人民共和国仲裁法》第二十二条规定:"当事人申请仲裁,应当向仲裁委员会递交仲裁协议、仲裁申请书及副本。"仲裁申请书是仲裁机构进行仲裁的主要依据之一,只有向仲裁机构提出仲裁申请,才能启动仲裁程序。首先提交仲裁申请书的一方是申请人,相对方为被申请人,被申请人也可以提出反请求,提出反请求的一方同样也要提交仲裁申请书。

(二)例文看台

仲裁申请书

申请人:经纬纺织有限公司,住址××县××镇,法定代表人李××,职务董事长。

被申请人:正达投资有限公司,住址××市××路××号,法定代表人张×,职务董事长。

请求事项:

1. 裁决被申请人继续履行协议
2. 裁决被申请人赔偿申请人经济损失80万元
3. 裁决被申请人支付本案仲裁费

事实与理由:

2015年3月5日,申请人与被申请人签订《投资建立纬达服装厂协议书》。协议书约定:双方共同投资400万元在经纬纺织有限公司驻地建立纬达服装厂,申请人与被申请人各出资200万元,各占50%的股份,投产后按投资比例共享利润、共担风险。该协议书第十二条还规定:"本协议签订后,任何一方不得无故单方终止协议,否则,将由违约方赔偿守约方的一切损失。"(见附件1,略)

根据协议,双方第一批投资各100万元已于2015年3月底到位(第二批投资各100万协议约定 2015 年 7 月底到位）。随后，服装厂厂房于 2015 年 4 月开始施工，工程进度符合计划要求。不料被申请人于 2015 年 7 月 27 日突然提出："经我方研究决定，不再给服装厂投资。"（见附件 2，略）为此，申请人多次找被申请人协商，要求其履行协议书规定的义务。对于申请人的要求，被申请人非但不予理会，还故意给施工工作设置障碍，致使申请人产生损失 80 万元（见附件 3，略）。

被申请人的违约行为，严重地违反了《中华人民共和国合同法》的规定和双方签订的协议书的约定，侵害了申请人的合法权益。为此申请人特向贵委提出上述请求，请依法裁决。

此致
××仲裁委员会

  附件：1. 投资建立纬达服装厂协议书 1 份；
     2. 被申请人擅自终止协议的函件 1 份；
     3. 造成申请人损失的证据×份。

申请人：经纬纺织有限公司（公章）
法定代表人：李××（签字）
2015 年 8 月××日

【评析】 这是一份格式规范、内容齐备的仲裁申请书。当事人的基本情况、案由、请求事项、事实与理由、尾部等都符合仲裁申请书的写作规范。正文的事实和理由部分，能够抓住要点，思路清晰，文字简练。略显不足的是被申请人违约应承担责任的法律依据没有写清楚。

（三）构成要素与写法

仲裁申请书应当载明下列事项：当事人的姓名、性别、年龄、职业、工作单位和住所，法人或者其他组织的名称、住所和法定代表人或者主要负责人的姓名、职务；仲裁请求和所根据的事实、理由；证据和证据来源、证人姓名和住所。一般包括首部、正文和尾部三部分。

1. 首部

（1）标题。居中写明"仲裁申请书"。

（2）申请人和被申请人的基本情况。是法人或者其他组织的写明申请人、被申请人的名称、住址、法定代表人或主要负责人的姓名、职务。

（3）请求事项。即申请人通过仲裁所要解决的具体问题和要达到的具体目的。写法上应当明确、具体，请求如有多项，应分行列写。

2. 正文

正文主要写申请仲裁的事实和理由并以"事实和理由"作为标题。此部分应当写清楚产生纠纷的原因、经过及结果。比如写明双方订立合同的时间、地点及合同的主要内容，被申请人违反合同中的什么义务事项，给申请人造成怎样的经济损失，依据法律和合同约定被申请人应当承担的责任等。

正文是仲裁申请书的核心内容，也是仲裁庭立案和审理的依据。其内容应写得清楚、具体、简明，切忌长篇大论，拖泥带水。

3. 尾部

（1）写明仲裁委员会名称。即在正文之后另起行空两字写"此致"，转行顶格写"××仲裁委员会"。

(2) 附件。提交证据的名称及份数,并按照编号顺序附于仲裁申请书之后。需要说明证据来源或需要列出证人的一并列出。

(3) 申请人签名或盖章。

(4) 写明申请仲裁的日期。

(四) 写作注意事项

(1) 陈述事实和理由既要实事求是,又要突出重点。

(2) 请求事项应当合情、合理、合法。

(3) 措辞讲究,语言得体。既要维护自己的合法权益,又不能因言语过激伤害对方。

(五) 病文诊断

仲裁申请书

致中国国际贸易委员会对外贸易仲裁委员会

申诉人:中国A有限公司

住址:中国北京市××路××号

被诉人:B国C公司(英文:×××××)

住址:B国C市××街××号(英文:×××××)

B国C公司与我公司之间,由于该公司未履行合同中所规定的义务而产生了争议,我公司现申请对外贸易仲裁委员会予以裁决。

索赔:50万元人民币。

索赔理由:被诉人未履行2016年4月27日双方签订的第068号合同所规定的将在2016年6月16日前开具即期保兑不可撤销信用证的义务,致使申诉人无法装运出货,从而蒙受损失。

仲裁手续费:由败诉方负担。

请将开庭审理日期及时通知我们。

附件:合同复印件一份

中国A有限公司(章)

2016年10月××日

【诊断】该仲裁申请书存在以下问题:① 格式不规范;② 将申请人和被申请人分别误写为申诉人和被申诉人,且没有法定代表人情况;③ 索赔理由写得太简单,缺少相应的证据证明损失50万元人民币的事实。

二、仲裁答辩书

(一) 基本知识

仲裁答辩书是指仲裁案件的被申请人为维护自己的权益,针对仲裁申请书的内容进行回答并提出反驳理由的文书。

仲裁答辩书也是仲裁机构全面了解案情、掌握双方当事人争执的焦点从而查明案件事实的依据。依照法律规定被申请人不提交仲裁答辩书,并不影响仲裁机构进行仲裁。但是,不提交仲裁答辩书和对自己有利的证据,很可能导致仲裁机构支持对方的仲裁请求。因此,被申请人对仲裁答辩书应当给予足够重视。

在仲裁答辩书中,被申请人应当充分陈述自己的反驳理由,提出事实和证据以证明对方的请求于法无据,从而达到维护自身权益的目的。

（二）例文看台

仲裁答辩书

答辩人：××市××房地产开发公司,住址××市××路××号,法定代表人唐××,公司经理。

因申请人××市第一建筑设计院向贵委申请仲裁设计合同纠纷一案,我公司提出以下答辩意见,请贵委员会审议裁决。

一、我公司已向申请人发出了解除合同的通知

我公司与申请人××市第一建筑设计院于2017年××月××日签订了《商贸楼设计合同》。根据合同规定,我公司向申请人支付了设计费总额的20%即6万元人民币作为定金。后因情况变化我公司遂于同年××月××日向申请人说明情况,并以丧失定金为代价提出终止合同要求。并不是像申请人所说的,是我方未通知申请人无故解除合同。

二、申请人要求我公司支付"设计方案意见费"9万元毫无依据

根据《工程设计收费标准》的规定："设计费按设计进度分期拨付,合同生效后,委托方应向设计单位预付设计费的20%作为定金,初步设计书完成后拨付30%,施工图完成后拨付50%。"然而申请人向我公司提交的是《设计方案意见书》,并不是初步设计书。根据规定,初步设计书应包括初步说明书,初步设计概算书及设备、结构、电器三个专业图纸,申请人交付的文件并没有这些。我公司认为申请人没有完成合乎规定的初步设计书,因此不能按规定支付设计费。

我公司与申请人签订的设计合同第五条第二款规定："方案设计完成后20天内,甲方即向乙方支付设计费9万元。"该规定也是指初步设计书完成后付9万元,并不是指《设计方案意见书》完成后支付9万元。申请人把两个不同概念混为一谈,向我公司追索9万元,既不符合国家的有关规定,也不符合合同条款规定。因此,我公司拒绝申请人的请求于法有据。

综上所述,申请人的请求事项毫无法律依据也不符合合同约定,请贵委员会依法做出公正裁决。

此致
××仲裁委员会

  附件：1.《商贸楼设计合同》1份
    2.定金收据1份
    3.《设计方案意见书》1份
    4.《关于要求终止合同的函》1份

答辩人：××市××房地产开发公司（公章）

法定代表人：唐××（签字）

2017年××月××日

【评析】上述答辩书格式规范,答辩内容紧紧围绕合同解除、《设计方案意见书》、对方损失等问题进行了辩解,有的放矢,思路清晰。

（三）构成要素与写法

由于经贸活动中产生争议的情况千变万化,仲裁申请书中申请仲裁的内容也不尽相同,因而,仲裁答辩书的写法要紧紧围绕对方请求的内容进行反驳。但大体来说,仲裁答辩书应包括首部、正文和尾部三个部分。

1. 首部

(1) 标题。居中写明"仲裁答辩书"。

(2) 答辩人的基本情况。写明答辩人的名称、地址等事项,法定代表人或主要负责人的姓名、职务等。

2. 正文

(1) 答辩起因。应写明是对什么纠纷提出答辩,即为什么答辩。一般可写"因申请人×××向贵委员会申请仲裁××××一案,答辩人提出以下答辩意见,请仲裁委员会审议裁决"。

(2) 陈述答辩意见。这是仲裁答辩书最重要的内容。主要是针对仲裁申请书的理由和请求进行回答并予以反驳。在这一部分中,被申请人应当针对申请人的仲裁请求逐项予以明确答复,清楚表明自己的态度,写明自己对案件的主张和理由。一般可先陈述事实,而后表明自己的意见。反驳的方式:一是有针对性地用事实来反驳对方的观点;二是有针对性地引用适当的合同条文、法律依据或者公认的贸易惯例来反驳对方的观点。

(3) 正文最后可用"综上所述,……"的句式,对答辩意见作简明扼要的概括,表明自己的态度,并请求仲裁机构驳回申请人的请求或依法裁决等。

3. 尾部

(1) 写明仲裁机构名称。即在正文之后另起行空两字写"此致",转行顶格写"××仲裁委员会"。

(2) 附件。提交证据的名称及份数,并按照编号顺序附于答辩书后。

(3) 写明答辩人的姓名或盖章。

(4) 注明答辩日期。

(四) 写作注意事项

(1) 仲裁答辩书应当在规定的时限内提交。

(2) 答辩要针对仲裁申请书的内容,做到有的放矢。

(3) 答辩意见要明确具体,条理清晰,有理有据。

(4) 答辩语言要平和得体。

(五) 病文诊断

仲裁答辩书

致中国国际经济贸易仲裁委员会:

答辩人认为申请人认定被申请人违约,并要求赔偿合同中全部货款及其他费用的理由是不能成立的。兹陈述如下:

申请人在申请书中说,××号食用油有异味,沉淀多,色泽深,影响了油质。被申请人认为这只是一个理解上的问题。至于申请书所说并出示检验证明认定××号食用油有2%杂质,那是不准确的,因为该检验并非每桶都检验,而只是抽样检查,并不能说明问题。申请书称该油即使加工后也完全不能食用,这也没有充分的依据。

申请书指责被申请人未能及时答复申请人索赔要求,是欠公允的。被申请人××××年××月××日给申请人的电传中曾很坦率地说过自己的实际困难(见附件,略)。

申请人认为被申请人拒绝赔偿,是不遵守合约规定,是违约行为,也是欠妥的。被申请人在拒赔函中,已再三强调了拒赔的理由,并出示了检验证明。而且根据合同中商品检验条款、索赔理赔条款的内容以及《联合国国际货物销售合同公约》××条款第××条,我们的理由完全能够成立。

基于以上情况,被申请人拒绝承认违约,也拒绝赔偿合同货物的全部款项以及其他费用,请仲裁委员会审议。

附件:协商电传1份

答辩人(签字)
××××年××月××日

【评析】这份仲裁答辩书格式不规范,没有按照仲裁答辩书的格式要求写作。正文中尽管逐条反驳了申请人的请求事项,但让人感觉其理由不够充分,软弱无力。这可能是答辩人本身过错太多理由不足所致。

第二节 民事起诉状

[学习目标]

通过学习了解民事起诉状的基本知识;掌握民事起诉状的写作规范和要求,学会写作民事起诉状。

开篇案例

××实业发展有限公司与××保洁有限公司保洁合同纠纷案

××实业发展有限公司(合同甲方)与××保洁有限公司(合同乙方)于2015年5月20日就甲方委托乙方对某电器市场的卫生保洁事宜签订了保洁合同。合同约定:① 甲方每月付给乙方保洁费10 000元,一年共120 000元;② 合同有效期一年,自2015年6月1日至2016年5月31日止;③ 每月15日前付款,如甲方违约或延期支付,甲方须另支付未付保洁费的30%作为违约金。

在合同执行过程中,甲方无故拖欠乙方保洁费36 000元(其中2015年9月、10月两个月各拖欠5000元,11月拖欠6000元,12月拖欠10 000元,2016年1月拖欠10 000元)。自2016年1月起,乙方多次要求甲方支付拖欠的保洁费,但未有结果。后经协商,双方同意乙方于2016年2月1日从某电器市场撤出保洁人员,终止保洁合同。终止合同后甲方仍未支付拖欠的保洁费。

上述案例中,保洁公司可以通过哪些途径维护自己的合法权益?如果要通过诉讼方式维护自己的合法权益,就必须向法院递交民事起诉状,请求人民法院支持其主张。

一、基本知识

民事起诉状,是指公民、法人和其他组织,在认为自己的民事权益受到侵害或者与他人发生争议时,向人民法院提出的要求人民法院依法做出公正裁判的书面请求。

《中华人民共和国民事诉讼法》(以下简称《民事诉讼法》)第一百一十九条规定,起诉必须符合下列条件:① 原告是与本案有直接利害关系的公民、法人和其他组织;② 有明确的被告;③ 有具体的诉讼请求和事实、理由;④ 属于人民法院受理民事诉讼的范围和受诉人民法院管辖。《民事诉讼法》第一百二十一条规定,起诉状应当记明下列事项:① 原告的姓名、性别、年龄、民族、职业、工作单位、住所、联系方式,法人或者其他组织的名称、住所和法定代表人或者主要负责人的姓名、职务、联系方式;② 被告的姓名、性别、工作单位、住所等信息,法人或者其他组织的名称、住所等信息;③ 诉讼请求和所根据的事实与理由;④ 证据和证据来源,证人姓名和住所。

使用民事起诉状提起民事诉讼,是公民、法人或者其他组织保护自己民事权益的行为。

合格的民事起诉状,能够引起诉讼程序的开始,并使人民法院据此依法解决当事人的实体问题。因此,使用民事起诉状,对于当事人解决财产权益、知识产权、债权债务、经济合同、婚姻家庭纠纷等,在行使诉讼权利上具有法律实体上的和法律程序上的意义。

民事起诉状是人民法院立案和审判的重要凭据之一,也是被告应诉答辩的根据。

当事人向人民法院提起民事诉讼必须符合《民事诉讼法》第一百一十九条规定的条件,民事起诉状的内容必须含有《民事诉讼法》第一百二十一条规定的内容。

二、例文看台

民事起诉状

原告:××保洁有限公司,住址××市××区××路××号,法定代表人张××,职务董事长。

被告:××实业发展有限公司,住址××市××区××路××号,法定代表人王×,职务董事长。

诉讼请求:

1. 判令被告支付拖欠的保洁费 36 000 元及迟延付款的利息
2. 判令被告支付违约金 10 800 元

事实与理由:

原告××保洁有限公司(合同乙方)与被告××实业发展有限公司(合同甲方)于 2015 年 5 月 20 日签订保洁合同,由被告委托原告对××电器市场进行保洁。合同约定:1. 甲方每月付给乙方保洁费 10 000 元,一年共 120 000 元;2. 合同有效期一年,自 2015 年 6 月 1 日至 2016 年 5 月 31 日止;3. 每月 15 日前付款,如甲方违约或延期支付,甲方须另支付未付保洁费的 30% 作为违约金。

在合同执行过程中,尽管原告严格履行合同规定的义务,按时按质完成保洁工作,但被告却无故拖欠原告应得的保洁费 36 000 元(其中 2015 年 9 月、10 月两个月各拖欠 5000 元,11 月拖欠 6000 元,12 月拖欠 10 000 元,2016 年 1 月拖欠 10 000 元)。自 2016 年 1 月起,原告多次要求被告支付拖欠的保洁费,但未有结果。后经协商,双方同意原告于 2016 年 2 月 1 日从××电器市场撤出保洁人员,终止保洁合同。合同终止后,被告仍未支付应付的保洁费。

由于被告违约,按照合同约定,被告应向原告支付违约金 10 800 元(36 000 元×30%)。

综上所述,被告的行为已严重违反了双方签订的合同约定和《中华人民共和国合同法》的有关规定,为了维护原告的合法权益特向贵院提出上述诉讼请求,请依法支持。

此致
××区人民法院
  附件:保洁合同 1 份

具状人:××保洁有限公司(公章)
法定代表人:张××(签字)
2016 年 5 月 23 日

【评析】 本诉状格式规范,诉讼请求明确、具体,事实和理由清晰、明白、言简意赅。在写作方法上,以时间为主线,先叙述与争议有关的合同主要条款,再写明被告的违约事实和被告应承担的违约后果,最后指出被告违反合同约定和法律规定,并请求人民法院支持自己的主张,抓住了关键性问题。

三、民事起诉状的构成要素与写法

民事起诉状由首部、正文、尾部三个部分构成。

(一)首部

1. 标题

应居中写明"民事起诉状",写成"民事诉状"或"起诉状"都是不完整的。

2. 当事人的基本情况

分别写明原告、被告的姓名、性别、出生年月日、民族、职业、工作单位和职务、住址等。如果同案原告为两人以上,应一一写明。如果同案被告有两人以上,应按责任大小的顺序写明。如果原告或被告系无诉讼行为能力人,应在其项后写明其法定代理人的姓名、性别、职业、工作单位和住址,及其与原告或被告的关系。当事人是法人或其他组织的,应当写明单位或组织的名称、地址以及法定代表人或主要负责人的姓名、职务。如果有第三人,应写明第三人的姓名、性别、出生年月日、民族、职业、工作单位和住址等。如果第三人是法人或者其他组织的,应写明法人或者其他组织的名称和住所,以及法定代表人(或主要负责人)的姓名和职务。

法定代理人的身份事项应该写在各被代理的当事人的下方。

对于被告或者第三人的身份事项,不知道的可以不写,但姓名(名称)和住址必须明确无误地列出。

(二)正文

1. 诉讼请求

是原告为实现自己起诉的目的向人民法院提出的具体要求。如要求履行合同、归还产权、赔偿损失、偿还债务等。该项内容要写得具体明确、合理合法,不能笼统含混、随意更改。请求如有多项,应分行列写。

2. 事实和理由

这一部分是起诉状的核心部分,是人民法院能否受理和原告能否胜诉的关键。要根据事实和法律依据充分阐述诉讼请求的理由。

(1)事实。应写明原告、被告民事法律关系存在的事实,以及双方发生民事权益争议的时间、地点、原因、经过、情节和后果。一般应以时间顺序,既要如实地写明案情,又要重点详述被告侵权的行为后果。

(2)理由。是指根据事实、证据和有关法律论证请求的理由。首先根据事实和证据,写明认定被告侵权或违法行为的性质,造成的后果和应承担的责任。然后根据法律依据经过论述和推理,提出请求事项的合理性。

(3)证据。列举证据并说明要证明的问题,同时说明证据来源、证人姓名和住址。在实务中为了使起诉状内容简练、明了,这部分一般列在附件中,单独提交法院。

证据是认定事实的基础,直接关系案件的成立与诉讼的过程,是诉讼成败的关键。因此,证据必须确凿可靠,不能提供伪证,提供伪证会受到法律处罚。

(三) 尾部

(1) 在正文之后另起行空两字写"此致",转行顶格写"××人民法院"。

(2) 附件。写明物证、书证的份(件)数等。

(3) 签章。一般提供诉状的人都自称为"具状人",并在"具状人"后签章。当然,此处也可以根据当事人在诉讼中的地位称为"起诉人""上诉人"或"答辩人"等。

(4) 写明起诉日期。

四、写作注意事项

(1) 诉讼请求及事实要具体、全面,数字必须准确无误。

(2) 诉讼理由必须以充分的证据和明确清楚的事实为基础,案件事实与理由的因果关系要清楚,不要含糊其词,引用的法律条文要准确。

(3) 注意人称的一致性。叙述的人称要前后一致,如用第三人称时要称原告与被告。

(4) 语言做到简练、准确、严谨,表述要有逻辑性。切忌长篇大论、东扯西拉,让人看后不知所云。

五、病文诊断

诉　　状

被告人:乐大为(私营企业"××商场"负责人)

原告人:××市商旅发展有限公司

法定代表人:李小东,职务:董事长

事实和理由:原告人于2013年4月8日与乐大为签订房屋租赁合同,双方约定将旅游购物城一楼营业大厅(建筑面积为500平方米)租给乐大为用于商业经营,约定租期为六年,自2013年4月9日至2019年4月8日止;年租金180万元,于每年4月8日之前付清下一年度租金。合同还约定,如被告人连续两期不支付租金,原告人有权解除合同。

被告人乐大为承租后,自2015年起连续两期没有缴付租金,累计欠租金360万元。虽经原告人多次催缴,但其仍继续拖欠。为维护原告人的合法权益,现诉至人民法院,提出以下请求,望法院依法支持。

诉讼请求:

1. 判令被告人支付拖欠的租金共计360万元

2. 判令解除房屋租赁合同

3. 判令本案诉讼费由被告人承担

此致

××人民法院

具状人:××市商旅发展有限公司

2016年12月××日

【诊断】这是一则因租赁合同发生纠纷拟写的不合要求的民事起诉状。主要存在的问题有以下几项。① 标题未能标明诉状性质,即民事起诉状。② 当事人称谓错误,在民事诉讼和行政诉讼中,提起诉讼一方的称谓是原告,被起诉一方的称谓是被告。"被告人"是刑事诉讼中起诉阶段对犯罪嫌疑人的称谓。任何诉讼中均无"原告人"这个词。③ 首部的原、被告位置颠倒且当事人基本情况欠缺。④ 正文的诉讼请求部分应在被告的基本情况之后，事实与理由之前。⑤ 欠缺附件，附件包括诉状副本×份、物证、书证的名称、件数。

提示：① 在起诉人签章处，起诉人自称为"具状人"是一种习惯上的写法。② 起诉人是公民的，要签名并盖章（一般为手印）；是法人或其他组织的，必须盖公章。一般情况下法定代表人不必签名或盖章（签章也并无不妥），但国际惯例法定代表人应当签字。

第三节　民事答辩状

[学习目标]

通过学习了解民事答辩状的基本知识；掌握民事答辩状的写作规范和要求，学会写作民事答辩状。

开篇案例

东方商贸公司收到法院的开庭传票应怎么办

2015 年 12 月 4 日，东方商贸有限责任公司收到法院的开庭传票和庄某的民事起诉状，东方商贸有限责任公司认为庄某的起诉没有法律和事实依据，遂向法院递交了民事答辩状，对原告的主张进行了反驳。

上述案例中，原告已将被告起诉到了法院，为了对抗原告的起诉，被告应当在法律规定的期限内向人民法院提交答辩状并出庭应诉。

一、基本知识

民事答辩状是指民事案件的被告或被上诉人针对起诉状或上诉状的内容，进行回答并提出反驳理由的书状。

按《民事诉讼法》规定，被告（被上诉人）在收到起诉状（上诉状）副本之日起 15 日内提出答辩状。因此，被告或被上诉人应在法定期限内尽快提出答辩状，及时行使答辩权利。如果既不在规定时间内提出答辩状又不出庭应诉，则很可能影响人民法院的正确审理，从而产生对自己不利的结果。

提出答辩状，一方面能够维护被告或被上诉人的合法权益。在答辩中被告、被上诉人通过答辩可以对起诉状、上诉状中的事实、理由、证据以及请求事项进行辩解和反驳，还可以提出有利于自己的事实和证据以证明自己的观点，从而维护自己的合法权益。另一方面，有利于法院全面了解案情和公平断案。"偏听则暗，兼听则明。"通过答辩状，人民法院可以全面了解诉讼双方的要求、意见和主张，全面分析案情，正确判断是非，公平合理地审理案件。

二、例文看台

民事答辩状

答辩人：东方商贸有限责任公司，住址××市××区××路××号，法定代表人刘××，职务董事长。

因原告庄××诉答辩人东方商贸有限责任公司××项目科技推广代理合同纠纷一案（注明受理法院案件编号），提出答辩如下：

答辩人与原告于2013年5月3日签订了《科技成果及专利技术推广代理协议》，现原告却曲解该协议内容并夸大其所谓"损失"而要求答辩人赔偿，这与事实不符，于法无据。

（1）双方于2013年5月3日签订的协议是双方在平等自愿基础上，经过充分协商而订立的，是双方真实的意思表示，其内容亦无违法事项，因此该协议合法有效。

（2）原告在起诉书中称，双方所签协议的有效期限是"自签字之日起至2015年1月1日止。经双方协商期满为止，不再延期"。这与协议规定不符，因为该协议第十一条明确规定：本协议自2013年6月1日至2015年1月1日期间，东方商贸有限责任公司如未能转让成功，本协议第二条的规定变为非独家代理，其他条款仍然有效。也就是说2015年1月1日后，即便是答辩人没有将所委托项目转让成功，双方仍然要受所签协议约束，答辩人仍有权进行原告的科技成果的推广代理。既然如此，答辩人在推广项目中所用的样机和有关资料怎么能由原告随意收回？答辩人掌握这些样机和相关资料是合法的，又怎么能说是"侵权行为"呢？

（3）专利申请费和年费是任何一个取得专利权的人必须缴纳的，它是取得专利权的代价。原告要求答辩人赔偿其支付的专利费既无法律规定又无合同约定。

（4）原告称：从2015年1月1日后，其失去了多次洽谈转让机会。如果把此责任推到答辩人身上，这是没有道理的。按照双方签订的协议，2015年1月1日后，双方之间由独家代理"自动变为非独家代理"，即原告自此可以自己去寻找合作伙伴，也可以委托他人去寻找合作伙伴，但他没有这样去做，这是其自己的过错，不能将责任转嫁到答辩人身上。

综上所述，原告的所有诉讼请求都于法无据且又违反双方的合同约定，答辩人请求贵院依法驳回。

此致
××市中级人民法院

答辩人：东方商贸有限责任公司（公章）
法定代表人：刘××（签字）
2015年12月12日

【评析】这份答辩状针对性强，目的明确，表述清晰，文字简洁，格式正确，可资借鉴。

三、民事答辩状的构成要素与写法

民事答辩状一般由首部、正文和尾部组成。

（一）首部

1. 标题

标题应居中写明"民事答辩状"或"民事上诉答辩状"。

2. 答辩人基本情况

答辩人基本情况包括姓名、性别、年龄、民族、住址等内容。如果答辩人是机关、团体、企事业单位等组织，则应写明单位名称、地址和法定代表人或负责人的姓名、职务。如果有法定诉讼代理人，还应该写明法定诉讼代理人的姓名及其与答辩人的关系。原告或上诉人的基本情况不必列出。

3. 答辩起因

答辩起因是指对何人起诉或上诉的什么案件提出答辩。一般表述为"因×××一案，答辩如下"或"因×××诉答辩人×××一案，特提出以下答辩"。

（二）正文

正文包括答辩理由和答辩意见。写好答辩状，首先要仔细阅读对方的诉状，了解其内容，找出可辩事项，抓住关键，确定答辩要点，然后根据自己掌握的证据材料并结合法律规定进行反驳。民事答辩状主要从以下几个方面进行答复和辩驳。

1. 针对事实错误进行答辩

如果对方叙述的案情事实与客观事实不符，答辩人应当指出，并予以纠正，以澄清事实。在写法上，主要是通过列举确凿、充分的证据，阐明事实真相，以推翻原告的不实之词。

2. 针对适用法律错误进行答辩

适用法律错误，有三种情形：一是事实的认定有出入，导致错误地适用法律，这要从事实入手进行答辩。二是事实没有出入，而是对方错误地引用法律。比如应当引用此条款却引用了彼条款，或者应当引用此法律却引用彼法律。这时应当指明正确的法律条文并结合事实说明对方适用法律的错误。三是说明对方违反了程序法，比如已超过诉讼时效，或不具备起诉条件等。

3. 提出答辩意见

答辩人阐述答辩理由后，要写明自己的答辩主张，即鲜明地请求人民法院驳回对方的诉讼请求或上诉请求，或者诉讼请求或上诉请求中的部分事项。

（三）尾部

（1）在正文之后另起行空两字写"此致"，转行顶格写"××人民法院"。

（2）附件。写明答辩状副本份数及物证、书证的份（件）数等。

（3）答辩人签名或盖章。

（4）写明答辩日期。

四、写作注意事项

写好民事答辩状：一是要有针对性，针对起诉状或上诉状中的事实、理由和请求来回答；二是要实事求是，叙述事实要客观；三是要讲理讲法，根据事实和法律辩驳对方的主张。具体地说，要注意以下几点。

1. 据理反驳

在撰写民事答辩状时，要紧紧抓住对方所陈述的错误事实或者所引用有关法律的错误进行反驳，或者列举客观事实，用恰当的证据作为反驳理由，经过分析论证，推出合乎逻辑的结论。

2. 抓准关键

即找到案件中争执的"焦点"、问题的要害，针锋相对地答辩。

3. 语言可较为尖锐犀利,但不能有失文明

民事答辩状具有的论辩性决定了其语言必然较为尖锐犀利,针尖对麦芒。无可争辩的事实加上尖锐犀利、富有气势的语言,必能有助答辩人在诉讼中变被动为主动。值得注意的是,如果对方的诉讼请求合理、合法,也应实事求是地承认,不能违背事实和法律胡编乱造。

五、病文诊断

答 辩 状

答辩人(一审被告):××市凯旋锅炉有限公司

法定代表人:杨××,董事长

作为答辩人,我公司做出答辩如下:

答辩理由:

答辩人认为××区人民法院对本案的判决是正确的,判决根据事实和法律,就原告和被告双方争议的主要问题所做的两项处理决定也是有理有据的。具体分析如下:

(1) 确认原告中途退货的根据及理由。

上诉人在上诉中提出,合同规定交货日期为2015年11月底,上诉人在2015年12月提出退货,因此不是中途退货。至于上诉人在上诉中提出的,答辩人在2015年12月并未制造出锅炉等,是没有任何意义和根据的。

(2) 锅炉在运输中造成的损坏责任划分,原判决基本是正确的。原判决原则上划分了双方的责任,基本正确。原判决原告(上诉人)承担损失的,被告(答辩人)承担损失的,仍不合理,也缺乏根据。我们认为,按照过错责任原则,根据各自应负具体责任划分处理较妥。意见如下:

① 答辩人单方发货,应负错发货物的责任,承担往返运费和其他实际支出的费用。

② 锅炉造成损坏的损失,是由于上诉人过错延误索赔期限,损失应当全部由上诉人承担。

附件:上诉状副本

答辩人:××市凯旋锅炉有限公司(章)
法定代表人:杨××(签章)
2016年4月8日

【诊断】这是一份民事上诉答辩状。该答辩状存在以下问题:① 未写明"民事上诉答辩状",应加上"民事上诉"四字。② 答辩状的首部未写明答辩人的地址。③ 答辩起因未写清楚。应写明"因上诉人不服××人民法院某号(注明一审判决书编号)判决向贵院提出上诉,现答辩人(或被上诉人)答辩如下"。④ 答辩理由不充分且语言表达不清。文中的第一项,题目和内容相矛盾,至于第二项,更让人不知所云,好像对一审法院对自己有利的判决都不敢认同似的。答辩理由是答辩状的核心,乃胜败诉的关键所在,一定要表达清楚。答辩时应针对上诉人在上诉状中提出的争议问题,从事实和法律上做出充分的反驳。⑤ 尾部漏写致送法院,应空两格写"此致",转行顶格写"××法院"。⑥ 作为上诉审的答辩人没有义务提供上诉状和一审判决书,此附件实属多此一举。从上述答辩的内容看,上诉人是一审原告,一审法院驳回了一审原告的诉讼请求,被上诉人在一审是胜诉的。作为一审胜诉者,除非上诉人提出来新的证据和观点,其答辩应当非常容易,只要坚决肯定原审法院的判决就行了。多余的话是画蛇添足。

第四节 民事反诉状

[学习目标]

了解民事反诉状的基本知识;掌握民事反诉状的写作规范和要求,学会写作民事反诉状。

开篇案例

大连××厂状告昆明××公司侵犯名称权案

2015年7月大连××厂以昆明××公司销售的硫酸泵冒充其厂名为由将昆明××公司作为被告告上法庭,要求被告赔偿损失并赔礼道歉。昆明××公司认为自己并没有侵害对方的权益,相反由于大连××厂的错告给自己造成了一定的经济损失,遂向人民法院提出了反诉请求。后经人民法院审理,人民法院支持了反诉人昆明××公司的反诉请求,驳回了原告的请求并支持了反诉人的请求。

上述案例告诉我们:基于同一事实或同一法律关系,当被告认为原告的行为侵害自己权益的时候,可作为反诉人向审理本诉的人民法院提出反请求,要求人民法院与本诉一并审理。

一、基本知识

民事反诉状是民事案件的被告在诉讼过程中,为维护自己的合法权益,就原告提起的同一事实,向人民法院提交的要求适用同一诉讼程序与原告的起诉合并审理、并要求原告承担相应民事责任或履行相应民事义务的法律文书。

民事反诉状是被告反诉原告的书面材料,也是人民法院对于原告本诉、被告反诉适用同一诉讼程序合并审理的基础。

向人民法院提交民事反诉状要注意以下问题:① 反诉要以本诉为前提,要针对本诉提出相反的、独立的诉讼请求,目的是使原告的诉讼请求得不到人民法院的支持并使反诉人的反诉请求能够实现,而且只能在一审判决前提出;② 反诉的诉讼请求与本诉是基于同一事实或者同一法律关系;③ 反诉应当向本诉人民法院提出。

民事反诉状的内容及写作要求与民事起诉状基本相同。在当事人的称谓上,提起反诉的一方(本诉的被告)称为反诉人,被反诉的一方(本诉的原告)称为被反诉人。

二、例文看台

民事反诉状

反诉人(本诉被告):昆明××发展有限公司,住址昆明市××路2号,法定代表人王×,职务董事长。

被反诉人(本诉原告):大连××厂,住址大连市××区××镇卫星村,法定代表人张××,职务厂长。

反诉请求:
1. 驳回被反诉人在本诉中的全部诉讼请求
2. 判令被反诉人赔偿反诉人经济损失 36 000 元
3. 判令被反诉人承担本案的诉讼费用

事实和理由:

2015 年 7 月 2 日,被反诉人(本诉原告)大连××厂以侵犯名称权为由状告反诉人(本诉被告)昆明××发展有限公司侵犯其名称权,实属错告。

1. 反诉人销售四台硫酸泵的行为,一是没有违反法律法规的任何规定,二是没有对被反诉人造成任何损害,三是被反诉人自称的损失与反诉人的销售行为没有任何关联关系,四是反诉人主观上没有任何过错。所以被反诉人在本诉中的诉讼请求没有任何依据。

2. 根据工商登记的企业法人营业执照可见,大连 SF 公司是一家独立的法人企业(企业法人营业执照注册号 29000000×××258),而大连××厂又是另一家独立的法人企业(企业法人营业执照注册号 29000000×××369)。即使有人伪造大连 SF 公司的标牌也不构成对被反诉人的侵权,因为被反诉人与大连 SF 公司是两个完全独立的企业法人。

3. 由于被反诉人状告反诉人并申请诉讼保全,法院冻结了反诉人银行账户数十万元的存款并扣押了部分财产,给反诉人造成了 16 000 元损失;同时由于被反诉人的错告,反诉人为应诉事宜花费旅差费合计 20 000 元(此两项损失证据见附件)。这些损失都是因被反诉人的错误起诉而造成的,按照法律规定此损失应由其承担。

现根据《民事诉讼法》之规定,反诉人依法提出上述反诉请求,请贵院依法支持。

此致
××人民法院

附件:1. 证据目录 1 份
2. 证据 8 份

反诉人:昆明××发展有限公司(公章)

法定代表人:王×(签字)

2015 年 7 月 29 日

【评析】这份反诉状首先对本诉原告的主张进行了反驳,然后提出了自己的反诉请求,条理清楚,格式规范。尽管字数不多,但已清楚地表明了自己的反驳意见和诉求主张。

三、民事反诉状的构成要素与写法

民事反诉状由首部、正文、尾部三个部分组成。

(一)首部

1. 标题

居中写明"民事反诉状"。

2. 当事人的基本情况

分别写明反诉人(本诉被告)、被反诉人(本诉原告)的姓名、性别、出生年月日、民族、职业、工作单位和职务、住址等。有法定代理人的应写明法定代理人身份事项及其与当事人的关系。如果反诉人或被反诉人是法人或其他组织的,应写明其名称和所在地址,以及法定代表人(或主要负责人)的姓名和职务。

3. 反诉请求

写明反诉人请求人民法院依法解决本案有关民事权益争议的具体主张和要求。如"请求法院判决被反诉人(本诉原告)赔偿我×××元的经济损失"等。如果不止一项,则分项写出。

(二)正文(参见民事起诉状的写法)

1. 事实部分

应写明与本诉同一的和相关联的事实、原因和经过,重点写明被反诉人的侵权行为,但对于本诉中原告起诉理由也要据理反驳。

2. 理由部分

根据事实、证据和有关法律论证请求的理由。

3. 证据

写明向人民法院提供的能够证明反诉请求的证据的名称、件数,并写明证据来源。有证人的,应写明证人的姓名、住址及联系方式等。

(三)尾部

(1)在正文之后另起行空两字写"此致",转行顶格写"××人民法院"。

(2)附件。如所附证据等。

(3)反诉人署名或盖章。

(4)写明反诉日期。

四、异同辨析

民事答辩状和民事反诉状尽管都是针对原告而提出的,但所要达到的目的不同。民事答辩状的特点是"辩",需要用事实和法律否定对方的主张;反诉状的特点是"诉",除了用事实和法律否定对方的主张外,更重要的是向人民法院提出要求判令被反诉人履行某项义务或承担某种责任。对于被告来说,人民法院驳回了原告的诉讼请求就是胜诉,但对于反诉人来说,人民法院支持了反诉人的诉讼请求才算胜诉。通常反诉状的内容可以包含答辩状的内容,但答辩状的内容一般不能要求人民法院判令原告对被告负某种法律责任或履行某项义务。如果希望人民法院在本诉中判令原告履行某项义务或承担某种责任,则必须提出反诉,这样人民法院才可与本诉一并审理。

第五节 民事上诉状

[学习目标]

了解民事上诉状的基本知识;掌握民事上诉状的写作规范和要求,学会写作民事上诉状。

开篇案例

××林场与××经贸有限公司因合同纠纷上诉案

黑龙江省××林场因与××经贸有限公司合同纠纷,其在一审时以××经贸有限公司的委托代理人江某是××木器加工有限公司的股东为由,将××木器加工有限公司列为被告,要求被告承担责任,一审法院支持了黑龙江省××林场的诉讼请求。××木器加工有限公司认为,原审对事实的认定和法律的适用均是错误的,在上诉期内向上级法院提起了上诉,请求上级法院依法支持自己的上诉请求,撤销原判决。

上述案例告诉我们:民事案件的当事人或他们的法定代理人不服一审法院的裁判,可以在法定上诉期内,向上一级人民法院提出撤销或者变更原裁判的请求。

一、基本知识

民事上诉状是民事案件的当事人或他们的法定代理人不服一审法院的裁判,在法定上诉期内,请求上一级人民法院撤销或者变更原裁判所提出的书面请求。民事案件中,原告、被告、有独立请求权的第三人及他们的法定代理人都有权提起上诉。

《民事诉讼法》第一百六十五条规定,上诉应当递交上诉状。上诉状的内容,应当包括当事人的姓名,法人的名称及其法定代表人的姓名或者其他组织的名称及其主要负责人的姓名,原审人民法院名称、案件的编号和案由,上诉的请求和理由。

民事上诉状不同于民事起诉状。第一,民事起诉状是原告认为自己的合法权益受到被告侵害而向人民法院提出保护自己权益的诉讼请求,诉的对象是被告;而民事上诉状则是上诉人不服一审法院的裁判,请求上一级法院改变原裁判,针对的主要是一审法院的裁判。第二,在内容上,民事起诉状主要围绕被告的违法(或者违约)事实进行阐述;而民事上诉状则主要围绕一审法院的裁判内容是否合法进行阐述。虽然两者的诉讼目的都是为了维护当事人自身的合法权益,但是它们的诉讼对象有所不同。

民事上诉状的使用,不仅有利于人民法院提高办案质量,而且有利于保护上诉人的合法权益。二审法院可以从上诉状中了解上诉人不服一审裁判的理由及其相应请求,如果一审法院裁判错误,二审法院可以及时纠正,以使法律得到正确适用。

二、例文看台

民事上诉状

上诉人(一审被告):××木器加工有限公司,住址××市××县××路××号,法定代表人江××,职务董事长。

被上诉人(一审原告):黑龙江省××林场,住址黑龙江省×县×乡,法定代表人:王××,职务场长。

上诉人因不服××人民法院(2015)民初字第36号判决,现提起上诉。

上诉请求:

1. 撤销××人民法院(2015)民初字第36号判决
2. 驳回被上诉人的诉讼请求

事实和理由:

1. 被上诉人在一审中将上诉人列为被告毫无事实依据。被上诉人所追索的货款,是被上诉人在2013年7月间同××经贸有限公司之间发生的业务,而上诉人××木器加工有限公司当时还没有成立(2014年5月才成立),上诉人与争议的货款无任何关系,上诉人不应成为被告。被上诉人在一审中将上诉人列为被告并得到一审法院的支持是错误的。

2. 江××没有付款义务。因为江××是受××经贸有限公司的委托作为代理人为其购买木材,货是直接发给××经贸公司,并不是江××自己购买。《中华人民共和国民法通则》第六十三条第二款规定:"代理人在代理权限内,以被代理人的名义实施民事法律行为。被代理人对代理人的代理行为,承担民事责任。"所以,一审法院认定江××有付款义务并把这种义务转嫁给上诉人更是错误的。

根据以上两点,上诉人认为,一审法院的判决认定事实不清、适用法律错误,请贵院依法改判。

此致
××中级人民法院

附件:一审判决书复印件1份

上诉人:××木器加工有限公司(公章)

法定代表人:江××(签字)

2015年8月6日

【评析】该民事上诉状针对原审法院的判决不当之处进行了辩驳,思路清晰,理由充分,针对性强。

三、民事上诉状的构成要素与写法

(一)首部

1. 标题

居中写明"民事上诉状"。

2. 当事人身份事项

应当先写上诉人,后写被上诉人。有法定诉讼代理人的,还要写上法定诉讼代理人。书写的项目和次序与民事起诉状相同。需要注意的是,应把当事人在一审中所处的诉讼地位用括号加以注明,即上诉人及被上诉人后面注明是原审原告或原审被告。

3. 上诉案由

上诉案由是指不服一审判决或裁定的事由。一般写法是"上诉人因×××一案,不服×××人民法院第××号的民事判决(或裁定),现提出上诉"。

(二)正文

正文包括上诉请求和上诉理由。

1. 上诉请求

即请求二审法院撤销或部分撤销原裁判,或者变更原裁判中的某项或某几项。当然,也可以提出其他请求。上诉请求应该具体、明确、合法。

2. 上诉理由

上诉理由应全面陈述一审法院在认定事实和适用法律上的不当或错误,提出所根据的事实和理由,包括在一审程序中未提供的事实、理由和证据。写法有以下两种。

一是主要针对一审裁判的不当之处进行反驳。上诉理由一般从以下四个方面提出:① 认为原审裁判认定事实有错误,或有出入,或遗漏了重要事实或缺乏证据;② 认为原审裁判定性错误;③ 认为原审裁判适用法律错误;④ 认为原审裁判违反法定诉讼程序,如应回避的而未回避,审判组织不合法等。

二是对被上诉人的主张进行反驳。一审法院的裁判,在法律允许的范围内,相当程度上会受到当事人主张的影响。如果法院采纳了对方当事人的主张,造成裁判不当的,则二审必须针对其不合理主张和法院的不当裁判,通过举证、引用法律条款等提出充分的理由加以反驳,力求做到有理有据。

(三) 尾部

(1) 在正文之后另起行空两字写"此致",转行顶格写"××人民法院"。
(2) 附件。新发现的物证、书证的份(件)数等。
(3) 上诉人签名或盖章。
(4) 写明上诉日期。

四、写作注意事项

1. 有的放矢

民事上诉状主要是针对原审裁判提出的,实际上是对原审裁判的反驳,因此要有针对性。

2. 突出重点

撰写民事上诉状一定要抓住关键,突出重点,应当将注意力集中在原审裁判中存在的足以影响处理结果的问题上,而不能漫无边际。同时态度要鲜明,观点要明确。

3. 避免重复

民事上诉状中一般会引述原审裁判中的一些内容,但应避免照抄、照搬,而要以高度概括的语言综合说明情况,必要时可将原审裁判的观点一一加以引述,但引述内容应为证明自己的观点服务。

五、病文诊断

民事上诉状

上诉人(原审被告):××市旭日商贸责任有限公司,住址××市××区××路××号,法定代表人李××,职务董事长。

被上诉人(原审原告):张××,男,40岁,汉族,个体工商户经营者,住××市朝阳路30号。

上诉人因不服××人民法院(2014)民初字第28号判决,现提起上诉。

上诉请求:

1. 撤销××人民法院(2014)民初字第28号判决
2. 驳回被上诉人的诉讼请求

事实与理由:

上诉人与被上诉人于2012年5月3日签订了《××成果及专利技术推广经营代理协议》,而被上诉人却曲解该协议内容并夸大其所谓"损失"而要上诉人赔偿,这与事实不符、于法无据。

1. 上诉人与被上诉人于2012年5月3日签订的协议是双方在平等自愿基础上,经过充分协商而订立的,是双方真实的意思表示,其内容亦无违法事项,因此该协议合法有效。

2. 专利申请费、年费等,是任何一个取得专利权的人必须缴纳的,它是取得专利权的代价。被上诉人要求上诉人赔偿其支付的专利费既无法律规定又无合同约定。

3. 被上诉人要求解除合同,违反协议第十二条的规定,除非被上诉人按协议第十三条规定承担赔偿责任,否则上诉人不同意解除合同。

综上所述,被上诉人的所有诉讼请求都于法无据且违反合同约定,请求贵院依法撤销一审法院判决并驳回被上诉人的诉讼请求。

此致

××市××区人民法院

  附件:一审判决书复印件1份

答辩人:××市旭日商贸责任有限公司(公章)

法定代表人:李××(签字)

2014年12月12日

【诊断】这份民事上诉状的格式是符合规范要求的,但事实和理由部分没有有的放矢。正确的写法是应当用事实和法律论证一审法院判决有误,而不应当简单重复一审答辩状(或者起诉书)的内容。

第六节 民事再审申请书

[学习目标]

通过学习了解民事再审申请书的基本知识;掌握民事再审申请书的写作规范和要求,学会写作民事再审申请书。

开篇案例

某食品店不服生效判决申请再审案

某市居民王刚到某食品店买熟食品,回家与其他食品一起食用导致腹泻,花去医疗费5000多元,怀疑是食品店食品所致。王刚起诉到法院后,一审法院认定非某食品店的食品所致,驳回了王刚的诉讼请求。王刚不服,随即向上级法院提出上诉。二审法院认为是食品店的食品所致,遂撤销了一审判决并改判某食品店负损害赔偿责任。食品店认为二审法院违反法定程序,向某高级法院提出了再审申请,要求再审。

通过上述案例我们知道,即使是生效的判决如果对其不服,也可以请求法院再审。

一、基本知识

民事再审申请书是民事案件的当事人认为已生效的判决、裁定有错误,依法向人民法院提交的请求再审的法律文书。

《民事诉讼法》第二百条规定,当事人的申请符合下列情形之一的,人民法院应当再审:① 有新的证据,足以推翻原判决、裁定的;② 原判决、裁定认定的基本事实缺乏证据证明的;③ 原判决、裁定认定事实的主要证据是伪造的;④ 原判决、裁定认定事实的主要证据未经质证的;⑤ 对审理案件需要的主要证据,当事人因客观原因不能自行收集,书面申请人民法院调查收集,人民法院未调查收集的;⑥ 原判决、裁定适用法律确有错误的;⑦ 审判组织的组成不合法或者依法应当回避的审判人员没有回避的;⑧ 无诉讼行为能力人未经法定代理人代为诉讼或者应当参加诉讼的当事人,因不能归责于本人或者其诉讼代理人的事由,未参加诉讼的;⑨ 违反法律规定,剥夺当事人辩论权利的;⑩ 未经传票传唤,缺席判决的;⑪ 原判决、裁定遗漏或者超出诉讼请求的;⑫ 据以做出原判决、裁定的法律文书被撤销或者变更的;⑬ 审判人员审理该案件时有贪污受贿,徇私舞弊,枉法裁判行为的。

再审申请如果不符合上述规定,将被人民法院驳回。

二、例文看台

民事再审申请书

申请人(一审被告、二审被上诉人):××市××食品商店,住址××市××路××号,法定代表人张××,职务经理。

被申请人(一审原告、二审上诉人):王刚,男,1966年6月18日生,汉族,自由职业者,住××市××区××路××号,公民身份号码××010519660618×××8。

申请人对××市中级人民法院(2015)民终字第××号判决不服,现申请再审。

请求事项:

撤销二审法院判决并维持一审法院判决。

事实和理由:

申请人与被申请人王刚人身伤害赔偿一案,××市中级人民法院以(2015)民终字第××号判决撤销了××市东区人民法院(2015)东民初字第××号判决,并改判申请人负赔偿责任。申请人认为,由于二审法院审判员王××是被申请人王刚的哥哥,其在二审诉讼中违反了《中华人民共和国民事诉讼法》关于回避的规定,足以影响审判的公正性。为了维护法律的尊严并保护申请人的利益,申请人请求对此案进行再审。

此致
×××高级人民法院

附件:1. 一、二审判决书复印件各1份
   2. 王刚与审判员王××亲属关系证明

申请人:××市××食品商店(盖章)

法定代表人:张××(签字)

2015年××月××日

【评析】这是一份格式规范的民事再审申请书。标题标明了再审申请书的性质。正文的事实和理由部分抓住二审法院违反法定程序的关键性的问题,理由正当充分。

三、民事再审申请书的构成要素与写法

民事再审申请书由首部、正文和尾部三个部分构成。

(一) 首部

1. 标题

居中写明"民事再审申请书"。

2. 申请人基本情况

申请人系公民的,应写明其姓名、性别、出生年月日、民族、职业或工作单位和职务、住址等。如果申请人是无诉讼行为能力人,应写明其法定代理人的姓名、性别、出生年月日、民族、职业或工作单位和职务、住址,及其与申请人的关系。申请人系法人或其他组织的,应写明其名称、所在地址、法定代表人(或主要负责人)的姓名和职务。

3. 被申请人的基本情况

被申请人系公民的,应写明其姓名、性别、出生年月日、民族、职业或工作单位和职务、住址等。被申请人系法人或其他组织的,应写明其名称、所在地址、法定代表人(或主要负责人)的姓名和职务。

4. 申请再审缘由

这是一段具有承上启下作用的文字,包括案由、原审人民法院名称、判决或裁定的年月日、文书字号等项内容。按照格式规定,应当这样表述:"申请人因××(案由)一案,不服××人民法院(年号)×字第××号判决(裁定),现申请再审。"

(二)正文

1. 请求事项

写明申请人请求人民法院进行再审、撤销原判、改判或者其他事项。如请求部分改判,应当先写明请求撤销原判决某一项或某几项,然后提出改判的具体请求;请求事项较多的,可以分项一一列出。

2. 事实与理由

(1)对案情事实、人民法院的处理经过及最后的处理结果进行综合叙述。叙述力求简练。

(2)针对原判决或裁定的不当之处,依次阐述。要具体说明原判决或裁定是认定事实错误,还是适用法律错误,或者是违反法定程序。

(3)列举证据并结合法律进行论证。

再审申请书的写法同样具有针对性及反驳性。在具体的写法上可采用"先总后分"或"先分后总"的写法。即把裁判的错误之处概述一下进行反驳,或把错误结论逐一列举,逐一反驳。反驳中先主后次,抓住关键性的问题,用事实、证据和法律进行辩驳。

(三)尾部

(1)在正文之后另起一行空两字写"此致",转行顶格写"××人民法院"。

(2)附件:应当写明并附原审文书副本份数以及新的证据材料名称和份数等。

(3)申请人签名或盖章。

(4)写明申请日期。

四、写作注意事项

民事再审申请书的事实和理由是引起再审的关键,其内容至少要符合《民事诉讼法》第二百条中一项规定,否则不可能引起再审程序。

五、异同辨析

民事上诉状和民事再审申请书都是因不服人民法院的裁判而提出的诉状,其目的、意义和制作要求大体相同,但二者又有许多不同之处。

1. 客体不同

民事上诉状针对的客体是人民法院所做出的一审未发生法律效力的裁判；民事再审申请书针对的客体是人民法院所做出的已经发生法律效力的裁判。

2. 期限不同

民事上诉状必须在收到判决书后 15 日内或者收到裁定书后 10 日内提出；民事再审申请书应当在判决、裁定发生法律效力后两年内提出。

3. 法律效力不同

民事上诉状在法定期限内提出后，不管有理无理，都能引起二审程序的发生。民事再审申请书提出后，即使有理也不一定能引起二审程序的发生，只有符合《民事诉讼法》第二百条的规定才能启动再审程序。

4. 引起的审判程序不同

民事上诉状只能引起二审审理程序，而有效的民事再审申请书启动的是审判监督程序。

5. 受理的法院不同

受理上诉案件的法院只能是原审法院的上一级法院，受理再审案件的法院既可能是原审法院，也可能是原审法院的任何上级法院，甚至是最高人民法院。

6. 上诉的情况不同

上诉案件二审后做出的裁判不能再上诉；再审案件再审后所做出的裁判，如果是按一审程序审理的可上诉，按二审程序审理的不能上诉。

第七节　申请执行书

[学习目标]

通过学习了解申请执行书的基本知识；掌握申请执行书的写作规范和要求，学会写作申请执行书。

开篇案例

××钢材销售公司申请法院执行王某财产

某钢材销售公司与王××因买卖合同纠纷将王某告到法院，法院经审理做出判决：① 王××偿还钢材销售公司货款 20 万元；② 王××向钢材销售公司支付违约金 4 万元；③ 本案的诉讼费 5100 元由王××承担。判决生效后，由于王某仍不履行义务，钢材销售公司向法院提出了执行申请，请求强制执行王××的财产。

上述案例告诉我们：人民法院的法律文书生效后，负有履行义务的人如果拒不履行，当事人可以请求人民法院对负有履行义务的人强制执行。

一、基本知识

人民法院发生法律效力的民事判决书、裁定书、调解书以及仲裁机构的仲裁裁决书，当事人应当履行。一方拒绝履行的，对方当事人可以向人民法院申请执行。申请执行人申请执行,应当向人民法院递交申请执行书。

二、例文看台

申请执行书

申请执行人:××钢材销售有限公司,住址山东省××市××路××号,法定代表人张××,职务董事长,组织机构代码证号163××××7-3。

被执行人:王××,男,1969年6月9日生,汉族,住××市××路××号2单元101户,个体工商户经营者,公民身份号码:×××××19690609××××。

请求事项:

依法强制被执行人履行××人民法院(2016)民商初字第521号民事判决书所确定的还款义务,即偿付申请执行人人民币24.51万元。

事实与理由:

申请执行人与被执行人因合同纠纷起诉到贵院,贵院已做出(2016)民商初字第521号民事判决,现已生效。由于被执行人至今拒不履行上述判决所确定的义务,为维护法律的尊严及申请执行人的合法权益,根据《中华人民共和国民事诉讼法》之规定,申请执行人特提出上述请求,请贵院依法执行。

此致

××人民法院

  附件:1.民事判决书一份
     2.被执行人财产线索

申请执行人:××钢材销售有限公司(公章)

法定代表人:张××(签字)

2016年××月××日

【注】这篇申请执行书,在当事人的资料中个人增加了公民身份号码,法人(或其他组织)增加了组织机构代码证号。尽管法律没有要求将其填列在我们学过的法律文书中,但如果你能查到,就填列上。总的原则是,当事人的资料尽量详细。

三、申请执行书的构成要素与写法

申请执行书由首部、正文和尾部三个部分构成。

(一)首部

1. 标题

标题应居中写明"申请执行书"。

2. 申请执行人基本情况

申请执行人系个人的,应写明其姓名、性别、出生年月日、民族、职业或工作单位和职务、住址等。申请执行人系法人或其他组织的,应写明其名称、住所、法定代表人(或主要负责人)的姓名和职务。

3. 被执行人基本情况

被执行人系个人的,应写明其姓名、性别、出生年月日、民族、职业或工作单位和职务、住址等。被执行人系法人或其他组织的,应写明其名称、住所、法定代表人(或主要负责人)的姓名和职务。

(二)正文

1. 请求事项

写明申请执行人请求人民法院依法强制被执行人执行已生效的人民法院判决或裁定的事项。请求事项较多的,可以分项一一列出。

2. 事实与理由

对案情事实、人民法院的处理经过及最后处理结果进行综合叙述。叙述力求简练,切忌冗长。

(三)尾部

(1) 在正文之后另起行空两字写"此致",转行顶格写"××人民法院"。

(2) 附件:应当写明附件材料名称和份数。

(3) 申请执行人签名或盖章。

(4) 写明申请执行日期。

四、写作注意事项

申请执行书中一定注明生效判决、裁定的文号,如果是经过了二审,两个判决或裁定的文号都要注明。

第八节　综 合 训 练

(一)请指出下面这份仲裁答辩书存在的问题。

仲裁答辩书

致××仲裁委员会:

因申请人××省××设备厂(以下简称"设备厂")诉我公司拒付加油机货款一案,提出答辩如下:

　　答辩人:××贸易公司

　　地　址:××市××路××号

　　法定代表人:×××　　总经理

　　意见:合同未成立,拒付货款有理;仓储费只能由设备厂承担。

　　理由如下:

申请人认为该厂向社会发出的加油机广告是一种要约,而我公司的要货电报是一种承诺,至此双方合同即已成立。这种说法不能成立。

首先,看本案的主要事实。××××年10月10日,我公司要求设备厂接电后即以快件发运3台加油机到××北站。但货物是在12月20日才到××北站的,我公司拒收货物,也拒付货款。其次,我们的合同完全符合合同成立的程序。

其次,从本案的事实和合同成立程序结合看。本案涉及的设备厂向社会发出的有加油机供应的广告,没有特定的对象,因此只能视为要约人的一种引诱,其本身不具备要约的条件。当然我公司就没有权利收货,也没有义务付款。另外,由于合同并未成立,申请人要求我公司承担加油机在车站的仓储费,也理所当然是无理要求。

最后,还要说明一点,我公司之所以要求该厂用快件发货,是因为我公司与某单位口头约定供应加油机,时间为 20 天内交货。设备厂如用慢件发货,势必影响我公司的利益,这就是我公司对设备厂新要约不作承诺的主因。

答辩人:××贸易公司(公章)
法定代表人:×××(签字)
××××年××月××日

(二)试着为本章第一节"病文诊断"中的仲裁申请书写出符合规范要求的修改稿。

(三)试着为本章第二节"病文诊断"中的民事起诉状写出符合规范要求的修改稿。

(四)试着为本章第三节"病文诊断"中的答辩状写出符合规范要求的修改稿。

第四章

常用党政机关公文

[章前提示]

党政机关公文是传达贯彻党和国家的方针政策,公布法规和规章,指导、布置和商洽工作,请示和答复问题,报告、通报和交流情况等的重要工具。本章将在介绍党政机关公文基本知识的基础上,重点介绍通知、通报、请示、报告、意见、函和纪要的写作。要求通过本章的学习和写作训练,能够撰写出符合规范要求的常用党政机关公文,为今后工作奠定基础。

第一节 党政机关公文概述

[学习目标]

理解党政机关公文的含义,熟悉党政机关公文的种类、特点、作用及行文规则等基础知识,掌握党政机关公文的规范格式。

开篇案例

印好的"工作意见"为何全部作废

某机关单位要求秘书部门于一周内将一工作意见拟好发文。A秘书接受任务后,为了抢时间争速度,按领导意图拟稿后只交给秘书部门负责人审核,即送文印室进行缮印。因未经领导签发,打印出来的100多份"工作意见"全部作废,既造成人力、物力、财力的浪费,又耽误了文件的准时下发,工作出现不应有的失误。

未经领导签发的公文是不能送文印室缮印的。这个案例告诉我们制发公文要遵循规范程序。A秘书工作失误的原因何在?发文办理又有哪些关键环节?要解决这些问题,就要学习党政机关公文的有关知识。

一、党政机关公文的含义

党政机关公文是党政机关实施领导、履行职能、处理公务的具有特定效力和规范体式的文书,是传达贯彻党和国家的方针政策,公布法规和规章,指导、布置和商洽工作,请示和答复问题,报告、通报和交流情况等的重要工具。

二、党政机关公文的特点

（一）作者的法定性

党政机关公文的作者是法定的机关、组织或其代表人。公文撰写与制发体现的是机关、组织的意志与意图，是代单位立言、代领导立命。公文写作是遵命写作。

（二）读者的特定性

党政机关公文作为"立言式""遵命式""格式化"写作，其阅读群体是特定的，并有明确的对象，通常用"主送机关""抄送机关""阅读范围"等加以表明。

（三）法定的权威性

法定的权威性是党政机关公文特定效力的集中体现。由于党政机关公文代表党政机关的意志与权威，传达制发机关的决策与意图，对受文机关在法定的时空范围内，具有强制执行效力。

（四）体式的规范性

"体"即文体，"式"为格式。党政机关公文的体式，必须符合《党政机关公文处理工作条例》的规定，即有规范的文体和格式要求。按照规范的体式要求制发党政机关公文，能够提高党政机关的工作效率。

（五）制办的程序性

党政机关公文的拟制和办理有严格的程序，这在《党政机关公文处理工作条例》中有明确规定：公文拟制包括公文的起草、审核、签发等程序；收文办理要经过签收、登记、初审、承办、传阅、催办、答复等程序；发文办理的程序则包括复核、登记、印制、核发等。

三、党政机关公文的作用

《党政机关公文处理工作条例》第三条指出党政机关公文是"传达贯彻党和国家的方针政策，公布法规和规章，指导、布置和商洽工作，请示和答复问题，报告、通报和交流情况等的重要工具"，这说明党政机关公文的本质属性就是工具性。作为一种重要工具，一种信息的重要载体，党政机关公文的作用，概括起来有以下几个方面。

（一）领导和指导作用

领导和指导作用主要表现在：或是传达贯彻党和国家的方针、政策，实施重大措施；或是表达领导机关的意图，对重要事项、重大活动做出具体安排；或是答复下级机关的请示事项，回答重要问题的解决处理方法等。这使党政机关公文成为下级机关开展各项公务活动的重要依据和行动指南，下级机关可有领导、有计划、有程序地开展工作，所以党政机关公文对下级机关来说具有领导和指导作用。

（二）规范和准绳作用

党政机关公务活动与管理工作的制度化、科学化、高效化，有赖于党政机关公文所起到的规范和准绳作用。法规和规章的颁布与实施，主要是通过制发公文实现，这就对其特定的读者群体起着规范和准绳作用，并要求在一定时期、一定范围内严格执行。

（三）宣传和教育作用

党和国家的方针、政策、法律、法规能得以落实、有效执行，是与公文的宣传教育作用分不开的。领导机关制发的重要文件，特别是一些纲领性文件、重大政策性文件等，不只是传达领导机关意图，它还在告诉各级人员"怎样做""为何做"。这些文件既是统一思想、提高认识、做好工作的宣传依据,也是对各级机关和有关人员执行文件、落实精神、工作提效的积极教育。

(四)联系和知照作用

信息社会中,党政机关在一系列公务活动中,需要及时了解、掌握各级机关的信息,保证下情上传、上情下传、统一认识,做到横向沟通、纵向联系、行动一致,这是各项工作赢得成效和保持正常秩序的前提。公文的联系作用因之而彰显出来。公文的知照作用主要体现在公告、通告、通知、通报等具有知照特点的公文中。公文的这一作用,使各级机关之间得以保持联系、互通信息,从而有序地开展工作。

(五)凭据和证明作用

党政机关公文既是受文机关开展公务活动的依据,又是衡量各级机关活动合法性的重要凭证。制发公文多为阐明、传达制发机关的意图,使受文机关在工作中有据可依、有证可查。党政机关公文也是机关公务活动最具权威的真实记录与原始凭据,具有重要的参考备查作用。公文在办理完毕后都要整理归档,转化为档案资料,以备查考。

四、党政机关公文的种类

党政机关公文可以从不同角度进行分类。这反映了公文所具有的不同的属性特征与行文权限。

(一)按适用范围划分

(1)决议。适用于会议讨论通过的重大决策事项。

(2)决定。适用于对重要事项做出决策和部署、奖惩有关单位和人员、变更或者撤销下级机关不适当的决定事项。

(3)命令(令)。适用于公布行政法规和规章、宣布施行重大强制性措施、批准授予和晋升衔级、嘉奖有关单位和人员。

(4)公报。适用于公布重要决定或者重大事项。

(5)公告。适用于向国内外宣布重要事项或者法定事项。

(6)通告。适用于在一定范围内公布应当遵守或者周知的事项。

(7)意见。适用于对重要问题提出见解和处理办法。

(8)通知。适用于发布、传达要求下级机关执行和有关单位周知或者执行的事项,批转、转发公文。

(9)通报。适用于表彰先进、批评错误、传达重要精神和告知重要情况。

(10)报告。适用于向上级机关汇报工作、反映情况,回复上级机关的询问。

(11)请示。适用于向上级机关请求指示、批准。

(12)批复。适用于答复下级机关请示事项。

(13)议案。适用于各级人民政府按照法律程序向同级人民代表大会或者人民代表大会常务委员会提请审议事项。

(14)函。适用于不相隶属机关之间商洽工作、询问和答复问题、请求批准和答复审批事项。

(15)纪要。适用于记载会议主要情况和议定事项。

(二)按行文方向划分

(1)下行文。指上级机关对其所属下级机关发送的公文,如命令(令)、决定、公告、通知、通报、批复等。

（2）上行文。指具有行政隶属关系的下级机关向上级机关呈送的公文，如请示、报告等。

（3）平行文。指平级机关或不相隶属机关之间因工作需要而相互往来的公文，如议案和函。

（三）按行文职能划分

（1）指挥性公文。指由领导机关制发，用于公布行政法规和规章、宣布施行重大强制性措施，公布重要决定或者重大事项，对重要事项做出决策和部署、奖惩有关单位和人员等的公文。这类公文包括命令（令）、决定、公报等。

（2）公布性公文。指直接公开发布的公文。这类公文包括决议、公告、通告等。

（3）呈请性公文。指用于下级机关向上级机关汇报工作、反映情况，提出见解或处理办法，请求指示、批准事项的公文。这类公文包括报告、意见、请示等。

（4）商洽性公文。指用于不相隶属机关之间商洽工作、询问和答复问题的公文。函就是此类公文。

（5）记录性公文。指用于记载会议主要情况和议定事项的公文。纪要就是此类公文。

（四）按密级划分

（1）周知性公文。指内容不涉及党和国家秘密，需要向国内外宣布或在一定范围内公布的公文。如公告、通告等。

（2）秘密公文。指内容涉及党和国家一般秘密的公文，不适宜对社会公开，只在内部阅读，需要保密的公文。

（3）机密公文。指内容涉及党和国家重要机密的公文，需保守秘密。

（4）绝密公文。指内容涉及党和国家核心机密的公文。

《党政机关公文处理工作条例》规定：涉密公文应当根据涉密程度分别标注"绝密""机密""秘密"和保密期限。

五、党政机关公文的行文规则

行文规则是指公文的运行规范与原则。遵守行文规则，能够维护正常的行文关系，保证机关工作顺利有序地进行。

《党政机关公文处理工作条例》规定：行文关系根据隶属关系和职权范围确定。一般不得越级行文，特殊情况需要越级行文的，应当同时抄送被越过的机关。行文应当确有必要，讲求实效，注重针对性和可操作性。

（一）上行文规则

（1）原则上主送一个上级机关，根据需要同时抄送相关上级机关和同级机关，不抄送下级机关。

（2）党委、政府的部门向上级主管部门请示、报告重大事项，应当经本级党委、政府同意或者授权；属于部门职权范围内的事项应当直接报送上级主管部门。

（3）下级机关的请示事项，如需以本机关名义向上级机关请示，应当提出倾向性意见后上报，不得原文转报上级机关。

（4）请示应当一文一事。不得在报告等非请示性公文中夹带请示事项。

（5）除上级机关负责人直接交办事项外，不得以本机关名义向上级机关负责人报送公文,不得以本机关负责人名义向上级机关报送公文。

(6) 受双重领导的机关向一个上级机关行文,必要时抄送另一个上级机关。

(二) 下行文规则

(1) 主送受理机关,根据需要抄送相关机关。重要行文应当同时抄送发文机关的直接上级机关。

(2) 党委、政府的办公厅(室)根据本级党委、政府授权,可以向下级党委、政府行文,其他部门和单位不得向下级党委、政府发布指令性公文或者在公文中向下级党委、政府提出指令性要求。需经政府审批的具体事项,经政府同意后可以由政府职能部门行文,文中须注明已经政府同意。

(3) 党委、政府的部门在各自职权范围内可以向下级党委、政府的相关部门行文。

(4) 涉及多个部门职权范围内的事务,部门之间未协商一致的,不得向下行文;擅自行文的,上级机关应当责令其纠正或者撤销。

(5) 上级机关向受双重领导的下级机关行文,必要时抄送该下级机关的另一个上级机关。

(三) 其他行文规则

(1) 同级党政机关、党政机关与其他同级机关必要时可以联合行文。属于党委、政府各自职权范围内的工作,不得联合行文。

(2) 党委、政府的部门依据职权可以相互行文。部门内设机构除办公厅(室)外不得对外正式行文。

六、党政机关公文的格式

党政机关公文的格式,是指其外观形式,也就是党政机关公文的各构成要素在文面上的排列顺序、标志规则及用纸、印装等方面的规格要求。它体现了党政机关公文的权威性,是党政机关公文的重要组成部分。《党政机关公文处理工作条例》规定:公文的版式按照《党政机关公文格式》国家标准执行。

(一) 公文的构成要素

《党政机关公文处理工作条例》规定:公文一般由份号、密级和保密期限、紧急程度、发文机关标志、发文字号、签发人、标题、主送机关、正文、附件说明、发文机关署名、成文日期、印章、附注、附件、抄送机关、印发机关和印发日期、页码等组成。

(二) 公文格式各要素编排规则

组成党政机关公文格式的各要素划分为版头、主体、版记三个部分。各要素编排规则按照《党政机关公文格式》国家标准(GB/T 9704—2012)执行。

1. 版头

公文首页红色分隔线以上的部分称为版头。版头包括份号、密级和保密期限、紧急程度、发文机关标志、发文字号、签发人和版头中的分隔线。

(1) 份号。公文印制份数的顺序号,是指将同一文稿印制若干份时,每份公文的顺序编号。涉密公文应当标注份号。如需标注份号,一般用6位3号阿拉伯数字,顶格编排在版心左上角第一行。

(2) 密级和保密期限。密级是公文的秘密等级,涉密公文应当根据涉密程度分别标注"绝密""机密"和"秘密",保密期限是对公文保密时间的说明,如需标注密级和保密期限,一一般用3号黑体字,顶格编排在版心左上角第二行;保密期限中的数字用阿拉伯数字标注在秘密等级的后面,用"★"隔开,如"机密★1年"。

(3) 紧急程度。公文送达和办理的时限要求。根据紧急程度,紧急公文应当分别标注"特急""加急",电报应当分别标注"特提""特急""加急""平急"。如需标注紧急程度,一般用3号黑体字,顶格编排在版心左上角;如需同时标注份号、密级和保密期限、紧急程度,按照份号、密级和保密期限、紧急程度的顺序自上而下分行排列。

(4) 发文机关标志。由发文机关全称或者规范化简称加"文件"二字组成,也可以使用发文机关全称或者规范化简称。发文机关标志居中排布,上边缘至版心上边缘为35 mm,推荐使用小标宋体字,颜色为红色,以醒目、美观、庄重为原则。联合行文时,如需同时标注联署发文机关名称,一般应当将主办机关名称排列在前;如有"文件"二字,应当置于发文机关名称右侧,以联署发文机关名称为准上下居中排布。

(5) 发文字号。由发文机关代字、年份、发文顺序号组成。编排在发文机关标志下空二行位置,居中排布。年份、发文顺序号用阿拉伯数字标注;年份应标全称,用六角括号"〔〕"括入;发文顺序号不加"第"字,不编虚位(即1不编为01),在阿拉伯数字后加"号"字。如"国发〔2017〕1号",是表示国务院2017年制发的第1份文件。联合行文时,使用主办机关的发文字号。

上行文的发文字号居左空一字编排,与最后一个签发人姓名处在同一行。

发文字号的作用主要有:一便于统计登记;二便于分类归档;三便于查找和利用。同一地方,应避免有关机关发文字号的机关代字重复。

(6) 签发人。"签发人"是指批准发出公文的机关负责人。上行文应当标注签发人姓名。由"签发人"三字加全角冒号和签发人姓名组成,居右空一字,编排在发文机关标志下空二行位置。"签发人"三字用3号仿宋体字,签发人姓名用3号楷体字。

如有多个签发人,签发人姓名按照发文机关的排列顺序从左到右、自上而下依次均匀编排,一般每行排两个姓名,回行时与上一行第一个签发人姓名对齐。

(7) 版头中的分隔线。发文字号之下4 mm处居中印一条与版心等宽的红色分隔线。

2. 主体

公文首页红色分隔线(不含)以下、公文末页首条分隔线(不含)以上的部分称为主体。包括标题、主送机关、正文、附件说明、发文机关署名、成文日期、印章、附注、附件。

(1) 标题。是对公文内容准确、简要的概括。由发文机关名称、事由和文种组成。一般用2号小标宋体字,编排于红色分隔线下空二行位置,分一行或多行居中排布;回行时,要做到词意完整,排列对称,长短适宜,间距恰当,标题排列应当使用梯形或菱形。

(2) 主送机关。公文的主要受理机关,应当使用机关全称、规范化简称或者同类型机关统称。主送机关应当按照隶属关系和职权范围、公文的内容和工作的实际需要等原则加以确定。编排于标题下空一行位置,居左顶格,回行时仍顶格,最后一个机关名称后标全角冒号。如主送机关名称过多导致公文首页不能显示正文时,应当将主送机关名称移至版记。

(3) 正文。公文的主体,用来表述公文的内容。公文首页必须显示正文。一般用3号仿宋体字,编排于主送机关名称下一行,每个自然段左空二字,回行顶格。文中结构层次序数依次可以用"一、""(一)""1.""(1)"标注;一般第一层用黑体字、第二层用楷体字、第三层和第四层用仿宋体字标注。

(4)附件说明。是公文正文附属材料的顺序号和名称的标注。如有附件,在正文下空一行左空二字编排"附件"二字,后标全角冒号和附件名称。如有多个附件,使用阿拉伯数字标注附件顺序号(如"附件:1.××××");附件名称后不加标点符号。附件名称较长需回行时,应当与上一行附件名称的首字对齐。

(5)发文机关署名、成文日期和印章。发文机关署名署发文机关全称或者规范化简称。

成文日期是公文生效的时间。成文日期署会议通过或者发文机关负责人签发的日期。联合行文时,署最后签发机关负责人签发的日期。用阿拉伯数字将年、月、日标全,年份应标全称,月、日不编虚位(即1不编为01)。

公文中有发文机关署名的,应当加盖发文机关印章,并与署名机关相符。用印是证明公文生效的标志。有特定发文机关标志的普发性公文和电报可以不加盖印章。

加盖印章的公文,成文日期一般右空四字编排,印章用红色,不得出现空白印章。

单一机关行文时,一般在成文日期之上、以成文日期为准居中编排发文机关署名,印章端正、居中下压发文机关署名和成文日期,使发文机关署名和成文日期居印章中心偏下位置,印章顶端应当上距正文(或附件说明)一行之内。

联合行文时,一般将各发文机关署名按照发文机关顺序整齐排列在相应位置,并将印章一一对应、端正、居中下压发文机关署名,最后一个印章端正、居中下压发文机关署名和成文日期,印章之间排列整齐、互不相交或相切,每排印章两端不得超出版心,首排印章顶端应当上距正文(或附件说明)一行之内。

当公文排版后所剩空白处不能容下印章或签发人签名章、成文日期时,可以采取调整行距、字距的措施解决。

(6)附注。公文印发传达范围等需要说明的事项。如有附注,居左空两字加圆括号编排在成文日期下一行。

(7)附件。公文正文的说明、补充或者参考资料。附件应当另面编排,并在版记之前,与公文正文一起装订。"附件"二字及附件顺序号用3号黑体字顶格编排在附件版心左上角第一行。附件标题居中编排在版心第三行。附件顺序号和附件标题应当与附件说明的表述一致。附件格式要求同正文。

如附件与正文不能一起装订,应当在附件左上角第一行顶格编排公文的发文字号并在其后标注"附件"二字及附件顺序号。

3. 版记

公文末页首条分隔线以下、末条分隔线以上的部分称为版记。包括版记中的分隔线、抄送机关、印发机关和印发日期。

(1)版记中的分隔线。版记中的分隔线与版心等宽,首条分隔线和末条分隔线用粗线(推荐高度为0.35 mm),中间的分隔线用细线(推荐高度为0.25 mm)。首条分隔线位于版记中第一个要素之上,末条分隔线与公文最后一面的版心下边缘重合。

(2)抄送机关。除主送机关外需要执行或者知晓公文内容的其他机关,应当使用机关全称、规范化简称或者同类型机关统称。公文如有抄送机关,一般用4号仿宋体字,在印发机关和印发日期之上一行,左右各空一字编排。"抄送"二字后加全角冒号和抄送机关名称,回行时与冒号后的首字对齐,最后一个抄送机关名称后标句号。

如需把主送机关移至版记,除将"抄送"二字改为"主送"外,编排方法同抄送机关。既有主送机关又有抄送机关时,应当将主送机关置于抄送机关之上一行,之间不加分隔线。

（3）印发机关和印发日期。公文的送印机关和送印日期。印发机关和印发日期一般用4号仿宋体字，编排在末条分隔线之上，印发机关左空一字，印发日期右空一字，用阿拉伯数字将年、月、日标全，年份应标全称，月、日不编虚位（即1不编为01），后加"印发"二字。

另外，公文的页码位于版心外。一般用4号半角宋体阿拉伯数字，编排在公文版心下边缘之下，数字左右各放一条一字线；一字线上距版心下边缘7 mm。单页码居右空一字，双页码居左空一字。公文的版记页前有空白页的，空白页和版记页均不编排页码。公文的附件与正文一起装订时，页码应当连续编排。

（三）公文用纸

公文用纸幅面采用国际标准A4型。特殊形式的公文用纸幅面，根据实际需要确定。

第二节　通　　知

[学习目标]

了解通知的适用范围、特点、类型；掌握通知的写作规范和要求，能够写出符合规范要求的各类通知。

开篇案例

通知能用来下达喝酒任务吗

各级政府发出的红头文件意味着权威和指令。但××省××市政府办公室发出一份红头文件后，却有网友义愤地贴了一首打油诗："糊涂市里糊涂官，糊涂官喝糊涂仙，喝糊涂仙办糊涂事，糊里糊涂乱花钱。"

原来，某年3月16日，××省××市政府办公室发出了一份《关于倡导公务接待使用"×××"系列酒的通知》。通知要求各地、各单位在公务接待中要使用"×××"系列酒，还对各单位喝酒指标作了规定：市政府接待处10万元，市公安局2.5万元，仙女山镇7万元，马口镇5.5万元……该市包括各局、各乡镇在内的105个单位，这一年需完成200万元的喝酒任务。不仅如此，该红头文件还规定，对于完成用酒任务的单位，将按10％奖励，对未完成任务的单位将通报批评。据说××市政府下达"喝酒任务"是为了营造"引商、稳商、亲商、富商"的发展氛围，促进招商引进企业更快更好地发展。

公款吃喝，是当今社会的痼疾。对此，社会公众深恶痛绝。为遏制公款吃喝，从中央到地方，三令五申，严禁公款吃喝。××市政府用红头文件下达"喝酒任务"，是对民意和党纪国法的蹂躏与践踏。

为了"扶持"一家酒厂，××市政府竟然用红头文件为"嘴巴上的腐败"推波助澜。如此糊涂的政府，怎能不败坏党和政府的形象与公信力？怎能不影响干群关系呢？××市有些政府官员在"×××"面前真的"醉"了，醉得不懂法了，醉成标准的"糊涂官"了！

一、基本知识

（一）通知的含义

《党政机关公文处理工作条例》规定：通知适用于发布、传达要求下级机关执行和有关单位周知或者执行的事项，批转、转发公文。

（二）通知的特点

1. 行文的灵活性

通知兼有传达领导意图、知照联系的作用，它可以向下级机关发文，也可以向平行机关发文，还可在不相隶属的单位之间行文。通知不受发文机关行政级别、发文内容轻重的限制，行文灵活、流向多样。

2. 功用的指导性

通知多为下行文，多是部署和布置工作、批转文件、阐明原则、提出方法等，对受文机关总是有所要求，因此通知对下级机关具有明显的指导性。

3. 种类的多样性

通知按不同的标准，有不同的分类。如按内容和作用分，有布置性通知、周知性通知、会议通知等；如按形式分，有联合通知、紧急通知、补充通知等。

4. 行文的时效性

公文时效是指公文发出到办理完毕相关事项的具体时间。通知一般涉及需要立即办理或执行的公务事项，要求快速拟制、快速办理。有些通知只能在一段时间里有效，一旦过了这一时段，通知就会失去效力。如国家发展改革委等四部门《关于认真做好2016年春运工作的通知》，其效力仅限于2016年春运期间。

（三）通知的类型

1. 布置性通知

上级机关需要向下级机关阐述重要政策、布置重要工作时，其内容又不适于用命令、决定等指示性文种，则用布置性通知。如《国务院关于加强地方政府融资平台公司管理有关问题的通知》，便对加强地方政府融资平台公司管理的有关问题做了科学部署、统筹安排，各相关单位必须遵照该通知的相关精神严格执行。

2. 周知性通知

主要用于告知有关单位需要周知而不需要直接执行或办理的事项，起交流信息、通报情况的作用。它主要表现为对周知的有关事项不做具体的执行要求。如《教育部关于同意西北政法学院更名为西北政法大学的通知》即为此类通知。

3. 会议通知

是由会议的主办单位向应参加会议的有关单位发出的，主要是告知会议有关事项，便于与会者准时而又有充分准备地参加会议。如《××电子有限公司关于召开代理商工作会议的通知》。

4. 批转、转发、发布性通知

批转下级机关或转发上级机关和不相隶属机关的公文、发布规范性文件使用的通知。如《国务院批转发展改革委关于2016年深化经济体制改革重点工作意见的通知》《中共中央办公厅国务院办公厅关于印发〈党政机关公文处理工作条例〉的通知》。

二、例文看台

例文1

国务院关于开展第三次全国农业普查的通知

各省、自治区、直辖市人民政府,国务院各部委、各直属机构:

根据《全国农业普查条例》有关规定,国务院决定于2016年开展第三次全国农业普查。现将有关事项通知如下:

一、普查目的和意义

农业普查是全面了解"三农"发展变化情况的重大国情国力调查。组织开展第三次全国农业普查,查清我国农业、农村、农民基本情况,掌握农村土地流转、农业生产、新型农业经营主体、农业规模化和产业化等新情况,反映农村发展新面貌和农民生活新变化,对科学制定"三农"政策、促进我国实现农业现代化、全面建成小康社会,具有十分重要的意义。

二、普查对象和范围

第三次全国农业普查的对象是在中华人民共和国境内的下列个人和单位:农村住户,包括农村农业生产经营户和其他住户;城镇农业生产经营户;农业生产经营单位;村民委员会;乡镇人民政府。

普查的行业范围包括:农作物种植业、林业、畜牧业、渔业和农林牧渔服务业。

三、普查内容和时间

根据我国农业农村的发展变化情况和全面深化农村改革的需要,普查的主要内容包括:农业从业者基本情况;农业土地利用与流转情况;农业生产与结构情况;新型农业经营主体与农业规模化、产业化发展情况;新农村建设情况;农村人居环境与农民生活方式变化情况。

普查的标准时点为2016年12月31日,时期资料为2016年度资料。

四、普查组织和实施

全国农业普查工作是一项庞大的社会系统工程。为加强对普查工作的组织和领导,国务院决定成立第三次全国农业普查领导小组,负责组织和领导全国农业普查工作,协调解决普查中的重大问题。领导小组办公室设在统计局,负责普查日常工作的组织和协调。

各地区、各部门要按照全国统一领导、部门分工协作、地方分级负责、各方共同参与的原则,突出重点、优化方式,统一组织,创新手段,认真做好普查的宣传动员和组织实施工作。其中,涉及固定资产投资保障方面的事项,由发展改革委负责和协调;涉及普查宣传方面的事项,由中央宣传部负责和协调。财政部、农业部等各有关部门要按照各自职能,各负其责、通力协作、密切配合。

地方各级人民政府要设立相应的普查领导小组及其办公室,认真做好本地区农业普查的组织和实施工作。对于普查中遇到的困难和问题,要及时采取措施,切实予以解决。各级普查机构要充分发挥县、乡(镇)政府(街道办事处)和村民委员会(居民委员会)的作用,从乡、村干部中选调现场组织和调查人员。地方有关部门应积极参与并认真配合做好普查工作,地方普查机构应当根据工作需要,聘用或者从有关单位商调符合条件的普查指导员和普查员,并及时支付聘用人员的劳动报酬,保证商调人员在原单位的工资、福利及其他待遇不变,稳定普查工作队伍,确保普查工作顺利进行。

五、普查经费保障

第三次全国农业普查所需经费,按照分级负担的原则,由中央和地方各级人民政府共同负担,并列入相应年度财政预算,按时拨付、确保到位。

六、普查工作要求

(一)坚持依法普查。各级监察机关和统计执法机构要按照《中华人民共和国统计法》和《全国农业普查条例》有关规定,严肃查处普查工作中的违法违纪行为,确保普查工作顺利进行,确保普查数据质量。普查取得的农户和单位资料,严格限定于普查目的,不得作为任何单位和部门对普查对象实施考核、奖惩的依据。各级普查机构及其工作人员,对普查所获取的普查对象个人和商业秘密,必须履行严格的保密义务;要做好普查资料管理、开发和共享,发布普查数据必须经上一级普查机构核准。

(二)充分运用现代信息技术。充分利用自主卫星资源,准确测量全国主要农作物的时空分布,查清现代农业生产设施状况;广泛使用智能手持电子数据采集设备,建立普查数据联网直报系统,提高普查工作信息化水平和效率,减轻基层普查人员工作负担。

(三)加强宣传引导。各级普查机构要会同宣传部门认真做好普查宣传的策划和组织工作,主动向新闻单位提供情况。要通过报刊、广播、电视、互联网等方式,广泛深入宣传普查的重要意义和要求,宣传普查工作中涌现出的典型事迹,报道违法违纪案件查处情况,引导广大普查对象依法配合普查,教育广大普查人员依法开展普查,为普查工作顺利实施创造良好的舆论环境。

附件:国务院第三次全国农业普查领导小组组成人员名单

国务院

2015 年 6 月 11 日

【评析】 这是一则布置性通知。上级机关布置重要工作,不适宜用"命令"或"决定"时,就要制发布置性通知,这则通知就是如此。文章采用依据式开头,简单明了。接着用"现将有关事项通知如下"转入主体。主体部分从普查目的和意义、普查对象和范围、普查内容和时间、普查组织和实施、普查经费保障和普查工作要求六个方面部署了 2016 年即将开展的第三次全国农业普查,内容全面,逻辑严密,结构合理,语言精练,用语严肃。文中既有具体的部署,又有原则性的指导,便于各地区、各部门组织做好第三次全国农业普查的各方面工作。文章自然收束,无须结尾。

例文 2

中共中央办公厅国务院办公厅关于印发《党政机关公文处理工作条例》的通知

各省、自治区、直辖市党委和人民政府,中央和国家机关各部委,解放军各总部、各大单位,各人民团体:

《党政机关公文处理工作条例》已经党中央、国务院同意,现印发给你们,请遵照执行。

中共中央办公厅

国务院办公厅

2012 年 4 月 16 日

【评析】 这是中办、国办联合制发的一则发布性通知,开篇即点明所印发文件的名称,并说明已经领导机关同意,接着对各地区、各部门提出执行要求。言简意赅,写作规范。

例文3

<h3 style="text-align:center">国务院办公厅转发财政部发展改革委人民银行
关于在公共服务领域推广政府和社会资本
合作模式指导意见的通知</h3>

各省、自治区、直辖市人民政府,国务院各部委、各直属机构:

财政部、发展改革委、人民银行《关于在公共服务领域推广政府和社会资本合作模式的指导意见》已经国务院同意,现转发给你们,请认真贯彻执行。

在公共服务领域推广政府和社会资本合作模式,是转变政府职能、激发市场活力、打造经济新增长点的重要改革举措。围绕增加公共产品和公共服务供给,在能源、交通运输、水利、环境保护、农业、林业、科技、保障性安居工程、医疗、卫生、养老、教育、文化等公共服务领域,广泛采用政府和社会资本合作模式,对统筹做好稳增长、促改革、调结构、惠民生、防风险工作具有战略意义。

各地区、各部门要按照简政放权、放管结合、优化服务的要求,简化行政审批程序,推进立法工作,进一步完善制度,规范流程,加强监管,多措并举,在财税、价格、土地、金融等方面加大支持力度,保证社会资本和公众共同受益,通过资本市场和开发性、政策性金融等多元融资渠道,吸引社会资本参与公共产品和公共服务项目的投资、运营管理,提高公共产品和公共服务供给能力与效率。

各地区、各部门要高度重视,精心组织实施,加强协调配合,形成工作合力,切实履行职责,共同抓好落实。

国务院办公厅
2015年5月19日

【评析】 这是一则国务院办公厅经国务院授权转发职能部门来文的通知。开篇第一段落首先点明公文来源及所转发公文的名称,并说明已经国务院同意,对各地区、各部门提出执行要求。第二段指明在公共服务领域推广政府和社会资本合作模式的重要意义。最后两个段落对各地区、各部门做好在公共服务领域推广政府和社会资本合作模式的工作提出了要求。该通知语言得体,行文简明,值得借鉴。

例文4

<h3 style="text-align:center">商务部办公厅关于召开全国重要产品追溯体系建设工作会议的通知</h3>

各省、自治区、直辖市、计划单列市及新疆生产建设兵团商务主管部门:

为加快推进重要产品追溯体系建设,总结交流追溯体系建设试点经验和做法,研究部署下一步工作,商务部定于1月26—28日在宁波召开2016年全国重要产品追溯体系建设工作会议。房爱卿副部长将出席会议并讲话。现将有关事项通知如下:

一、会议内容

（一）学习贯彻国务院办公厅《关于加快推进重要产品追溯体系建设的意见》（国办发〔2015〕95号）等文件精神。

（二）总结前期追溯体系建设试点工作经验。

（三）研究部署下一步重要产品追溯体系建设工作。

（四）现场观摩宁波市肉菜追溯体系建设与运行情况。

二、会议时间及地点

时间：2016年1月26日至28日。其中，1月26日报到，28日上午会议总结。

地点：浙江省宁波市阳光豪生大酒店（宁波市海曙区中山西路1288号，电话：0574-28811173）

三、参会人员

（一）各省、自治区、直辖市、计划单列市及新疆生产建设兵团商务主管部门负责同志及相关处室负责同志。

（二）肉菜及中药材追溯试点城市商务主管部门负责同志。

（三）邀请中央财政资金支持的酒类流通追溯体系建设试点企业，以及部分肉菜、中药材追溯试点企业参会（名单附后），请相关地方商务主管部门负责通知。

（四）邀请中央和国务院有关部门代表、有关行业组织代表参会。

四、费用及其他事项

（一）费用。政府会议代表食宿费用由商务部承担，交通费自理。特邀参会企业费用自理。

（二）报名。请各省、自治区、直辖市、计划单列市及新疆生产建设兵团商务主管部门统一汇总本地区参会人员名单，于1月20日下班前同时报商务部（市场秩序司）和宁波市商务委（市场秩序处）。

商务部联系人：李响　于世伟

电话：010-85093351/85093316

传真：010-85093347

邮箱：lixiang@mofcom.gov.cn

宁波市商务委联系人：陈颢天

电话（传真）：0574-87342761

附件：1. 会议回执

　　　2. 邀请参会企业名单

商务部办公厅

2016年1月13日

【评析】 这是一则会议通知。标题采用三项式标题。正文中，开头点明会议的目的、时间、地点和会议名称。然后用启承语"现将有关事项通知如下"过渡到主体内容。主体部分从会议内容、会议时间及地点、参会人员、费用及其他事项四个方面，告知会议有关事项，分条列项表述，内容明确，语言简洁。各项事宜考虑周到。

三、通知的构成要素与写法

通知的写作一般由标题、主送机关和正文等部分组成。

(一) 标题

一般由发文机关名称、事由和文种三部分组成。如《国务院关于印发物流业调整和振兴规划的通知》。

在起草层层转发的通知标题时,要尽量把标题写得简明些。可保留末次转发(批转或发布)文件的机关和始发文件的机关,只保留一个"关于"和一个"的通知"字样。如"××县人民政府关于转发××市人民政府关于转发×省人民政府关于转发人事部××同志恢复名誉后享受×级待遇的通知的通知",可简化为"×县人民政府转发人事部关于××同志恢复名誉后享受×级待遇的通知"。

(二) 主送机关

通知一般应有主送机关,即应在通知中指定承办、执行或知晓通知内容的受文机关,一般是发文机关的直属下级机关,或需要了解通知内容的不相隶属的单位。因为通知多为下行文或平行文,可出现多个主送机关。主送机关可用统称。

(三) 正文

通知的正义部分因其类型不同写法各异。

1. 布置性通知

其正文一般由开头、主体和结尾三个部分构成。

(1) 开头。说明制发通知的原因、背景、目的或意义。一般用"现将有关事项通知如下""现通知如下""特作如下通知"等过渡语引出下文。

(2) 主体。交代工作任务,提出具体的措施、办法,一般采用分条列项的形式,力求语言简练、层次清晰、任务明确,否则下级机关无法贯彻执行。

(3) 结尾。可用"以上通知,望认真研究执行";也可用"特此通知"收束,也可不写。

布置性通知的目的在于布置工作任务,要求下级机关遵照执行,写作时要写明:"做什么事""为什么做这些事""怎样做这些事"。

2. 周知性通知

周知性通知的正文一般是直陈其事、就事说事,比较简单。也就是简要写明通知的原因,交代清楚所通知的具体事项即可。

3. 会议通知

会议通知的正文,一般应交代清楚会议的原因、目的,会议的名称,会议的主要内容或主要议程,与会人员,会议的起止时间、地点,报到的时间、地点,出席会议的准备工作,如要求携带的材料、食宿及会务经费等其他有关事宜的安排。为了做好会务工作,有的会议通知还附有回执,要求与会单位或个人提前告知参加会议的人员名单、乘坐的交通工具、到达的时间及是否预订回程票等。有的会议通知还附上会议日程安排和与会的有关证件。会议通知的正文应具体、周全,不产生歧义,通常采用分条列项式写法。

4. 批转、转发、发布性通知

此类通知应写明两点:一是被批转、转发或发布的公文或规范性文件的全称,二是批转、转发或发布语。有些批转、转发或发布性通知必要时可强调下发的目的,提出进一步贯彻执行的要求或贯彻文件精神的具体方法、步骤、措施等。批转、转发或发布性通知的正文既包括通知本身又包括被批转、转发或发布的公文或规范性文件,被批转、转发或发布的公文或规范性文件是通知正文的主要组成部分,而不是附件。

批转、转发、发布性通知三者的最大区别是:批转性重在一个"批"字,要表明上级"同意"的态度;转发性重在一个"转"字,发布性重在一个"发"字。

四、写作注意事项

(1) 通知的内容如果涉及多个职能部门,就需要联合行文;主办单位应会同有关单位,做好联合行文的工作。

(2) 通知的使用范围广泛,但以下行文为主,不能因此而越权滥用。

(3) 通知的类型多样,不同类型的通知其写法、语言要求虽各不相同,但其内容都应明确具体,重点突出,通俗易懂。篇幅力求简短。

五、病文诊断

关于举办速录培训班的通知

市直各部门,各企事业单位办公室:

市政府办公室决定3月10日起举办速录培训班,为的是提高秘书人员的业务素质和办公效率。

参加培训班的同志请提前来信联系同时交足学杂费200元。

培训时间三个月,6月10日结束。参加培训班的同志食宿费自理。

培训地点在市二所四楼会议室,主要学习速录意义、速录基础及速录能力的培养等知识。培训结束后,经考试合格发给结业证书,作为我市考核秘书人员业务水平的一项依据。请各单位领导对参加培训的同志做好思想工作,安排好他们的生活。

这是办公室提高办事效率的重要措施之一,各单位要密切配合,共同把我市的办公室工作做好。

××市人民政府办公室
2016年2月25日

【诊断】该通知存在以下问题:① 标题缺少发文机关。《党政机关公文处理工作条例》规定:公文标题由发文机关名称、事由和文种组成。该例文省略发文机关不妥,因此标题应加上发文机关名称。② 主送机关写得不完整。应加上"各区、县(市)人民政府"。③ 开头不符合写作要求。按照通知的写作要求,开头部分要概括交代举办培训班的原因、目的等。可修改为:"目前,我市秘书人员的速录能力和速录水平普遍不高,难以适应新时期快节奏、高效率的秘书工作。为提高秘书人员的业务素质和工作效率,根据工作需要和各区县、部门的要求,市政府办公室决定举办一期速录培训班。"④ 开头与主体(事项)之间缺少过渡词语。可加上"现将有关事项通知如下"之类的过渡语,以使通知过渡衔接更为严密。⑤ 通知的具体事项交代不清楚、不具体、不条理。应从培训时间、培训内容、参加人员、报到时间与地点,以及其他有关事项等几个方面分条列项将举办培训班的具体内容交代清楚。

第三节　通　报

[学习目标]

了解通报的基本知识；掌握通报的写作规范和要求；能够写出符合规范要求的各类通报。

开篇案例

四川 2016 年"书香天府·全民阅读"先进单位获表彰

2016 年 12 月 22 日，四川 2016 年"书香天府·全民阅读"工作推进会在宜宾举行，会上公布了"书香天府·全民阅读"先进单位。经四川省委宣传部、省精神文明建设办公室、省新闻出版广电局、省全民阅读活动指导委员会研究，决定对四川省直属机关工作委员会等 71 个单位在推进 2016 年"书香天府·全民阅读"活动中取得的成绩予以表扬。

上述案例中，四川省委宣传部、省精神文明建设办公室、省新闻出版广电局、省全民阅读活动指导委员会表彰"书香天府·全民阅读"先进单位，应该选用《党政机关公文处理工作条例》中的哪一个文种？

一、基本知识

（一）通报的含义

《党政机关公文处理工作条例》规定：通报适用于表彰先进、批评错误、传达重要精神和告知重要情况。通报是运用典型推动工作的重要工具，是一种具有表彰、惩戒和交流作用的公文，以下行文为主。

（二）通报的特点

1. 真实性

通报在使用过程中，不管是表彰先进、批评错误，还是沟通情况，真实性是其生命。通报的事实应真实准确，令人信服。

2. 典型性

通报的人或事，无论是正面的还是反面的，必须具有典型意义，这样起到激励或警示的作用。

3. 教育性

这表现在通报不管是表彰先进、批评错误，还是传达重要精神、告知重要情况，都具有指导性，其目的都是指导下级更好地开展有关工作。

4. 适时性

通报对行文时间有严格要求。只有及时地将典型通报出来，才能发挥通报用典型推动工作的特有作用。所以，通报要及时制发，以免时过境迁，效用不再。

（三）通报的类型

按性质和内容，通报可分为表彰性通报、批评性通报和情况通报。

1. 表彰性通报

用于在一定范围内表彰先进人物或先进集体的事迹，授予荣誉称号，推广典型经验。注重宣传典型，树立榜样，推动工作。

2. 批评性通报

用于批评错误、通报事故或反面典型，揭露不良倾向，总结教训，教育他人引以为戒。分为两类：一是典型事故通报。对突发恶性事件、事故及时通报；二是错误行为通报。对党政机关工作人员具有代表性的错误言行进行通报。

3. 情况通报

用于在一定范围内将下级机关需要了解的重要精神或情况及时传达，并就"情况"提出相应的要求，以引起有关方面的重视。

二、例文看台

例文1

国家新闻出版广电总局关于表彰2013年广播电视创新创优栏目的通报

各省、自治区、直辖市广播影视局，新疆生产建设兵团广播电视局，中央三台、中国教育电视台：

2013年，全国广播电视播出机构坚持正确的舆论导向，加大创新创优力度，涌现出一批思想性、艺术性、观赏性俱佳的好节目，受到广大听众观众的欢迎。为进一步促进广播电视节目健康发展，发挥优秀节目的引领示范作用，总局决定对中央人民广播电台《央广求证》等10个广播栏目、中央电视台《开讲啦》等15个电视栏目予以表彰。

这些受到表彰的栏目，导向正确、质量上乘，注重社会效益，追求改进创新，传播核心价值，引领社会风尚，唱响了实现中华民族伟大复兴的"中国梦"主旋律，产生了良好的社会反响。

各级广播电视播出机构要认真学习这些栏目的成功经验，进一步解放思想、开拓创新，努力提高广播电视节目质量和品位，不断提升广播电视的传播力、公信力、影响力，制作播出更多更好的广播电视精品节目，满足人民群众多层次、高品位的精神文化需求。

附件：2013年广播电视创新创优栏目

国家新闻出版广电总局
2014年2月18日

【评析】这篇表彰通报全文共分四个层次。开篇首先概述2013年"涌现出一批思想性、艺术性、观赏性俱佳的好节目"，交代制发通报的缘由；接着提出表彰决定：对《央广求证》等10个广播栏目、《开讲啦》等15个电视栏目予以表彰，这是通报的第二个层次；第二个段落是通报的第三个层次，就事论理，对受表彰的栏目予以肯定评价；最后一个层次对各级广播电视播出机构提出"制作播出更多更好的广播电视精品节目"的希望要求。本文内容全面概括，叙议得体，分析评价中肯，并且结构严谨，格式规范，语言流畅。值得我们借鉴。

例文 2

国家新闻出版广电总局关于给予新疆兵团卫视和四川卫视暂停商业广告播出处理的通报

各省、自治区、直辖市广播影视局，新疆生产建设兵团广播电视局，中央三台，电影频道节目中心，中国教育电视台：

总局《关于进一步加强卫视频道播出电视购物短片广告管理工作的通知》（广发〔2013〕70号）2014年1月1日正式实施后，全国各级卫视频道执行情况总体良好，电视购物短片广告播出秩序明显好转。但在总局三令五申和多次责令整改的情况下，新疆生产建设兵团广播电视台综合频道（新疆兵团卫视）和四川广播电视台综合频道（四川卫视）仍存在超时播出电视购物短片广告的违规问题。现通报如下：

经查，1月1日，新疆兵团卫视和四川卫视存在播出的电视购物短片广告超过3分钟等问题。经总局多次责令整改，两家卫视频道仍置若罔闻，截至1月6日凌晨仍然违规播出电视购物短片广告。其中，新疆兵团卫视播出的"鬼谷子下山大罐"和"香薰睡眠宝"，四川卫视播出的"中华玉兔登月紫砂壶"，时长均超过20分钟，在全系统和社会上造成了极坏影响，必须严肃处理。

为严肃纪律，根据《广播电视广告播出管理办法》《广播电视播出机构违规处理办法（试行）》及《关于进一步加强卫视频道播出电视购物短片广告管理工作的通知》等有关规定，总局决定：

（一）责令新疆兵团卫视自1月9日零时起至1月24日零时，暂停所有商业广告播出15日，并进行全面清理整顿。

（二）责令四川卫视自1月9日零时起至1月16日零时，暂停所有商业广告播出7日，并进行全面清理整顿。

（三）责成新疆生产建设兵团广播电视局和四川省广播电影电视局，分别对新疆兵团卫视和四川卫视的整改情况进行核查验收，验收结束后，向总局提出书面报告，经总局同意后方可恢复商业广告播放。

望各级广播影视行政部门和播出机构引以为戒，切实做好电视购物短片广告播出的日常监管和审查把关，杜绝此类问题再次发生。

国家新闻出版广电总局
2014年1月7日

【评析】这是一则批评通报。开头一段首先点明制发通报的缘由，然后用启承语"现通报如下"转入下文。第二段概述了新疆兵团卫视和四川卫视违规的具体事实，并指出虽"多次责令整改"，但"两家卫视频道仍置若罔闻"，"在全系统和社会上造成了极坏影响，必须严肃处理"。态度明朗，定性准确。接下来的第三、第四、第五、第六段说明制发通报的目的和相关依据，提出处理意见，理据充分。最后一段要求受文单位引以为戒，杜绝此类问题再次发生。该通报叙事清楚，议论简括，语气严肃，责令明确，凸显出发文机关的权威性。

例文3

关于近期烟花爆竹违规经营案件查处情况的通报

各市安监局：

11月27日，在省、市两级安监局的督办下，梁山县安监局联合县公安局，对群众举报"梁山吉庆烟花爆竹有限公司在烟花爆竹经营许可证载明的仓库以外储存烟花爆竹"一案进行了查处。经查，违法行为属实，梁山吉庆烟花爆竹有限公司在馆驿镇西郝村北等8处储存点违规存放烟花爆竹产品14906件。梁山县安监局立即对8处储存点进行了查封，并责令企业将违规存放的烟花爆竹产品转移至合法仓库储存。同时，依据《烟花爆竹经营许可实施办法》第三十二条第(四)项的规定，对梁山吉庆烟花爆竹有限公司处以3万元罚款的上限处罚。

12月11日，在省、市两级安监局的督办下，金乡县安监局联合县公安局，对群众举报"霄云镇部分零售经营点超量存储烟花爆竹"一案进行了查处。经查，违法行为属实，霄云镇谢集超市、核桃园中心超市、张小楼双喜超市3家零售点存放的烟花爆竹数量均超过了零售许可证载明的范围，共超量存放烟花爆竹产品232件。金乡县安监局立即责令零售点进行整改，并依据《烟花爆竹经营许可实施办法》第三十五条第二款的规定，对3家零售点分别处以5000元罚款的上限处罚。

近期连续查处烟花爆竹违规经营案件，一方面，反映出相关市、县安监局烟花爆竹监管执法工作抓得紧，保持了高压态势；另一方面，也暴露出部分烟花爆竹经营单位重经营轻安全、主体责任不落实的问题特别突出。时值岁末年初，临近元旦、春节，烟花爆竹经营正处旺季，为切实加强烟花爆竹经营安全管理，严肃查处违法违规行为，结合全省正在开展的安全生产隐患大排查快整治严执法集中行动，现提出如下要求：

一、立即组织开展烟花爆竹经营安全隐患大排查

各市要结合《山东省人民政府办公厅关于深入开展企业安全生产主体责任落实情况专项执法检查的通知》（鲁政办字〔2015〕249号）有关部署，立即对烟花爆竹经营单位进行认真、全面、细致地安全隐患大排查。市安监局要组织业务科室、监察支队成立联合检查组，对辖区内所有烟花爆竹批发企业开展执法检查；县安监局要组织业务科室、监察大队有关人员，并抽调监察中队骨干力量成立联合检查组，对辖区内所有烟花爆竹零售经营点开展执法检查。各烟花爆竹经营单位要严格按照法律法规、标准要求对储存仓库进行自查自纠，确保经营安全。各级安监部门要按照"全覆盖、零容忍、严执法、重实效"的原则，对检查发现的问题，按照"五个一律"的要求逐一进行处理。对库存产品已接近或达到库房核定储量的经营单位，要严格限购并加强监督。

二、严格烟花爆竹经营单位安全条件的审查监督

各市、县(市、区)安监局要严格对烟花爆竹经营单位安全条件的审查监督，严禁批发企业在城市建成区内设立烟花爆竹储存仓库，严禁在批发(展示)场所摆放有药样品；严格控制烟花爆竹零售点数量，凡以"下店上宅""前店后宅"等形式与居民居住场所设置在同一建筑物内的零售点要立即关闭，凡与人员密集场所和重点建筑物安全距离不足、集中连片经营、在超市内销售、未按规定专店销售的零售点要立即关闭，已颁发的《烟花爆竹经营(零售)许可证》要予以撤销。严格落实行政许可问责制度，对违规向不具备安全条件的烟花爆竹批发

企业和零售点颁发许可证的,依法追究相关单位和人员责任。

三、严厉查处烟花爆竹经营单位存在的违规行为

各级安监部门要通过运用流向信息系统网上监督和实地检查相结合的方式,提高对烟花爆竹经营环节的检查频次,对烟花爆竹批发企业违反"六严禁"和零售点违反"三严禁"的行为,要依法从严实施行政处罚,直至吊销经营许可证。要认真落实举报奖励制度,加大奖励力度,加强舆论宣传,发动群众积极举报烟花爆竹各类违规行为,形成良好的社会舆论氛围。

省安监局将组织暗查暗访组,随机抽选部分市、县(市、区)和烟花爆竹经营单位进行暗查暗访,对发现的违法行为当即实施行政处罚,并进行公开曝光。

山东省安全生产监督管理局
2015 年 12 月 21 日

【评析】这是一则情况通报。正文第一、第二个段落概述了查处烟花爆竹违规经营案件的情况,交代制发通报的原因;第三个段落在指出违规经营存在的突出问题后,说明了制发通报的目的:切实加强烟花爆竹经营安全管理,严肃查处违法违规行为;接着用"现提出如下要求"过渡到下文,有针对性地提出了加强烟花爆竹经营安全管理的三个方面要求。本通报结构完整,内容具体,数据翔实,叙述清楚,语言简练。

三、通报的构成要素与写法

通报一般由标题、主送机关和正文等部分组成。

(一)标题

通报的标题可以是三项式标题,如《山东省人民政府关于小清河流域水污染防治工作进展情况的通报》;也可以省略发文机关名称,是两项式标题,如《关于表彰全省十佳农业基本建设项目的通报》。

(二)主送机关

通报的主送机关一般有多个,应结合受文的范围确定相应的主送机关。如《山东省人民政府关于小清河流域水污染防治工作进展情况的通报》,主送机关就是"各市人民政府,各县(市、区)人民政府,省政府各部门,各直属机构,各大企业,各高等院校"。

(三)正文

1. 表彰性通报

正文一般包括表彰事实、分析论评、表彰决定、希望与号召四个部分。

(1)表彰事实。介绍先进事迹或先进经验,一般采用概述方式。这是通报表彰的依据,要详略得体地交代清楚被表彰的人或事。叙述要突出重点,抓住最能体现精神实质的事实写。应简明扼要。

(2)分析论评。在前面介绍先进事迹或先进经验的基础上,对其进行分析评价,肯定成绩,阐明其意义及精神实质。这是通报的主旨,关键要表明制发机关对先进的态度,赞成什么,学习什么,眉目清晰,观点鲜明,针对性强,笔墨贵在少而精。

(3)表彰决定。写明领导机关对先进表彰奖励的决定,要简洁有力。常用"为表彰……决定……"等惯用语。

(4)希望与号召。既可包括对被表彰者的勉励和期望,又可包括对广大群众的号召与希望。希望、号召要具有时代特色,力求简洁明确。

2. 批评性通报

批评性通报与表彰性通报的性质相反,写法大致相同。它除在一定范围内公布对某单位、某人、某事的批评处理外,着重要从被通报的事件中吸取教训,以典型事例对群众进行教育,以防类似事件再次发生。其惩戒作用十分突出。正文一般包括错误事实、分析根源和教训、处理决定、提出警戒要求四部分。

(1) 错误事实。概括叙述错误事实的基本情况,即错误的主要表现或事故的简单经过及结果等。

(2) 分析根源和教训。针对错误,分析原因,点明性质与危害,指出应吸取的教训,态度要明朗。这部分写作定性应准确,特别是应从中吸取的教训要入情入理,观点明确,切中时弊。

(3) 处理决定。要写出处理的意见,即对责任者做出了怎样的处分或处理。

(4) 提出警戒要求。提出引以为戒的希望和加以防范、改进工作的措施、意见等。

3. 情况性通报

主要有工作进展情况、落实情况、评比检查结果等。这种通报写作时,往往有情况、有问题、有分析、有结果。正文一般包括以下三点。

(1) 通报的原因、目的。简明扼要地写出情况通报的原因、目的。

(2) 通报的具体情况。写作时,应有针对性地着重写好通报的具体情况,注意做到摆情况与分析问题相结合,运用典型材料与事例说明有关情况、问题等。

(3) 对下一阶段的工作和任务提出具体要求。

四、写作注意事项

(1) 发文要及时。通报时效性较强,写作要及时迅速,以便指导工作,发挥教育作用。

(2) 事例要真实典型。通报的事例必须是真人真事,具有普遍意义,要核实清楚,不能有半点虚假,否则不但影响教育效果,还会有损发文单位的声誉。此外,事例还应典型,不能不分轻重巨细,要让人感到确实值得学习或引以为戒。

(3) 定性分析要客观、准确,恰如其分。

(4) 通报写作需要多种表达方式,应做到叙议得体,语言简洁准确。

五、异同辨析

通知是让受文机关了解上级的意图,告诉受文机关做什么、怎么做,它是一种硬性规定,而通报则是以具体的事例来教育受文者以期改进工作,它是一种软式建议。具体来说,其区别体现在以下三个方面。

1. 用途上

通报的用途不如通知广泛。通知适用于发布、传达要求下级机关执行和有关单位周知或者执行的事项,批转、转发公文。直接告知是通知的特点。通报多用于表彰先进,批评错误等方面,借助具体事例来表明上级的意图,传达信息是它的特点。

2. 行政约束力上

多数通知有较强的行政约束力。通知中传达的事项,一般需要下级不打折扣地认真执行。通报的行政约束力相对小些,它主要用于告知情况,并不要求受文机关主动执行。即使通报中有一些规定和要求,受文机关也不必字字落实地执行,对有些不适合本单位情况的规定和要求,以"无则加勉"的态度去对待就可以了。

3. 写法上

通知主要是直接告知事项或提出要求,较少议论,因而通知的语言严谨、准确、具体,语气较为严厉。相对于通知,通报的文字较有文采,在叙述的基础上还要有简括的分析议论;虽然通报也提出要求,但它的语气远不如通知严厉。

六、病文诊断

××省人民政府表彰李××的通报

各市人民政府,各县(市、区)人民政府,省政府各部门、各直属机构,各大企业,各高等院校:

××××年9月,在广州举行的第××届世界摔跤锦标赛中,我省运动员李××不畏强手,敢打敢拼,勇夺古典式摔跤66千克级冠军,成为中国摔跤史上首个世界冠军,实现了我国男子摔跤的历史性突破,为祖国争得了荣誉,为我省争了光。为表彰李××及其教练员为我省体育事业做出的突出贡献,大力弘扬他们刻苦训练、顽强拼搏、勇攀世界体育高峰的精神,省政府决定,授予运动员李××及其教练员××同志"××省先进工作者"荣誉称号,享受省级劳动模范待遇。

××省人民政府办公厅
××××年××月××日

【诊断】这则表彰性通报存在以下问题:① 标题中事由概括不清楚、不准确。为什么表彰?标题应概括清楚;正文中表彰的是两人:李××及其教练员××同志,而标题只提到李××一人,概括不准确;应按实际情况修改标题。② 正文内容不符合通报写作规范。表彰性通报正文内容应包括先进事迹、分析论评、表彰决定、希望与号召四个部分。很显然,本例文缺少希望号召,而希望与号召是表彰性通报的目的所在。因此,可在文尾增加希望与号召性的内容。③ 发文机关前后不统一。从内容看,发文机关应是"××省人民政府"。

第四节 报 告

[学习目标]

了解报告的基本知识,熟悉报告的使用范围,掌握报告的文体结构及写法,能写出符合规范要求的各类报告。

开篇案例

报告与请示不可混用

某单位秘书部门的李秘书根据领导意图,草拟了一份该单位关于追加经费的请示,送给秘书部门负责人核稿时,该负责人将"请示"改为"报告"。打字员打印出文稿后,撰稿人李秘书校对时重新将"报告"改为"请示",到负责人二校时又将"请示"改为"报告"。

报告与请示属于两个不同的文种,性质、使用目的、写作要求都不同。但在行文实践中,人们往往混淆两者的区别,混用、错用的现象十分普遍,或将报告错用为请示,或将请示错用为报告,甚至错写为"请示报告"等不伦不类的文种。虽三令五申,但这种不规范的现象至今未绝。这个案例到底该选择请示还是报告?通过这一节的学习同学们便能找到答案。

一、基本知识

(一)报告的含义

《党政机关公文处理工作条例》规定:报告适用于向上级机关汇报工作、反映情况,回复上级机关的询问。报告是呈报性的上行文,主要供上级机关了解情况,不需要上级机关答复。下级机关在工作中遇到新情况、新问题或者意外发生事故等,应及时向上级机关汇报;上级机关询问有关事情,也要及时汇报;另外,向上级机关报送文件、物品等也要呈送报告。

(二)报告的特点

1. 汇报性

报告主要是向上级领导机关汇报工作开展的具体情况,或反映工作中遇到的新情况、新问题或答复上级机关的询问,让上级机关了解和掌握有关情况,以便更有效地指导工作。因此,汇报性是报告的最重要特点。

2. 陈述性

报告以概括的叙述和说明为主要表达方式,主要陈述做了什么、正在做什么、是怎样做的、工作中存在的问题和情况、有何打算等。议论多限于夹叙夹议。因此,陈述性是报告在表达上的显著特点。

(三)报告的类型

按报告的适用范围,报告可分为以下四种类型:

1. 工作报告

用于向上级机关汇报工作情况,以使上级机关及时了解工作中的成绩、经验、问题,取得上级机关的支持和指导。

2. 情况报告

用于向上级机关反映正常工作进行中出现的新情况、新问题,特别是突发事件、特殊情况、意外事故、个别问题的处理情况等。

3. 回复性报告

用于答复上级机关的询问。

4. 呈送性报告

用于向上级机关报送文件、物品、资料等。

二、例文看台

漳州市商务局关于惠企政策落实情况的报告

市政府:

根据《漳州市人民政府办公室关于建立惠企政策集中公开宣传落实工作机制的实施意见》(漳政办〔2015〕160号)文件精神,我局对2016上半年惠企政策资金落实情况进行了自查,现将情况报告如下:

一、惠企政策公布情况

根据营商环境建设年活动工作部署,我局目前在政务网上公开10条惠企政策,政策涉及《漳州市加快商贸企业发展若干意见》(漳政综〔2013〕119号)、《漳州市人民政府关于印发漳州市促进商贸流通业发展八条措施的通知》(漳政综〔2015〕50号)、《福建省人民政府办公厅关于加快电子商务发展九条措施的通知(闽政办〔2015〕89号)、《福建省人民政府关于进一步加快电子商务发展的若干意见》(闽政文〔2014〕157号)、《漳州市人民政府关于加快电子商务和物流快递协同发展的若干意见》(漳政综〔2015〕67号)等商贸、电商政策。

二、惠企政策落实情况

(一)电子商务领域

我局于今年3月正式启动2016年市本级促进电子商务发展专项资金的申报工作,结合《漳州市人民政府关于加快电子商务和物流快递协同发展的若干意见》和《漳州市人民政府办公室关于印发漳州市推动农村电子商务发展行动方案的通知》等文件精神,对我市符合条件的电商平台、园区、企业等项目专项予以支持,涉及电子商务交易额、电子商务园区建设、入驻园区企业物业费、物流渠道快递开辟、"漳州味网上行"平台建设等16大类别的项目。经市、区两级商务和财政部门审核把关后,本轮资金申报工作日前已结束,奖励芗城、龙文两区和市直企业共102家,涉及资金规模1098万元。

(二)商贸流通领域

根据《漳州市人民政府关于印发漳州市促进商贸流通业发展八条措施的通知》(漳政综〔2015〕50号),我局启动惠企资金申报工作。目前,已接到漳州市吉马二手车交易市场、新南丰连锁便利店等申报项目。下一步将规定做好项目审核、公示、确认、资金拨付等工作。

根据《关于加快漳州市商贸企业发展的若干意见》(漳政综〔2013〕119号),我局下发《关于做好2015年度商贸企业奖励兑现工作的通知》(漳商务〔2016〕120号),对2015年我市经国家统计局确认为新增的85家限上商贸法人企业,2015年限上商贸(批发、零售、住宿、餐饮)法人企业中年销售(营业)额分别首次达到5亿元、3亿元、5000万元、5000万元的21家企业进行奖励,金额605万元。对上述奖励中需要市本级财政负担的部分(162万元),主动与市财政配合,于2016年6月21日联合行文《关于拟安排2016年第一批市级商贸流通业发展专项资金的请示》(漳财外〔2016〕13号),经市政府同意后,于2016年7月4日联合行文(《关于下达2016年第一批市级商贸流通业发展专项资金的通知》(漳财外指〔2016〕13号)下达该项资金。

三、落实惠企政策的主要做法

(一)结合工作实际,制定出台惠企政策

我局牵头制定多项惠企政策,例如《关于加快漳州市商贸企业发展的若干意见》(漳政综〔2013〕119号)、《漳州市人民政府关于印发漳州市促进商贸流通业发展八条措施的通知》(漳政综〔2015〕50号)、《漳州市人民政府关于加快电子商务和物流快递协同发展的若干意见》(漳政综〔2015〕67号)等商贸、电商政策,有力地推进了我市电子商务、商贸领域快速发展。

(二)做好惠企政策的宣讲和解读工作

在政务网上及时公开惠企政策,并制作《商务政策汇编》《电子商务政策汇编》发放给企业,方便企业查阅。举办多场政策宣讲会,做好政策宣讲和解读工作,帮助企业用好、用活资金开拓市场。

（三）积极组织符合条件的企业申请财政资金补助

市商务局通过在主要媒体公布启动和截止兑现惠企政策的时间，提醒符合条件的企业申请资金补助。例如，我局在《闽南日报》权威发布《漳州2016年促进电子商务专项资金申报工作启动》的报道，鼓励更多企业申报，并在政策兑现结束后在闽南日报头版刊登《为企业"减负"和"加油"漳州兑现千万元政策红利》的文章，第一时间公示资金兑现情况。

四、下一步工作计划

（一）加大政策宣传力度

市商务局要继续认真梳理出台的惠企政策措施，印发国家和地方最新惠企政策汇编，及时在政务网站上公布。组织新闻媒体及时发布宣传政策信息，开展"政策进园区、进企业"活动，向企业宣讲解读最新惠企政策，帮助企业用好、用足、用到位政策。要及时总结、宣传推动惠企政策落实到位、帮扶企业卓有成效的先进典型，交流经验，营造"亲商扶商"的浓厚氛围。

（二）建立服务企业绿色通道

市商务局在市行政服务中心开辟企业服务直通车通道，严格执行首问负责制，积极为前来办事的企业提供高效的快捷的服务，加快企业申请事项的办理进度，提高办理质量。对重大项目的相关服务要做到随到随办，重大项目提前介入，及时掌握项目进度，实现"无缝对接"全程跟踪服务，主动为企业提供前期咨询、市场准入、规划选址等方面的服务。

（三）实行企业联系点制度

市商务局要结合工作实际，建立联系重点企业和重点项目制度，定期走访、调研，了解企业生产经营和发展中的困难和问题，采取一企一策、一企多策的办法，打通惠企政策落实的"最后一公里"。计划在门户网站上设立"惠企政策落实"活动投诉台，及时协调处理企业反映的问题，及时向企业反馈办理结果。积极研究出台新的惠企政策。

漳州市商务局
2016年××月××日

【评析】这是一份汇报工作开展情况的报告，采用依据式开头，并采用启承用语"现将情况报告如下"引出主体部分。主体从惠企政策公布情况、惠企政策落实情况、落实惠企政策的主要做法和下一步工作计划四个方面向上级汇报了惠企政策工作的落实情况。报告有情况，有措施，有做好今后工作的打算，材料丰富，数据确凿，内容充实，便于上级机关及时、全面地了解情况。文章围绕主旨，分条列项表述，结构层次清晰，详略安排得当，语言简洁得体，值得同学们写作练习中借鉴。

三、报告的构成要素与写法

报告一般由标题、主送机关和正文等部分组成。

（一）标题

可采用由发文机关名称、事由、文种组成的三项式标题；也可采用只由事由和文种组成的两项式标题。

（二）主送机关

报告一般只有一个主送机关，一般是发文机关的上级机关。如有必要报送其他上级机关，可采用抄送形式。

（三）正文

报告的正文一般由报告的缘由、报告的事项和结语三个部分组成。

1. 报告的缘由

报告缘由部分应简明扼要地交代报告的目的、意义、原因、根据、背景，或总的基本情况，即为什么报告。然后用"现将有关情况报告如下"或"为此，特报告如下"等启承用语过渡到事项部分。

2. 报告的事项

报告事项部分要写明所报告的具体内容，应重点突出，有针对性。由于报告的类型不同，主体的写法也有所不同。

（1）工作报告。应写明工作的主要情况，基本做法，取得的成绩和经验，存在的主要问题以及下一步的打算。写作时，要有所侧重，不应面面俱到。

（2）情况报告。应写出某个情况、问题或事件发生全过程的始末，以及采取的措施和处理意见等，即应该写明何时、何地、发生了什么问题或事故，经过怎样，结果如何，以及原因分析、处理过程和处理意见等，以便使上级机关比较清楚地了解有关情况。

（3）答复性报告。重在有针对性地答复上级的询问。中心应集中，重点应突出，不应答非所问。一般是开头引述上级机关的来文、来电，以交代写作的缘由，主体根据上级的询问或要求作答。

（4）呈送性报告。只需写清报送的文件、物品、资料的名称和数量即可。

报告的结构安排较为灵活，内容简单的，可采用篇段合一式结构，内容复杂的可分条列项叙写。

3. 结语

不同类型的报告，其结尾用语不同。工作报告和情况报告的结语常用"特此报告""以上报告，如有不妥请指正"；答复性报告常用"专此报告""特此报告"；呈送性报告可用"请审阅""请查收""请审查""请审核"等。

四、写作注意事项

（1）情况要确凿。报告中所反映的问题、汇报的情况，必须实事求是，尤其是典型事例或统计数字要十分精确。

（2）报告内容重点突出，主次分明，点面结合，汇报及时。

（3）陈述有序，条理清楚，逻辑严密。

（4）不得夹带请示事项。

五、病文诊断

<h3 style="text-align:center">关于申请拨给灾区贷款专项指标的报告</h3>

省行：

××月××日，××地区遭受了一场历史上罕见的洪水袭击，×江两岸村庄同时发生洪水，灾情严重。据初步不完全统计，农田受灾总面积达3.8万多亩，各种农作物损失达100多万元，农民个人损失也很大。灾后，我们立即深入灾区了解灾情，并发动干部群众积极开展生产自救。同时，为帮助受灾农民及时恢复生产，我们采取了下列措施：

一、对恢复生产所需的资金,以自筹为主。确有困难的,先从现有农贷指标中贷款支持。

二、对受灾严重的困难户,优先适当贷款,先帮助他们解决生活问题。到××月××日止,此项贷款已达×万元。

由于这次灾情过于严重,集体和个人的损失都很大,短期内恢复生产有一定的困难,仅靠正常农贷指标难以解决问题。为此,请省行下达专项救灾贷款指标×万元,以便支持灾区迅速恢复生产。

以上报告当否,请批示。

××银行××市支行
××××年××月××日

【诊断】这份公文存在如下问题:① 文种选择不对。从行文目的和正文内容看,该例文应为请示,因此,标题应修改为"关于拨给灾区贷款专项指标的请示"。② 不符合请示一文一事的写作要求。正文中提到的帮助受灾农民及时恢复生产的措施,既不是请示缘由,也不是请示事项,不应该写入文中。③ 语言表述有问题。如"×江两岸村庄同时发生洪水,灾情严重"一句中的"同时"表述不确切,"灾情严重"与后面"灾情过于严重"重复;"据初步不完全统计"中的"初步"和"不完全"语意重复。④ 结尾用语不合要求。可改为"特此请示,请批准"。

第五节 请　　示

[学习目标]

了解请示的文种知识;熟悉请示与报告的异同点;掌握请示的写作规范和要求;能够写出符合要求的各类请示。

开篇案例

方秘书这样做对吗

就一大型会议的晚会内容,方秘书先请示分管办会的黄副主任,确定"举办电影晚会"。黄副主任没有要求再往上请示,而方秘书自认为再请示一把手贾主任也许会更好。在请示贾主任时方秘书没有把已请示黄副主任以及黄副主任所定的意见告诉他,而贾主任的回复是"观看戏剧演出"。这样,一个晚会出现了两种不同的领导安排意见,方秘书该怎么办?他左右为难。

方秘书向分管办会的领导请示,领导有了确定的意见,就应按该领导的意见办。因为一个单位的领导往往不止一个,各项工作需在集体领导下分工负责。秘书应遵照领导职权分工与单向请示原则,向分管领导请示即可,不应多头请示。本节就给同学们介绍请示的写作。

一、基本知识

(一) 请示的含义

《党政机关公文处理工作条例》规定:请示适用于向上级机关请求指示、批准。

凡是下级机关在工作中出现不能自行解决的重要问题、不属于本机关权限范围内解决的事项、需要上级帮助解决的重要事项以及需要请上级指示时,都需要拟制请示。

(二) 请示的特点

1. 单一性

一方面,请示内容必须坚持"一文一事",不能"一文多事";另一方面,单一性还表现在只有一个主送机关。

2. 期复性

请示最根本的目的就是期望得到上级机关的答复、批准,以便顺利开展工作。如未经上级批准而擅自越权行事,既是不负责任,又是违反组织原则。上级机关对下级机关的请示必须限期予以答复。

(三) 请示的类型

请示属于呈请性的上行文。按其性质可分为以下两类。

1. 政策性(请求指示)请示

政策性请示主要用于对有关方针、政策、法律、法规和上级机关的文件精神等把握不准或不明确时;在工作中遇到无章可循的新情况、新问题,在本机关的权限范围之内从未处理和解决过的事项时,需要上级给予指示。这类请示一般用"上述意见妥否,请指示"收束全文。

2. 事务性(请求批准)请示

事务性请示主要用于按规定需要上级机关批准方能办理的事项,或者需要得到上级机关支持帮助的事项。如增设机构、增加编制、上项目、要资金、购置设备等。这类请示一般用"特此请示,请予批准"收束全文。

二、例文看台

例文 1

关于审查批准《岳麓山风景名胜区桃花岭景区详细规划》的请示

住房和城乡建设部:

为贯彻落实《风景名胜区条例》等法律法规,加强岳麓山风景名胜区的保护管理,根据住房和城乡建设部的工作要求,长沙市政府委托长沙市城乡规划局、长沙市大河西先导区国土规划部、岳麓山风景名胜区管理局于 2010 年年底启动了《岳麓山风景名胜区桃花岭景区详细规划》(以下简称《详细规划》)的编制工作。经过面向全国公开招标,长沙市规划设计院有限责任公司中标承担规划设计任务,并于 2011 年 4 月形成《详细规划》初步成果。

2011 年 5 月,长沙市政府召开会议对《详细规划》进行了审查。2011 年 8 月,《详细规划》在互联网和现场进行公示,征求和收集了社会各界意见。2012 年 3 月长沙市政府对《详细规划》修改稿再次组织审查,修改后报我厅。2012 年 7 月,我厅组织湖南省世界遗产和风景名胜专家委员会对《详细规划》进行了审查。规划设计单位根据各方面意见进行了认真修改,形成规划成果。

我厅认为,该《详细规划》现状调查研究深入,规划依据充分,规划指导思想和原则明确,景区范围和边界的确定科学,风景资源评价客观,规划定位正确,规划结构、布局较合理,各专项规划内容较全面,基本达到了编制风景名胜区详细规划的要求。《详细规划》总面积6.286平方千米(628.60公顷),形成"一轴、一带、六组团"总体功能结构,以秀美的桃花湖水、繁茂的森林植被、特有的城郊风光为主要景观特征,是岳麓山风景名胜区又一亮丽景区和游览休闲目的地。

现将《详细规划》成果呈报,请予审查。

妥否,请批示。

附件:1.《岳麓山风景名胜区桃花岭景区详细规划》
   2.关于《岳麓山风景名胜区桃花岭景区详细规划》的评审意见
   3.关于印发《岳麓山风景名胜区桃花岭景区详细规划评审会纪要》的通知

湖南省住房和城乡建设厅
2012 年 7 月 23 日

【评析】这是一则政策性请示。第一、第二两个段落陈述了《岳麓山风景名胜区桃花岭景区详细规划》形成的具体情况,是为请示制发的原因;第三个段落表明了湖南省住房和城乡建设厅对《岳麓山风景名胜区桃花岭景区详细规划》的态度,行文至此,作者水到渠成地提出"现将《详细规划》成果呈报,请予审查"的请示事项,并用"妥否,请批示"收束全文,干脆利落,态度明确。该请示结构严谨,详略得当,观点鲜明,主旨突出,不枝不蔓,要言不烦,颇具说服力,充分体现了请示"一文一事"的特点。

例文 2

关于调整 2015 年直管公房全项目修缮工程预算的请示

静安区人民政府:

2015 年区直管公房全项目修缮工程(以下简称:全项目工程)面积为 226 688 平方米,涉及 28 个小区,约 5700 户居民受益,目前已完成工程过半。

实施过程中,因一些客观因素导致费用超出原审核金额,具体如下:

一、公用部位电气工程费用增加

因国家电网对光明工程施工范围进行了调整,只对进户线和电表进行改造,不再承担公用部位电气改造费用。而此时全项目工程的查勘设计及预算审核已经结束,因此财政预算盘子中未包含此项费用,为统一历年全项目修缮工程的标准,公用部位电气这一必选项目已补充纳入全项目工程内容,一并开展施工。故该项工程费用需追加至全项目工程预算总盘子中。

二、"一平方米马桶"费用增加

施工期间,区人大提出的书面意见,希望在古柏小区开展"一平方米马桶"工程,解决该小区常年拎马桶的问题。随后,我局会同置业集团与古柏居委会、实施单位进行沟通,计划推进该处"一平方米马桶"工程。4 月,实施单位会同居委会进行了初步的居民意愿征询,征询结果显示 90%居民有意愿安装"一平方米马桶",在随后的实际工程中,该小区居民情绪不断高涨,目前,已完成安装107户,签约待安装116户,该小区共659户居民。此项费用在年初财政预算盘子中并未涉及,且现有预算盘子将无法平衡,故该项工程费用需追加。

三、材料费用增加

根据市房管局2015年1月下发的相关文件,明确禁止在修缮工程中使用油毛毡材料。而此时,区财政预算审核已结束,招投标工作也已进入开评标阶段,已无法更改相关材料,经我局与市房管局及房科院沟通,由房科院推荐,采用价格差异较小的高分子丙纶代替油毛毡,此项费用属于因政策性调整引起的增项。

四、其他费用增加

因以上三项费用增加,造成其他一些以建安费为基数按费率计算的费用也相应增加,如设计费、监理费、管理费、第三方技术团队费、投资监理费等。

经估算,实际发生的总投资约为2.27亿元,与区财政局年初审核的预算总投资(约2.1亿元)相比,共需追加约1700万元,其中,财政出资部分需追加约为1600万元,置业集团出资部分(按55元/平方米计)需追加约100万元。7月23日,区房管局会同区财政局、置业集团就上述费用追加事宜进行会商,明确会后交由投资监理予以审核。目前,投资监理审核价为1613.63万元。

为落实修缮工程安全、质量、文明的要求,确保工程顺利进行,切实解决抬马桶、电线老化、容量不足等急、难、愁民生问题,特此申请调整2015年预算,追加以上费用。

妥否,请示。

静安区住房保障和房屋管理局
2015年9月1日

【评析】这是一份因工程费用超出预算需上级机关追加费用的请示,属于事务性请示。本文写作的重点在请示的理由:工程费用超出原审核金额。文章在开篇引出话题后,用"实施过程中,因一些客观因素导致费用超出原审核金额,具体如下",过渡到请示的主体内容,作者从四个方面分别介绍了房屋修缮工程费用增加的情况,便于上级机关了解工程实施的详细情况,之后作者介绍了实际发生的总投资的审核价。行文至此,该请示的理由已表述得十分清楚,并充满了不容拒绝的说服力。最后提出"特此申请调整2015年预算,追加以上费用"的要求,就水到渠成,顺理成章。此例文行文有序,详略得当,重点突出,主旨鲜明。

三、请示的构成要素与写法

请示一般由标题、主送机关、正文等部分组成。

(一)标题

请示可采用由发文机关名称、事由和文种组成的三项式标题或省略发文机关名称的两项式标题。拟制请示标题时,应注意事由简明,文种准确。

(二)主送机关

请示的主送机关只能有一个。

(三)正文

请示的正文一般由请示缘由、请示事项、请求语组成。

1. 请示缘由

请示缘由是写作请示的基础,应做到有理有据,合情合理,具体充分,简洁清楚。一定要把行文的原因写清楚,重点突出问题的必要性、重要性和紧迫性。这是写作的难点,也是重点。为了增强说服力,还可以援引具体的数据、事实等。

2. 请示事项

请示事项是请示的核心部分,应清楚写明要求予以指示、批准或解决的是什么事情。请求指示的请示事项主要写遇到什么问题,有哪些不同意见,现状如何,要求上级机关在哪些方面或哪几个具体问题上给予明确的指示;请求批准的请示事项应写明准备做什么,怎么去做,要求上级机关在哪些方面给予支持或帮助等。事项、意见要明确、具体、可行。事项部分如内容较多,为了表述清楚,可分条列项写。

3. 请求语

请示事项写完后,另起一行,用请求语收束全文。请求语既要肯定,又要谦和。不同类型的请示,有不同的请求语。通常有"以上请示,请予审核批准""妥否,请批复""以上事项,请明示""以上请示,如无不妥,请予批准"等。

四、写作注意事项

(1) 必须事前请示,不能"先斩后奏",不能"边斩边奏"。
(2) 要严格遵守"一文一事"的原则。
(3) 不能多头、齐头主送,更不能将上级机关负责人列入主送。如需另一个上级机关了解请示内容,应将其列入抄送机关。不抄送下级机关。
(4) 请示涉及的事项,或是下级机关无权解决的,或是下级机关无力解决的,应确有必要,反对事必躬请。
(5) 不能越级请示。

五、病文诊断

请示报告

总公司:

我公司总装车间自建成至今已有35年,这期间虽经两次大规模扩建,但仍无法满足我公司军用产品的生产和民用产品的生产。鉴于目前总装车间面积过小和设备陈旧,为了保证我公司能保质保量地按期完成今年的生产任务,须对总装车间进行扩建和改造。经测算,此项工程共需经费200万元。目前,我公司已自筹120万元,尚有80万元缺口。为此,请求总公司拨给专项经费80万元,请阅知。

另外,我公司离休干部的交通费问题也亟待解决,请一并批准。

××分公司
20××年7月4日

【诊断】这是一份在格式、内容和语言等方面都存在问题的请示。① 标题拟写不符合规范要求。首先,请示和报告不能混用,从正文内容看,该文应为请示;其次,该请示的标题应由事由和文种"请示"构成,因此,标题可修改为"关于总装车间改造所需经费的请示"。② 一文多事不符合请示写作要求。请示应"一文一事",将两件不相关的事情写到同一份请示里,不符合请示的行文规则,故应将"另外,我公司离休干部的交通费问题也亟待解决,请一并批准"删掉。③ 文中存在两个病句。一个是"但仍无法……的生产",可修改为"但仍无法满足我公司军用产品生产和民用产品生产之需",另一个是"鉴于……陈旧",可修改为"鉴于目前总装车间面积过小、设备陈旧的现状"。④ 结尾用语不合要求。可改为"妥否,请批复"或"特此请示,请审核批准"。

六、异同辨析

报告与请示虽然都属于上行文,但两者之间有着严格的区别。主要表现在以下几点。

1. 性质和要求不同

报告属于呈阅性上行文,不需要上级机关批复;请示属于呈请性上行文,要求上级机关予以批复。

2. 行文目的不同

报告的主要目的是向上级机关汇报工作、反映情况;请示的主要目的是请求上级机关指示、批准,上级机关无论同意与否,都应该及时批复。

3. 行文时限不同

报告无时限要求,事前、事中、事后行文均可;请示必须事前行文,不可边行事边请示,或先斩后奏。

4. 内容含量不同

报告内容含量较大,可以一文一事,也可以一文数事;请示一般篇幅较短,内容单一,必须一文一事。

5. 写法不同

报告的类型多样,容量可大可小,侧重于概括陈述情况,总结经验教训,表述灵活,形式多样,体现报告性。请示则内容单一,一文一事,侧重于讲明原因,陈述理由,表述事项,体现请求性。

6. 结尾用语不同

报告的结束语一般写"特此报告""以上报告,请审阅",或省略结尾用语。请示不能省略结尾用语,一定要写"以上请示,请批复"一类惯用语。

第六节 意 见

[学习目标]

了解意见的基本知识;熟悉意见的使用范围;把握意见的文体结构及写法;能写出符合规范要求的各类意见。

开篇案例

国家工商行政管理总局应选什么文种

广告业是现代服务业和文化产业的重要组成部分,在塑造品牌、展示形象,推动创新、促进发展,引导消费、拉动内需,传播先进文化、构建和谐社会等方面发挥着积极作用。在我国全面建设小康社会的关键时期和加快转变经济发展方式的攻坚阶段,广告的功能作用更加凸显。工商行政管理部门承担着指导广告业发展和监管广告市场的双重职责。国家工商行政管理总局拟就实施广告战略向各省、自治区、直辖市及计划单列市、副省级市工商行政管理局、市场监督管理局行文,提出实施广告战略的见解和办法。

在这个案例中,国家工商行政管理总局应该选用哪一个文种行文?你能根据前面学习的有关党政机关公文的基本知识,选择恰当的文种吗?

一、基本知识

(一)意见的含义

《党政机关公文处理工作条例》规定:意见适用于对重要问题提出见解和处理办法。

意见可以用于上行文、下行文和平行文。作为上行文,应按请示性公文的程序和要求办理。作为下行文,文中对贯彻执行有明确要求的,下级机关应遵照执行;无明确要求的,下级机关可参照执行。作为平行文,提出的意见供对方参考。

意见和通知都可以用于对即将开展的工作提出要求。但通知用于对一般性的工作提出具体的办理方法;意见用于对带有全局性的工作提出原则性的见解和处理办法。

(二)意见的特点

1. 行文方向的灵活性

意见既可以用于下级机关对上级机关提出一些建议性意见,又可用于上级机关对下级机关提出一些规定性或指导性的意见。由此可见其行文方向较灵活。

2. 行文语气的多样性

对上时语气较和婉,对下时语气较坚决,平行时语气较平和。

3. 行文内容的针对性

意见是针对工作中急需解决的重要问题或必须防止的主要倾向制发的,因此,它分析问题和提出见解、办法要切合实际、对症下药,以方便操作。

4. 处理工作的适用性

意见不仅适合于各级党政机关及其职能部门,还适用于党政机关联合发文,它在党政机关的公文处理工作中具有广泛的适用性。

(三)意见的类型

1. 建议性意见

建议性意见是下级机关就工作中的重要问题提出见解和处理办法,并向上级机关行文,其制发按请示性公文的程序和要求办理。建议性意见一经上级批转,就成为上级机关的指导性意见,代表着上级机关的意图,在更大范围内产生效力。

2. 指导性意见

指导性意见用于上级机关对下级机关进行工作指导。撰写时应阐明指导思想和工作原则,提出工作思路和措施办法,给下级机关以及时的指导,从而促进工作的健康开展。

3. 参考性意见

参考性意见作为平行文,所提出的见解只供对方参考。如起草规范性公文时,往往需要征求有关部门的意见,有关部门就可拟制平行文意见供对方参考。

二、例文看台

工商总局关于制定推行合同示范文本工作的指导意见

各省、自治区、直辖市工商行政管理局、市场监督管理部门：

合同示范文本的制定推行，有利于提升社会合同法律意识，引导规范合同签约履约行为，维护各方当事人权益，矫正不公平格式条款。为规范工商和市场监管部门合同示范文本制定推行工作，提升合同示范文本质量，进一步加大工作力度，根据《合同法》等法律法规，现提出如下意见。

一、总则

（一）概念

本意见所称合同示范文本，是指工商和市场监管部门根据《合同法》及相关法律法规规定，针对特定行业或领域，单独或会同有关行业主管部门制定发布，供当事人在订立合同时参照使用的合同文本。

（二）基本原则

合同示范文本的制定推行工作应遵循以下原则：

1. 合法合规。合同示范文本内容应当符合各项法律法规规定。对于法律法规未作具体规定的，应当符合相关法律原则以及行业惯例。

2. 公平合理。合同示范文本的制定应当持中立立场，对合同当事人的权利义务进行合理分配，确保各方当事人权利义务对等。

3. 尊重意思自治。合同示范文本供当事人参照使用，合同各方具体权利义务由使用人自行约定；使用人可以根据自身情况，对合同示范文本中的有关条款进行修改、补充和完善。

4. 主动公开。制定机关应当主动公开其制定的合同示范文本，供社会各界参照使用。

二、合同示范文本的制定

（三）制定主体

合同示范文本由省级或省级以上工商和市场监管部门单独或会同有关行业主管部门制定。

市级及市级以下工商和市场监管部门可以制定合同范本，在本辖区内推行，供当事人参照使用。省级工商和市场监管部门对上述合同范本审定后，可以以合同示范文本的形式向社会发布。

（四）制定工作的启动

工商和市场监管部门应根据各类市场活动的需求、自身或相关行业主管部门、自律组织的规范管理工作需要，开展合同示范文本制定工作。

（五）合同示范文本的内容

合同示范文本内容，一般应当包括各方当事人的名称或者姓名和住所、标的、数量、质量、价款或者报酬、履行期限、地点和方式、违约责任和解决争议的方法等基本内容。内容应当尽量全面翔实，并充分考虑文本适用行业或领域的特殊性。

合同示范文本不宜含有政府有关部门对行业或领域监管要求的内容。

（六）起草程序

合同示范文本的起草一般应经过前期调研论证、文本编写、组织研究讨论、向社会或有关行业公开征求意见等程序,然后形成草案。

上述工作可部分或全部由第三方机构或者相关行业主管部门、行业协会开展。

（七）审定与发布

合同示范文本草案经过审定后,应当以正式文件形式发布,并向社会公开。

（八）文本修订

由于市场经济发展、有关法律法规修订等情形,合同示范文本中有关内容不适宜继续使用的,原发布机关可以对该合同示范文本进行修订。

合同示范文本的修订工作应参照文本制定程序的有关要求开展。

三、合同示范文本的推行和使用

（九）推行工作主体

各级工商和市场监管部门可以依据法律法规规定和自身职责,推荐相关行业或领域内合同当事人参照使用合同示范文本订立合同。

各级工商和市场监管部门可以联合有关行业主管部门或者行业自律组织,开展合同示范文本的推行工作。

（十）免费提供

工商和市场监管部门可以通过提供电子版下载、印制发放纸质文本等方式向社会免费提供合同示范文本。

（十一）自愿参照使用

合同示范文本供合同当事人自愿参照使用,工商和市场监管部门不得强制要求当事人使用合同示范文本。

（十二）合同条款的解释

当事人参照合同示范文本订立合同的,应充分理解合同中条款的内容,并自行承担合同订立履行所发生的法律后果。

当事人对合同条款理解发生争议时,应按照有关法律法规规定对条款进行解释。工商和市场监管部门不负责对当事人订立的合同内容进行解释。

（十三）推行使用中的问题

各级工商和市场监管部门在合同示范文本推行使用过程中发现文本内容存在问题的,应当及时报告该文本的制定机关。由制定机关适时以适当方式对该问题进行纠正。

（十四）合同示范文本管理

对于合同当事人利用、冒用合同示范文本,实施侵害消费者权益、危害国家利益和社会公共利益等合同违法行为的,各级工商和市场监管部门一经发现,应当按照《合同违法行为监督处理办法》以及其他有关规定进行处理。

长期以来,合同示范文本制定推行工作受到社会各界的普遍欢迎和认可。面对全面推进依法治国和深化改革的新形势、新任务,要从建立健全合同行政监管长效机制的高度出发,认真贯彻落实本意见提出的各项要求,结合当地实际,细化工作措施,确保落实到位。

工商行政管理总局
2015 年 10 月 30 日

【评析】这篇指导性意见开头先说明合同示范文本制定推行的意义,然后指出发文意图,用"现提出如下意见"过渡到下文。主体部分从总则、合同示范文本的制定、合同示范文本的推行和使用三个方面对制定推行合同示范文本工作提出相关要求。最后采用强调式结尾,深化了文章主旨。全文见解明确,措施、办法具体,可操作性强,且结构完整,层次清晰,语言表述有力,具有实践价值。

三、意见的构成要素与写法

（一）标题

意见的标题有两种写法。一种是由事由和文种组成,如《关于实施宽带普及提速工程的意见》;另一种是由发文机关名称、事由和文种组成,如《国务院办公厅关于进一步做好减轻农民负担工作的意见》。

（二）主送机关

上行文意见,应按请示性公文的办理要求确定主送机关。下行文意见和平行文意见,主送机关一般有多个,应结合受文的范围确定相应的主送机关。

（三）正文

意见的正文一般由以下几个部分组成。

1. 开头

意见的开头或摆明情况、提出问题,或说明行文的目的、意义、依据,或阐述背景、缘由,以利受文者理解或贯彻执行。然后用"……提出以下意见"过渡到主体部分。

2. 主体

意见的主体要详尽地写出意见的具体内容,如阐明工作的基本见解、原则性要求、政策性措施、处理办法及注意事项等。结构安排上应先写原则性指导意见,后写具体性指导意见;先写理论性认识,后写解决办法。为使主体部分条理清晰,一般都分条列项来写。

3. 结尾

有时,主体写完之后,还要进一步强调工作或提出希望和要求。如果是上行意见,结尾常用"以上意见如无不妥,请批转各地区各部门执行"等惯用语。如是下行意见一般要求下级机关结合实际情况贯彻执行,也可以指出在贯彻执行中遇到困难和问题及时上报,或提出结合本单位实际情况制订具体实施方案的要求等。

四、写作注意事项

1. 体现政策,全面系统

领会和掌握党和国家的方针、政策,是写好意见的基础。意见中对工作的见解、要求,一定要顾及各个方面,使工作涉及的各个部门,都能明确地领会工作的原则和要求。

2. 意见切实,准确具体

意见中的措施、办法既要根据实际需要,又要考虑可行性;用语要准确,表述要具体,以便理解执行。

3. 层次分明,表达清晰

行文要层层深入,环环相扣,脉络清楚,表达清晰。

五、病文诊断

关于在我市开展侨情普查工作安排意见的报告

市人民政府：

根据省人民政府侨务办公室、省统计局、省财政厅《关于××省首次侨情普查的通知》精神，为进一步做好我市侨务工作和对台工作，把侨、台工作重点转移到为经济建设服务上来，促进我市对外开放和外向型经济的发展，现确定在全市开展侨、台情况普查工作。普查工作的安排意见是：

一、普查对象和范围。凡我市的归侨、侨眷和港、澳、台同胞的亲属，以及他们在海外的亲属，均属于这次普查对象，要对他们的基本情况进行一次普查。凡户口（指常住户口）在我市的居民在澳、台及国外有亲属关系的，为本次普查摸底的范围。其中属于动迁户的，以户口所在地为准，调查人员可与当地派出所联系，进行登记。

......

以上报告如无不当，请予批转。

××市侨务办公室
××市台湾事务办公室
××市统计局
××市财政局
××××年××月××日

【诊断】该例文文种选择错误。《党政机关公文处理工作条例》规定：报告适用于向上级机关汇报工作，反映情况，答复上级机关的询问；意见适用于对重要问题提出见解和处理办法。因此，此文应选用意见行文。既然选择意见行文，结尾用语应修改为"以上意见如无不当，请予批转执行"。

第七节 函

[学习目标]

通过学习了解函的文种知识；了解函的特点、类型；掌握函的写作规范和要求，能够写出符合要求的函。

开篇案例

国务院办公厅应该选什么文种

江苏省曾制发请示，请国务院批准"扬州雕版印刷博物馆"冠名"中国"字样。国务院办公厅经国务院授权制发公文给江苏省人民政府，同意江苏"扬州雕版印刷博物馆"冠名"中国"字样。

在这个案例中，国务院办公厅应该选用哪一个文种行文？你能根据前面学习的有关党政机关公文的基本知识,选择恰当的文种吗?

一、基本知识

(一)函的含义

《党政机关公文处理工作条例》规定:函适用于不相隶属机关之间商洽工作、询问和答复问题、请求批准和答复审批事项。

函是平行文,其法定效力和其他公文一样。平行机关、不相隶属机关之间行文用函。向负责某方面工作的主管部门请求批准,不管这个主管部门级别高低,只要彼此之间没有隶属关系,就应用函行文。在实践中,该函请求批准而误用请示的现象还在一定程度上存在。请示是向上级机关请求指示、批准;函是向不相隶属机关请求批准。两者的规定很清楚。

(二)函的特点

1. 使用广泛

上到国家机关、下到基层单位,公务活动往来都离不开函。在党政机关公文中,函是通知之外使用范围最广、使用频率最高的一个文种。

2. 内容多样

函的内容不拘一格,可以商洽工作,也可以询问或答复问题,还可以请求批准和答复审批事项等。

3. 写作灵活

函一般不受发文机关的权限大小与级别制约,也不受事项轻重差别的限制,只要是不相隶属机关需要行文,都可以用函发文。

4. 用语谦敬

不论什么类型的函,用语皆应注重谦恭有礼,尊重对方,力求得到对方更多的理解和支持。

(三)函的类型

1. 按行文方向划分

按行文方向的不同,函可以分为去函和复函两种。去函,是发文机关的一种主动行文的形式;复函是对来函的一种答复,是发文机关的一种被动行文的形式。

2. 按内容和用途划分

按内容和用途的不同,函可以分为商洽函、问复函、请批函、告知函等。

(1) 商洽函。主要用于商洽某项具体事务,如联系参观、请求支援、调动人员等。

(2) 问复函。主要用于平行和不相隶属机关之间相互询问和答复有关问题。

(3) 请批函。用于向不具有隶属关系的有关主管部门、职能部门请求批准。

(4) 告知函。主要用于将对方需要了解或周知的事项告知对方,无须答复。

二、例文看台

例文 1

<h3 style="text-align:center">陕西省人民政府关于将宝鸡市凤县列入
国家级羌族文化生态保护实验区范围的函</h3>

文化部:

2008 年"5·12"汶川大地震后,羌族文化遭到严重破坏。为抢救保护羌族文化,贵部决定设立羌族文化生态保护实验区,并将建设工作纳入国家汶川地震灾后恢复重建总体规划。当时由于申报工作时间紧,我省仅将受灾影响较重的汉中市宁强县、略阳县列入了保护区范围。近年来,随着羌族文化生态保护实验区工作的深入推进,文化部门发现宝鸡市凤县羌族文化生态遗存更为丰富,当地挖掘、收集、整理、修复了大量羌族文化实物及资料,羌文化保护、传承和弘扬工作取得了显著成果。

今年7月,我省组织专家组对凤县的羌族文化资源、保护传承和建设情况进行了考察,认为凤县羌族文化生态具有如下特点:一是当地与羌族文化有关的历史文化遗存数量多,历史记载脉络清晰;二是羌族民俗活动与当今群众生活相互融合,传承有序;三是凤县与我省宁强县、略阳县及四川的汶川等属同一羌族文化生态长廊,列入后使生态区更加完整,有利于整体保护;四是近年来当地羌文化的展示展演活动广泛开展,群众参与热情高;五是凤县县委、县政府重视,各相关部门紧密协作,齐抓共建,保护工作扎实有效;六是保护羌文化的基础设施规划建设合理,投入较多,并已初具规模;七是羌文化保护与生态旅游紧密结合,与经济社会协调发展,在全省乃至全国产生了一定影响。专家组认为凤县具备了列入国家级羌族文化生态保护实验区的条件,建议将其列入国家级羌族文化生态保护实验区保护范围。

为进一步促进我省国家级羌族文化生态保护实验区整体保护工作,增强保护工作的科学性、有效性,经省政府研究,建议贵部将凤县列入国家级羌族文化生态保护实验区保护范围。

妥否,请复。

附件:关于宝鸡市凤县羌族文化生态的调研报告

陕西省人民政府
2012年9月9日

【评析】 陕西省人民政府和文化部之间没有隶属关系,但文化部负责管理全国性的重大文化活动,陕西省拟将宝鸡市凤县列入国家级羌族文化生态保护实验区保护范围,必须征得文化部的同意,因此需拟制请批函。

此函的大部分篇幅都在陈述为什么要将"凤县列入国家级羌族文化生态保护实验区保护范围"。这是该例文写作的重点,也是写作的难点。文章第一段落先点明发文背景:汶川大地震使羌族文化遭到严重破坏,为抢救保护羌族文化,已将汉中市宁强县、略阳县列入了保护区范围。接着进一步指出:近年来凤县羌文化保护、传承和弘扬工作取得了显著成果。第二段落陈述了凤县羌族文化生态具有的七个方面特点和专家组的建议。文章至此,"将凤县列入国家级羌族文化生态保护实验区保护范围"的建议就水到渠成了。此函结构严谨,逻辑性强,表达清晰,语言得体,值得学习借鉴。

例文2

教育部关于同意建立天津中德应用技术大学的函

天津市人民政府:

《天津市人民政府关于申请设立天津海河应用技术大学的函》(津政函〔2014〕109号)和《天津市人民政府关于确认设立天津中德应用技术大学的函》(津政函〔2015〕72号)收悉。

根据《高等教育法》《普通高等学校设置暂行条例》和《普通本科学校设置暂行规定》的有关规定以及全国高等学校设置评议委员会六届四次会议的评议结果,经研究,同意在天津中德职业技术学院基础上,整合天津海河教育园区图书馆教育资源,建立天津中德应用技术大学,学校标识码为4112012105;同时撤销天津中德职业技术学院的建制。现将有关事项通知如下:

一、天津中德应用技术大学系本科层次的普通高校,由你市领导和管理,其发展所需经费由你市安排解决。

二、学校办学定位于应用技术类型高等学校,主要培养区域经济社会发展所需要的应用型、技术技能型人才。

三、学校既实施本科层次应用技术教育,又实施专科层次高等职业教育,应根据办学条件和社会需求稳步调整办学层次结构,每年稳妥安排增加本科学生。

四、学校全日制在校生规模暂定为12 000人。

五、学校本科专业的增设问题,按我部有关规定办理。同意首批设置本科专业3个,即飞行器制造工程(专业代码082003)、机械电子工程(专业代码080204)、自动化(专业代码080801)。

六、探索和建立天津海河职业教育园区内的高等职业教育教学指导、教学理念创新、人才培养模式创新、应用型技术技能型人才系统培养机制,以适应和服务经济转型、产业升级、技术创新的需求,办出中国特色的职业教育特色。

七、我部将适时对学校办学定位、教学质量和人才培养情况进行评估。

望你市加强对该校的指导和支持,从促进经济转型升级、支撑高端产业和高新技术产业持续快速发展出发,结合优化区域高等教育结构的需要,指导学校制定五年以上总体发展规划,加强学校发展战略规划研究。发挥国家职业教育改革创新示范区的优势,先行先试,重点探索中职、高职、本科职业教育的人才培养通道,构建完善现代职业教育体系。创新人才培养模式,探索建设应用技术大学,办出特色,办出水平,为天津市的经济发展和社会进步做出更大贡献。

教育部
2015年11月14日

【评析】这是一则复函,采用引述式开头。其主体部分首先表明同意建立天津中德应用技术大学,理据充分。接着用"现将有关事项通知如下",将天津中德应用技术大学的办学层次、办学定位、在校生规模和专业增设等七个方面问题一一告知清楚。结尾部分从天津经济社会发展需要的角度,对天津市提出了加强对学校指导和支持的要求。答复明确,内容具体,便于受文机关落实。

例文3

国家安全生产应急救援指挥中心关于征集安全生产应急管理工作有关情况的函

各省、自治区、直辖市及新疆生产建设兵团安全监管局,有关中央企业:

为总结2015年全国安全生产应急管理工作,谋划2016年工作,国家安全生产应急救援指挥中心(以下简称应急指挥中心)现开展安全生产应急管理工作情况调查摸底和意见、建议征集工作,具体内容如下:

一、2015年工作完成情况。请对照《2015年安全生产应急管理工作要点》(应指综合〔2015〕3号),突出以下内容:贯彻落实全国安全生产应急管理工作会议精神情况,《企业安全生产应急管理九条规定》(总局令第74号)落实情况,应急管理机构建设和职能发挥情况,应急管理法规政策、标准规范制定情况,应急管理执法检查工作情况,应急管理理论创新开展情况,应急管理责任体系建立及落实企业主体责任情况,应急联动机制、应急救援队伍建设情况,应急处置评估工作开展情况,应急预案、演练、培训、宣教工作情况,重大危险源监管工作情况,应急救援科技装备和信息化建设情况,应急物资储备和应急资源普查情况等。

二、2015年安全生产应急管理工作的创新点和成功经验,目前工作中存在的主要问题、原因及对策措施。

三、本地区、本单位2016年安全生产应急管理工作思路和重点工作初步安排。

四、对2016年全国安全生产应急管理工作的意见和建议。

请将上述文字材料于2015年11月20日前分别以书面和电子邮件方式报送应急指挥中心综合部。

联系人及电话:成大荣,010-64464093、64463751(传真)

电子邮箱:chengdr@chinasafety.gov.cn

国家安全生产应急救援指挥中心
2015年10月29日

【评析】这是一则告知函。开头说明行文目的,接着用"具体内容如下"过渡到主体部分。主体采用分条列项式写法,将需要告知的内容一一说明,条理清晰,富有逻辑性。结尾将材料报送时间、方式、部门以及联系人、联系方式列明,便于受文单位开展工作,考虑周全。

三、函的构成要素与写法

函一般由标题、主送机关、正文等组成。

（一）标题

标题一般有两种写法:三项式,由发文机关、事由和文种组成,如《卫生部关于保健食品中使用食品添加剂问题的复函》;二项式,即由事由和文种组成,如《关于协助开展汶川地震灾区重建情况调查的函》。

（二）主送机关

函的主送机关一般只有一个,但也有多个主送机关的函。如《关于征集国家科技支撑计划备选项目建议的函》,其功能类似于通知。

（三）正文

函的正文一般包括缘由、事项和结语三个部分。

1. 缘由

一般简要陈述商洽、询问、告知或请求批准事项的原因、目的、依据或理由等。如果是复函,则引述对方来函作为开头。如"你(或贵)局2016年5月6日《关于××××的函》(×发〔2016〕×号)收悉"。然后用"经研究函复如下"过渡到下文。

2. 事项

写明需要商洽、询问、告知或请求批准的具体事项。如果是复函,应针对来函的情况予以明确答复。若内容较多可分条列项表述。

3. 结语

去函应表明希望、要求,一般用"特此函达,请函复""特此函达,请研究见复""特此函告"或"请审批"等习惯用语。复函一般用"特此函复",也可不用结语。

四、写作注意事项

(1) 开门见山,直陈其事,不兜圈子,不绕弯子。
(2) 叙事清楚,语气谦和,用语得体。
(3) 一函一事,短小精悍。
(4) 函是法定公文,不能使用在书信中常见的"承蒙关照""不胜感激""此致敬礼"之类的谦辞和寒暄语句。

五、病文诊断

公 函

××省政府办公厅:

贵省 7 月 13 日所发邀请函已收悉,感谢贵省政府领导的盛情邀请及×××先生的热望。我省有意与贵省开展经济技术合作已久,但目前前往确有困难,拟定 10 月或稍晚时候,主管经贸工作的副省长前往访问。

××××年××月××日

【诊断】这份函存在以下几个方面的问题:① 格式不符合规范要求。作为正式公文,只用"公函"二字作标题,显然不合要求。应该按公文的要求拟制标题。②文中有语病。如"我省……但……"这一复句中,主语不统一。前一分句主语为"我省",后一分句主语应为"省领导",主语不能承前省略。③ 无发文机关。行文不够严肃。

第八节 纪 要

[学习目标]

了解纪要的文种知识;掌握纪要的写作规范和要求;能写出符合要求的纪要。

开篇案例

篡改政府会议纪要两个字致国家财产损失

据媒体报道:温州市政府原副秘书长冯鸣和温州市府办城建处原副处长汤颐和两人滥用职权,将一份市政府会议纪要上的"温州菜篮子集团有限公司"篡改成"温州菜篮子发展有限公司",导致国家财产损失 1.16 亿元。

2003 年 4 月,因多个网点被纳入城市改建范围,国有独资企业温州菜篮子集团有限公司向政府部门请示搬迁安置。同年 11 月,市政府召开专题会议,要求将温州菜篮子集团有限公司及所属外迁企业集中安置在瓯海区,与蔬菜批发市场一并规划。此次专题会议,有时任市政府副秘书长冯鸣、市府办城建处副处长汤颐和以及温州菜篮子有限公司负责人等参加。会后,该公司负责人游说冯鸣、汤颐和,要求将会议纪要中的"温州菜篮子集团有限公司"改成"温州菜篮子发展有限公司"(该公司由温州菜篮子集团公司职工参股 80%、集团公司参股20%,为私营责任有限公司)。冯鸣接受请托,在明知"温州菜篮子发展有限公司"不具备征地主体资格的情况下,授意汤颐和进行了修改。2003年11月25日,冯鸣签发修改后的会议纪要。此后,经规划局、发改委、国土局等审批,并经市政府同意,"温州菜篮子发展有限公司"以划拨方式领取了325亩商用国有土地的使用权证书。2008年年底,市审计局在对"菜篮子集团有限公司"的财务审计时发现"被替代"一事,随后,市府办更正会议纪要,发文要求国土局将温州蔬菜批发市场的用地主体更正为"温州菜篮子集团有限公司"。但因有关补偿未落实,"温州菜篮子发展有限公司"的国有土地使用权证一直未注销。冯鸣、汤颐和滥用职权给国家造成1.16亿元损失。

上述案例告诉我们:制发公文时滥用职权随意篡改公文内容,既损害国家和人民的利益,又会降低公众对党政机关公文的认同感,从而引发诚信危机。因此,公职人员制发公文时,不能滥用职权,否则会受到法律的严惩。

一、基本知识

(一) 纪要的含义

《党政机关公文处理工作条例》规定:纪要适用于记载会议主要情况和议定事项。

纪要是根据会议记录和会议文件以及其他有关会议材料加工整理而成的,它是反映会议基本情况和精神的纪实性公文,一般重要会议或大型会议都要用纪要来记载会议精神和议定事项,其主要作用是沟通情况、交流经验、统一认识、指导工作。纪要一经领导人审核签发,就成了正式文件,具备法定效力。

(二) 纪要的特点

1. 内容具有纪实性

纪要是对会议成果的记录和整理,重在纪实,要如实地反映会议的内容。写作时应客观,不可拔高,不可填平补齐。

2. 表现方法具有纪要性

纪要要在"要"上下功夫:着重记会议结果,而非会议过程;记录成果的浓缩,而非成果的罗列;实实在在地叙述,而非空泛地议论。

3. 执行具有约束性

纪要只对与会单位、与会人员有一定的约束力,要求他们对会议议定的事项共同遵守、执行,若希望纪要扩大范围和影响力,应与发布性通知相伴而行("现将《××××××会议纪要》印发给你们……")。

4. 称谓用语具有规定性

纪要用第三人称写作,常用"会议讨论""会议决定""会议制定""会议号召"等习惯用语。

(三) 纪要的类型

一般来说,会议研究确定的事项、会议精神需要有关方面遵守或执行的,都可以形成会议纪要。因此,纪要的种类较多。

1. 按会议内容划分

按照会议内容的不同,纪要可以划分为以下几种类型。

(1) 决策性会议纪要。

这类纪要主要记载和反映领导层制定的决策事项,作为传达和部署工作的依据,对今后的工作具有指导作用。常用于领导办公会议。

(2) 研讨性会议纪要。

这类纪要主要记载和反映经验交流会议、专业会议或学术性会议的研讨情况,旨在阐明各方的主要观点、意见或情况。主要用于职能部门和学术研究机构召开的专业会议或学术研讨会议。

(3) 协调性会议纪要。

这类纪要主要记载经会议讨论、协商达成的共识和一致意见,以便作为会后各方执行公务和履行职责的依据,对协调各方今后的工作具有约束作用。常用于领导机关主持召开的多部门协调会或不同单位联席办公会。

2. 按会议性质划分

按照会议性质来分,纪要可分为办公会纪要、专题会纪要、联席(协调)会纪要、座谈会纪要等。

3. 按写法划分

按照写法的不同划分,纪要则可分为分项式纪要、综述式纪要和摘要式纪要三种类型。

二、例文看台

岳麓山风景名胜区桃花岭景区详细规划评审会纪要

2012年7月4日,省世界遗产与风景名胜管理办公室在长沙市枫林宾馆三楼一号会议厅组织召开了《岳麓山风景名胜区桃花岭景区详细规划》(以下简称《详细规划》)评审会。省住房和城乡建设厅、长沙大河西先导区管委会、市规划局、市园林局、岳麓山风景名胜区管理局、长沙梅溪湖实业有限公司、长沙市规划设计院有限责任公司等参加了会议。省世界遗产与风景名胜管理办公室主任黄立主持会议。省住房和城乡建设厅副厅长王智光和长沙市委常委、副市长、长沙大河西先导区管委会主任赵文彬出席会议并讲话。纪要如下。

会议充分肯定了长沙市委、市政府高度重视岳麓山风景名胜区的保护管理工作,千方百计筹措资金,积极推进岳麓山风景名胜区及桃花岭景区环境整治和详细规划编制工作,科学实际地落实了桃花岭景区边界,编制了景区详细规划,着手启动景区首批基础设施项目建设,相关基础工作有序进行、卓有成效。

会议听取了设计单位对《详细规划》的简要汇报,并进行了讨论、分析。会议审查后认为:该《详细规划》现状调查深入,规划依据充分,指导思想明确,范围确定合适,结构布局合理,基本达到编制风景名胜区详细规划的相关要求,原则同意该规划成果。《详细规划》经修改完善后可按程序办理报批手续。

会议对《详细规划》的修改完善提出了建议和意见。一是要按照《风景名胜区规划规范》确定分级保护区域;二是补充和完善专项规划内容;三是要挖掘文化内涵,加强景观建设;四是要校核相关图件、文字等。

会议对桃花岭景区基础建设项目进行了讨论,建议将其中符合岳麓山风景名胜区总体规划的道路广场、拆迁安置、公用设施等项目按程序尽快办理报批手续。

会议要求长沙市规划设计院有限责任公司认真吸纳省专家组提出的意见和建议,切实搞好《详细规划》的修改完善工作,希望岳麓山风景名胜区管理局等相关单位在修改好文本的基础上尽快办理有关报批手续,争取尽快得到住房和城乡建设部的审批。

【评析】这是一则评审会的纪要。它开头概括交代了会议的时间、地点、会议名称以及与会单位和与会人员等情况。接着用"纪要如下"承接下文。主体部分采用集中概述式写法把会议对《岳麓山风景名胜区桃花岭景区详细规划》讨论、分析的基本情况进行了叙述和说明。全文内容集中，观点明确，结构完整，篇幅短小，语言运用得体，符合纪要的写作要求。

三、纪要的构成要素与写法

（一）标题

纪要的标题有两种写法：一是由会议名称和文种"纪要"组成；二是由说明会议意义或内容的正标题和说明会议名称和文种的副标题构成。

（二）主送机关

除以通知形式印发的纪要要按要求写明主送机关，一般不写主送机关，但应明确发送的单位，即需要了解会议情况的机关、单位均应列入发送范围。

（三）正文

纪要的正文由导言、主体和结尾三个部分组成。

1. 导言

导言应简述会议概况。主要包括会议时间、地点、主持人、参加人员、列席人、会议议题等。

2. 主体

主体部分应写明会议议定的事项或主要精神。根据会议性质、规模、议题等不同，纪要的主体主要有以下几种写法。

（1）集中概述法。这种写法是把会议的基本情况，讨论、研究的主要问题，与会人员的共识、议定的有关事项，包括解决问题的措施、办法和要求等，用概括叙述的方法进行阐述和说明。这种写法多用于小型会议，而且讨论的问题比较集中单一，意见比较统一，容易贯彻操作，写的篇幅相对短小。

（2）分项叙述法。召开大中型会议或议题比较重大的会议，一般要采取分项叙述的办法，即把会议的主要内容分成几个大的问题，然后分列项目序号或小标题，分项来写。这种写法侧重于横向分析阐述，内容相对全面、详细，常常包括对目的、意义、现状的分析，以及目标、任务、政策措施等的阐述。这种写法一般用于需要基层全面领会、深入贯彻的会议。

（3）发言提要法。这种写法是把会上具有典型性、代表性的发言加以整理，提炼出内容要点和精神实质，然后按照发言顺序或不同内容，分别加以阐述说明。这种写法能比较如实地反映与会人员的意见。某些需要了解与会人员不同意见的纪要，可采用这种写法。

3. 结尾

结尾部分一般可向与会单位或机关发出号召或提出要求，也有的纪要不写专门的结尾。

四、写作注意事项

1. 纪要须择其"要"而"纪"之，突出会议主题

因此，应在全面掌握会议情况，广泛收集会议资料的基础上，根据会议中心议题确定纪要重点，做到材料集中，观点、共识、成果集中，并用三言两语简要交代会议过程。

2. 语言表达上,以叙述为主,避免空泛的议论

语言要精练、通俗,篇幅一般不宜太长。

3. 注重使用纪要的习惯用语

如常用"会议认为""会议提出""会议决定""会议要求""会议希望""会议号召"等纪要特定的第三人称用语作为段落或层次的开头语。

4. 选用恰当的写作结构

结构安排要合乎逻辑,分清主次,条理清楚。

5. 应纪实,忠实于会议精神

要实事求是地记录、整理会议内容,不得偏离会议精神。

五、病文诊断

大学生村干部座谈会纪要

20××年12月16日,市委书记吴××来到×××,在二楼会议室召开了×××大学生村干部调研的座谈会。

首先市委书记×××做了重要讲话,吴书记指出,××市的大学生村干部都是20××年和20××年招聘的,到目前开展工作早的已经一年多了,晚的也快6个月了,都已经进入角色了。这次会议的参加对象都是和我们大学生村干部有关系的,就是要听听大家的意见,希望大家能够把自己真实的想法和所出现的问题真实地反映上来,这对我们接下来如何进一步做好大学生村干部工作,培养基层组织干部将会起到重要的作用。吴书记要求每个人都谈谈自己的看法。

随后×××楚主任和范书记作了讲话,楚主任谈到,全市招聘大学生到农村工作是一件非常好的事情,为农村注入了新鲜的血液,年轻人有活力、有想法、有创新意识,能够把新想法、新点子带给大家,给村民带来最新的农业信息和科学技术,是未来各村的科技带头人。但是大学生到农村工作也存在一定的问题,大学毕业生刚出来比较浮躁,有一步登天的想法,有的不习惯农村工作的琐碎,出来还没开展多少工作就觉得很累了,吃不消了,存在想撂挑子的错误想法,这些都是需要村干部慢慢克服的……

【诊断】纪要通常采用第三人称的写法,以概述会议的主要内容和主要精神为主。而会议记录,通常是发言者怎么说就怎么如实地记录,贵在"原汁原味"不走样。本文对市委吴书记所作的讲话多采用口语表达,不符合纪要的语言表达要求。

六、异同辨析

纪要是在会议记录的基础上形成的。两者虽然都是会议的产物,都能记载会议情况和会议议定事项,但两者在性质、内容、形式和发布方式等方面有很大不同。

1. 性质不同

纪要属于法定公文,具有法定效力;会议记录是机关、单位内部用于记录会议发言的一般会务文书,属于记录性的资料。

2. 内容不同

纪要记载的是会议的共识或成果;会议记录则有言必录,基本上是会议的原始记录。

3. 形式不同

纪要是公文,要按照公文的格式要求制发;会议记录没有固定的格式,多是各单位自定。

4. 发布方式不同

纪要按公文发文程序制发;会议记录则作为内部资料保存,具有一定的保密性。

第九节 综 合 训 练

一、给下面标题填写文种

1. 关于解决参加第五届××艺术节部分经费的＿＿＿＿＿
2. 陕西省人民政府关于商请承办第十一届中国艺术节的＿＿＿＿＿
3. 国务院安委会办公室关于近期两起煤矿重大事故的＿＿＿＿＿
4. 国务院关于印发基本养老保险基金投资管理办法的＿＿＿＿＿
5. 国务院关于大力推进大众创业万众创新若干政策措施的＿＿＿＿＿
6. 教育部办公厅关于举办2015年中西部地区教育信息化专题研讨班的＿＿＿＿＿

二、根据以下提示拟写公文标题

1. 国务院办公厅就宁波港口博物馆冠名问题给浙江省人民政府发文。
2. 国务院拟将《注册资本登记制度改革方案》下发给各省、自治区、直辖市人民政府,国务院各部委、各直属机构。
3. 国家发展改革委等四部门向各地发文,部署2016年春运工作。
4. 教育部办公厅拟将《河南省教育厅关于范县3名教师擅自离岗查处情况的通报》发给各地教育行政部门,要求做好有关工作。
5. ××交通运输局就水利局××水电站的施工严重影响水路交通的情况,向上级机关汇报。

三、改正下列公文标题中的文种

1. ××县文物局关于解决全国第一次可移动文物普查经费的报告(　　　)
2. 国务院关于取消一批职业资格许可和认定事项的通知(　　　)
3. 国务院关于整合城乡居民基本医疗保险制度的报告(　　　)
4. 国务院关于同意设立"中国航天日"的复函(　　　)
5. 关于改造××棚户区的申请报告(　　　)

四、病文修改题

(一) 指出下文存在的问题并写出符合要求的修改稿。

关于我公司领导干部今年下半年出访计划的报告

省××工业厅:

经公司研究,为了提高我公司产品在国际上的竞争力,计划今年下半年由××、×××、

××等三人,应美国××协会邀请,赴美国访问,参加××商品交易会,在美时间15天。

特此报告,请批准。

×× 总公司

(二)指出下面这份通知存在的问题并写出符合要求的修改稿。

任免职务的通知

各分公司:

经总公司研究决定:聘任张××同志担任总公司人事部经理;聘任王××同志担任××分公司经理。

× 总

2017年3月7日

(三)请指出下面的表彰通报存在的问题并写出符合要求的修改稿。

××××学院关于对学生王×等进行表彰的通报

今年7月,吉林省××市××县发生了特大洪水。我校航海112班王×同学得知××镇民堤需人力防守,在向学校汇报后,与航海123班宋×、土木122班辛××等同学组建了"××××学院大学生抗洪抢险志愿服务队"。他们在抗洪一线扛土包、垒坝、定桩、清理淤泥,持续战斗了8天。

日前,学校收到来自吉林省××市××县××镇人民政府的表扬信。信中,吉林省××市××县××镇人民政府向我校表示了诚挚的感谢,感谢我校培养了"思想政治素质过硬,关心社会民生的当代大学生"。多家网络、平面媒体对他们的事迹进行了报道。

为弘扬正气,表彰先进,学校决定对参与抗洪志愿服务队的王×、宋×、辛××进行通报表扬,并给予每人1000元的奖励。

学校号召,全校师生员工以他们为榜样,学习他们临危不惧、舍己为人、勇于奉献的精神,从自我做起,为实现伟大的"中国梦"贡献自己的力量。

××××学院

2016年9月6日

五、写作题

(一)根据下列材料,代某市公安局拟写一份公文给某市财政局。要求正确选择文种,格式规范,语言表述得体。

2017年10月10日某市公安局拟给部分基层公安部门更新配备执勤车辆,共需配备××牌D22型公安执勤车(厂家指导价×万元)40辆。该省公安系统按照上级要求开展清理公务车辆和执勤用车,多年没更新执勤车辆,许多车辆老旧超期服役,影响基层公安部门正常的执勤工作,存在安全隐患。

(二)某集团公司人力资源部为切实提升行政管理人员的办文办会办事能力,提高参训单位的行政管理效能和业务工作水平,根据年度业务培训计划安排,拟于2017年10月20日—24日在北京举办办文办会办事能力指导与训练培训班。请梳理下面提供的相关培训内容撰写一份通知,发往集团所属各分公司和直属部门。未给出的条件可合理假设。

办文办会办事能力综合模拟演练:新闻发布会筹办模拟演练及突发事件应对。会议筹划与管理；会议管理基础知识及政策要求；会议计划筹备，方案制订，材料准备，会场布局与座次礼仪；会议过程管理，主持技巧，沟通技巧，危机应对；会议服务接待和善后管理；会议评估和总结；常规会议的管理方法、技巧和模拟训练。办事的技巧和方法：办事的类型、基本要求、原则、方法和技巧；办事人员的形象塑造、公务礼仪、沟通协调和危机应对；常见行政事务的办理方法、技巧和模拟演练。公文写作与处理：公文写作基本要求，公文规范格式；机关办文规则、流程及步骤；常用公文拟制方法；规章性公文拟制方法；计划、总结、领导讲话、调研报告等事务性公文的拟制方法；公文审核技巧，公文处理常见错情；常用公文改错实例训练。

（三）仔细阅读下面的报道，以万山供电局的名义，撰写一份表彰通报发万山供电局所属部门，表彰光明卫士罗涛勇救落水儿童的事迹。

最美万供人——勇救落水儿童的光明卫士罗涛同志先进事迹侧记

2014年10月19日星期日，艳阳高照，万山供电局安全监管部安全监察员罗涛正在加班加点地巡查前不久开展秋季安全大检查的问题整改情况。下午3点，当他驾驶车辆路过万山镇麻音塘时，突然听见有人大喊："救命啊！娃娃掉下水了！"瞬间岸边已围拢十几个人，但仍未看见有人施救，罗涛立即停下车子向声音传来的方向看去，呼救的是一个中年妇女，急得直哭，就在她身后的池塘里，只能看到一个小小的头顶。有急救经验的罗涛见此险情立即断定出小孩子已严重溺水，无暇脱下衣鞋和身上的包，罗涛一头扎入了池塘中，顷刻间，冷水灌透了衣服，深秋的万山已经很冷了，罗涛不禁打了个寒战，手脚也不听使唤了，但是他的脑海中只有还在溺水的小孩子，于是，他奋力向小孩子游去。当靠近小孩子时，罗涛发现小孩子已不能挣扎，于是他一手箍着小孩子，一手奋力向岸边划去，中年妇女眼见罗涛靠近岸边，一手提起了已经奄奄一息的小孩子，飞奔至人少空旷的地方对小孩子实施现场抢救，不久，小孩吐出几口呛水，意识逐渐恢复。这时，刚爬上岸的罗涛才询问起事情发生的经过。小孩子只有7岁，家住麻音塘附近，从家里偷跑出来在塘边玩耍，听见妈妈的呼喊声，惊慌之下失足掉进池塘，呼救的中年妇女是小孩子的妈妈，亲眼看见孩子掉进水里自己却不会游泳，于是向路人求助。

孩子得救了，中年妇女不停地向罗涛道谢："谢谢你了，多亏你了，要不这个娃娃可能就没了。"说完，还要询问罗涛的电话和住址，要重金酬谢。可是罗涛拒绝了，说："我只是碰巧经过，没什么的，以后小孩子一定要看好，注意安全。"说完，就驾车离去。

这件事迅速在麻音塘片区传开，有人认出救人者就是万山供电局罗涛。罗涛同志在危难时刻舍己救人的行为展示出了万山电力员工心怀社会、心怀大爱的精神，传递了社会正能量，谱写了一曲时代正气歌。

（四）根据下面的材料以济南市槐荫区政府的名义拟写一份报告，向市政府报告火灾事故情况。

2016年2月7日13时16分，济南市公安消防支队指挥中心接到报警称：位于济齐路89号的匡山副食酒水批发城突发大火。该副食酒水批发城主要经营酒水、调料、副食品、干货、洗护用品、酒店用品等。由于市场2月6日已断电停业放假，火灾未造成人员伤亡。据初步统计此次火灾过火面积为5.49万平方米，此次火灾给市场带来的财产损失在3亿元以上。

事故发生后，槐荫区迅速成立了火灾事故处置工作指挥部，区主要领导一线靠前指挥，区政法、公安、消防、安监、司法、市场监管、信访、街道等部门和单位300余人共同参与,全力开展火灾救援工作。截至2月8日凌晨4:30时,经消防官兵、公安民警全力扑救,火灾事故现场明火点全部扑灭。

2月8日上午,槐荫区成立火灾善后处置工作领导小组,积极开展火灾财物受损人员登记、现场拆除物品登记、现场封控、事故原因调查等工作,全面启动事故善后处理工作。为防止发生次生灾害,查清事故原因,2月9日,消防部门依据《中华人民共和国消防法》,已对事故现场进行了封闭处理。

2月9日下午,济南匡山副食酒水批发城火灾事故善后处置工作领导小组面向业主代表召开善后工作情况通报会,火灾事故无人员伤亡,事故现场物品清理和事故原因调查正在积极推进。

市场监管部门查明,匡山副食酒水批发城共有516家个体工商户、54家企业。截至2月9日下午5时,工作组已接待并确认了332家业户,善后工作进展情况已同时通报事主;在公证机构人员的全程见证下,工作组对事故现场清理出来的有关物品进行了登记、录像取证,并妥善保存,努力把业主的损失调查清楚。

3月14日,济南市检察院发布消息,称2月7日下午匡山副食酒水批发城发生火灾,事故3名主要责任人因涉嫌重大责任事故罪被依法逮捕,分别为商场的保安队长、当日值班的人员和另外一名直接责任人。另外,商场的负责人及商场管理负责人和另外一名负责人被监视居住。

(五)××学院拟更名为××工业大学,请根据下列材料代其拟写一份给省教育厅的请示。

将××学院更名为××工业大学的条件已经成熟。2015年年底我院曾向省教育厅相关处室汇报了我院计划更名的思路,省教育厅相关处室、领导指示我院要向××市人民政府提出专题报告,并做好学院的相关工作。根据有关部门领导的指示,我院于2015年11月10日召开了院长参加的更名工作会议,会上达成共识:××学院更名为××工业大学,随后,我院向市人民政府提交了更名报告。根据我院的请求,市人民政府已于2015年12月8日正式向省人民政府提出将××学院更名为××工业大学,该文已于2016年1月20日经××省长批转省教育厅。

将××学院更名为××工业大学符合教育部关于高校冠名的相关规定。根据省委、省政府的相关文件精神,××学院更名为××工业大学,既符合教育部关于高校冠名的规定,又可使××学院在市政建设中发挥更加积极的作用,有利于我省的经济建设和社会发展。

将××学院更名为××工业大学有利于学院的建设和发展。××学院目前在全国28个省、市、自治区招生,其中,生源的50%来源于省外,我市本地生源只占20%左右,毕业生中有59%在省外就业,41%在××省各地就业。校名更名为××工业大学后,将提高我院在全国的知名度,既有利于招生,又有利于毕业生就业,同时将有利于学院的建设和发展。由于省教育厅的重视和相关处室的积极协调,各校对更名的认识已初步统一,我院更名的条件已基本成熟。请省教育厅同意并上报省人民政府和教育部将××学院更名为××工业大学。

近年来,××学院在省教育厅和市人民政府的领导和支持下得到了迅速发展,学院占地面积2560亩,教学、行政用房87.3万平方米,教学科研仪器设备总值9600多万元,馆藏图书98.5万册,在校普通全日制学生近2.2万人,我校校园环境和硬件设施居省属本科院校前列。为了更好地促进××学院的建设和发展，××学院请求教育厅报请省政府和教育部批准，将××学院更名为××工业大学。

将××学院更名为××工业大学能更好地反映出学院的办学特色和综合实力。××学院是经教育部批准设立的一所以工科为主，文、理、工、经、管、文、法交融的全日制本科院校，学院现有本科专业（专业方向）52个（见附件1，略），其中理科专业8个，工科专业32个，工科中机械电子工程、环境工程、土木工程等学科是省级重点学科，机械制图、环境治理桥梁工程等多门课程是省级精品课程。全校教师中有教授、副教授354人，博士、硕士400余人，这些人才中83.6%以上都是主攻理工科专业。学院目前在校的2万余名全日制学生中，80%以上是理工科专业学生。目前，××学院的办学规模、综合实力都处在冠名为"大学"的省属理工科院校的前列。因此，将××学院更名为××工业大学能更好地反映出学院的办学特色和综合实力。

第五章

常用事务文书

[章前提示]

事务文书是指机关、团体、企事业单位或个人为处理日常工作事务、解决问题而使用的文书。它主要发挥上传下达以及单位之间或本单位内部的信息沟通作用。

事务文书的写作有其独特之处,主要表现在以下三个方面:格式上,事务文书没有特别规范、固定格式;内容上,事务文书主要反映单位、部门内部的工作情况;表达上,事务文书以叙述、说明、议论为主,偶用描写,因此语言风格准确、质朴又不乏形象、生动。

本章主要介绍计划、总结、述职报告、简报、规章制度、启事和声明等常用事务文书的写作,要求通过学习和写作训练,明确常用事务文书的构成要素与写作规范;掌握常用事务文书的写作方法,能够撰写符合要求的常用事务文书。

第一节 计 划

[学习目标]

了解计划的基本知识;理解计划的作用;掌握计划的构成和写作规范,会拟写各类计划。

开篇案例

善于规划的孙正义

孙正义,韩裔日本人,软银集团创始人、董事长兼总裁,日本最炙手可热的企业家、亚洲首富,与比尔·盖茨同是全球IT少有的高人,在不到20年的时间里,创立了一个无人相媲美的网络产业帝国。

提起孙正义的成功,很多人想到的可能是:他具备娴熟的市场运作能力和无以抵挡的创业激情,还有人会认为孙正义的"运气好"。然而孙正义的成功告诉我们:成就梦想不仅要看准方向、找准关键,还要心中有愿景、有计划。

他的个人计划是:19岁规划人生50年蓝图;30岁以前,要成就自己的事业;40岁以前,要拥有至少1000亿日元的资产;50岁之前,要做出一番惊天动地的伟业;60岁之前,事业成功;70岁之前,把事业交给下一任接班人。

计划是前进方向上的"路标",是行动的先导,也是实现目标的手段。古人云"深计远虑,所以无穷""凡事预则立,不预则废"。上述案例给了我们这样的启迪:今天的成功,是昨天的远见和计划的结果;如果我们现在不好好规划并付诸努力,就很难有明天的成功。

一、基本知识

(一)计划的含义

计划是指单位或个人为在一定时期内实现一定目标,制定相应措施和步骤的事务文书。日常学习和生活中,制订周密的计划可确保任务的更好完成,并对日后工作的开展起着明确的指导、督促、保证作用。

计划是个统称,常见的安排、打算、设想、要点、规划、纲要、方案等都属于计划。往往因其内容详略、时间长短、范围大小不同,而运用不同的名称。大体来说,安排侧重于实施办法;设想、打算是还没有考虑成熟的计划;要点是只列工作重点的计划;时间较长、涉及面广、侧重于奋斗目标的计划一般称为规划或纲要;对某项工作进行全面具体的设计安排,侧重于可操作性,则称为方案。

(二)计划的特点

1. 预见性

计划制订于工作进行之前,而工作中往往会遇到某些新情况甚至困难,对此,写作者在思想上要有预先认识,对可能影响计划执行的各种主客观因素进行正确分析和判断,提出相应的解决措施。

2. 可行性

制订计划的目的在于指导实践,因此计划所列目标必须从实际出发,研究出计划实施的最佳方案,以确保计划切实可行,尤其应避免好高骛远。另外,鉴于工作实际中无法预测的意外事件可能对计划产生不良影响,计划目标要预留一定的可变通空间。

3. 明确性

任何一项计划都是专为某项具体工作做出的,这就要求计划中所规定的任务、工作方法、步骤都应重点突出、明确具体,切忌空洞无物、语意模糊。

(三)计划的分类

1. 按内容范围划分

按内容范围不同,计划可分为全面计划和专项计划两种。全面计划指的是单位或个人在一定时期内对各项工作进行全面安排的计划;专项计划指的是单位或个人在一定时期内对某项工作进行安排的计划。

2. 按写作形式划分

(1)表格式。是指使用表格形式将计划中的事项、内容、执行时间等表述出来的计划。表格式计划适合内容较简单、项目较固定、不必详细说明的计划,如课程表、日程表等。其优点是简便、易于查看。

(2)条文式。是指将计划内容用文字条分缕析地表述出来的计划,这是应用最普遍的计划。其优点是结构清晰、叙述具体、便于操作。

(3)综合式。是指表格与条文兼有的计划,以条文为主,辅以表格说明,适合内容较复杂的计划。既需文字说明,又需有表格的计划可考虑采用综合式进行写作。

二、例文看台

商河县财政局 2016 年工作计划

2016 年是"十三五"规划开局之年,也是财政部门"深化改革攻坚年",按照县委、县政府对财政工作提出的做好"生财、聚财、理财、管财"四篇文章的要求,结合全省开展"财税改革落实年"活动和市财政提出的"管家、理财、做参谋"的新要求,2016 年全县财政系统将积极开展"管理服务规范提升年"活动,紧紧围绕打造"三个基地"建设,积极应对经济发展新常态,全面推进财税制度改革,强化资金统筹和监管,突出支持重点,强化服务意识,促进全县经济持续健康发展和社会和谐稳定。主要工作内容如下:

一、加强收入组织协调力度,努力完成全年财政收入任务

县人代会通过的 2016 年财政收入计划是 100 603 万元,比 2015 年增长 11.50%。为确保完成全年收入任务,我们将把组织收入作为第一要务,严格落实收入目标责任,强化工作措施,确保实现收入及时入库。主要措施有:一是做好综合治税工作。利用综合治税平台,完善工作机制,加强部门联动,深入挖掘税收潜力。二是加强税源监控。强化对重点行业、重点税源监控,严格依法征收、依率征收,堵塞税收"跑、冒、滴、漏"。三是促进重点项目建设。加快财政投资类项目和非财政投资类项目的建设进度,为税收增长提供条件。四是加强收入组织协调。加强对收入的分析预测,完善国、地、财联席会议制度,加大收入调度和考核力度,确保完成全年收入预算任务。

二、拓宽筹资渠道,推进项目建设

一是积极争取省市支持。商河是"吃饭"财政,仅工资性支出就占到整个财力的 35% 左右,占到可用财力的 60% 左右,落实各类民生政策配套和支持社会事业发展主要依靠上级财政支持,商河发展离不开省市的大力支持。二是推进融资平台建设。2016 年商河国投集团划归县财政局管理。目前正在积极争取省棚改中心和农发行、国开行贷款,下一步我们将大力推进平台建设,利用国家政策,多渠道筹集资金,为重点项目建设提供资金支持。三是加快基金募集。推进"PPP 项目财政支持基金"80% 优先级份额募集工作,尽快同通过资格审核的三家银行开展第二轮竞争性磋商,基金募集到位后,及时投入到具体项目中,并相应地做好资金使用的监管工作。四是推动 PPP 项目加快运作。做好已经确定的 3 个 PPP 项目的评估包装策划和对外推介工作,吸引更多的社会资金参与项目建设。进行 PPP 项目储备,聘请专业机构做好"物有所值评价"和"财政承受能力论证",及时更新完善我县 PPP 项目信息储备库。做好项目资金拨付和监管工作,严格按照《商河县政府投资项目资金管理办法》拨付资金,督促各重点项目单位认真执行,并按照现行制度做好项目的资金审批和使用情况监管工作。

三、优化财政支出结构,保障重点支出

面对 2016 年刚性支出增加多、收支矛盾突出、预算平衡困难的形势,我们将坚持有所为有所不为,更加注重优化财政支出结构,更加注重集中财力保重点、办大事,将更多的资金用于民生事业和重点领域改革支出。2016 年民生支出将高于 2015 年的 75.82%。一是保民生。优先保障省、市出台的各类民生政策及时、足额兑现。二是保平衡。2016 年我县部门预算全年收支缺口 3.6 亿元,对此,我们将通过采取努力增收、大力压减一般性支出、切实减少预算追加、加大对上争取力度等措施,压缩缺口、确保实现全年预算平衡。三是保重点项

目。多渠道筹集资金,为财政投资类重点项目建设提供必要的资金支持,通过重点项目建设拉动经济增长,为财政提供更多的税收增长点。

四、加强财政管理,提高依法科学理财水平

2016年将把加强财政监管作为一项工作重点,积极开展"管理服务规范提升年"活动,努力做到依法行政、依法理财。一是加大资金统筹使用力度。加大一般预算、政府性基金以及财政专户资金的统筹力度,整合各类资金,统筹使用,提高财政资金使用绩效。二是加强财政投资评审工作。建立完善财政投资评审中心,聘请专业技术人员,对全县财政投资类重点项目资金拨付进行审核把关,节约财政支出。三是盘活存量资金。继续开展结余结转和暂存、暂付资金清理工作,切实解决财政资金趴在账上"睡大觉"的问题。四是做好专项资金整合工作。加大涉水、涉地等专项资金整合力度,加强对涉农资金、民生资金的监管,确保发挥财政专项资金的最大效益。

五、实施积极财政政策,支持大众创业、万众创新

按照省厅和市局部署,主动适应经济发展新常态,落实积极的财政政策,把稳增长、调结构、支持大众创业、万众创新作为2016年财政工作的重点。一是支持民营经济发展。由县财政筹资2000万元,设立创业创新扶持基金,加大对创业创新的支持力度,努力营造大众创业、万众创新、兴办实体经济的良好社会氛围,壮大民营经济规模。二是支持园区发展。加大园区企业技术研发投入,支持园区科技孵化器项目建设,完善园区功能,提高园区承载力,促进企业向园区集中、项目向园区布局,使园区成为我县经济发展的引擎和新的增长极。三是支持中小企业发展。利用好中小企业助保金贷款政策,加大对已经加入"重点中小企业池"的37家优质中小企业的资金支持力度,按助保金总额的10倍向入池企业发放贷款,解决中小企业发展资金不足问题,促进中小企业发展。

六、廉洁自律,确保财政资金和人员双安全

坚持把廉政风险防控工作作为当前财政反腐倡廉建设的一项重要工作来抓,在廉政风险防控工作开展中,坚持做到从教育入手,强化财政党员干部的风险防控意识,以保护好财政资金的安全和保护好财政干部的自身安全为出发点,紧紧围绕"权力、责任、服务"这一主题结合工作职能,切实加强党风廉政教育,构筑起牢固的廉政风险防控的思想防线。

七、加强教育培训,提高为民服务水平

全面贯彻落实党的十八大、十八届三中、四中、五中全会精神和习近平总书记重要讲话精神,大力弘扬践行"爱县、诚信、创新、图强"的商河精神,深刻领会和准确把握省、市、县对财政工作提出的新要求,紧紧围绕打造"三个基地"建设,积极应对经济发展新常态,全面推进财税制度改革,强化资金统筹和监管,突出支持重点,强化以人为本,执政为民理念,围绕提升工作效率和服务效能,丰富为民服务活动载体,促进社会和谐发展。通过集中学习与自学相结合、政治学习与业务学习相结合、理论学习与工作实践相结合的方式,学习上级有关文件、财政法律法规,掌握政策,吃透政策,提高工作技能,提升服务水平。

【评析】这是一份年度工作计划。前言部分简要交代工作的背景、依据和年度工作的主要任务,接着用"主要工作内容如下"过渡到主体部分。主体从七个方面分别说明了2016年度工作的具体内容,措施、办法与工作内容融为一体,环环相扣,井然有序,具有较强的可操作性。

三、计划的构成要素与写法

计划主要由标题、正文和落款组成。

（一）标题

一般采用公文式写法。由单位名称、时间、内容和计划名称组成，如《××公司2016年工作计划》《××公司2016年技术革新计划》。

其中，单位名称和时间可根据情况省略：在个人计划或无须特别注明单位的计划中，单位名称可省略不写，如《××省×届大学生艺术节活动计划》；当计划无法指定确切时间时，也可省略时间一项，如《××公司薪资改革的初步方案》。

如属于尚未正式确定的讨论稿，则须在计划标题后用括号注明"草案""未定稿""讨论稿"等字样。

（二）正文

正文是计划的主要内容，包括前言、主体、结尾三个部分。

1. 前言

主要表明制订计划的依据、目的或指导思想，说明"为什么做"的问题，也可以同时概括说明"做什么、做到什么程度"等。写作时要求简明扼要，可统率引领全文。前言内容也可省略不写。

2. 主体

说明计划的基本内容，又叫计划的四要素，即具体的任务、目标、措施、步骤，是计划的核心。它紧接计划的前言，内容较多，一般可标注序号或小标题。

（1）任务，即"做什么"，是计划要完成的具体事项。任务的写作要具体、明确且重点突出。

（2）目标，即"做到何种程度"，是计划中任务所要达到的基本要求。目标的选择一定要适度，符合计划的可行性特点，使之有达到的可能性。

（3）措施，即"如何做"，是完成任务和目标所使用的具体方法。恰当的措施是实施并完成计划的保证，因此，写作时要实事求是，既要得当又要得力。有些计划还应提出避免或克服计划障碍的有力措施，使计划尽量周全。

（4）步骤，即"何时做"，指工作的程序和时间。哪些工作先做、哪些工作后做、具体什么时间做，写作时都必须做出科学合理的安排，才能保证工作如期有序开展。

3. 结尾

结尾即结束语。一般是提出希望，发出号召，以鼓励相应工作人员为实现计划而努力。如认为无必要，也可省略不写。

（三）落款

制订计划的单位名称和日期，写在计划正文的右下方。如标题中已有单位名称，此处可以省略。

四、写作注意事项

1. 要以党和国家的方针政策为依据

要在计划中体现出党和国家的方针、政策，要正确处理好国家、集体和个人三者的关系和利益。

2. 要从实际出发、量力而行

制订计划，就是为了更好地完成工作，所以制订时必须从实际出发，了解实际情况、征求群众意见。既要有积极的、先进的目标，又要适当留有余地，吸引群众，使之受到鼓舞，充分调动他们的积极性。

3. 要具体、明确

制订计划时，计划的目标一定要明确，计划的内容、步骤及责任一定要具体。这样便于计划的实施和上级部门的检查、监督。

4. 文字精练，主要运用说明的表达方式

拟写计划时，工作任务、目标、措施、步骤等主要内容应表述得清楚具体、简明扼要，不需要展开陈述，更无须议论。

五、病文诊断

2017年销售工作计划

一、切实落实岗位职责，认真履行本职工作

作为交通行业销售，自己的岗位职责是：

（1）坚定信心，千方百计完成行业销售目标；

（2）努力完成销售过程中客户的合理要求，争取客户信任，提供完成可靠的解决方案；

（3）了解并严格执行销售的流程和手续；

（4）积极广泛收集市场信息并及时整理上报，以供团队分析决策；

（5）随时关注行业的最新动向、产品技术的发展趋势，争取在市场中取得主动和先机，在行业市场中牢牢把握住产品优势；

（6）培养营销工作的方法及对市场研究的能力，成为智慧能动的市场操作者；

（7）对工作具有较高的敬业精神和高度的主人翁责任心；

（8）严格遵守公司各项规章制度，完成领导交办的工作，避免积压和拖沓。

岗位职责是员工的工作要求，也是衡量员工工作好坏的标准，自己到岗至今已有近半个月的时间，期间在公司的安排下参加了杭州总部组织的交通行业销售培训，现已对公司产品有了一个虽不深入但整体完整的了解，对产品优势和不足也同大家深入沟通过。为积极配合销售，自己计划努力学习，在管理上多学习，在销售上多研究。在搞好销售的同时计划认真学习业务知识、管理技能，并用销售实战来完善自己的理论知识，力求不断提升自己的综合素质，为企业的再发展奠定人力资源基础。

二、销售工作具体量化任务

（1）制订出月计划和周计划及每日的工作量。每天至少打20个电话，每周至少拜访20位客户，促使潜在客户从量变到质变。上午重点电话回访和预约客户，下午时间长可安排拜访客户。考虑××市地广人多，交通拥堵，预约时最好选择客户在相同或接近的地点。

（2）见客户之前要多了解客户的主营业务和潜在需求，最好先了解决策人的个人爱好，准备一些对方感兴趣的话题，并为客户提供针对性的解决方案。

（3）从招标网或其他渠道多收集些项目信息供集成商投标参考，并为集成商出谋划策，配合集成商技术和商务上的项目运作。

（4）做好每天的工作记录，以免遗忘重要事项，并标注重要未办理事项。

（5）填写项目跟踪表，根据项目进度：前期设计、投标、深化设计、备货执行、验收等跟进,并完成各阶段工作。

(6) 前期设计的项目重点跟进,至少一周回访一次客户,必要时配合集成商做业主的工作,其他阶段跟踪的项目至少两周回访一次。集成商投标日期及项目进展重要日期需谨记,并及时跟进和回访。

(7) 前期设计阶段主动争取参与项目方案设计,为集成商解决本专业的设计工作。

(8) 投标过程中,提前两天整理好相应的授权、商务文件,快递或送到集成商手上,以防止有任何遗漏和错误。

(9) 争取早日与集成商签订供货合同,并收取预付款,提前安排备货,以最快的供应时间响应集成商的需求,争取早日回款。

三、正确对待客户咨询并及时、妥善解决

销售是一种长期循序渐进的工作,视客户咨询如产品销售同等重要甚至有过之而无不及,同时须慎重处理。自己在产品销售的过程中,严格按照公司制定的销售服务承诺执行,在接到客户咨询的问题自己不能解答时,首先应认真做好客户咨询记录并口头做出承诺,其次应及时汇报领导及相关部门,在接到领导的指示后会同相关部门人员制订应对方案,同时应及时与客户沟通使客户对处理方案感到满意。

四、认真学习我公司产品及相关产品知识,依据客户需求,为客户制订相应采购方案

熟悉产品知识是搞好销售工作的前提。在销售的过程中同样注重产品知识的学习,对我公司生产的产品的用途、性能、参数、安装基本能做到有问能答、必答。

五、产品市场分析

智能交通市场整体前景看好,智能交通本质上就是交通行业的信息化。中国智能交通市场主要包括城际高速公路通信监控收费系统、城市交通综合管理系统等。目前国家正在大量投资于交通基础设计的建设,预计国家每年对智能交通系统建设的投入在50亿～70亿元,其中还并不包括一些中小城市的一些BT/BOT或自筹资金的项目。而电子警察、卡口、号牌识别等产品在其中的占有比例超过20%。

××区域虽然市场潜力巨大,但公司销售目标以集成商为主,大多数集成商以项目建设为公司的主要业绩,其中较大的集成商项目的建设的范围一方面遍布全国,另一方面又呈现分散的趋势,无法形成有效的、紧密相连的网络。

我公司产品在智能交通领域中略显单一,这就要求我们一方面要通过渠道销售,增加公司产品在北京市场上的占有率,快速凸显自身优势,形成品牌效应,打品牌战,打价格战;另一方面又要在前期尽可能地广泛收集信息、跟进客户、跟进项目,提供完善的售前售后服务以及系统的整体解决方案。

六、2017年工作重点及设想

(1) 尽力发展新客户,维护好原有客户,对有潜力客户多关注,并把所有的产品包括摄像机进行更深层次的推广。近期已经开始给各个具有行业背景的集成商做产品技术交流。新年假后,将拜访博瑞凯诚、美能等公司,进行技术交流及产品测试。

(2) 对有特殊行业背景的客户,一定要做出拜访计划,定期的见面沟通,频率至少每周一次。只有这样才能真正把工作做细。

(3) 国家在治理城市交通拥堵方面大力投入,有些公司正在积极地参与到交通行业中。现有做城市交通,尤其是系统集成的这些客户,在2017年是关注的重点。已经跟几家做过沟通,约见他们更高层次的领导,以求达成公司与公司之间的战略性合作。目前的工作还停

留在与他们招投标、商务部门的沟通上。

（4）关注 IPC 的市场推广，加强其与 NAS 产品的配合使用。

（5）虽然目前国内经济形势不太明朗，但我想对我们公司的影响还是有限的，毕竟每年国家在维稳和基础建设上的投入都是巨大的。我们 2017 年的任务是 8000 万元，我们的行业目前有 4 个人，人均在 2000 万元左右。预计在电警、卡口、牌识系统产品上能突破 1500 万元，在监控及存储产品上能做到 500 万元。

（6）应收款方面，也尽量不要放账到年底来回收，平时就做好控制管理，也能减少不少因应收款带来的工作量。

以上就是我对 2017 年的工作计划，不够全面之处，请求领导能够给予指正。

希望 2017 年能是我给公司带来惊喜的一年！

【诊断】 这份销售工作计划思路混乱，语言拖沓，缺乏明确的工作指导思想，计划的基本内容，即计划的四要素任务、目标、措施和步骤含糊不清，整个计划不具有可行性。第一部分岗位职责没有必要罗列，第五部分"产品市场分析"精炼后，可作为制订计划的依据，第二、三、第四部分和第六部分可合并、梳理，明确工作目标和主要工作任务，作为该计划的一部分，接下来再根据主要工作任务制定出具体的措施和实施步骤，以保证计划的可行性。

第二节 总 结

[学习目标]

了解总结的含义、特点、分类等基本知识；理解总结的作用；掌握总结的写作规范和语言特点；学会写工作总结和经验总结。

开篇案例

向后看是为了向前走

电影《热血教师》(*The Ron Clark Story*)刻画了一位纽约大都市里的勤奋小学老师 Ron Clark。他在《十一条杰出定律》一书中告诉我们：高效率课堂以及学习生活的十一个特点，其中一个就是总结反省。Ron 指导学生在学习中多总结过去的经历，在每部分工作完成后，他要求学生写出经历和感受。很多同学都反映，当他们以后回顾自己所写的总结，很惊奇地觉得这种印象很深刻，当他们面对新环境新挑战时，会不由自主地想起这些总结。

这个案例告诉我们：回顾上一阶段的学习或工作，努力探求其中的规律，将其上升到理性认识，能够指导今后的实践活动。同学们在今后的学习和工作中，如果能够认真地对学习和工作进行回顾、分析和评价，并总结经验教训，对自己未来的发展将具有重要意义。

一、基本知识

（一）总结的含义

总结是单位或个人对前一阶段的工作、学习、生产或思想情况等进行回顾检查、分析研究，从中找出成功的经验、失败的教训，引出规律性的认识，为今后工作提供指导和借鉴的一种事务文书。常见的小结、体会也属于总结的范畴。

总结的适用范围广泛。每当我们完成某项工作或工作进展到一定时期，都需要认真回顾一下，或进行全面评估，或进行专题总结，肯定成绩收获，找出缺点不足，总结经验教训，以便改进工作，更好地前进。

（二）总结的特点

总结是沟通理论与实践的桥梁，是制定方针政策的依据；是指导工作、推广经验的工具。它具有以下特点：

1. 认识的理论性

总结的根本目的不仅仅是反映情况，更重要的是在此基础上找出成功的经验和失败的教训，并从中探寻出规律性的东西，以指导今后的工作。所以，总结的写作要在正确理论的指导下，通过对材料的综合分析，透过工作现象认识其内在本质，将认识上升到一定的理论高度。

2. 表述的概括性

总结是对自己或本单位工作的检查和评估，因此一般采用第一人称，表达方式是叙述、说明、议论结合，不论哪种表达方式都应具有较强的概括性。

（三）总结的分类

按范围划分，总结可分为单位总结、部门总结、个人总结等。

按时间划分，总结可分为年度总结、季度总结、月份总结等。

按内容划分，总结可分为综合性总结和专题性总结。

1. 综合性总结

综合性总结又叫全面总结，是对本部门、本单位或个人在一定时期内所做的各项工作的总回顾、总分析、总概括、总评价。内容涉及面较广、较详细、时间较长，能反映整个工作的全貌。在写作上要求内容全面，点面结合，重点突出，不但讲成绩、经验，而且也要讲失误、教训，以发扬成绩，克服缺点，把今后的工作做得更好。如《××团总支2016年度共青团工作总结》，就属此类。

2. 专题性总结

专题性总结是对一定时期内的某一项具体工作或某项工作的一个方面或某个方面的经验、问题进行的专门性总结。内容较单一、集中、具体，不面面俱到。它主要着眼于典型经验介绍，总结出带规律性的东西，使用的材料多为典型的具体事例。如《科技立厂　人才兴业》就是一篇专门总结白云山制药总厂"科技立厂"经验的专题总结。

综合性总结与专题性总结相比较，前者全面，后者着重于一点，各有用场。在写法上，两者都要通过对具体事实的分析找出规律。

二、例文看台

例文1

榕江县财政局2016年上半年工作总结

2016年以来，我局认真贯彻落实县委、县政府工作部署，围绕"大扶贫、大数据、大健康"战略，以促发展、惠民生、保运转为目标，主动适应经济发展新常态，突出"四个重点"工作，即重点抓好稳增长、促转型的财源建设,重点抓好民生项目的需求保障,重点抓好财政资金的依法管理,重点抓好财税改革的有序推进,为我县各项事业的健康发展提供了财力保障。现将2016年上半年的工作总结如下。

一、2016年上半年主要工作进展情况

(一)财政预算执行情况

1. 财政收入完成情况。今年上半年,我县公共财政总收入完成51 542.95万元,同比增长11.20%,增收5191.42万元。其中,国税部门完成6542.79万元,同比增长37.41%,增收1781.11万元;地税部门完成34 454.64万元,同比增长5.31%,增收1736.88万元;财政部门完成10 545.52万元,同比增长18.86%,增收1673.43万元。县本级一般公共财政预算收入完成37 190.65万元,同比增长15.88%,增收5096.17万元。其中税收收入完成26 239.93万元,同比增长14.62%,增收3347.71万元;非税收入完成10 950.72万元,同比增长19%,增收1748.46万元。

2. 公共财政支出完成情况。今年上半年我县公共财政预算支出完成130 800万元,比上年同期增长28.11%,增支28 697万元。八项民生支出完成101 200万元,比上年同期增长28.03%,增支22 159万元。

从数据上分析,我县上半年财政经济运行平稳,财政各项收支均有较大幅度增长,实现了时间过半、任务过半的工作目标。

(二)脱贫攻坚工作进展情况

1. 按照"33112"资金分配原则,完成到县、到乡镇、到产业的资金分配及拨付。

2. 完成县扶贫开发投资有限责任公司注册,正在与省、州扶贫公司对接,拟将易地搬迁等扶贫项目交由该公司承接。

3. 完成榕江县信达担保股份有限责任公司增资扩股方案编制,并经县政府常务会议审议通过。公司注册资金2亿元,其中财政出资1.2亿元,持股60%;国资公司出资2000万元,持股10%;信用联社出资4000万元,持股20%;贵州省担保有限责任公司出资2000万元,持股10%。

4. 榕江县2016年47个出列村"四在农家·美丽乡村"项目实施情况。

自2010年9月份项目开始实施以来,实施的"四在农家·美丽乡村"项目已经覆盖了39个村,共实施和拟实施项目共计183个,财政奖补资金投入2517.44万元。除三江乡的怎冷村,朗洞镇的色边村、卡寨村,八开乡的摆列村,平江乡的田榜村,寨蒿镇的丰裕村6个出列村的项目比较全面之外,余下33个出列村的项目比较单一,仅建有进组路、串户路、文化活动场等单个项目,体现不出亮点,所以在项目单一的出列村中需增加议事长廊、寨门、风雨桥、太阳能路灯、健身器材、垃圾焚烧池、排污管网、排污沟等项目。未覆盖"四在农家·美丽乡村"项目的8个出列村我局已向县扶贫攻坚指挥部申报所缺的项目,并积极向省、州综改办协调申请,将未覆盖的8个出列村项目作为2017年项目在2016年提前实施,争取对47个出列村项目建设覆盖率达到100%。

截至目前,项目覆盖的39个出列村,各个项目正在实施中。2016年项目未覆盖的8个出列村,提前实施有关资料正在申报中。

5. 完成财政资金统筹整合使用方案(初稿)编制,已报至县脱贫攻坚指挥部,待审核后,报县人民政府审定实施。

6. 根据《财政部 农业部关于调整完善农业三项补贴政策的指导意见》(财农〔2015〕31

号)精神及省领导对《贵州省调整完善农业三项补贴政策实施方案》的批示,从2016年起,种粮农民直接补贴、农资综合补贴以及农作物良种补贴三项补贴合并为"农业支持保护补贴",截至6月底,已对资金发放清册进行张榜公示,全县拟发放补贴总金额为2199.48万元,涉及农户67 218户,涉及人数309 759人。

(三) 项目建设完成情况

1.2016年上半年实施村级公益事业建设"一事一议"财政奖补项目173个,投入资金2375.95万元,截至6月底,项目已开工17个,完工2个,在建15个,开工率9.83%,完工率1.17%,报账资金105.49万元,报账率4.44%。

2.2016年实施的农业综合开发项目1个(寨蒿镇高标准农田建设项目),截至6月底,完成引水渠16.6千米,完成拦河坝6座,完成渠系建筑物2座,完成机耕道4.32千米,目前完成总工程量的75%。

(四) 人大议案和政协提案答复完成情况

2016年我局收到人大议案和政协提案共14件,为了做好今年议案、提案工作,我局高度重视,召开了专题工作会议,成立了人大议案、政协提案办理工作领导小组,并多次召开专题会议安排部署,截至6月底已完成8件答复任务走访工作,拟定答复文件3份。

(五) 国有资产管理工作

一是通过细化分类管理,进一步加大了固定资产的配置审核和处置审批,上半年累计审批单位资产配置303笔,共计2789件,资产划拨审批54笔。其中,车辆划拨46辆,空调划拨3台,摄录一体机5台,建设用地1块;资产报废审批18件;封存车改车辆111辆,其中划出24辆,其余87辆待下一步聘请中介机构评估后,进行公开拍卖或报废处理。二是加强国有房产管理,集中力量对自管出租房屋进行了排查。对正常出租的,及时通知承租方做好用房安全工作;对存在纠纷的,咨询律师,从法律角度给出专业的处理解决方案;对已收回闲置的,加大线路老化、门锁损坏(老旧)等问题的检查力度,有效杜绝了安全隐患。

(六) 财政监督工作

一是根据新《预算法》要求,我局财政监督执法大队对我县预算单位进行了预算公开工作检查,截至6月底,在榕江县人民政府网公开"2016年度部门预算及三公经费信息",应公开单位78个,实际公开单位78个,公开率100%。二是根据《贵州省财政厅关于印发〈2016年在财政部门开展严肃财经纪律暨民生领域整治铸廉三年行动专项检查工作方案〉的通知》(黔财办〔2016〕9号)以及《黔东南州财政局关于转发〈2016年在财政部门开展严肃财经纪律暨民生领域整治铸廉三年行动专项检查工作方案〉的通知》(州财办〔2016〕14号)文件要求,我局财政监督执法大队对县财政局内部及各乡镇财政所开展严肃财经纪律暨民生领域整治铸廉三年行动专项检查工作,督促各乡镇财政所及财政局内设股室进行自查自纠工作,随后进行抽查并督促整改,切实防范了资金风险,提高资金使用效益。三是根据省财政厅《关于印发节能环保型行业联动检查工作指导方案》的通知(黔财监〔2016〕44号)文件要求。我局财政监督执法大队对县环保局进行了专项检查,检查内容包括:收入、支出、资产归集和核算情况,预算编制、执行和政府采购情况,节能环保资金财政补助等政策的执行情况。此次检查进一步规范我县节能环保行业会计核算及财务管理水平,确保了会计信息的真实完整和预算编制,执行的准确性和合规性,发挥了财政对节能环保事业发展的保障和促进作用。

(七) 党风廉政建设工作开展情况

一是做好党员学习培训,重点围绕《中国共产党章程》《中国共产党廉洁自律准则》《中国共产党纪律处分条例》《"创先争优"和中央一系列相关重要决定和"反腐倡廉"的文件，促使党员干部在学习中强化认识。二是为加强监管，确保财政资金的安全。我局编制了《榕江县行政事业单位现金管理暂行办法》及《关于进一步严肃财经纪律加强财政资金管理的通知》，经县政府常务会议审议通过并印发执行。三是认真落实党政务公开工作。在局大厅两侧和走廊过道建立了财政局党务、政务公开栏，及时调整了党政务公开领导小组，并按要求公开事项进行了公开。四是召开榕江县财政局"铸勤行动"暨党风廉政建设启动大会，编制了《中共榕江县财政局党组关于开展"铸勤行动"的实施方案》，成立了榕江县财政局"铸勤行动"领导小组，领导小组下设督查组及办公室，纪检组长刘南方同志任督查组组长，党组成员、副局长张培芳同志任办公室主任。五是认真开展驻村帮扶工作。根据县委、县人民政府驻村帮扶工作的安排部署，我局高度重视，成立了驻村帮扶工作领导小组，并对郎洞镇盘假村、八书村2个帮扶村开展了结对子、上项目帮扶。

截至6月底，帮助两个贫困村成立村级集体合作社2个，协调解决劳务项目1个；开展帮扶村交流学习1次，参学人数40人；帮助解决通校路护栏建设项目一个；安排"一事一议"财政奖补项目建设一个，投入资金7.6万元。余下计划增补项目有：一是太阳能路灯180盏，投入资金57.6万元。二是垃圾焚烧池6个，资金投入7.2万元；开展贫困村贫困户遍访工作2次，遍访户数300余户；局班子成员深入帮扶村调研工作2次。总之，通过落实各项工作制度，党风廉政建设得到加强，没有发现干部职工有违法违纪现象，财政队伍正向政治强、业务精、作风正、高效廉洁的方向发展。

二、存在的问题

一是税源滞后，实体经济发展缓慢，加上国家全面推行"营改增"，收入增长难度加大。从我县收入情况来看，主体税种和非主体税种收入有较大失衡，一次性的税种所占比重较大，地税收入占比重较大，国税收入占比重较小，非税收入占比偏高。二是资金瓶颈突显，收支矛盾突出，特别是保民生、加大脱贫投入等刚性需求压力加大。三是政府性债务规模日趋加大，债务偿还压力加大，管理亟待加强和规范。四是财政监督、会计信息规范及财会队伍建设有待加强。

三、2016年下半年工作努力方向

一是继续以组织收入为中心，确保完成全年收入任务。二是优化支出结构，严格控制一般性支出，提高财政资金使用效益。三是创新财政资金投入方式，加大资金统筹整合使用力度，助推我县脱贫攻坚工作。

榕江县财政局
2016年6月30日

【评析】 这是一份工作总结。前言采用概述式写法，概括介绍工作背景和工作的总体情况，给读者一个总印象。主体部分首先从财政预算执行情况、脱贫攻坚工作进展情况、项目建设完成情况等七个方面详述了上半年主要工作的进展情况，数据确凿、典型，内容充实，有说服力；接着指出了工作中还存在的四个方面的问题；最后从三个方面提出了下半年工作努力的方向。这篇总结不设结尾，在作者指出下半年工作的努力方向后，骤然搁笔，干净利落，不拖泥带水。文章思路清晰，层次分明，详略得当，重点突出，语言平实，符合工作总结的写作要求。

三、总结的构成要素与写法

总结一般由标题、正文和落款三个部分组成。

（一）标题

总结的标题要根据总结的目的、要求和具体内容来拟写，力求准确、简洁、醒目。一般有三种写法。

1. 公文式标题

由单位名称、时限和文种组成。如《××省财政厅 2016 年工作总结》，工作总结一般采用公文式标题。

2. 文章式标题

有的突出中心，有的概括内容。如《我们是怎样把企业推向市场的》。

3. 正副标题

正标题概括总结内容，副标题标明单位名称、时限、总结名称等。如《艰苦的拼搏，丰硕的成果——××省××系统 2016 年工作总结》。

（二）正文

1. 工作总结的正文一般包括以下三个部分

（1）前言部分。概述工作的基本情况，包括工作的背景、指导思想、工作重点、成绩或效果等。上述内容不用面面俱到，而是应根据具体情况有所侧重。这一部分要写得简明扼要，对读者起导读作用。

（2）主体部分。具体介绍工作任务完成的情况和取得的工作成绩、采取的措施或做法，以及经验教训等。介绍时，既要概述面上的情况，又要举出典型事例和具体数据，使之具有说服力。从结构上看，一般按从主到次的逻辑顺序组织材料。写作形式上，可以分条列项写，也可以列小标题写。

（3）结尾部分。工作总结的结尾应根据实际情况而定。大部分工作总结将工作中存在的问题和今后改进意见，作为总结的结尾。工作总结一般不可缺少这一部分。写作时寻找问题要抓住重点，提出改进意见要有针对性。也有一些工作总结将存在的问题和今后改进的意见放在主体部分，最后用简洁的语言展望未来，鼓舞斗志，以收束全文。

2. 专题性经验总结的正文一般包括以下三个部分

（1）开头。概述基本情况。一般交代背景材料，说明工作开展时的基本情况和取得的成绩。这一部分要写得简要、概括。

（2）主体。专题性经验总结的主要目的是介绍和推广经验，因此可以把所介绍的经验分成几个方面，以分列小标题的形式写作。或从做法上总结经验，或从效果上总结经验，或从体会上总结经验，或从做法、效果、体会等方面相结合的角度总结经验，要上升到理性认识的高度，总结出规律性的东西，做到观点和材料统一。

（3）结尾。可根据实际情况灵活安排。有的经验总结或在最后进行简要归结，或展望未来；有的经验总结主体之后不设结尾，自然收束。

（三）落款

落款在正文的右下方，包括署名和写作日期。如标题中有单位名称，则可以省略署名。

四、写作注意事项

写总结应注意体现出工作特色，如何写出特色呢？应注意以下四点。

（1）从自身的环境、条件出发，反映工作特色。

（2）从工作做法上体现特色。即抓住工作中带有普遍性的矛盾，从自身的实际出发，探索出新的解决办法。比如在条件相似的情况下，由于采取了创造性的决策，别致新颖的做法，取得了突出的成绩，从而显出特色。

（3）从认识上反映工作的特色。写工作总结不能只停留于回顾，必须从实践中总结出工作规律，提高认识。同样的工作，做法效果基本类似，由于对事物的认识水平不一，总结的深度就有差别。有的总结内容一般化，有的则别具特色，这就要避免简单的就事论事，据事论理，站在一定的高度，去深化认识，显示特色。

（4）语言要准确、简洁、朴实、生动。相对于其他的事务文书，总结的篇幅稍长些，因此，要特别注意在准确表达的前提下，简洁明了，生动活泼，语句流畅，有吸引力。文中可适当运用一些具有表现力的群众语言，或一些生动形象的语言来说明问题。

五、病文诊断

2016年年度个人工作总结

光阴似箭，转眼间进入××小学已一年，作为一名新教师，在各位老师的帮助和支持下，在领导的信任鼓励下，让我成长、进步，收获了不少。回顾这一年，对自己的工作表现也有满意和不足，但无论怎样，都需要自己踏踏实实的工作，实实在在的做人。

本年度，我担任四年级数学和五年级科学教学工作。在教学工作方面，作为一名新教师，基本功不扎实，经验缺乏是我的不足。为了提高自己的教学水平，我主要做了以下几点：

1. 多学习，多请教

作为新教师，刚开始确实有些盲目，不知如何下手，但在教学上我不敢有一丝马虎，努力转变自己的观念，力求自己的教学方法适应学生的学习方法，不断改进自己的缺点。我经常利用空余时间去请教和观摩其他老师的教学活动并学以致用。

2. 认真备课，钻研教材，努力上好每一节课

在备课时我认真钻研教材、教参，虚心向其他老师学习、请教。力求吃透教材，找准重点难点。为了上好一节课，我上网查资料，集中别人的优点确定自己的教学思路。在课堂上，努力调动学生的积极性，尽可能使每个学生都参与到课堂中来。及时批改、讲评作业，尽量做到每次作业都以三个等级对学生表扬鼓励。做好课后辅导工作，广泛涉猎各种知识，形成比较完整的知识结构，使学生学有所得。

3. 多看书，多上网

积极学习各种教育理论，以充实自己，以便在工作中以坚实的理论作为指导，更好地进行教育教学。我们常说给学生一杯水，教师就要有一桶水，时代在不断地发展，知识也在不断地变化，为了使自己的这一桶水不会陈旧、不会用竭，我努力学习，给自己充电。还经常上网找一些优秀的教案课件学习，努力提高自己的教学水平。这一年来学习，使我收获不少，无论是在和学生相处的技巧上，还是课堂教学的合理安排上，我都很大的进步。

4. 及时写教学反思

我建立了自己的博客，尽量坚持每天记录教学及课外与学生的交流，从中找出成功之处与不足之处，有则改之，无则加勉。

5. 目标

为了更好适应教师的角色,使自己更快成长,我为自己设立了以下几个目标,以激励自己:

(1) 在教育教学的思想上,认真学习新课标,转变理念,与时俱进。

(2) 在业务技能上,继续夯实基本功,力争在两年之内,使个人的教育教学的水平达到一个新的高度。

(3) 加强学习,除了向书中学习外,还要继续向有经验的教师学习。不断提高自己的理论水平,同时也要积极参与课题探究。

(4) 继续坚持及时撰写好相关的文章和总结,为学校和自己的课题做好准备。

在今后的实践中,我会继续努力工作,以真挚的爱,真诚的心,以及有个性的课堂教学风格吸引学生,打动家长。不断提高自己,完善自己,努力使自己早日成为一名优秀的教师。

【诊断】这篇工作总结存在以下问题:① 主体安排有问题。主体从四个方面总结了自己的工作情况,并将今后的目标与这四个方面的工作情况并列安排,导致结构层次不清晰。② 主要工作缺乏归纳,理性不足。教学工作可从理论学习、保证上课质量、搞好教学研究等几个方面进行分析回顾、总结评价,具体论述时,既要有观念指导,又要有具体做法,特别要落脚到具体成效。本例文显然只是简单罗列做了什么,至于为什么这样做,做得怎么样,或者言之甚少,或者根本不谈。内容空泛,缺乏有说服力的典型材料。这样的总结对今后的工作缺乏借鉴意义。③ 语言表达方面存很多问题。第一,重复现象多,如关于"新教师"提了多次。第二,存在多处语病,如第一自然段"在各位老师的帮助和支持下,在领导的信任鼓励下,让我成长、进步、收获了不少",属于句式杂糅,应改为"在领导的信任鼓励下,在各位老师的帮助和支持下,我成长、进步、收获了不少";再如"我都很大的进步""尽量坚持每天记录教学及课外与学生的交流",属于成分残缺,应分别改为"我都有很大的进步""尽量坚持每天记录教学情况及课外与学生的交流情况";再如"这一年来学习,使我收获不少",应改为"这一年来的学习,使我收获不少"。第三,本例文还存在语言不精练,口语化严重的问题。

六、异同辨析

计划和总结都是做好工作的重要环节。计划是总结的依据,总结是对计划的检验,两者相辅相成,互相促进。

1. 拟写时间不同

计划是对未来的安排,在工作之前制订;总结是对过去所作的结论,在工作到一定阶段或计划完成后进行。

2. 表达方式不同

计划以完成预定目标,落实具体步骤、方法、措施为内容,重在说明;总结重在分析、评价计划执行的情况,重在做出理论概括,找出规律,要叙议结合。

3. 写作角度不同

计划强调"做什么—怎么做—什么时间做",总结要写明"做了什么—做得怎么样—为什么这样做"。

第三节 述职报告

[学习目标]

了解述职报告的含义、特点、分类等基本知识;理解述职报告的作用;掌握述职报告的写作规范和语言特点;学会写述职报告。

开篇案例

述职报告为什么成晋升的绊脚石

某公司销售经理李强最近比较烦,因为一向以实战"著称"的他,销售业绩做得不错,却在每月一次的述职报告上屡屡"栽跟头",领导不仅批评他所写的述职报告太差,而且由此认为他思路不清,逻辑不强,不具有领导能力。述职报告一次次被"枪毙",这让他非常苦恼。尤其严重的是,这令人"生厌"而又事关升迁的述职报告还引发了人力资源部及自己上司对李强的不满,阻碍了他的正常提升,述职报告成了他晋升的绊脚石。

述职已经成为现代社会考核干部和工作人员的一种重要方式。上述案例告诉我们:"做得好"固然重要,但有时候"写得好"与"说得好"往往起关键作用。述职报告的写法是有技巧的,如果你具备写好述职报告的高超技能,那么它就可以助你职业人生顺利前行。

一、基本知识

(一)述职报告的含义

述职报告是国家机关、企事业单位或其他社会机构中的领导、公务员或专业技术人员向上级领导机关、主管部门或本单位的干部职工,陈述本人或集体履行岗位职责情况的自我评述性的书面报告。现代社会,述职已成为考核干部和工作人员的一种重要方式,述职报告的运用越来越普遍。

(二)述职报告的特点

1. 内容主次分明,个性突出

述职报告是在客观真实的基础上对主要工作情况的汇报,不要求面面俱到。报告内容的选择必须抓住"牛鼻子",突出重点,如有代表性的成果或典型经验教训要详写,而日常事务性工作可略写或不写。

述职报告具有的鲜明个性色彩。由于行业岗位各有不同,工作内容与要求必然各具特色,即使是担任相同职务的工作人员,其工作业绩与工作方式也必有与众不同之处。述职报告要根据履行职责的情况述评结合地汇报自己的工作情况。

2. 表述方式直截了当

述职报告注重实事求是的汇报,其表达方式以叙述为主,以说明、议论为辅。

3. 语气诚恳谦虚

述职报告的目的是让有关方面充分了解自己履行岗位职责的实绩,字里行间应体现出谦恭有礼、诚恳好学的态度,切不可随意夸大和吹嘘。

二、例文看台

××市××局机关第六党支部书记×××的述职报告

各位领导、同志们:

大家好! 2016年,本人深入贯彻落实党的十八大、十八届三中、四中、五中、六中全会和市委全会精神,围绕党建工作重点,加强能力作风建设和队伍建设,深入开展创先争优活动,增强了党组织的创造力、凝聚力和战斗力,较好地履行了基层党支部书记的职责。现将一年来的履职情况向各位领导和同志们报告如下,请大家评议。

一、职责履行情况

(一)加强组织建设。认真贯彻执行党的路线方针政策,思想行动上始终与党中央保持高度一致;坚持民主集中制原则,重大事项由支部委员会集体研究决定;优秀共产党员、优秀党务工作者表彰人选采取民主推荐方式;班子成员分工明确,但分工不分家;支部各委员虽然都是兼职开展党建工作,但能够克服业务工作与党建工作的矛盾,热爱并积极投身党建工作,尽心尽职,团结协作,勤政廉洁,不折不扣完成上级党组织布置的各项工作任务,得到上级党组织的认可,并得到本支部党员的支持和拥护。积极发展党员,×名预备党员按期转正,新确定×名入党积极分子,×名预备党员进入预备期考察。

(二)加强队伍建设。定期召开党员大会、支委会和党小组会,按时上好党课。通过党员大会发展党员、改选支委会成员、推荐优秀党员和党务工作者表彰人选等。支委会每月召开一次会议,研究讨论全年学习重点内容、党员发展计划和全年活动安排等。加强对全体党员的理想信念、宗旨教育和业务知识培训。组织本支部党员参加上级和本单位开展的××、×××等各类培训和讲座;组织开展×××等主题讨论;组织本支部人员学习《中国共产党廉洁自律准则》和《中国共产党纪律处分条例》并参加统一考试;组织党员参加×××、×××等活动。加强作风建设,严格执行中央八项规定,严格遵守廉洁从政各项规定,坚决纠正"四风"问题。通过学习、教育等活动,提升了全体党员的政治思想素质和业务水平。

(三)发挥党员先锋模范作用,服务基层,服务企业,服务群众。组织本支部党员认真贯彻落实市委×××文件,主动深入企业,深入基层,走访了解情况,帮助解决实际困难。积极参加×××、×××等活动,到×××开展扶贫帮困活动,到×××社区开展政策业务宣传、卫生保洁等便民服务活动……结对帮扶市困难家庭和×××社区空巢、困难家庭。积极参加×××行动,为中、小学困难学生提供学费资助。

(四)带头廉洁从政,做好表率。认真履行党建工作职责,不折不扣完成各级党委部署的各项工作任务。严格以党员标准要求自己,带头遵守中央八项规定,带头廉洁自律,带头参加各项学习和公益活动。

二、存在的主要问题

一是没有很好地处理党建工作和业务工作的关系,对支部工作投入的时间和精力相对较少;二是工作思路比较狭窄,创新开拓精神欠缺;三是组织支部党员开展活动的形式单一,全体党员的积极性没能充分调动起来。

三、下一步打算

认真完成局机关党委部署的各项工作;积极支持局机关党委书记的工作;组织本支部党员开展各项有益身心的活动;严格以党员标准要求自己,做守纪律、讲规矩的模范。

以上报告如有不妥,请领导和同志们批评。谢谢!

2016 年 12 月 17 日

【评析】这份述职报告前言对自己履行基层党支部书记的职责情况作了简要介绍,接着用"现将一年来的履职情况向各位领导和同志们报告如下,请大家评议"过渡到下文。主体部分首先从四个方面汇报了自己履行支部书记岗位职责的主要情况,语言简明、平实,不拖泥带水。接下来对履职过程中存在的问题进行了分析,并说明了今后的打算。最后,用惯用语收束全文。这篇例文值得我们在写作中借鉴。

三、述职报告的构成要素与写法

述职报告一般由标题、称呼、正文和落款四个部分组成。

(一)标题

述职报告的标题有两种写法。

1. 公文式写法

公文式标题包括职务、时间、文种,其中时间和职务可省略。如《致远公司财务科长 2016 年述职报告》可写成《致远公司财务科长述职报告》《我的述职报告》或《述职报告》多种形式。

2. 文章式写法

这种写法一般以双标题形式出现,正标题是对报告主旨的高度概括,副标题则采用公文式写法。如《尽职尽责尽心尽力——我的述职报告》。

(二)称呼

即主送机关或称谓。如向上级机关述职,应写主送机关;向领导和本单位群众述职,则应写称谓如"各位代表""各位同志"等。

(三)正文

包括前言、主体和结尾三个部分。

1. 前言

前言是对自己履行岗位职责情况的介绍和工作情况的简评。即说明自己的任职时间、职务,概述工作的基本情况。有些针对性较强的述职报告还在前言中写出明确的指导思想,如某开发区区长述职报告的前言为:"我于××××年 3 月以来担任本区区长职务,在全市××××年经济方针'努力搞活对外关系,大力发展旅游经济'的指导下,我做了如下工作,现予以报告"。这部分的写作以简要为宜,重要内容应在主体中加以详尽阐述。

2. 主体

主体是述职报告的核心内容,详细陈述自己履行职责的情况。可按时间发展的顺序分阶段对工作进行叙述;也可以按工作性质进行分类叙述。应以岗位职责为依据,把所有工作综合分析,按任职期间所做工作、成绩经验、存在的问题及教训、今后工作的努力方向等项目分成几大部分进行写作。主体部分的写作要做到重点突出,详略得当,条理清楚。

3. 结尾

述职报告的结尾常用惯用语收束。如"以上报告,请审查""特此报告,请审阅""以上述职,请领导和同志们批评指正"等。

(四)落款

在正文末尾的右下方署名,并写明述职的日期,署名也可以放在标题的正下方。

四、写作注意事项

1. 突出重点

述职报告的写作要全面,但不能事无巨细。因此,应抓住核心问题,突出重要成绩,总结主要经验、教训。凡重点部分要精心组织材料,写得详细、具体、充分、全面;次要部分可略写或一笔带过。

2. 突出个性

干部的岗位层次不同,述职内容自然各异。即使同一职务的干部或领导也会因分工的不同有不同的工作重点,至于工作方法,就更是各具特色。因此,述职者要突出自己工作的特色,显示自己的工作个性,避免千部一腔、千人一面没有特点和个性的写法。

3. 客观评价

写述职报告,不管是叙述成绩还是问题,都要客观、公正、实事求是。写成绩,不虚夸,恰如其分,符合客观实际;讲问题,直截了当,不掩饰,抓住要害;讲经验,有理有据,严谨求实,一分为二。为自己唱赞歌,大谈特谈自己的成绩,对工作中存在的问题和矛盾有意遮掩是述职报告写作的大忌。

五、病文诊断

述 职 报 告

本人自××××年××月担任××公司总经理以来,尽职尽责,勤勉工作。下面我向大会汇报任职一年来的情况,请予审议。

一、履行职责情况

(一)抓员工思想教育,增强企业凝聚力,塑造企业形象(略)

(二)抓管理,建章立制,争创一流(略)

(三)参与新产品××的研制(略)

……………

二、思想作风情况

(一)理论学习(略)

(二)科技学习(略)

述职人:×××
××××年××月××日

【诊断】这是一篇述职报告的提纲。它存在的主要问题是结构不完整。①缺少称谓。应根据实际情况加上适当的称谓。如"各位代表"或"各位领导"等。②缺少"存在问题和下一步工作目标及主要措施"等。③缺少结束语。应在正文之后视情况加上"以上述职,请领导和同志们批评指正"或"谢谢各位"等语句。

六、异同辨析

述职报告与个人总结的区别表现在以下四个方面。

（1）从陈述范围看，个人总结陈述的范围很宽泛，思想修养、业务进修、工作进展、为人处世等方面，都可以写成总结，都可以单独成篇；而述职报告陈述的范围仅限于履行岗位职责的情况。在陈述履行职责的情况下，也可以涉及思想修养、业务进修等方面，但那是为履行职责提供思想和业务基础。

（2）从陈述角度看，个人总结可以按照时间、空间不同，既可从做法的角度写，又可以从体会的角度写；而述职报告只能从履行职责的情况着眼，落实到干了哪些事，克服了哪些困难，取得了什么效果。述职报告中可以有体会，但不能从体会的角度写。

（3）从陈述内容看，个人总结，特别是工作经验总结，可以只讲成绩、经验，至于缺点、不足可以一笔带过，也可以不谈；而述职报告要求成绩和不足并重，实事求是，对履行职责过程中存在的问题不能轻描淡写，更不能文过饰非。

（4）从作者范围看，个人总结是谁都可以写的，普通学生可以写学习总结，普通农民可以写生产总结；而述职报告的作者仅限于有职有责者。

第四节 简　　报

[学习目标]

了解简报的含义、特点、分类等基本知识；理解简报的作用；掌握简报格式和写作要求；会编写简报。

开篇案例

"小"简报发挥"大"作用

"伙计们快来看呀，咱们段开办的'春运简报'运行了！"2012年1月8日上午，郑州机务段客运车间南线机车队的支部书记刘洪波兴奋地喊道。他这一喊，在机车队学习室业务学习的所有人都向他围拢过去，争着观看机务段在局域网上刚刚运行的"春运简报"栏目。

原来，为了更好地方便干部职工及时了解生产动态、掌握段内信息情况，更好地保证春运期间的安全生产，春运开始第一天，郑州机务段就在段局域网主页开办了"春运简报"。简报分临客开行、重要信息、班子动态和机车质量四个栏目，每天发行一期。点击网页，该段每天临客列车开行情况，段内发生的信息，上级主管部门检查发现的问题，机务段领导的动态和机车机破、临修、抢修的情况就一目了然。

郑州机务段发行的"春运简报"，已成为春运安全生产的助推器，起到了鼓舞士气、提醒安全，反映动态的"大"作用，赢得了全体干部职工的喜爱。职工们聚拢在一起阅览简报，已成春运期间一道不可缺少的"精神"大餐。

上述案例告诉我们：简报简短、灵活，运行方便，在工作中得到广泛应用。因此，只有掌握简报的写作规范和要求，及时编发，才能充分发挥它应有的作用。

一、基本知识

(一)简报的含义

简报是党政机关、企事业单位及社会团体内部用来反映情况、汇报工作、沟通信息、交流经验而连续编发的简要报道性的事务文书。"情况反映""情况交流""简讯""动态""内部参考"等都属于简报的范畴。

简报简短、灵活,运行于上下左右,因其报头套红印刷,所以人们又称之为"红头小报"。

(二)简报的特点

1. 真

编发简报的目的在于上下沟通、协调工作、相互了解、掌握动态。因此,简报必须真实准确地反映情况。

2. 新

简报所报道的内容不仅要真实,而且还应是新情况、新问题、新经验、新动向。否则,就失去了它的作用和意义。

3. 简

简报重在一个"简"字。要求行文简练,内容扼要,篇幅短小。

4. 快

简报是情况、经验、问题以及工作进程的及时反映。因此,简报的编、印、发都应及时快捷,讲求时效。

(三)简报的作用

1. 下情上报,提供决策依据

通过简报向上级机关汇报工作、反映情况和问题,能使上级机关及时了解下级机关工作中出现的新经验、新情况、新问题,为制定方针、政策提供参考和依据,以避免主观盲目性,增强决策的民主性和科学性。

2. 上情下达,指导开展工作

向下发送简报,可以起到传达领导意图、指导下级机关工作的作用。还可以通过推广先进经验,树立典型,督促后进,使基层工作出现新面貌。

3. 左右沟通,加强联系协作

单位与单位、部门与部门、系统与系统之间可通过简报沟通信息、交流经验、加强联系,相互促进,彼此协调、支持,把工作做好,以求得更好的经济效益和社会效益。

4. 为媒体提供新闻线索

媒体上的新闻,有不少是来源于简报的。有的是根据简报的内容写成消息予以报道,有的是从简报中发现线索然后进行深入采访,撰写成消息或通讯、特写。

(四)简报的类型

对简报可以从不同角度进行分类。归纳起来,常见的简报有以下两种。

1. 工作简报

工作简报用于反映本部门、本系统、本地区的工作情况,一般由办公室编发。

2. 会议简报

会议简报是会议期间印发的简报,主要用于报道、反映有关会议的内容和会议进展情况,一般由会议秘书处编发。

二、例文看台

××简报

（总第 105 期）

××大学校长办公室编 20××年9月20日

市教育局专家组对我校进行本科教学工作检查

8月28日,市教育局以××教授为组长的市教委专家组,一行七人来我校进行本科教学工作检查。我校本着实事求是、以查促建的原则接受了专家组的检查。

专家组首先集体听取了××副校长对我校本科教学工作的情况汇报和校领导对专家组提问的回答。然后分小组查阅资料、进行问卷调查,与职能处室、部分系部领导、教师代表及学生代表进行座谈。

经过一天的教学检查,专家们在全面检查了解我校的情况后,进行了近一个小时的内部交流,综合意见后,向学校反馈了检查意见。总体评价为:学校领导切实把本科教学放在学校的中心地位,学校的办学思想明确、定位准确,对教育部、市教育局文件贯彻得力,对推动本科教学质量的提高,采取了不少有效措施,教师爱岗敬业,能处理好规模与质量、发展与投入、教学与科研、改革与建设四个方面的关系,但今后学校在专业外延的扩展,中青年教师的培养,实验设备的现代化等方面尚有待提高。

发送范围:××市教育局、校内各部门

印数:××份

【评析】这是一篇格式完整,文字简洁的简报。标题为新闻式单标题。采用概述式导语,简明扼要地概括了简报的内容。主体部分按时间顺序组织材料,内容清楚简明。

三、简报的格式与写作

（一）格式

一份格式完整的简报包括报头、报核、报尾三个部分。

1. 报头

报头占首页的三分之一,一般包括密级与编号、简报名称、期数、编发部门、印发日期等项目。报头和报核部分用一条横隔线隔开。

（1）密级与编号。简报属内部资料,有一定保密要求。有密级的简报,需在指定位置标明密级和编号,密级一般位于简报报头左上方,编号一般位于简报报头右上方。

（2）简报名称。其位于简报报头的中心位置,套红印制。简报名称相对固定。

（3）期数。期数括注于简报名称的正下方。

（4）编发部门。其位于简报报头左下方。

(5) 印发日期。其位于简报报头右下方。年、月、日要齐全。

2. 报核

报核是简报的主体部分,包括按语、标题、正文三个部分。一期简报既可以刊登一份材料,也可以刊登几份相关材料。

3. 报尾

报尾在简报末页下方,以两条平行横线作标志。报尾包括发送对象和印发份数。

(1) 发送对象。其位于报尾左下方。因发送单位与本单位的关系不同,可分别"报"上级单位;"送"平级或不相隶属单位;"发"下级单位。也可用"发送"笼统表明。

(2) 印发份数。其位于报尾右下方。

简报格式示意图如下:

秘　密		编号:001
	情况简报	
	(第 10 期)	
公司秘书科编		2016 年 9 月 8 日
按语:		
	标　题	
	(正文略)	
报:×××× 送:×××× 发:××××		(共印 12 份)

(二) 写作

简报的报核由按语、标题、正文三项内容构成。

1. 按语

按语是简报编发者对所编发的简报进行评论、提示或补充说明的文字。并不是所有简报都需加按语。简报如果需要加按语,应位于简报报头之下、简报正文标题之上。按语一般有三种写法:① 说明性按语。一般用来交代简报文章的来源出处,尤其是转发外单位的材料更要交代清楚,同时表明编发意图,如写明"可供参考"之类的话。② 提示性按语。一般用来提示简报的中心内容,帮助读者把握简报精神,加深理解。③ 评价性按语。一般用来说明编者对所发简报的看法,说明赞成什么,反对什么,引导读者掌握政策界限,做好工作。

这三种按语都可以在说明、提示或评价之后,对读者提出希望和要求。按语是代表编发单位的观点,而非编辑人员的个人意见。因此,写作要有针对性、指导性,画龙点睛;语言应简明、准确、得体。

2. 标题

标题有两种形式。一种是单标题,如《电"猫"捕鼠 护粮又致富》;另一种是双标题,如《深入实际 在"社会大学"中受教获益——我校开展学生暑期社会考察活动》。简报标题应力求准确、简洁、新颖、醒目、有吸引力,要揭示文章的中心,启发、引导读者了解简报内容。

3. 正文

正文一般包括开头、主体和结尾三个部分。

(1) 开头,也称导语,用极简洁、明确的一句话或一段话,概括全文的主要内容或主要事实,给读者一个总印象。开头方式多种多样,常见的有概述式、提问式和结论式。开头应开门见山,简明扼要。

(2) 主体。主体是正文的主干部分。这部分要紧扣开头,用有说服力的事实、数据、情况、问题等典型材料,把开头总括的内容具体化。主体既可按时间顺序安排结构,又可按逻辑顺序安排结构。如果简报篇幅较长,可采用小标题、序数法等方式展开。主体的写作要紧扣标题,紧接开头,观点鲜明,材料典型,层次清楚,脉络分明。

(3) 结尾。结尾可概括总结,呼应开头;也可提出号召与希望等。如简报篇幅短小且主体中各方面情况已叙述清楚,也可省略不写。

四、写作注意事项

材料要真,内容要新,文字要简,编发要快。总之,编写简报要力求做到观点新、材料精、结构巧、文字简、编发快。

五、病文诊断

陕西一些旅游点附近的农民
向外国旅游者强行兜售商品造成不良影响

4月20日上午,美国"413旅游团"外宾去陕西乾陵参观游览。客人一下车,一群手拿各种工艺品的农民就一窝蜂而上,大叫大喊、争抢着要外宾买他们的东西。其中一些人手持唐代铜镜、铜钟及汉唐古钱等文物出售。外宾急于参观,打手势表示没有心思买东西。然而,这些农民仍围着不散。导游走过去,使眼色,说好话,一个个左劝右劝这些人就是不想走,有些走开了一会儿又回来了,继续大声兜售商品,并且大声辱骂导游,有些话还十分难听,无法写出。当这个老外旅游团要离开陕西乾陵时,一群小孩还围住一位70多岁的穿中国红衣服的老太太外宾,非要她买不可。这老太太外宾无路可走,山穷水尽,只好一步步向路边退下去,结果被挤得跌进了一条大路边的不到2米宽的小水沟,造成右脚关节骨裂,呻吟不止,当即由导游叫来救护车,送了医院。

最近,在陕西乾陵旅游点附近,围堵外宾,强迫向客人兜售旅游商品的现象时有发生。

【诊断】这篇简报主要存在以下问题:① 标题概括不准确。正文只提到乾陵旅游点附近的农民向外宾强行兜售商品,题文不符,可改为"乾陵旅游点附近的农民向外宾强行兜售商品产生不良影响"。② 结构安排不合理。简报开头一般是用一句话或一段话,概括全文的主要内容或主要事实,主体则将开头具体展开。因此,应将"最近,在陕西乾陵旅游点附近,围堵外宾,强迫向客人兜售旅游商品的现象时有发生"移到前面作为开头。③ 简报对事实的叙述,过于详尽,语言不够概括、简洁,不符合简报写作的语言要求。

第五节 规章制度

[学习目标]

了解规章制度的含义;理解规章制度的作用;掌握规章制度的结构、写法及写作要求。

开篇案例

柳传志迟到也要罚站

创造"联想神话"的柳传志有许多传奇故事,其中一则是他严于律己、迟到罚站的故事。

原来,联想集团建立了每周一次的办公例会制度,有一段时间,一些参会的领导由于各种原因经常迟到,大多数人因为等一两个人而浪费了宝贵时间。因此,柳传志决定补充一条会议纪律,迟到者要在门口罚站5分钟,以示警告。规定公布之后,迟到现象大为减少,被罚站的人很少。有一次,柳传志自己因特殊情况迟到了,大家都等着看他如何解释和面对。结果,柳传志向大家道歉并解释原因后,自觉罚站了5分钟。

"没有规矩,不成方圆。"规章制度是具有特定约束力的规范性文书,它是为了规范人们的行为而产生的。无论制定者的权限大小,无论制约范围广狭,无论使用什么名称,这类文书都是人们的行为准则,即应该做什么,不应该做什么,使人们在社会活动中,有法可依,有章可循,职责分明,是非分明,赏罚分明,以保障大多数人的根本利益。这是一切群居的社会生存和发展不可缺少的工具。

一、基本知识

(一)规章制度的含义与作用

规章制度是各级党政机关、企事业单位、社会团体及社会成员,为加强各项管理,维护社会秩序,依据党和国家的政策法令和实际情况,吸取群众意见制定的并要求在一定范围内共同遵守的行为准则。它是各种条例、办法、规定、细则、章程、制度、公约等规章文书的总称。

规章制度使用范围广泛,具有较强的约束力。它是国家法律法规和政策的具体化,是人们行动的准则和依据。上到国家机关、下到基层单位要顺利地发展事业、开展工作,就离不开规章制度。具体来说,规章制度的作用主要有:① 是贯彻国家政策法令、维护社会秩序的重要手段;② 是进行有效管理、顺利开展工作的重要工具;③ 能够规范人们的道德行为,促进社会和谐文明。

(二)规章制度的特点

1. 相对的稳定性

规章制度一经制定实施,就具有相对的稳定性,不能朝令夕改。

2. 较强的约束性

规章制度对一定范围内的单位和人员具有不同程度的约束力,有强制执行的效用。

它一经正式公布,有关单位和人员都必须遵照执行,否则会受到法律的、行政的或纪律的制裁。

3. 制定的程序性

规章制度代表了大多数人的意志和愿望,是在广泛调查、民主的基础上,经过一定的程序慎重制定的。它的制定、审批、备案、发布都要遵守有关的程序和规定。

4. 表达的严密性

拟写规章制度时,条款内容的表述必须准确具体、细致严密;不能含糊不清、模棱两可。用词应准确无误。

5. 结构的严谨性

规章制度采用条款式的结构,在说明条款内容时,哪些内容在前,哪些内容在后有严谨的逻辑顺序,条款之间的逻辑关系清楚明了,从而使规章制度成为一个完整、严谨的有机整体。

(三)规章制度的分类

规章制度大致可分为以下三类。

1. 法规

法规包括行政法规和地方性法规。

(1)行政法规:是国务院为领导和管理国家各项行政工作,根据宪法和法律由国务院及其主管部门制定并经国务院批准发布的法规。

(2)地方性法规:是由省、自治区、直辖市以及省、自治区、直辖市政府所在市和经国务院批准的较大的市、计划单列市的人民代表大会和其常务委员会根据本行政区域的具体情况和实际需要,依法制定的在本行政区域内具有法律效力的法规。

法规常用条例、规定、办法等名称。

2. 规章

规章可分国务院部门规章和地方人民政府规章。

(1)国务院部门规章:是由国务院各部门根据法律和行政法规、决定、命令在本部门权限内按规定程序制定、发布的规章。

(2)地方人民政府规章:是由省、自治区、直辖市以及省、自治区、直辖市政府所在市和经国务院批准的较大的市、计划单列市的人民政府根据法律、行政法规和地方性法规制定的普遍适用本地区行政管理工作的规章。

规章常用规定、办法、细则等名称。

3. 类规章

类规章是限在一定范围或一个单位、党派、组织、团体内部生效的不属于法规、规章范畴的规范性文书。如章程、制度、规则、守则(准则)、规程、须知、公约等。

二、例文看台

党政机关公文处理工作条例

第一章 总 则

第一条 为了适应中国共产党机关和国家行政机关(以下简称党政机关)工作需要,推进党政机关公文处理工作科学化、制度化、规范化,制定本条例。

第二条 本条例适用于各级党政机关公文处理工作。

第三条 党政机关公文是党政机关实施领导、履行职能、处理公务的具有特定效力和规范体式的文书,是传达贯彻党和国家的方针政策,公布法规和规章,指导、布置和商洽工作,请示和答复问题,报告、通报和交流情况等的重要工具。

第四条 公文处理工作是指公文拟制、办理、管理等一系列相互关联、衔接有序的工作。

第五条 公文处理工作应当坚持实事求是、准确规范、精简高效、安全保密的原则。

第六条 各级党政机关应当高度重视公文处理工作,加强组织领导,强化队伍建设,设立文秘部门或者由专人负责公文处理工作。

第七条 各级党政机关办公厅(室)主管本机关的公文处理工作,并对下级机关的公文处理工作进行业务指导和督促检查。

第二章 公文种类

第八条 公文种类主要有:

(一)决议。适用于会议讨论通过的重大决策事项。

(二)决定。适用于对重要事项做出决策和部署、奖惩有关单位和人员、变更或者撤销下级机关不适当的决定事项。

(三)命令(令)。适用于公布行政法规和规章、宣布施行重大强制性措施、批准授予和晋升衔级、嘉奖有关单位和人员。

(四)公报。适用于公布重要决定或者重大事项。

(五)公告。适用于向国内外宣布重要事项或者法定事项。

(六)通告。适用于在一定范围内公布应当遵守或者周知的事项。

(七)意见。适用于对重要问题提出见解和处理办法。

(八)通知。适用于发布、传达要求下级机关执行和有关单位周知或者执行的事项,批转、转发公文。

(九)通报。适用于表彰先进、批评错误、传达重要精神和告知重要情况。

(十)报告。适用于向上级机关汇报工作、反映情况,回复上级机关的询问。

(十一)请示。适用于向上级机关请求指示、批准。

(十二)批复。适用于答复下级机关请示事项。

(十三)议案。适用于各级人民政府按照法律程序向同级人民代表大会或者人民代表大会常务委员会提请审议事项。

(十四)函。适用于不相隶属机关之间商洽工作、询问和答复问题、请求批准和答复审批事项。

(十五)纪要。适用于记载会议主要情况和议定事项。

第三章 公文格式

第九条 公文一般由份号、密级和保密期限、紧急程度、发文机关标志、发文字号、签发人、标题、主送机关、正文、附件说明、发文机关署名、成文日期、印章、附注、附件、抄送机关、印发机关和印发日期、页码等组成。

(一)份号。公文印制份数的顺序号。涉密公文应当标注份号。

(二)密级和保密期限。公文的秘密等级和保密的期限。涉密公文应当根据涉密程度分别标注"绝密""机密""秘密"和保密期限。

(三)紧急程度。公文送达和办理的时限要求。根据紧急程度,紧急公文应当分别标注

"特急""加急",电报应当分别标注"特提""特急""加急""平急"。

（四）发文机关标志。由发文机关全称或者规范化简称加"文件"二字组成,也可以使用发文机关全称或者规范化简称。联合行文时,发文机关标志可以并用联合发文机关名称,也可以单独用主办机关名称。

（五）发文字号。由发文机关代字、年份、发文顺序号组成。联合行文时,使用主办机关的发文字号。

（六）签发人。上行文应当标注签发人姓名。

（七）标题。由发文机关名称、事由和文种组成。

（八）主送机关。公文的主要受理机关,应当使用机关全称、规范化简称或者同类型机关统称。

（九）正文。公文的主体,用来表述公文的内容。

（十）附件说明。公文附件的顺序号和名称。

（十一）发文机关署名。署发文机关全称或者规范化简称。

（十二）成文日期。署会议通过或者发文机关负责人签发的日期。联合行文时,署最后签发机关负责人签发的日期。

（十三）印章。公文中有发文机关署名的,应当加盖发文机关印章,并与署名机关相符。有特定发文机关标志的普发性公文和电报可以不加盖印章。

（十四）附注。公文印发传达范围等需要说明的事项。

（十五）附件。公文正文的说明、补充或者参考资料。

（十六）抄送机关。除主送机关外需要执行或者知晓公文内容的其他机关,应当使用机关全称、规范化简称或者同类型机关统称。

（十七）印发机关和印发日期。公文的送印机关和送印日期。

（十八）页码。公文页数顺序号。

第十条　公文的版式按照《党政机关公文格式》国家标准执行。

第十一条　公文使用的汉字、数字、外文字符、计量单位和标点符号等,按照有关国家标准和规定执行。民族自治地方的公文,可以并用汉字和当地通用的少数民族文字。

第十二条　公文用纸幅面采用国际标准A4型。特殊形式的公文用纸幅面,根据实际需要确定。

第四章　行　文　规　则

第十三条　行文应当确有必要,讲求实效,注重针对性和可操作性。

第十四条　行文关系根据隶属关系和职权范围确定。一般不得越级行文,特殊情况需要越级行文的,应当同时抄送被越过的机关。

第十五条　向上级机关行文,应当遵循以下规则:

（一）原则上主送一个上级机关,根据需要同时抄送相关上级机关和同级机关,不抄送下级机关。

（二）党委、政府的部门向上级主管部门请示、报告重大事项,应当经本级党委、政府同意或者授权;属于部门职权范围内的事项应当直接报送上级主管部门。

（三）下级机关的请示事项,如需以本机关名义向上级机关请示,应当提出倾向性意见后上报,不得原文转报上级机关。

（四）请示应当一文一事。不得在报告等非请示性公文中夹带请示事项。

（五）除上级机关负责人直接交办事项外，不得以本机关名义向上级机关负责人报送公文，不得以本机关负责人名义向上级机关报送公文。

（六）受双重领导的机关向一个上级机关行文，必要时抄送另一个上级机关。

第十六条　向下级机关行文，应当遵循以下规则：

（一）主送受理机关，根据需要抄送相关机关。重要行文应当同时抄送发文机关的直接上级机关。

（二）党委、政府的办公厅（室）根据本级党委、政府授权，可以向下级党委、政府行文，其他部门和单位不得向下级党委、政府发布指令性公文或者在公文中向下级党委、政府提出指令性要求。需经政府审批的具体事项，经政府同意后可以由政府职能部门行文，文中须注明已经政府同意。

（三）党委、政府的部门在各自职权范围内可以向下级党委、政府的相关部门行文。

（四）涉及多个部门职权范围内的事务，部门之间未协商一致的，不得向下行文；擅自行文的，上级机关应当责令其纠正或者撤销。

（五）上级机关向受双重领导的下级机关行文，必要时抄送该下级机关的另一个上级机关。

第十七条　同级党政机关、党政机关与其他同级机关必要时可以联合行文。属于党委、政府各自职权范围内的工作，不得联合行文。

党委、政府的部门依据职权可以相互行文。

部门内设机构除办公厅（室）外不得对外正式行文。

第五章　公文拟制

第十八条　公文拟制包括公文的起草、审核、签发等程序。

第十九条　公文起草应当做到：

（一）符合国家法律法规和党的路线方针政策，完整准确体现发文机关意图，并同现行有关公文相衔接。

（二）一切从实际出发，分析问题实事求是，所提政策措施和办法切实可行。

（三）内容简洁，主题突出，观点鲜明，结构严谨，表述准确，文字精练。

（四）文种正确，格式规范。

（五）深入调查研究，充分进行论证，广泛听取意见。

（六）公文涉及其他地区或者部门职权范围内的事项，起草单位必须征求相关地区或者部门意见，力求达成一致。

（七）机关负责人应当主持、指导重要公文起草工作。

第二十条　公文文稿签发前，应当由发文机关办公厅（室）进行审核。审核的重点是：

（一）行文理由是否充分，行文依据是否准确。

（二）内容是否符合国家法律法规和党的路线方针政策；是否完整准确体现发文机关意图；是否同现行有关公文相衔接；所提政策措施和办法是否切实可行。

（三）涉及有关地区或者部门职权范围内的事项是否经过充分协商并达成一致意见。

（四）文种是否正确，格式是否规范；人名、地名、时间、数字、段落顺序、引文等是否准确；文字、数字、计量单位和标点符号等用法是否规范。

（五）其他内容是否符合公文起草的有关要求。

需要发文机关审议的重要公文文稿，审议前由发文机关办公厅（室）进行初核。

第二十一条　经审核不宜发文的公文文稿,应当退回起草单位并说明理由;符合发文条件但内容需作进一步研究和修改的,由起草单位修改后重新报送。

第二十二条　公文应当经本机关负责人审批签发。重要公文和上行文由机关主要负责人签发。党委、政府的办公厅(室)根据党委、政府授权制发的公文,由受权机关主要负责人签发或者按照有关规定签发。签发人签发公文,应当签署意见、姓名和完整日期;圈阅或者签名的,视为同意。联合发文由所有联署机关的负责人会签。

第六章　公文办理

第二十三条　公文办理包括收文办理、发文办理和整理归档。

第二十四条　收文办理主要程序是:

(一)签收。对收到的公文应当逐件清点,核对无误后签字或者盖章,并注明签收时间。

(二)登记。对公文的主要信息和办理情况应当详细记载。

(三)初审。对收到的公文应当进行初审。初审的重点是:是否应当由本机关办理,是否符合行文规则,文种、格式是否符合要求,涉及其他地区或者部门职权范围内的事项是否已经协商、会签,是否符合公文起草的其他要求。经初审不符合规定的公文,应当及时退回来文单位并说明理由。

(四)承办。阅知性公文应当根据公文内容、要求和工作需要确定范围后分送。批办性公文应当提出拟办意见报本机关负责人批示或者转有关部门办理;需要两个以上部门办理的,应当明确主办部门。紧急公文应当明确办理时限。承办部门对交办的公文应当及时办理,有明确办理时限要求的应当在规定时限内办理完毕。

(五)传阅。根据领导批示和工作需要将公文及时送传阅对象阅知或者批示。办理公文传阅应当随时掌握公文去向,不得漏传、误传、延误。

(六)催办。及时了解掌握公文的办理进展情况,督促承办部门按期办结。紧急公文或者重要公文应当由专人负责催办。

(七)答复。公文的办理结果应当及时答复来文单位,并根据需要告知相关单位。

第二十五条　发文办理主要程序是:

(一)复核。已经发文机关负责人签批的公文,印发前应当对公文的审批手续、内容、文种、格式等进行复核;需作实质性修改的,应当报原签批人复审。

(二)登记。对复核后的公文,应当确定发文字号、分送范围和印制份数并详细记载。

(三)印制。公文印制必须确保质量和时效。涉密公文应当在符合保密要求的场所印制。

(四)核发。公文印制完毕,应当对公文的文字、格式和印刷质量进行检查后分发。

第二十六条　涉密公文应当通过机要交通、邮政机要通信、城市机要文件交换站或者收发件机关机要收发人员进行传递,通过密码电报或者符合国家保密规定的计算机信息系统进行传输。

第二十七条　需要归档的公文及有关材料,应当根据有关档案法律法规以及机关档案管理规定,及时收集齐全、整理归档。两个以上机关联合办理的公文,原件由主办机关归档,相关机关保存复制件。机关负责人兼任其他机关职务的,在履行所兼职务过程中形成的公文,由其兼职机关归档。

第七章　公文管理

第二十八条　各级党政机关应当建立健全本机关公文管理制度,确保管理严格规范,充分发挥公文效用。

第二十九条　党政机关公文由文秘部门或者专人统一管理。设立党委（党组）的县级以上单位应当建立机要保密室和机要阅文室，并按照有关保密规定配备工作人员和必要的安全保密设施设备。

第三十条　公文确定密级前，应当按照拟定的密级先行采取保密措施。确定密级后，应当按照所定密级严格管理。绝密级公文应当由专人管理。

公文的密级需要变更或者解除的，由原确定密级的机关或者其上级机关决定。

第三十一条　公文的印发传达范围应当按照发文机关的要求执行；需要变更的，应当经发文机关批准。

涉密公文公开发布前应当履行解密程序。公开发布的时间、形式和渠道，由发文机关确定。

经批准公开发布的公文，同发文机关正式印发的公文具有同等效力。

第三十二条　复制、汇编机密级、秘密级公文，应当符合有关规定并经本机关负责人批准。绝密级公文一般不得复制、汇编，确有工作需要的，应当经发文机关或者其上级机关批准。复制、汇编的公文视同原件管理。

复制件应当加盖复制机关戳记。翻印件应当注明翻印的机关名称、日期。汇编本的密级按照编入公文的最高密级标注。

第三十三条　公文的撤销和废止，由发文机关、上级机关或者权力机关根据职权范围和有关法律法规决定。公文被撤销的，视为自始无效；公文被废止的，视为自废止之日起失效。

第三十四条　涉密公文应当按照发文机关的要求和有关规定进行清退或者销毁。

第三十五条　不具备归档和保存价值的公文，经批准后可以销毁。销毁涉密公文必须严格按照有关规定履行审批登记手续，确保不丢失、不漏销。个人不得私自销毁、留存涉密公文。

第三十六条　机关合并时，全部公文应当随之合并管理；机关撤销时，需要归档的公文经整理后按照有关规定移交档案管理部门。

工作人员离岗离职时，所在机关应当督促其将暂存、借用的公文按照有关规定移交、清退。

第三十七条　新设立的机关应当向本级党委、政府的办公厅（室）提出发文立户申请。经审查符合条件的，列为发文单位，机关合并或者撤销时，相应进行调整。

第八章　附　　则

第三十八条　党政机关公文含电子公文。电子公文处理工作的具体办法另行制定。

第三十九条　法规、规章方面的公文，依照有关规定处理。外事方面的公文，依照外事主管部门的有关规定处理。

第四十条　其他机关和单位的公文处理工作，可以参照本条例执行。

第四十一条　本条例由中共中央办公厅、国务院办公厅负责解释。

第四十二条　本条例自2012年7月1日起施行。1996年5月3日中共中央办公厅发布的《中国共产党机关公文处理条例》和2000年8月24日国务院发布的《国家行政机关公文处理办法》停止执行。

【评析】本文是由中共中央办公厅和国务院办公厅于2012年4月16日联合印发的,并于2012年7月1日起施行。这是一份规范各级党政机关公文处理工作的纲领性文件,它为各级党政机关公文处理工作的科学化、制度化、规范化提供了遵循的依据。全文共分八章。其中,第一章阐明了制定《党政机关公文处理工作条例》的目的,指出了条例的适用范围,界定了党政机关公文的内涵,提出了公文处理工作的基本原则,并规定了公文处理工作的管理机构等;第二章到第七章分别对公文种类、公文格式、行文规则、公文拟制、公文办理、公文管理等方面作了重要规定,充分体现了中共中央、国务院对新形势下公文处理工作的高度重视,进一步维护了党政机关公文的严肃性和权威性。第八章对其他需要说明的事项及条例施行的时间做出了规定。本条例结构完整,条理清晰,内容齐全,规定详尽,表述严密,语言简洁,对党政机关公文处理工作有着极其重要的意义。

三、规章制度的构成要素与写法

规章制度一般由标题、正文两个部分组成。有些重要的规章制度还要在标题下注明批准或通过的机关或会议名称和日期。

(一)标题

规章制度的标题有三项式标题和两项式标题。

1. 三项式

(1)由发文单位名称、事由、文种三项构成,如《××学院学生学籍管理办法》。

(2)由适用范围、事由、文种三项构成,如《中华人民共和国公司登记管理条例》。

2. 两项式

(1)由事由、文种两项构成,如《工伤保险条例》。

(2)由发文单位名称、文种两项构成,如《中国写作学会章程》。

(3)由适用对象、文种两项构成,如《公安干警守则》。

(4)由法律依据、文种两项构成,《中华人民共和国个人所得税法实施条例》。

如果制定的规章制度是草案或暂行、试行的,可在标题内写明,如《行政法规制定程序暂行条例》,也可在标题后加括号注明。

(二)正文

规章制度正文常见的结构方式有以下两种。

1. 章条式

章条式就是分章分条,章断条连。章条式的结构方式适用于表述内容比较复杂的规章制度,如条例、章程、办法等。其内容可分为总则、分则、附则三个部分。每一部分均可按内容的多少分列若干章和若干条,用序数表明。

第一章是"总则",说明制定规章制度的目的、意义、要求及适用范围等,也有的说明制定规章制度的背景和经过。类似于文章的前言,对全文起统领作用。以下几章是"分则",这是规章制度的主体部分,说明必须共同遵守或执行的内容。应分章分条具体、扼要地写明所规定的若干内容;分则的每章要设小标题,标明本章的主旨。最后一章是"附则",是对中心内容的补充和说明,说明规章制度具体实施的日期、适用范围或制定、修订、解释的权限等。全文各章分条,连续编次。这种"章断条连"的写法,可使全文中心突出,眉目清楚,一个规章制度共有几章几条一目了然,也便于引用。内容比较丰富复杂、篇幅较长的规章制度往往采用这种结构方式。

2. 条款式

这种结构方式用于内容不太复杂的规章制度。条款式可分为两种：一是主体条款式，这种形式分前言和主体两部分。前言不设条，只用简明扼要的文字概述制定规章制度的目的、依据、性质、意义。主体部分则分若干条款写作。二是条款到底式，是将前言、主体、结尾都用条款标示出来。

四、写作注意事项

1. 符合国家的法律和方针政策

所有的规章制度，都必须符合国家的法律和方针政策，不能自行其是，另搞一套，或为满足局部利益、小集体利益搞土政策。

2. 明确制定的权限

规章制度的制定有明确的权限规定，写作时要注意不能超越权限、越级制定，也要注意不能同上级已制定的有关法规、规章相抵触。

3. 内容具体明确，语言严谨规范

规章制度的内容应力求具体明确；语言表达应严谨、准确、简洁、规范，不能有歧义，更不能含混不清，前后矛盾。

4. 要切实可行

规章制度必须根据工作实际有针对性地制定，力求切实解决问题，不搞形式主义。

五、病文诊断

××市机关工作人员不得接受礼品的规定

第一条　本规定所称的礼品，是指礼物、礼金、礼券以及低价收款的物品。
第二条　为了严肃政纪、保持党政工作人员的廉洁，制定本规定。
第三条　党政机关工作人员在公务活动中，不得接受礼品。
…………
第九条　党政机关工作人员不得假借名义或者以变相形式接受礼品。
（一）以茶话会、新闻发布会、座谈会、研讨会、招待会等会议形式。
（二）以庆祝春节、元旦、国庆节、中秋节等假日的名义。（以下内容略）

【诊断】规章制度的条文内容应该排列有序，全面具体，逻辑严密，表达清晰条理。本规定主要存在以下问题：① 层次安排不当。本规定的第一条应该说明制定规定的目的，即严肃政纪、保持廉洁。因此应将第二条放在前面作为第一条。接着应写明在公务活动中不得接受礼品，因此应将第三条作为第二条。至于例文的第一条，是对本规定所称的礼品的界定。可作为第三条。② 内容表述不全面。如第九条"（一）党政机关工作人员参加的会议不仅仅有茶话会、新闻发布会、座谈会、研讨会、招待会，有时还会参加诸如表彰会、庆典会、展销会、订货会甚至剪彩活动"等。这些场合都存在接受有关单位奉送礼品的可能性。因此表述应该周全详尽。第九条（二）中仅列举了春节、元旦、国庆、中秋四大节日，还有其他如风筝节、啤酒节等为招商引资举办的地方性节日，也应该详述。若修改为"以庆祝春节、元旦、国庆节、中秋节和其他节假日的名义"，就周全严密了。

第六节　启事　声明

[学习目标]

了解启事和声明的含义、特点及类型；掌握启事和声明的写法；会写声明和启事。

开篇案例

案例1

别具一格的搬迁启事

卡缪搬家了，马奎斯搬家了，

卡尔维搬家了，莫奈搬家了，

莎士比亚搬家了，毕加索搬家了，

瑞典的彩色玻璃搬家了，

英国的瓷碟搬家了，

法国的咖啡杯搬家了，

金耳环的大大小小的布娃娃也跟着大人搬家了。

诚品书店敦南店搬家，请您跟我们一道送旧迎新，移馆别恋至新光大楼……

这是台北市诚品书店敦南店多年前的一则搬迁启事。诚品书店敦南店把它制作得比电影海报还要精致悦目。启事一出，人们争相去看，有人手抄启事文稿，有人在启事牌前照相留念。

你认为这则启事在写作上最大的特点是什么？启事可以这样写吗？如果你在图书馆或教室遗失了书籍、证件等重要物品，怎样才能较快地找到？

案例2

马克·吐温的道歉声明

美国杰出的讽刺作家马克·吐温，曾在报纸上刊登过一个道歉声明。有一次，他写了一部揭露社会黑幕的小说，发表后在社会上引起很大反响。记者采访时，马克·吐温仍然抑制不住对丑恶势力的极大愤慨，大声说："美国国会中有些议员是婊子养的。"这番话被登在报纸上，国会议员气得暴跳如雷，纷纷要求他登报道歉，并威胁说要诉诸法律。马克·吐温答应赔礼道歉，几天后，《纽约时报》刊登了他的道歉声明："日前小民在酒席上发言，说有些国会议员是婊子养的，事后有人向我兴师问罪。我觉得此言确实是不妥当的，故特登报声明，修改如下，希望谅解。即：'国会中有些议员不是婊子养的'。"

马克·吐温的这则道歉声明表达了他对当时美国社会和某些国会议员的不满，具有很强的讽刺性。这个案例告诉我们，"声明"这种日常事务文书可以用来道歉。在什么情况下，企事业单位、社会团体或者个人还会用到"声明"？

一、启事

（一）基本知识

1. 启事的含义

启事是单位或公民个人公开申明某件事情，希望有关人员参与或协助办理而使用的告知性文书。启事的使用范围和内容比较广泛，常见的有招聘、招生启事，征文、征集、征婚启事，寻人、寻物、招领启事，迁移、租赁、更名启事，开业、庆典启事，等等。凡是社会生活中需要公众和有关方面协助、配合的事情，都可以使用启事告知。

2. 启事的特点

（1）内容的广泛性。它可以用于招生、招聘、开业、庆典、征文、单位成立、商标的使用与更换等多种事宜。

（2）告知的回应性。启事不同于只是向社会"告知"的声明，它要求通过告知得到广泛的回应，以协助办理有关事项。

（3）参与的自主性。启事不具有强制性和约束力。启事的对象有参与的自主性，可以参与，也可以不参与。

（4）传播的新闻性。启事通过张贴、登报、播映等形式公开传播信息。

（二）例文看台

××大学××学院 2017 年招聘启事

为进一步加强专职教师、教辅及管理人员队伍建设，根据工作需要，学院决定公开招聘教师、教辅及管理人员。具体事项如下：

一、招聘岗位及名额

1. 教师 9 名。

2. 教辅及管理人员（不限专业）3 名。

二、招聘条件

应聘人员须同时具备如下条件：

1. 有较高的思想政治素质、理论水平和奉献精神。

2. 有较强的教学、组织管理能力，文字表述、口头表述能力。中共党员，曾担任学生干部，具备一定的文体特长，获得校级以上荣誉称号或奖学金者在同等条件下优先考虑。

3. 1982 年 1 月 1 日以后出生，有志于从事教学、教辅及管理工作。

4. 身心健康，品貌端正，性格开朗，善于与人沟通和合作，办事公正、诚实守信。

5. 获硕士及以上研究生学历和学位（含应届毕业生），在国（境）外院校获得的学历学位证书需通过教育部留学服务中心认证，成绩优秀，综合素质优良。

报考教师岗位人员，可以根据自己的意愿确定是否兼报教辅及管理人员岗位。

三、人员性质及相关待遇

1. 聘用人员性质为人事代理。

2. 根据学院有关规定享受工资福利待遇。

3. 按有关规定，办理公积金、住房补贴、五项社会保险的缴纳。

四、招聘程序

1. 应聘者应填写《××大学××学院应聘申请表》，并通过电子邮件以附件形式发送本科及以上学历学位证书(应届毕业生须提供学校盖章的就业推荐表)、学习成绩单、身份证、各类获奖证书及其他证书、证明(学生党员、主要学生干部经历等)的扫描件(扫描件为JPG格式),附件容量不超过4M。请在邮件主题栏注明"高校人才网＋姓名＋毕业学校名称＋自荐材料"。

2. 报名截止时间：2017年4月27日(星期日)17时。

学院对应聘者进行初选后确定进入下一轮考核名单,于2017年4月30日前以邮件或短信通知本人。对初选未通过者,恕不一一告知。

3. 学院校验证书原件后组织笔试、面试、心理测试、试讲、体检等,逐层筛选,确定拟聘人员与学院签订就业协议。

五、联系方式

联系单位：××大学××学院人力资源办公室

报名地址：××市××中路131号××路南校区行政楼419室

联系人：刘老师,联系电话：×××-×××××××

　　　　张老师,联系电话：×××-×××××××

电子邮箱：×××@×××.edu.cn

附件：××大学××学院应聘申请表

××大学××学院
2017年4月18日

【评析】招聘启事主要用于招聘专业人才,如科技人员、管理人员等,它是企事业单位、社会团体公开向社会招聘有关人员所使用的一种启事。招聘启事可以在报刊、网络登载,在电视台、广播电台播出。本则招聘启事由标题、正文和落款三个部分组成。标题由单位名称、时间和文种构成。正文第一段简要介绍招聘目的和招聘的人员范围,接着用"具体事项如下"过渡到启事的主要内容。主体部分从招聘岗位及名额、招聘条件、人员性质及相关待遇、招聘程序和联系方式五个方面告知有关事项。文后写明发布启事的单位和时间。

(三) 启事的构成要素与写法

启事一般由标题、正文和落款组成。

1. 标题

启事的标题构成形式比较灵活。可以由事由和文种构成,如《迁移启事》《征稿启事》;可以由发布启事的主体、事由和文种组成,如《××培训中心××班招生启事》;可以只写文种《启事》;也有将制文主体和文种省略的,如《招聘》《××培训中心××班即日起开始报名》等。

2. 正文

启事的正文没有固定的写作模式,应因事而异,主要应写明公开告知的事项、条件、办理要求、注意事项和联系方式等。如果正文的内容比较多,可以分条列项表述。总之,要把内容表述得清楚、简洁、明确。如招聘启事,在对招聘单位作简要介绍的基础上,主要应将招聘的职位、条件,报名的要求、所需报名材料,报名的时间、地点,联系人、联系电话等一一写清楚。也可以视情况对薪酬、福利等略作介绍。

3. 落款

落款是在右下方署上制文者名称和发布日期。如标题中已有制文者名称,可只署日期。

（四）写作注意事项

（1）事项单一，内容完备。一事一启，便于公众迅速理解；内容完备，便于提高办理效率。

（2）文字简明通俗，语气平易诚恳。

（3）不能将"启事"错写为"启示"。启事是一种告知性文书，用于招聘人才，告知迁址，寻找失物，等等。而"启示"是启发、启迪的意思。"启事"是名词，"启示"是动词，两者不可混淆。

（五）病文诊断

招 聘 启 事

我公司应征兼职网页制作人员和平面设计人员各20名。凡我市21～35周岁身体健康、大专或大专以上文化程度的男女青年均可报名。贵公司地处市中心地带，交通方便，环境优美，待遇优厚。录用后，路途较远的工作人员，公司负责安排食宿。有意者请携带身份证到本公司人事科报名，经考试后即可录用，试用期三个月。

诚信网络广告公司
2017年4月10日

【诊断】 这份招聘启事存在以下问题：① 内容有遗漏。缺少报名时间、联系电话、联系人及公司地址等内容，且对如何考试没有明确交代。② 语言表述多处不当。第一句中的"应征"一词语义不明确，可修改为"招聘"；第三句中的"贵公司"运用不当，自称应为"我公司"；"经考试后即可录用"一句不合事理，应该在"考试"后加"合格"。③ 在结构安排上，本启事如能分条叙写就会清晰明了。

二、声明

（一）基本知识

声明是单位或公民个人针对某一事项或问题向社会各界公开告知、表明态度并希望公众理解、支持而使用的公告性文书。这里介绍的仅指企事业单位或个人在工作和生活中运用的声明，属于日常事务性文书，不同于外交声明。常见的有遗失声明、道歉声明、委托声明、澄清事实声明、作废声明、维权声明等。

声明具有立场鲜明、态度郑重等特点。

（二）例文看台

中国太平保险集团有限责任公司严正声明

近期，上海双叶资产管理有限公司、天峰普惠（北京）信息咨询有限公司未经我集团授权，擅自在其网站及产品宣传资料中使用中国太平Logo，进行"双叶财富携手太平保险，为您财富保驾护航""天峰携手中国太平为客户资金安全护航"等不实宣传，严重误导投资者，严重损害中国太平商誉。为维护中国太平品牌形象，同时保护社会公众利益，我集团严正声明如下：

一、迄今为止，中国太平及所属机构从未向包括上海双叶资产管理有限公司、天峰普惠（北京）信息咨询有限公司在内的机构或个人提供任何涉及财富管理资金安全保证的业务，任何声称中国太平及其所属机构"承诺保障资金出借人的资金安全"或将我集团相关机构提供的普通保险业务故意曲解为资金安全保证等类似宣传均为误导性宣传,与我集团无关,中国太平及所属机构亦不对相关公司的误导性宣传承担任何法律责任。

二、任何机构与个人未经我集团书面授权,擅自使用中国太平Logo或以中国太平名义做类似误导性宣传,均属严重侵权行为,并已涉嫌商业欺诈,我集团保留追究相关侵权人法律责任并向司法机关检举的权利。

特此声明

中国太平保险集团有限责任公司
2016年6月8日

【评析】例文开头先交代声明缘起,接着用目的句引出下文。声明主体部分从两个方面直陈其事,说明了声明的具体事项,内容清楚明白,态度郑重严肃,语言准确,富有逻辑性。既维护了中国太平保险集团有限责任公司的形象,又给予涉嫌商业欺诈者一个严重警告。

(三)声明的构成要素与写法

声明一般由标题、正文和落款组成。

1. 标题

标题可直接用"声明"两字;也可在"声明"前加上"郑重""严正"等词语,如"郑重声明""严正声明";也有的标题由声明单位和文种两个部分组成,如"××大学××生物食品厂郑重声明"。

2. 正文

正文要直陈其事,一般应写明两点:一是交代声明的目的、背景等缘由,也就是"为什么声明";二是交代社会各有关方面需要了解的事情,表明立场、态度等,即"声明什么"。常用"特此声明"收束全文。

3. 落款

落款写明发表声明的单位名称和日期,也可以注明有关的联系信息等内容。如果标题中已有单位名称,落款则省略单位名称。

(四)写作注意事项

(1)直陈其事,态度明确。

(2)语言准确,免生歧义。

(3)篇幅短小,言简意赅。

(五)病文诊断

严 正 声 明

经教育部批准,原"××××学院"更名为"××大学",原"××××学院"公章停止使用,望广大公众周知。

××大学
2017年4月1日

【诊断】该则声明虽短,但有多处问题:① 标题不妥。单位公章停止使用的声明无须

"严正"声明,应删掉"严正"二字。② 公章停止使用的时间不明确,应清楚表明具体停用时间。③ 未表明声明者的立场和态度,应明确表示声明者的立场和态度。④ 文末应用"特此声明"收束,而非"周知"。

三、异同辨析

启事和声明都属于公开告知性的文书,有不少共同点。但两者还有以下几点不同之处。

1. 使用范围不同

启事的使用范围比较广泛,凡是单位或个人有事情需要社会公众予以协助办理的,都可以制发启事。相比而言,声明的使用范围就窄得多。一般情况下,单位在工作中遗失重要物品、需要向社会有关方面表示歉意、有重要事情委托、需澄清有关事实、公章作废、维护权益时才要拟写声明。

2. 写作内容不同

启事所涉及的事项需要有关人员参与或协助办理;声明只需将公开告知的事项向社会各有关方面公开申明,表明立场态度即可。

3. 发布方式不同

启事既可张贴,又可通过新闻媒体发布;声明只能通过新闻媒体发布。

4. 拟制对象不同

启事既可用于单位,又可用于个人;声明一般只见于单位使用。

第七节 综 合 训 练

一、病文评析修改题

(一)下面是一份条例的开头,有些条理不清,请调整理顺。

根据国家有关法律、法规的规定,促进社会主义物质文明和精神文明建设,结合我省实际情况,为禁止赌博活动,维护社会治安秩序,制定本条例。

(二)下面是《××学院文秘专业毕业实习方案》的正文,请指出其中的不当之处并写出符合要求的修改稿。

为了贯彻理论联系实际的教学原则,以培养从事常规管理、常规业务的应用型人才。根据教学计划,安排秘书学概论及应用写作两门学科相结合的专业实习。

一、努力提高学生实践能力

适应经济发展与改革开放的新形势,加强实践性教学。日常教学中教师可采用带领学生参观等方式,使学生广泛了解社会。

二、增强学生实践水平

由10名专门负责实习的教师组成指导小组,到全市各大公司相应部门实习。学生的管理由所在单位负责,如有意外教师不承担责任。实习内容必须与课本知识相关,此项工作属教师实习指导小组统一安排分配。所在单位要加强对学生的管理并协助教师完成实习工作。学生实习中出现难以解决的问题,视情况妥善处理。

三、加强学生自律意识

严格遵守本学院学生守则及所在单位的规章制度,服从领导,尊敬老师,团结同事;以秘书人员的专业精神来要求自己;实习期间如需请假须经有关人员批准。

二、写作题

(一)请你根据以下材料,以刘强的身份写一份个人述职报告。

刘强是××大学的一名学生会干部,担任学习部部长职务。他在2015年7月至2016年7月任职期间,能够任劳任怨地做好日常工作,与教务处和各班学习委员联系密切,使教学情况与学生学习中出现的问题及时得到反映和解决。共邀请本学校与其他大学专家教授举办全校性讲座3次,专业讲座多次。并于2015年10月成功组织了全校大学生百科知识竞赛,得到师生好评。同时,作为学习部的主要负责人,还起到了紧密团结内部成员,带领大家共同努力发挥学习部的应有作用。

(二)制订一份下学期的个人学习计划。

(三)最近班级开展过哪些有意义的活动,请任选其一写一份总结。

(四)以所在学校团委的名义编写一份简报,报道你校学生开展暑期社会实践活动的情况。要求自拟简报名称,设计版面,写好简报文章并加写按语,格式规范。

(五)请代你所在学校校报编辑部拟写一份征文启事,主题是"让生活充满书香"。

第六章

学生常用文书

[章前提示]

学生常用文书是指大学生在日常学习、生活中经常使用的一类应用文体。和前几章有所不同的是,本章划分是依据应用文的使用主体而非应用文的适用范围。我们结合大学生在学习生活中的实际需要,重点介绍演讲稿、毕业论文和求职类文书的写作。

第一节 演 讲 稿

[学习目标]

了解演讲稿的基本知识,熟悉演讲稿的构成要素,掌握演讲稿的写作技巧,能够写出符合要求的演讲稿。

开篇案例

比尔·盖茨演讲成功的奥秘何在

2007年6月7日,从哈佛大学辍学三十余年的比尔·盖茨,应邀在其母校的毕业典礼上演讲。为了做好这次演讲,比尔·盖茨花了足足6个月的时间来精心准备。自2006年12月开始,比尔·盖茨就自己动手做规划、写草稿,还郑重其事地制定了一个时间表,针对此次演讲的各个环节,从收集材料、确立主题、形成初稿,再到修改、定稿直至演讲之前的演练,都进行了周密的安排。比尔·盖茨还找来一位助手,协助他进行演讲稿的准备工作:两个人一起进行"头脑风暴",逐一列出这次演讲可能涉及的问题;一起对材料进行分类、加工、提炼,直到演讲主题的敲定。接着,他亲自动手,根据确定好的主题,一连写出了6个草稿。然后,请同事和朋友提意见、出点子,进一步完善演讲内容。他还带上演讲稿,去拜访股神巴菲特,当面征求巴菲特对此次演讲的意见,再次修改完善。在打磨演讲稿的同时,他反复诵读和品味爱因斯坦、居里夫人、费米、罗伯特·科赫和乔治·马歇尔等名人的经典演讲,进一步体会演讲中语言、语气与手势的运用以及和听众的交流技巧,等等。2007年5月,比尔·盖茨对演讲稿进行最后一次修改完善后,开始在自己办公室的小讲台上反复演练。甚至演讲前一天,在去波士顿的私人飞机上,他还在给妻子大声朗读。

比尔·盖茨能够在毕业典礼上面对哈佛校友发表长达25分钟的深情演讲,与校友无私分享30年创业的宝贵经历和多年人生历练的心得体会,并获得极大成功,跟他此前认真努力地准备密不可分。

一、基本知识

(一)演讲稿的含义

演讲稿又叫演说词,它是在大会上或其他公开场合发表个人见解、观点和主张的文稿,是演讲者演讲之前所写的底稿。演讲稿的好坏直接决定了演讲的成败。

(二)演讲稿的特点

1. 整体性

演讲稿是整个演讲活动的一个组成部分。演讲主体、听众、特定的时空条件,共同构成了演讲活动的整体。撰写演讲稿时,不能将它从整体中剥离出来。演讲者不仅要注意根据听众的文化层次、工作性质、生存环境、品位修养、爱好愿望来确立选题,选择表达方式,以便更好地沟通,而且还要考虑演讲的时间、空间、现场氛围等因素,以强化演讲的现场效果。

2. 口语性

口语性是演讲稿区别于其他书面表达文章的重要方面。演讲稿要讲究"上口"和"入耳"。即讲起来通达流利,听起来顺畅明白,没有什么语言障碍,不会发生曲解。

3. 鼓动性

演讲是宣传发动群众的一种有效形式,因此,演讲稿具有鼓动性,它既有事、理、情的交融统一,冷静严肃的层层剖析,还有高度概括的哲理,生动形象的述事,更辅之以热情的鼓动、感人的情怀,能够形成一种感染力极强的氛围。

4. 临场性

演讲活动是演讲者与听众面对面的一种交流和沟通。听众会对演讲内容及时做出反应:或表示赞同,或表示反对,或饶有兴趣,或无动于衷。演讲者对听众的各种反映不能置之不顾,因此,在写演讲稿时,要充分考虑它的临场性,在保证内容完整的前提下,注意留有伸缩的余地,体现出必要的控场技巧。

(三)演讲稿的类型

依据内容性质的不同,演讲稿可以分为以下几种类型。

1. 政治鼓动类

政治鼓动类的演讲稿是指政治家或代表某一权力机构的要员阐述政治主张和见解的演讲稿。各级领导的施政演说,新当选的领导人的就职演说,政治家的竞选演说,等等,都属这一类型。

2. 学术交流类

学术交流类的演讲稿是传播、交流科学知识、学术见解及研究成果的演讲文稿。它是对某一学科领域中的现象或问题的系统剖析和阐述,能够揭示事物的本质及发展的客观规律,还要尽量做到把抽象深奥的科学道理表达得深入浅出、通俗易懂。

3. 思想教育类

思想教育类的演讲稿是针对现实生活中人们的思想动态、思想倾向和思想问题,以真切的事实、有力的论证、充盈的感情来讴歌真善美、鞭挞假恶丑。这类演讲稿适用于演讲比赛、主题演讲会、巡回报告等。

二、例文看台

人格是最高的学位

很多年前,有一位学大提琴的年轻人去向20世纪最伟大的大提琴家卡萨尔斯讨教:我怎样才能成为一名优秀的大提琴家?卡萨尔斯面对雄心勃勃的年轻人,意味深长地回答:先成为优秀而大写的人,然后成为一名优秀而大写的音乐人,再然后就会成为一名优秀的大提琴家。

听到这个故事的时候,我还年少,对老人回答中所透露出的含义理解不多。然而,在以后的工作生涯中,随着采访接触的人越来越多,这个回答在我脑海中便越印越深。

在采访北大教授季羡林的时候,我听到一个关于他的真实故事。有一年秋天,北大新学期开学,一个外地来的学子背着大包小包走进了校园,实在太累了,就把包放在路边。这时正好一位老人走来,年轻学子就拜托老人替自己看一下包,自己则轻装去办理手续。老人爽快地答应了。近一个小时过去,学子归来,老人还在尽职尽责地看守着。谢过老人,两人分别。几日后北大举行开学典礼,这位年轻的学子惊讶地发现,主席台上就座的北大副校长季羡林,正是那一天替自己看行李的老人。

我不知道这位学子当时是一种怎样的心情,但我听过这个故事之后却强烈地感觉到:人格才是最高的学位。后来,我又在医院采访了世纪老人冰心。我问她:您现在最关心的是什么?老人的回答简单而感人:是老年病人的状况。

当时的冰心已接近自己人生的终点,而这位在"五四运动"中走上文学之路的老人,对芸芸众生的关爱之情历经80年的岁月而仍然未老。这又该是怎样的一种传统!

冰心的身躯并不强壮,然而她这生却用自己当笔,拿岁月当稿纸,写下了一篇关于爱是一种力量的文章,在离去之后给我们留下了一个伟大的背影。

当你有机会和经过"五四"或受过"五四"影响的老人接触,你就知道,历史和传统其实一直离我们很近。这些世纪老人身上所独具的人格魅力是不是也该作为一种传统被我们延续下去呢?

不久前,我在北大又听到一个有关季先生的清新而感人的新故事。一批刚刚走进校园的年轻人,相约去看季羡林先生,走到门口,却开始犹豫,他们怕冒失地打扰了先生,最后决定每人用竹子在季老家门口的地上留下问候的话语,然后才满意地离去。

这该是怎样美丽的一幅画面!在季老家不远,是北大的博雅塔在未名湖中留下的投影,而在季老家门口的问候语中,是不是也有先生的人格魅力在学子心中留下的投影呢?

听多了这样的故事,便常常觉得自己像只气球,仿佛飞得很高,仔细一看却是被浮云托着;外表看上去也还饱满,但肚子里却是空空。这样想着就不免有些担心:这样怎么能走更长的路呢?

于是,"渴望老年"四个字,对于我就不再是幻想中的白发苍苍或身份证上改成60岁,而是如何在自己还年轻的时候,能吸取优秀老人身上所具有的种种优秀品质。

于是,我也更加知道了卡萨尔斯回答中所具有的深义。怎样才能成为一个优秀的主持人呢?心中有个声音在回答:先成为一个优秀的人,然后成为一个优秀的新闻人,再然后就会成为一名优秀的节目主持人。我知道,这条路很长,但我将执着地前行。

【评析】此例文是中央电视台著名节目主持人白岩松参加"演讲与口才杯"全国新闻界"做文与做人"演讲比赛时的演讲稿。本文采用以小见大的写法,通过讲述几则关于人格的小故事,把"人格是最高的学位"这一主旨诠释得十分清楚、明确,并且表达了作者对于人格力量的理性思考,启发人们塑造自己的高尚人格。

文章以讲故事的形式,首先由卡萨尔斯的名言切入,接着通过"季羡林先生为年轻学子看行李"的故事引出演讲主旨,然后用"冰心先生虽已病魔缠身仍然关心年老病人状况"和"北大学子用竹子在季老家门口地上留下问候的话语"这两则故事进一步深化主旨,最后以自己对人格力量的感悟和"我知道,这条路很长,但我将执着地前行"作结。文章结构上首尾呼应,严谨缜密,表达上夹叙夹议,娓娓道来,并且运用对比、类比和比喻等手法,融事、理、情于一体,使演讲内容高度凝练、集中,也使演讲主旨逐步深化,能够引起听众的强烈共鸣,体现了演讲稿以事感人、以情动人、以理服人的特点。

三、演讲稿的构成要素与写法

演讲未必都使用演讲稿,不少著名的演讲都是即兴之作,是由别人记录流传开来的。但重要的演讲应事先准备好演讲稿,因为演讲稿至少有两个方面的作用:其一,通过对思路的精心梳理,对材料的精心组织,使演讲内容更加深刻和富有条理性;其二,可帮助演讲者消除临场紧张、恐惧的心理,增强演讲者的自信心。

(一)标题

演讲稿的标题就是演讲的题目,是听众最先听到的。好的演讲题目既能引发听众兴趣、给听众留下深刻印象,为演讲的顺利展开创造条件,又对突出演讲主题、表达演讲内容有着重要作用。

演讲稿标题的写法灵活多样,没有统一的模式。可以是揭示主题式的,如《人格是最高的学位》,一听就知道演讲的主题是什么;可以是提问式的,如《人生的价值何在》,能够启发听众进行思考,引发听众兴趣,诚如亚里士多德所说的"思维自疑问与惊奇开始";也可以是对比式的,如《要使科学造福于人类,而不成为祸害》,这是爱因斯坦于1931年2月16日在美国加利福尼亚理工学院的演讲,它以"关心人的本身,应当始终成为一切技术上奋斗的主要目标"为题旨,将"造福"与"祸害"并列在一起,以假恶丑衬托真善美,使真善美更真、更善、更美,从而产生了爱在辞内,情溢辞外的奇效;还可以是比喻式的,如《扬起生命的风帆》;更可以是引语式、含蓄式、陈述式或说明演讲范围式的标题,等等。

演讲稿的标题类型绝不仅仅限于上述几种。但无论是什么类型的标题,都应新颖、简洁、醒目、响亮、有启发性,有画龙点睛之功。

(二)开场白

开场白就是演讲稿的开头,它犹如戏剧开头的"镇场",在全篇中占据重要的地位。常用的开场白方式主要有如下五种。

1. 开门见山,揭示主旨

这种开场白不绕弯子,开篇直奔主题,直接摆出观点。如毛泽东的《改造我们的学习》一文,开头就直截了当:"我主张将我们全党的学习方法和学习制度改造一下。"

2. 提出问题,引起关注

开篇提出发人深省、引人入胜的问题,使听众兴趣骤增,积极思考。如陶铸《崇高的理想》一文开头:"每个人都有他自己的理想,但是,理想到底指的是什么呢?"

3. 说明情况,交代背景

这种开场白开篇交代演讲的目的和原因,或对事情发生的时间、地点、人物等做出必要说明,为进一步向听众揭示论题做准备。如恩格斯《在马克思墓前的讲话》的开头:"三月十四日两点三刻,当代最伟大的思想家停止了思想……但已经永远地睡着了。"

4. 渲染烘托,营造氛围

这种开场白或幽默,或严肃,为全篇演讲稿定下基调。如李燕杰《爱情与美》的开场白就用幽默的语言讲了一个小故事。这个小故事激起了全场青年的兴趣,活跃了演讲现场的气氛。

5. 名言警句,蕴含哲理

这种开场白用内涵深刻、发人深省的名言警句,引出下面的内容,能收到很好的演讲效果。如邓拓《事事关心》一文的开头就引用了东林书院的一副对联:"风声雨声读书声,声声入耳;家事国事天下事,事事关心。"

总之,开场白的方式多种多样,无论采用什么形式的开场白,都应做到先声夺人,富有吸引力。

(三) 主体

主体部分是演讲稿的核心,它直接关系演讲的质量和效果。演讲稿的主体,要层层展开,步步推向高潮。所谓高潮,即演讲中最精彩、最激动人心的段落。在主体部分的行文上,要在理论上一步步说服听众,在内容上一步步吸引听众,在感情上一步步感染听众。要精心安排结构层次,层层深入,环环相扣,水到渠成地推向高潮。具体地说,演讲稿主体部分的写作应注意以下三个问题。

1. 确定恰当的结构形式

结构形式是演讲稿思想内容表现的次序安排,写演讲稿时一定要安排好。演讲稿主体的结构形式比较灵活,或旁征博引、剖析事理,或引经据典、挥洒自如,或层层深入,或就事论理。但结构形式不管怎样变化,都要求内容突出、问题说透、推理严密、层次清晰、情理交融。演讲稿主体部分层次安排的主要类型有:

(1) 平行并列式。这种形式的特点是对演讲中所涉及的几个主要问题进行分别陈述,几个层次之间的关系是并列的,它们从不同角度来表达演讲的中心。

(2) 层层递进式。这种形式是围绕一个中心,步步深入,层层推进地讲述。先讲什么,后讲什么,顺序不能随意变动。

(3) 正反对比式。为了使听众从两种事物的不同或对立中明辨是非,常常采取正反对比式加深对事理的正确认识。

(4) 情感发展式。这种形式是按演讲者感情的自然发展顺序来表述他的演讲内容。这种感情发展的层次,一般是与听众的感情相吻合的,易于被听众接受。

(5) 时间序列式。这种形式是按事件发展的时间先后顺序安排材料,反映出运动过程的流动状态。

(6) 空间层次式。这是按客观事物在空间上的自然联系来安排顺序,如左右上下,前后里外,按空间的联系进行讲述。

(7) 复合式。这种形式是几种结构形式的综合运用,一些纵横捭阖、气势雄伟的演讲稿常采用这种方式。

2. 认真组织好材料

要详略得当地组织安排演讲稿的理论依据和事实论据,同时必须保证例证的真实性、典型性。内容要言简意赅、起到画龙点睛的作用。

3. 构筑演讲高潮

成功的演讲,不可能没有高潮。如何构筑演讲高潮呢？首先,要注重思想感情的升华；其次,要注意语言的锤炼,使用排比、反问等句式增强气势,也可借助名言警句将主旨揭示得更深刻。

（四）结尾

结尾是演讲稿的有机组成部分,是主体内容发展的必然结果。结尾给听众的印象,往往代表整个演讲给听众的印象。因此,演讲稿的结尾不能草草收兵,不能画蛇添足,也不能套用陈词滥调,更不能在演讲完后,又赘上一句"我讲得不好,请大家批评指正"之类的话。好的演讲稿的结尾应言简意赅、余音绕梁,能够使听众精神振奋,并促使听众不断思考和回味。演讲稿的结尾没有固定的模式,或对整个演讲进行简要归结,或以号召性、鼓动性的话语收尾,或以诗文名言、幽默俏皮的话作结。总之,无论如何结尾,都应给听众留下深刻的印象。

四、写作注意事项

1. 了解对象,有的放矢

演讲稿是讲给人听的,因此,写演讲稿首先要了解听众：了解他们的思想状况、文化程度、职业状况如何；了解他们所关心和迫切需要解决的问题是什么,等等。否则,不看对象,演讲稿写得再花工夫,说得再天花乱坠,听众也会感到索然无味,无动于衷,也就达不到宣传、鼓动、教育和欣赏的目的。

2. 观点鲜明,感情真挚

演讲稿观点鲜明,显示着演讲者对一种理性认识的肯定,显示着演讲者对客观事物见解的透辟程度,能给人以可信性和可靠感。演讲稿观点不鲜明,就缺乏说服力,就失去了演讲的作用。演讲稿还应有真挚的感情,才能打动人、感染人,才能具有鼓动性。因此,它要求在表达上注意感情色彩,把说理和抒情结合起来。既有冷静的分析,又有热情的鼓动；既有所怒,又有所喜；既有所憎,又有所爱。

3. 行文变化,富有波澜

构成演讲稿波澜的要素很多,有内容,有安排,也有听众的心理特征和认识事物的规律。如果能掌握听众的心理特征和认识事物的规律,恰当地选择材料,安排材料,也能使演讲在听众心里激起波澜。演讲稿要写得有波澜,有起有伏,有张有弛,有强调,有反复,有比较,有照应。

4. 语言流畅,深刻风趣

演讲稿要上口入耳,通俗易懂,要生动感人,幽默风趣,还要用最朴素的语言表达最深刻的道理。因此,演讲者必须在语言的运用上下一番功夫。

五、病文诊断

文明礼仪伴我行

今天在这里我和大家谈一谈文明礼仪,不知大家还记得这样一句话吗?"称尊长,勿呼名,对尊长,勿见能,路遇长,疾趋揖,长无言,退恭立,乘下马,乘下车,过犹待,百步余。"不错,这就是我们初一年级上学期在《弟子规》中学过的一句话。的确,在现实生活中,文明涵盖了人与人、人与社会之间的关系,它是衡量我们是否成为一个有道德修养的人的标准。

文明到底指的是什么?究竟什么是文明?相信大家一定都熟悉。将地上的垃圾果皮捡起来,爱护身边的一草一木,爱护公共财物,自觉排队,乘公交车时给老、弱、病、残、孕的人让座,在家里主动问候长辈,在学校里见到老师主动问好……一个动作,一句问候,都是文明的表现。文明礼仪就在我们身边。

从字面上来看,文明礼仪是叫我们讲文明,懂礼仪。我们对文明礼仪还处在一个似懂非懂的状态,我们离文明还有一段距离。同学们,反思一下我们平时的行为,是不是还有这样的情况:在扔小纸屑的时候,我们总认为反正今天不是我的值日班长,又不是我打扫清洁,又不会扣我的分;在说粗话的时候,我们总认为反正老师听不见,她不会批评我的……这些行为真是不应该呀!"勿以善小而不为,勿以恶小而为之",我们应该严于律己,养成良好的行为习惯。

在学校里,缺乏良好行为习惯的同学就可能目无纪律、为所欲为,打乱班级正常的学习次序,破坏班级里的学习环境,成为老师、同学眼里不受欢迎的人。相反,如果我们都能养成文明的行为习惯,学习环境就一定是良好的、有序的。现在,有很多同学把学习放在了第一位,他们认为学习好才是最好的。但是仅仅学习好又有什么用呢?那也只不过说明你是一个掌握知识的机器罢了,那又有什么意义呢?成人才能成才,文明礼仪的培养是很重要的!

老师们,同学们,让我们从现在开始,做文明人,说文明话,用文明的举止,让我们用文明的行为去铸就世界上最亮丽的风景线吧!

文明礼仪伴我行,只要大家向着文明的方向去努力,那这个世界一定更加美好!

谢谢大家!

【诊断】这篇演讲稿写得层次清楚,内容较具体。但是,有两点需要进一步修改完善。一是内容范围太窄,只是写了当今的学生,应该从古至今地介绍,让内容更宏大、更宽泛、更丰富一些;二是写法上演讲稿的口语化特征不明显,停留于书面语言,应该再抒情一些,有气势和口语化一些。演讲稿要能将无声文字通过演讲者声情并茂的演讲变为有声语言,要上口入耳,通俗易懂,明白如话,幽默风趣。

第二节 毕业论文

[学习目标]

了解毕业论文的含义、特点和类型,掌握毕业论文的格式和内容要素,能够撰写符合本专业要求的毕业论文。

> **开篇案例**

本科毕业论文真的成了尴尬的"鸡肋"吗

据有关媒体报道,四川大学新闻系从2010年起在教学计划中,取消毕业论文。毕业论文该何去何从?一时间,大家众说纷纭。

1933年,费孝通先生撰写的大学毕业论文《亲迎婚俗之研究》,通过民间结婚风俗看文化变迁,由此他走进社会学和人类学理论研究的殿堂。70余年后,毕业论文却逐渐成为一些本科生眼中的"鸡肋":写还是不写?"写吧,觉得没多大用;不写吧,又没学分。"事实真是这样吗?

学经济学专业且已工作几年的小杨认为,毕业论文不能取消。他记得当时自己的毕业论文写的是循环经济,自己花了整整一个学期的精力,结合所学专业知识,开展了大量市场调查,最终提出一些可行性建议,引起重视。小杨说:事实证明,自己的努力没有白费。就是因为那篇出色的毕业论文,毕业时赢得了上市公司的高薪职位。

考上某校教育学专业的研究生小张则认为,虽然考研复习时间非常紧张,但准备论文的亲自调查过程,本身就是将考研内容具体到实践的一个过程。毕业论文写作强化了自己的专业知识,准备论文其实也是在复习考研科目,两者并不矛盾。

有专家也表示:毕业论文是学生对自己四年学习的回顾和审视。在做论文的过程中,学生可以学会深入地思考问题、发现问题、分析问题和解决问题,完成自己的知识和能力的升华。因此,不应该取消毕业论文,端正学风和教风是最根本的解决办法。

毕业论文的写作直接反映了学生的知识水平、思维方法、专业深度、思想认识深度及语言文字水平和创造能力。上述案例告诉我们:好的毕业论文能帮助同学们敲开成功之门,因此,我们应该认真对待毕业论文写作。

一、基本知识

(一) 毕业论文的含义

毕业论文是高等学校应届毕业生针对某一问题,综合运用自己所学专业的基础理论、基本知识和基本技能,进行探讨和研究后写出的阐述解决某一问题、发表自己学术见解的文章。

毕业论文是学术论文的一种,要求学生能够抓住反映本门学科根本性质的某一个问题或某一个问题的一个侧面,或当前疑难的焦点,谈出言之有理、持之有据的具有一定学术性的见解,能够基本反映学生目前所具有的学术水平和进行科学研究的能力。

(二) 毕业论文的特点

1. 创新性

创新是毕业论文的价值所在。毕业论文的创新性,主要表现在它所表达的研究或开发成果必须有新意,要有所发现,有所发明,有所创造。或者是在理论上提出了新观点、新见解,或者是技术上采用了新方法、新工艺、新材料,或者是理论的发现与技术的发明兼而有之。

2. 理论性

毕业论文写作要求议论说理,即要运用抽象思维的方法,通过深入的分析、逻辑的推理和严密的论证,使其上升到理论高度,组成一个完整而严密的理论体系,在理论上有所建树、有所发展。

3. 科学性

毕业论文的这一特点主要表现在三个方面:一是作者的观点能够反映客观事物的发展规律,二是材料必须确凿、新鲜,三是论证要严密、无懈可击。

4. 客观性

客观性主要表现在三个方面:一是客观地对待他人的研究成果,不能重复、贬低、模仿和抄袭他人的科研成果;二是客观地评价自己的研究成果,既不夸大,又不缩小;三是论文内容必须真实地反映客观存在的实际内容,论文中的所有论据材料要完全真实。

5. 实践性

实践性是指作者的新发现和新理论在社会实践中的实践价值和现实意义。毕业论文要能揭示事物的本质,文章中的新发现和创见在实践中能得到广大读者赞同并被有效地应用。因此,作者在写作时要认真考虑如何使自己的论文直接或间接地体现出实际效益。

(三)毕业论文的类型

因毕业生的学历、学位不同,毕业论文的研究领域、论文本身的内容和性质不同,研究对象、方法和表现方式不同,毕业论文可划分为不同的类型。

1. 按申报的学位不同分类

按申报的学位不同,毕业论文可分为学士、硕士、博士毕业论文。

(1)学士论文:是高校本科学历毕业生毕业前,在教师指导下,根据所学专业要求完成的论文。论文完成后,经答辩评定成绩及格,方能毕业,并授予学士学位。

(2)硕士论文:是指在高校学习完硕士研究生规定的课程内容后,在导师的指导下,根据所学学科的研究课题内容,按规定要求完成论文,经答辩评审及格后,准予毕业,并授予硕士学位。一般来说,硕士毕业生论文作者,都应有较多的独立见解,能反映出硕士生对所掌握的某一专业知识的深度与广度。

(3)博士论文:是指在高校学习完成博士研究生规定的课程内容后,在导师指导下,并按规定要求撰写论文,经答辩评审合格后,准予毕业,并授予博士学位。一般来说,博士生对某一学科有关领域有深邃而广博的知识,能运用自己的知识对某一学科进行独立、深入的研究,并取得新的创造性成果,对该学科发展有重要推动作用或有重要突破。

2. 按学科属性不同分类

按学科属性的不同,毕业论文可分为理、工、农、医、管理、经济、政治、历史、哲学、文学等学科的毕业论文。

3. 按研究方法和表现方式不同分类

按研究方法和表现方式的不同,毕业论文可分为理论性、实验性、描述性、设计性毕业论文。文科毕业生写的一般是理论性论文,具体可分成以下两种。

(1)纯理论性的。纯理论性的论文以抽象理论为研究对象,用严密的理论推导和数学运算作为研究方法,用以验证论点的正确性。

(2)调研性的。调研性的论文以对客观事物和现象的调查、考察所得的观测资料和有关文献资料数据为研究对象,研究方法是对有关资料进行分析、综合、概括、抽象,通过归纳、演绎、类比,提出某种新的理论或新的见解。

二、例文看台

高校学生就业帮助新途径探析——以人力派遣为视角

摘要：文章在对人力派遣国内应用现状描述的基础上,进一步分析了人力派遣未来发展趋势及其在高校学生就业帮助中应用的必要性和可能性,认为人力派遣作为高校学生就业帮助新途径在当前具有可行性,并对其在高校学生就业帮助中的具体运用及现实意义作了初步的探究和思考。

关键词：人力派遣　高校学生　就业帮助　新途径

众所周知,当今的国际竞争归根结底是人才的竞争。作为人口大国,我国能否转变为人力资源强国,决定着我们在国际竞争中的优劣地位。特别是在高校大规模连年扩招后的当前,能否及时有效地改变大学生就业难的现状,使受过良好高等教育的毕业生发挥其应有的作用,关系着我国未来各项事业发展的好坏和国际竞争力的强弱。所以,开辟解决大学生就业难新途径的任务迫在眉睫。那么,时下在国内方兴未艾的新兴用人模式——人力派遣,作为一种有效的人力资源配置形式,能否在学生就业帮助中发挥其巨大功效呢?如果能,高校又能为之做些什么呢?因此,对人力派遣用于学生就业帮助进行深入研究具有极大的现实意义。

一、人力派遣的概念及其应用现状与趋势

(一)何谓人力派遣

人力派遣20世纪20年代源起于美国,后成长于欧洲又流走于日本,90年代引入中国大陆,是人力市场化的产物,是一种全新的人力市场配置方式。

国外各国因所依据的劳动派遣法的不同而对人力派遣概念的定义也各不相同。[1]国内关于其定义,至今也没有统一。综合有关文献并结合本研究,本文采用定义如下:人力派遣,是由人力派遣机构向用人单位提供所需要的、已与人力派遣机构签订劳动合同的人员到用人单位工作的一种用人方式及其衍生的相关服务。[2]

(二)人力派遣国内应用现状及未来趋势

人力派遣一经引入中国大陆,便迅速在沿海城市深圳、广州、上海等地蓬勃发展,甚至西部地区也有许多机构尝试这一业务。如今二十年过去了,人力派遣已经被广泛地应用于全国各行业、各领域,并表现出强劲的生命力:从业机构急剧增加、被遣人数高速增长;派遣岗位范围不断扩大,并朝专业化、高层次方向发展。在外资企业大量进入、失业者愈加增多、就业越来越难的未来,这项新兴的人力配置服务势必会有更快、更好的发展。

在教育领域,近年来人力派遣作为高校人事制度改革的方向之一,使得高校人力的分层分类管理得以实现,使高校从繁杂的人事管理事务中得以适当解脱,做到"有所为,有所不为",使高校人事制度改革得到了进一步的深化。[3]而且人力派遣已经在学生就业帮助方面得以运用,只是目前还局限于小范围内,如:广州将人力派遣业务纳入解决高校毕业生就业问题的十大对策之一;[4]2008年,江苏吴江市以人力派遣的方式引进40名985高校优秀学生干部毕业生作为人才储备。[5]而且这些行为也只是政策性的,还没有出现经济性的市场化的此类服务或业务。因此,人力派遣在我国学生就业帮助方面的实施处于刚起步阶段,前景十分广阔,有待进一步的科学发展。

二、人力派遣在高校学生就业帮助中运用的可行性分析

……………

三、人力派遣在高校学生就业帮助中运用的具体策略

……………

四、人力派遣在高校学生就业帮助中运用的战略意义

人力派遣作为一种用人机制,被灵活高效地运用于高校学生就业帮助中,不仅拓宽了就业帮助的途径,而且对于高校学生培养甚至对社会人力资源建设都具有重大的现实意义。

(一)就业帮助新途径

人力派遣机构既不是传统意义上的用人单位,又不等同于一般的人才中介,它以专业的人才配置手段和灵活的用工形式为未就业的高校毕业生提供可以接受的去处,开辟分流渠道,建立通向人才市场的中转站,更为他们提供了一个新的就业形式,一定程度上缓解了大学生的就业压力,是一条不错的大学生就业帮助新途径。不仅如此,它还为人才派遣纳入再就业工程做出了良好示范。据悉,在唐山市,这种新型用人机制和就业形式的出现,得到了管理对象和各类求职人员,尤其是大中专毕业生的普遍认可,派遣人才数量以年均35%的速度增长。[6]

(二)学生培养的反馈

高校自办学生就业派遣机构或者与其他中介合作,不仅很大程度上能够帮助更多的学生就业,更重要的是在培训被派遣人员和为其寻求被派遣单位的时候,高校能够获知社会人力需求和本校学生能力欠缺部分等信息。而这些信息正是高校进一步改进和完善课程设置和教学安排的根据,高校掌握了这些信息后便于更好地培养出社会所需人才。因此,人力派遣运用于高校学生就业帮助,还是高校培养学生的反馈机制。

(三)人力资源的建设

人力派遣专业化运作的核心在于人才库的建设,因此人力派遣不仅可以有效地整合社会人力资源、优化人才结构、提高人才利用率,还具有人力资源储备的功能。特别是在扩招后的今天,大学生就业难的今天,趁机抓紧时间储备人才、充分调配大学生这些较高质量的人力资源,加快人才的流动,从而促进人才市场的繁荣,能够更好地促进我国的各项事业的进步,促进社会的和谐发展。长远来看,其对我们从人口大国提升为人力资源强国也具有不可估量的作用。

参考文献:

[1] 毕小青,严荣.国内人力派遣研究现状综述[J].技术经济与管理研究,2007,(6):39.

[2] 张晓敏.我国人才派遣制度的探索[D].山东大学企业管理专业,2007:15.

[3] 山鸣峰,李双.从人事代理到人才派遣——高校人事制度改革的深化[J].教育发展研究,2005,(11):58.

[4] 张艳荣,闫惠林.人才派遣模式探析[J].理论探讨,2004:44.

[5] 王英.踏进"985"高校引才[N].苏州日报,2008-7-27(2).

[6] 张树彬,孙伟.对人才派遣的探讨[J].河北能源职业技术学院学报,2006,(1):33.

(资料来源:《唐山职业技术学院学报》2011年第3期,作者:宋路平,厦门大学教育研究院,2009级硕士研究生)

【评析】这篇论文选题立足于我国目前日益严峻的高校毕业生就业问题,具有较强的现实意义。文章从阐释人力派遣的概念入手,在对我国人力派遣的应用现状与趋势进行描述的基础上,首先对人力派遣在高校学生就业帮助中运用的可行性进行了分析,接着从高校与人力派遣机构合作和高校自行筹办人力派遣机构两个方面,集中论述了人力派遣在高校学生就业帮助中运用的具体策略,最后又从人力派遣是高校学生就业帮助新途径,是学生培养的反馈机制,以及人力派遣不仅可以有效地整合社会人力资源、优化人才结构、提高人才利用率,还具有人力资源储备的功能等方面,对人力派遣在高校学生就业帮助中运用的现实意义作了进一步的阐述。

本论文层次清晰、结构严谨、论证充分、文字流畅、资料引用规范,体现了作者较为扎实的理论功底和较好的理论素养。

三、毕业论文写作提要

(一) 写作前的准备

1. 选题

写毕业论文首先面临的一个问题就是选题。所谓选题,就是选定论题,即选择并确定本文所要研究的目标和范围。选题本身就是一种综合性创造,虽然它主要表现为作者的一种主观意向性,但它必须以作者长期的多维度知识积累和严肃的综合性思考作基础。论题选得好不好,直接关系到论文写作过程的顺利程度和论文质量。

(1) 选题遵循的原则。一是现实需求原则。即所选论题,应是与社会生活和科学文化事业密切相关的问题。二是可行性原则。所谓可行,表现在主客观两个方面,即一是作者要对研究的题目有浓厚兴趣,二是还要有足够的可查阅资料,有驾驭选题的知识结构和能力,有足够的时间和精力,或者有这方面一定的工作经验和阅历。如果不感兴趣,或者缺乏基础,硬要去研究,即使题目选定了,也是难以写出高质量的论文。三是适度性原则。不同学历层次的毕业论文在深度、广度、创新开拓、规模字数等方面有不同的要求,因此选题要适度。题选大了,会泛泛论述,没有深度;题选小了,会无话可说,不易展开。要适度,可就事物的某一方面,某一环节展开论述。

(2) 选题的类型。一是开创性类型。即"人无我有",这类题目是开辟新领域的探索性研究,研究这类题目难度比较大,本身就有创造性。二是延伸性类型。即"人有我新",前人已经作过的题目,有的结论不妥,或者还有进一步探讨的余地。这类题目是对前人研究的发展性研究。三是综合归纳性类型。即某一题目已经有许多人探讨过,但说法不一,甚至有过争论,这类题目带有争鸣性质,也可以作为选题的对象。对这类题目进行研究时,要在众说纷纭的基础上,拿出自己的意见,要有新的突破。

2. 收集资料

写论文没有资料就构不成文章,也不会写出有价值的东西来。收集资料时,要有针对性,做到有的放矢,即要明确哪些资料是有用的,不可或缺的;哪些资料是必须首先了解的;哪些资料是急需的。一般而言,写论文要收集以下几类资料:

(1) 论题的核心资料。即所研究对象本身的资料,往往是"参考文献"所列的书目、篇目。

(2) 背景资料。它是对核心资料起参照、比较、深化作用的资料,包括已有研究成果资料和与论题相关的参照资料。学术发展是一个长期渐进积累的过程,后人通常在前人已有成果的基础上继续前进。因此,要重视已有成果资料的收集。可以编制已有成果目录,从标题上掌握论题研究的线索,收集具有代表性的各派观点的资料,以便寻找新的角度,提出新的见解。有些资料还能用于行文中的理论探讨,以增强文章的理论性。

(3) 具有方法论意义的理论材料。专业论文不能停留在就事议事的层面,而要用科学的思想方法和学科理论来分析和阐述问题。因此,必须注意这方面的理论资料收集。

3. 编制写作提纲

提纲是文章的骨架,体现作者的总体思路,以及全文的逻辑性和结构框架。通过草拟提纲,可以规划基本内容,搭好基本框架,使自己的思路明确、条理清晰,还可以发现构思的缺陷、材料的不足、论据的不充分、思路的不清晰,使论文写作不走弯路。论文提纲一般应包括文章的基本论点和主要论据,反映文章的体系结构。常见的拟写提纲的方法有:

(1) 标题法。即用简要的词语概括内容,以标题的形式列出。在正文中一般可以作为主线、大的框框来处理。这种写法简明扼要,一目了然。

(2) 句子法。即以句子形式概括各部分的内容。用一个能够表达完整意思的句子概括内容,该句子可以带有标点。这种写法具体、明确,能够勾勒出论文的大体结构。

(3) 段落提纲。是句子提纲的扩充,常用来编写详细提纲,故又称详细提纲。当论文逻辑构成单位的内容不能用一个句子概括时,就写成一段话来进行表述。

上述三种形式可以综合运用。论文写作者根据内容和篇幅的需要加以选择。提纲写好后,要不断修改、推敲:一是推敲题目是否恰当,是否合适;二是推敲提纲的结构是否能阐明中心论点或说明主要论题;三是检查划分的部分、层次、段落是否合乎逻辑;四是验证材料是否充分说明问题。

(二) 毕业论文的结构与写法

1. 标题

毕业论文标题的拟定要遵循两个原则:一是能够概括文章的主要内容;二是要新颖、吸引人,起到画龙点睛的作用。

2. 摘要

摘要又称内容提要或概要,即用精当的语言反映出论文的主要信息,包括论文的基本观点、成果及意义等,摘要可以供计算机检索使用,缩短读者的检索时间,还可以为读者选择文章提供捷径。一般采用第三人称,不宜超过300字。

3. 关键词

关键词是把论文中起关键作用、能代表论文内容特征的词汇或术语选出来,供信息检索之用,一般是能客观反映论文主要内容的名词性词语,非名词性词语不宜作关键词。关键词一般选3~8个,置摘要之下,排列时要按照意义从大到小、从内容到形式的顺序排列,中间用空格或分号隔开。

4. 绪论

绪论又称前言、引言、引论等,这是论文的开头部分,其作用是破题,并引入主题,为正文论述奠定基础,同时为突出主题服务。写作内容一般包括提出问题,说明选题的缘由、意义,研究方法或论证方法等。

绪论不同于摘要,摘要是简要介绍论文主要内容、研究对象和成果的,具有独立性,只阅读摘要,不阅读论文的全文就能获得必要的信息。绪论是论文的开头部分,力求言简意赅,不要成为摘要的注释或与摘要雷同。常见的写作方法有揭示纲目、交代背景、开门见山、提出问题和做出定义等多种写法。

5. 本论

本论是论文的主体部分,是对问题展开分析,对观点加以证明,全面、详尽、集中地表述研究成果的部分。整个论证过程要用材料论证观点,用观点统帅材料,材料观点必须统一,真正做到:材料丰富,论据充实,论证严密,条理分明,顺理成章。

本论常用的结构形式有以下三种:一是并列式亦称横式结构,就是将主要论题的几个横向性分题逐个加以论证;二是递进式亦称纵式结构,即提出论点后层层深入地展开论证;三是混合式亦称纵横式或综合式结构,即把前两种方式结合起来运用的形式,一般适用于内容含量大、情况复杂的论文。

6. 结论

结论又叫结尾,是整个研究过程的结晶,是对全文的总结,一般需对本论中的观点作一个归纳,表明总的看法和意见,或者强调某些要点等。

结论应该严谨、完整、明确、精练。

7. 致谢

致谢即对帮助过自己的有关单位和个人表示感谢,要诚恳和实事求是,也有的学术论文不写"致谢"内容。

8. 注释或参考文献

即在文后列出引文出处和有关参考文献,包括著作、文章、论点、资料、数据、公式等。要注明:作者、书名、文章题目、原载书刊页码、出版时间等。

(三)毕业论文的修改

毕业论文是比较复杂、逻辑性较强的文章,很难一挥而就,需要反复地修改。因此,在初稿写成之后要多读几遍,多改几遍,要看论点是否正确;分析论证是否充分,是否具有说服力;文章层次是否清楚,段落划分是否合适;文字是否规范、精当;标点是否恰当。

在修改的具体方法上,可以采用:① 热改法:就是指初稿完成后,趁热打铁,立即修改的方法。② 冷改法:就是指初稿完成后,放一段时间再修改的方法。③ 他改法:就是指初稿完成后,请他人帮助修改的方法。④ 诵改法:就是指初稿完成后,诵读几遍,发现问题,然后再修改的方法。

四、写作注意事项

1. 做好调查研究

文章是客观事物的反映。写毕业论文首先要做调查研究,不调查就动笔是主观主义的表现,其结果只能是满纸空论,人云亦云。只有围绕所选论题进行调查研究,才能在实践中发现问题,洞察问题,才能有新的和比较深的思考。实践的"博见",加上理论学习的"深知",这是毕业论文写作的关键环节,是写出深刻的毕业论文的唯一途径。

2. 掌握分析方法

确定观点之后,说理和分析成为毕业论文写作的关键环节。只有在论文中加入科学的分析方法,文章才会有层次和深度。科学的分析方法,总是把问题具体地提出来,具体地进行探讨,也就是把问题放在一定的历史环境、场合和条件之下,按照事物的本来面目去加以研究,并按照具体的时间、地点和条件提出解决问题的办法。只有掌握正确、科学、先进的分析方法,才能真正提高学生的科研水平和论文质量。

3. 重视文字表达

一篇好的毕业论文,自然离不开好的文字表述。一般而言,在论文写作中要注意这样几个方面:一要开宗明义、不可偏离主题。就是指在论文的每一部分都要开门见山,概括出核心论点,点明分析主旨;二是要大处落墨,不可因小失大。一篇论文中,往往想写的观点和材料很多,那就一定要从主要的地方入手,切不可在枝节问题上缠绕,影响了重大问题淋漓尽致的分析;三要尽量一气呵成,不可断断续续。写好一篇论文,应在构思清晰的前提下,集中时间把初稿一气写完,做到连贯流畅,首尾贯通;四是言简意赅,不可冗词赘句。文字表述要讲究语言精练,文字流畅,力求给人以美感。那种马马虎虎的写作态度极易造成文理不通和杂乱无章,必须纠正。

第三节　求职类文书

[学习目标]

了解求职简历和求职信的基本知识;熟悉求职简历和求职信的构成和写法,掌握求职类文书的语言表达技巧,能够撰写出合格的求职类文书,为求职择业做准备。

开篇案例

错别字让他们错失就业良机

××大学的小李,参加由学校举办的就业招聘会时,一家外地企业看中了他,并在现场与其签订意向性协议。但当用人单位阅读他现场填写的应聘履历表后,竟放弃了准备聘用他的打算。原因是小李填写的个人简历一栏,短短200多字介绍文字,竟然写错了10个字,且所有错别字都是日常生活中经常使用的。

无独有偶。毕业于某重点大学的小王到××市一家公司面试人事助理的职位,因为是复试,所以一旦过关,就可以被录用。当天复试的主要内容就是和经理进行面对面交谈,小王在交谈中回答的问题都比较得体,也赢得了经理的好感。交谈后,人事部工作人员让小王填写一份简历,简历的最后有一部分是自我介绍的内容,要求500字左右,小王按照要求填写后就回家等消息。后来,该公司告知小王她没有被录取。小王询问后得知,原来500字的自我介绍自己竟然写了32个错别字,而且经理认为她字写得也不好。最后,公司录取了和小王同去的另一位女生。

××公司在武汉科技大学中南分校招聘文员时,对应聘者提出的第一项要求是"个人亲笔求职信"。一些企业招聘负责人表示,现场填写简历可以从大学生的临场反应、笔头功夫考察其综合素质。

看起来简单的"填填写写",却成了如今很多大学生求职过程中的失败之痛。因书写能力差在求职大战中败下阵的同学还有不少。上述案例告诉我们:在就业竞争非常激烈的现代社会,大学毕业生要想获得就业机会,找到一份理想的工作,为今后寻求一个更好的发展平台,就必须提高自己的基本素质——汉字书写及表达能力。而学会写作求职类文书也是基本素质提高的应有之义。

一、求职简历

(一)基本知识

1. 求职简历的含义

求职简历是求职者向招聘单位有重点地介绍自己的学历、经历、能力、技能和工作经验等基本情况的概述性求职文书。

2. 求职简历的特点

求职简历主要有以下三个特点。

(1)求实性。写作时要本着对自己负责、对招聘单位负责的精神,实事求是地介绍情况,不能夸大其词、掺杂水分,也无须故作谦虚,而要客观地介绍自己的情况。

(2)独特性。求职简历是要在有限的时空范围内,将自己的优势和独特之处展示给招聘单位。因此,要全面了解自己,正确评估自己,还要对招聘单位进行全面深入地了解,在此基础上,根据招聘单位的需要,充分突出自己特殊的、与众不同的经历、素质和技能。

(3)简洁性。在"时间就是效率,时间就是金钱"的今天,招聘人员面对成百上千的简历,没有时间也没有耐心看。因此,简历写作重在"简",应做到用清晰、简洁的版式,简短的篇幅,表达丰富、独特的内容,让招聘人员对求职者的优势一目了然。

3. 求职简历的类型

从内容布局来看,求职简历可分为以下三种类型。

(1)时序型简历。时序型简历是指从最近的经历开始,逆着时间顺序逐条列举求职者的工作实习经历、教育经历等个人信息,应包括求职意向等内容,关注的焦点在时间、工作实践持续期、成长、进步及成就。这种简历清晰、简洁,便于招聘人员阅读。

(2)功能型简历。功能型简历强调求职者的技能、资质、能力与成就,并对求职者的优势和专长进行分析和说明。功能型简历的内容包括目的、成绩、能力、工作经历和学历等部分,工作技能和专长是其核心内容。

(3)混合型简历。混合型简历是时序型和功能型的结合运用。这种简历先在开头处写明求职目标,接着列明求职者的基本情况,随后根据应聘职位写明所具备的能力、技能、资质和潜力等,在接下来的工作和实习经历中,按照从现在到过去的时间顺序,列明求职者所实习的单位、从事的工作岗位、工作内容、取得的成绩等。

混合型简历既按时间顺序列明求职者的实习经历、项目经历等,显得脉络清晰;又把求职者自身所具备的优势、能力和应聘职位的要求结合起来,能让招聘人员印象深刻,抓住要点,锁定目标。

(二)例文看台

李 甲

(86)1386765××××@163.com

××市××区××路××号×××室(邮编：100×××)

求职意向	××银行管理培训生			
教育背景				
2014.9—2017.3	××大学	经济学	硕士	班级排名：3/30
2010.9—2014.7	北京××大学	国际经济与贸易	本科	年级排名：11/120
实习经历				
2016.4—2016.9	工商银行××分行××支行		大堂经理	
	• 迎接客户,询问客户需求,对客户进行相应的业务引导;			
	• 办理个人客户的冻结、解冻、挂失、解挂等非现金业务;			
	• 根据客户需求,主动客观地向客户推介、营销金融产品和交易方式;			
	• 调解客户争议,化解矛盾,减少客户投诉,客户满意度达80%以上。			
2015.1—2016.12	××大学经济学院		教学助理	
	• 协助教授500多名本科生的金融、经济、市场营销和统计等课程;			
	• 为学生答疑,定期举办教学会议,并考核学生的表现。			
2014.1—2014.8	××××广告有限公司媒体策划部		项目经理	
	• 领导一支10人团队;全权负责VIP客户团队的战略规划、发展和管理;			
	• 成功策划了3个知名企业的公关项目：大众汽车、耐克、蒙牛;			
	• 实习期间,公司利润同比增长125%,极大地提升了公司市场知名度。			
2013.6—2013.9	××银行××分行 公司业务部		业务助理	
	• 为公司客户提供贷款业务咨询,负责客户财务、经营和信用状况分析;			
	• 先后深入参与5家大型外贸公司商业贷款的审核项目,表现优异。			
项目经历				
2015.9—2017.2	××发展银行	中国农村金融市场实证分析		
	• 阅读1000多篇中英文文献,建立数据库,进行量比模型分析并撰写研究报告。			
社会实践				
2014.9—2015.9	××大学经济系		班长	
	• 负责经济系的日常事务,整理学生学务资料,参与修订经济系管理条例。			
2012.9—2013.9	北京××大学红十字会		会长	
	• 负责新会员的招收,使会员人数同比增加50%;负责管理协会日常业务;			
	• 策划组织手语课堂、赈灾募捐等大型活动,活动参与人数超过500人。			
获奖情况				
	• 一次××大学一等奖学金;			
	• 二次××大学二等奖学金。			
语言及技能				
	• 专业：通过注册金融分析师(CFA)一级考试;			
	• 英语：CET-6、TOEFL653分,良好的英语听、说、读、写和翻译能力;			
	• 计算机：熟练运用Word、Excel、PowerPoint、SPSS等软件。			

【点评】这是一份典型的时序型求职简历,其教育背景、实习经历和社会实践经历都采用时间倒序法表述,内容清晰、简洁,便于招聘人员阅读。对于即将毕业的学生来说,时序型求职简历一般适用于这样几种情况：① 所申请的职位非常符合你的教育背景和实习实践经

历;② 你有在知名公司实习的经历;③ 你的实习实践经历具有连续性,并能很好地反映出相关工作技能的不断提高。

(三)求职简历的构成要素与制作

1. 求职简历的构成要素

一份求职简历应该包括个人最基本的信息和与所求职位相关的信息。主要有以下几个方面的要素。

(1)个人信息。主要包括求职者的姓名和联系方式,其主要作用是方便招聘人员与求职者联系。个人信息应该简单、直观、清晰。个人信息分为必有信息和可选信息:姓名、联系方式(电话、邮寄地址、电子邮箱)是必有信息,所有的求职简历都必须写清楚必有信息;性别、年龄、政治面貌、籍贯、民族、照片等是可选信息,其取舍决定于招聘单位的具体性质和职位要求。一般国有企事业单位倾向于要求个人信息全面,因此,应聘这类单位应在简历中写清楚这些相应信息,而应聘外企,可选信息不必写得那么全面。

(2)求职意向。大部分招聘单位希望在简历上看到明确的求职意向。因此,求职者应在简历中写明自己的求职意向,这样才能有的放矢,也让招聘者一目了然。

求职意向是求职简历的核心内容,应尽可能切中要点,写得明确、集中,切忌空泛,并与自己的专长、兴趣等相一致。如销售工程师或市场调研员,行政助理或办公室文员,或者拥有××技能,谋求××行业的中层管理职位。

简历要针对招聘单位的特点和要求制作,突出重点,因此,一份求职简历只能有一个求职意向。求职意向是整份求职简历的灵魂,简历的其他部分都是为求职意向服务的。

(3)教育背景。教育背景是简历的重要组成部分,一般按照时间逆序的方式来写。教育背景一般也分必有信息和可选信息:时间段、学校、学院或专业、学历等属于必有信息,主修课程、辅修课程、成绩排名、研究方向、研究项目、活动等属于可选信息。对于教育背景中能够吸引招聘者眼球的信息、有助于求职者胜出的信息,应该突出强调。

(4)工作实习经历。工作实习经历是简历的重点内容,如果已有的工作实习与应聘的职位或公司业务需要相关的话,简历筛选胜取的概率很大。写作工作实习经历部分,应将与所求职位最相关的经历放在最前面。如果缺乏工作实习经历,可以重点描述在校时参加学生社团、学生会的社会实践活动等内容。总之,这部分应将求职者的素质和能力通过描述呈现给招聘者。

(5)项目经历。项目经历反映的是求职者某个方面的实际动手能力、对某个领域或某种技能的掌握程度。对于绝大多数求职者来说,应该在简历中强调自己的专业基础知识、社会实践能力和实习兼职经验。如果参加过某项重要课题研究或创业大赛并获奖等,可以重点描述,突出求职者的技能、素质,能够给招聘者以深刻印象。

(6)社会实践。简历中描述社会实践,应该遵循与所求职位相关原则,将与职位要求相关的社会实践活动重点介绍,其他略写或不写。应重点介绍社会实践中所取得的成果,并辅以具体的数据和事例。

(7)获奖情况。简历中介绍获奖情况时,应特别注意强调奖励的级别和特殊性。要让招聘者明白所获奖励的含金量,从而增加简历通过筛选的机会。

(8)英语、计算机及专业技能。在描述这些个人技能时,应该根据应聘的职位要求,有针对性、有选择地列出相关的成绩、技能或证书。技能部分的描述在简历中不应占太多篇幅。简明扼要地将相关技能呈现出来即可。

(9) 其他个人信息。其他个人信息主要是指兴趣爱好和个人评价。除非招聘单位明确要求填写兴趣爱好和个人评价,否则,简历中一般不写这些个人信息:一是这些信息主观成分多,并不能说明什么问题;二是难以保证写了会有好的效果;三是占据简历的篇幅。如果需要写兴趣爱好和个人评价,一定要结合所求职位的特点,写得具体、明确。

2. 求职简历的制作

要使投递的简历通过筛选,除了简历的内容丰富充实外,还需要特别留意简历的版式和规格,使制作出的简历简洁、大方、美观。

(1) 简历的篇幅。简历的篇幅最好不超过一页纸。如果内容实在无法精简压缩到一页,必须保证第二页内容充满 2/3 以上,并将最能体现求职者优势的信息放在第一页。

(2) 字体和字号。中文简历的小标题和题头部分的姓名可以用黑体,而正文部分一般采用宋体。尽量避免在简历中使用多种字体,少用斜体和下划线。可以适当用粗体突出强调。

(3) 留白。切记不要将简历安排得太满、太密,看上去密密麻麻,适当设置页边距留白,可以给人清新悦目的感觉,给招聘者留下好印象。

(4) 整齐。在描述工作实习经历和社会实践经历等具体内容时,应使用统一的项目符号对齐。

(5) 用纸及打印。建议用 A4 纸打印简历,不提倡彩色打印和喷墨打印,最好用激光打印机打印。

(四) 写作注意事项

1. 要用关键词说话

招聘者主要是通过查看简历中的关键词来进行判断的。因此,写作简历前,求职者应该针对所求职位,将能够凸显自己与所求职位相关的素质、技能和专长,以及有关教育培训、实习和工作经验等的关键词在简历中呈现出来。

2. 要用行为词说话

在简历中,无论是实习兼职经历还是社会实践经历,都需要用清楚详细、表示动作的词语叙述出来,因此,写作时,应多采用表示动作的行为词开头的短句群。

3. 要用数字说话

相对于大段的文字描述,简历中的具体数字更能够凸显求职者个人的亮点,吸引招聘者的眼球。因此,简历写作时,凡是能够用数字体现求职者的成绩、亮点的地方,一定要使用数字来表达。

4. 要用结果说话

一份优秀的求职简历,一定是用客观的结果说话的。求职者不仅要在简历中告诉招聘者做过什么,还要通过描述做得怎么样,告诉招聘者自己具备相关的素质、能力和经验,要尽可能通过客观的成绩、业绩和成就向招聘者传递自己能够胜任某一职位的信号。

二、求职信

(一) 求职信的含义与作用

求职信也可称为自荐信、应聘信。它是求职择业者主动向用人单位自荐以谋求职位的书信。

在我国,随着改革开放的不断深入和人才流动机制的不断完善,求职择业已成为一种普遍的社会化活动,尤其对即将毕业的大学生来说,求职信关系择业、就业的成败得失。

求职信对于求职者推介自我,向用人单位展示自己的优势和能力,谋求更大的发展空间,实现人生的价值具有重要作用。

(二)求职信的特点

1. 自荐性

在用人单位不熟悉求职者的情况下,求职者只有毛遂自荐,恰当地推介自己,把自己的"亮点"展示给对方,才能获得面试的机会,最终获得成功。

2. 针对性

有效的求职信都具有很强的针对性。内容上,要针对某一具体职位介绍自己的优势、特长,并揣摩招聘者的心理。形式上,也可在求职材料的封面、求职信的右上角清楚写明求职单位和求职岗位。

3. 个性色彩

要想在求职竞争中获胜,就必须在求职信中展示出自己有别于他人的"新、独、特"之处,如突出自己的优势、特色、特长、成绩或专业技能、工作经验等,最大限度地展现自己的"闪光点"。

(三)例文看台

例文 1

自 荐 信

尊敬的×总经理:

　　打扰您了!

　　首先感谢您百忙中阅读我的自荐信。我是××××学院××专业的学生,将于今年7月毕业。在校四年,我担任了校学生会学习部长,连续三年被评为校"三好学生"和校"优秀学生干部",三次荣获一等"校长奖学金"。在2014年5月学校举办的学生专业技能大比武中,我荣获计算机操作一等奖。2015年8月我的创业计划"××××××"获得××省大学生创业大赛一等奖。2015年9月至2016年4月,我在××市××公司进行毕业实习,通过半年多的实践锻炼,我的理论联系实际的能力和专业技术操作能力得到了很大提高,并于今年4月顺利通过××考试,获取了××××高级证书。

　　××公司是我仰慕已久的大公司,尤其是贵公司提出的"以人为本,科技为本,诚信至上,服务至上"的经营理念更是令我深深敬佩,我渴望成为贵公司的一员。假如我有幸能加入这个光荣的集体,成为其中的一员,我一定服从命令,听从指挥,兢兢业业,任劳任怨,尽我最大的力量为公司添砖加瓦。至于待遇问题,当按贵公司的有关规定,我没有特殊要求。期盼您的回音。

　　敬颂

商祺!

×××敬启
2016年5月10日

附：
1. ××等级证书、荣誉证书、获奖证书复印件共 8 份
2. 学习成绩登记表一份
3. 联系地址：××省×市×路 5 号 ××学院××系×信箱（邮编：××××××）
   联系电话：××××××××

【评析】 这是一篇符合规范要求的求职信，称呼、问候语、正文、结束语、署名、日期和附件俱全。它中心明确，结构严谨，语言诚恳、简明、得体。

问候语"打扰您了"和开头的"首先感谢您百忙中阅读我的自荐信"，礼貌、恰切，易于为阅信人接纳。接下来表明自己的身份，并介绍自己在校取得的成绩、获得的奖励以及自己的专业能力，突出了自己的优势，针对性较强。最后一段表达了自己对公司的仰慕之情，并自然地表明自己的求职愿望和态度，重点突出，要言不烦，语气诚恳，情感性较强。

例文 2

应 聘 信

尊敬的××公司人力资源部经理：

  您好！

  贵公司的招聘启事为一个刚刚离开校园的青年提供了诱人的机会，能为您所在的有广泛影响的公司进行关于消费者的研究，简直是我最喜欢的工作了。

  我是××××学院的 2017 届毕业生，男，22 岁，相貌端正，与人关系融洽。主修市场营销专业。

  我好询问，好分析——喜欢将事情搞个水落石出。我机敏俏皮——有让人说真话的本事。

  相信这些品质加上热情、有恒心和吃苦耐劳的精神，能够使我——一个初学者的工作得到贵公司的满意。

  我的老师给我写了评价很高的推荐信。我非常感谢您能于百忙中看看这封信。

  期盼您能给我一片蓝天！随信附上课程成绩一览表、毕业证书复印件、×××教授的推荐信等。

  敬颂

安祺！

×××谨启
2016 年 12 月 6 日

联系地址：××市××路××号 ××××学院××信箱（邮编：××××××）
联系电话：××××××××

【评析】 一份求职信，无论内容多么完备，如果不能引起招聘者的注意，就一切枉然。这篇求职信就很富有个性色彩，容易吸引招聘者的眼球。通观全文，它有以下几个特点：首先，这篇应聘信针对性很强。虽然求职者没有介绍自己在校学习期间的专业学习成绩等内容，但他针对消费者研究岗位的人才应该具有的素质和能力，重点介绍自己的优势：好分析、好探究、有恒心、有热情，具有良好的人际沟通能力和吃苦耐劳精神。这种表述方式，语言灵动，富有文采，给人耳目一新的感觉，容易打动招聘者。其次，它篇幅短小，简明扼要。全文虽然不足 400 字，但对求职信应具备的要素表述得明确、具体、清楚。最后，这篇应聘信

语言得体,语气诚恳、热情,态度不卑不亢。文中字字散发热情,句句透出诚意,既针对职位特点介绍了自己的特长,又不过分张扬,"机敏俏皮",点到为止,恰到好处,礼貌得体。

(四)求职信的构成要素与写法

求职信一般包括标题、称呼、正文、附件和落款等组成部分。

1. 标题

直接在书信首行的正中间写"求职信"。

2. 称呼

称呼即受文对象。称呼使用要礼貌、恰当。顶格写清所要求职的单位名称及其领导的职务,后加冒号。

3. 正文

正文是求职信的核心,写法多种多样,但一般要介绍求职者的基本情况、求职、应聘的缘由和应聘岗位、求职的优势和条件、工作展望等内容。

(1)求职者的基本情况。在问候语之后,求职者应对个人的基本情况作简单的介绍。介绍应开门见山,如可直接写"我是××××学院××专业的学生,将于今年7月毕业"。

(2)求职、应聘的缘由和应聘岗位。求职信一般还应表明求职或应聘的缘由。如"贵公司是一家社会信誉良好的企业,总经理知人善任,我慕名而来,渴望加盟贵公司,为贵公司服务""我从××月××日的《××晚报》看到贵公司的招聘启事,有意应聘总经理助理职位"。

(3)求职者的优势和条件。这是求职信的关键内容。应有针对性地写出求职者的关键经历、突出成绩、与所求职岗位相符的重要特长、优势和有关能力等,表明求职者所特有的教育、技能和个性特征将会为招聘单位做出的特殊贡献,以增加被录用的可能性。如果内容较多,可抓住重点简要介绍,详细资料以附件形式附后,以便招聘者全面了解。

(4)工作展望。应表明自己的愿望、心情、信心以及对事业的执着追求等。然后以信尾礼词如"恭颂大安""敬颂商祺"等收束全文。

4. 附件

应在求职信正文的左下方写清楚需要递交的能够证明求职者优势、能力的有关资料的名称和份数,如获奖证书、毕业证书、资格证书,发表的文章,简历表,等等,并将其复印件随求职信一起递交。

5. 落款

落款部分要署上求职者的姓名,并写明求职的时间。

(五)写作注意事项

只有符合用人单位要求的求职信才会脱颖而出。那么,如何使求职信更具有针对性和吸引力呢?具体地说,写作求职信应注意以下几点。

1. 有的放矢,突出个性

应事先调查、了解用人单位的情况,针对用人单位的招聘实际,或针对某一具体职位而写。切忌写成撒网式的求职信,到处投递。这种盲目的做法,很难实现求职目标。行文中要表现出富有个性的才能和智慧,以吸引招聘者的目光。

2. 简明扼要,篇幅短小

这是一个追求效率的时代。因此,写作求职信应力求言简意明,点到为止,切忌长篇大论。

3. 把握分寸,礼貌得体

介绍优势、特长既要诚实,不虚夸,又不能过分谦虚。要让招聘者从字里行间感到求职者的诚意与真情,以实在的"硬件"打动招聘者,而不是夸夸其谈的言辞。一份出色的自荐信不在于文字是否华丽,而在于其内容的"信息量"和"厚重量"。同时,还要做到多用谦辞、敬辞,用语谦恭得体,给招聘者留下良好的印象。

三、病文诊断

应 聘 信

×经理:

  我从××月××日的《××晚报》上看到了你们招聘员工的启事。

  我叫×××,男,今年25岁,本市人。大学毕业后一直在××××厂做业务员,由于专业不对口,致使学业荒废。所以很想到你们公司工作。

  此致

敬礼!

求职人:××× 敬上
20××年3月2日

  【诊断】这份求职信存在以下几个方面的问题:① 语言运用不符合礼貌得体的要求。求职信具有一定的人际交往功能,语言运用应谦恭不自卑,尊敬又大方。因此,称呼应改为"尊敬的×经理";正文中两处出现的"你们",修改为"贵公司"和"贵"较为妥当。② 正文内容表述得不全面、不清楚。如没有表述清楚应聘岗位或职位;没有介绍清楚自己毕业于什么学校、学习什么专业;没有适当介绍自己的应聘优势和条件;没有表达希望面试、希望被录用的意愿等;缺少必要的附件材料;没有留下地址和电话等联系方式,这样即使想聘用他,也无法取得联系。

第四节 综合训练

一、请评析下面这篇即兴演讲稿

诗 意 生 活

  我是第一次来到大学与大家交流,看到这么多的同学热爱诗歌,热爱文学,心情很激动。是你们的青春气息感动了我,谢谢你们! 记得20世纪80年代,我到衡阳师院去听诗歌讲座。据说那个年代不写诗的人都有毛病,而现在也有人说,还在写诗的人也有毛病。但大家不要悲观,虽然诗歌被边缘化(当然整个纯文学都有边缘化的倾向),但不会完结。中央电视台抗震救灾晚会都有诗歌朗诵节目,可见诗歌具有强大的生命力,也被老百姓所接受。

  刚才郭老师的演讲,用排球比赛的术语讲,叫作"频拉开",我想我就来个"短平快",30分钟时间,和大家交流交流。

  看到"诗意生活"这个题目,我也在想,什么是诗意的生活,它的内涵是什么? 我现在想问问同学们,什么才叫"诗意的生活"? 是有钱、有房子、有汽车,娶漂亮老婆、找潇洒的白马王子? 是不是?! "是!""不是!"(台下混杂着两种声音,很大的声音)对了,有两种答案,说明大家在思考,不是单一的模式。车子、房子、钱等,是物质方面的,单方面的。我理解的诗意生活,应该是理想的生活状态,是物质与精神的融合,是物质与精神的"双赢",不知道大家认为对不对?(台下:对!掌声)。我想问问大家,你们生活的这座学校,它的环境美不美?(台下:美!),学校食堂的伙食好不好?(台下:好!不好!两种声音混杂着)。好,说明大家对诗意生活有了基本的认识。大家来自祖国各地,来到衡阳,不知道对衡阳了解多少?我想问问大家,到过衡阳石鼓书院的,请举举手。(台下举手的大约十几位,很少的一部分)。衡阳于公元前221年始置耒县,至今已有2031年历史了,衡阳是一座有着悠久文化历史的城市,是湖湘文化的发源地,蓝墨水的上游。我想问问大家,《全唐诗》有多少首?(台下答:两万多首、三万多首)是四万八千多首,而我们衡阳,光吟咏南岳的古典诗词就有两万四千多首(台下一片惊呼声),李白、杜甫、韩愈等大诗人都写下吟咏衡阳的千古诗篇。生活在一座诗意盎然的城市,我想,同学们可以抽点时间,到中国四大书院之一的石鼓书院,看一看,坐一坐,翻开一本书,身边江水流着,微风吹着,该是多么的诗意。(掌声)

其实我们的生活中,从来不缺乏诗意。"关关雎鸠,在河之洲;窈窕淑女,君子好逑。""君住长江头,我住长江尾,日日思君不见君,共饮长江水。"我们的先人们,就这样诗意地生活着,对生活充满了美的向往,体现出无穷的魅力和神奇。

现在我们再来谈第二个问题,怎样抒发生活中的诗意(用诗歌或其他的文学形式)。说白了,也就是以诗意的目光来讴歌生活。什么样的诗歌是好诗歌,评判的标准不一。古人评诗,标准有很多,司空图的《诗品》就将诗歌定为"二十四品",稍微复杂了一点。我认为,诗歌的评判标准其实很简单,就三个字,真、善、美。

"真"是真情实感。今年春天我在西湖公园与几位大学生聊天,他们说找不到题材,我说题材无处不在,比方说,当你接到父母亲从家乡邮来的汇款单,心里是什么感受?有没有震动?有没有眼睛回潮想哭的感觉?如果有,好了,真情实感来了,写出来的诗就可能会感动人。真是诗歌的土壤,一切好诗皆从这里萌芽。

"善"是善良,人文关怀。诗人总是以善良的眼光打量着世界,总是"先天下之忧而忧,后天下之乐而乐"的,杜甫、陆游,他们的诗都是忧国忧民的。前不久读到谢有顺先生的一篇《当代人文教育的忧思》的文章,其中提到"当下大学面临的人文危机"问题,他认为:"如果一所大学,只重视科学、技术和专业知识的学习,而遗忘了人文精神,用梁思成先生的话说,这就是'半个人的世界'。"我想,大家以后不论当科学家或文学家,写诗或做人,人文关怀是值得重视的,是成就自己事业以及文学创作的基础。

"美"是诗歌的本质要求,是诗歌的艺术体现。大家刚刚听郭密林先生讲诗,配的那些图,有山水、花朵,多么清新,美而自然。李白写南岳"回飚吹散五峰雪,往往飞花落洞庭",多么美的意境。好的诗歌都包涵了真善美的品质,读了令人眼前一亮,心突然为之一颤。大家可以体验一下,你们初恋的时候,接吻的时候,什么感觉?(笑)心跳加速,血液沸腾,其实那就是最好的诗!(掌声)

现在在网络上发表诗歌,几乎没有门槛,一个晚上可以发表几十首,可以说是流水线制造,临屏写作,这值得我们警觉。我们需要什么样的诗歌?是那些看了令人眼前一亮的诗歌,是那些看了令人心跳加速的诗歌,是那些品味后有味道、有嚼头的诗歌,一个真正的诗人必然为之努力一辈子。当然,大诗人也有写不出来的时候,诗人洛夫写《漂木》,写到中间也有困惑,也会苦恼,也可能停下来,有了突破再写,这是很正常的。我现在正在参加一个全国性的诗歌大赛,是写税务的,大家想想,税务工作和诗歌有什么联系?网上有人说是糟蹋诗歌,我不这么看。任何事物都有一个观察的角度,或者说是技巧,诗人的职责就是要发现其中的诗意,发现潜在的未被发现的美。对于税务题材,我想到了老子过函谷关时以《道德经》抵交关税的事情,很有意思,于是写了《税:道德经》;我国取消了农业税,应该是可以挖掘的题材,事关八亿农民,于是我写《别了,农业税》;我还写了《纳税人剪影》《发票迷》《高原征税人》《税的科幻情境》;这样来写,情境就开阔了。我的这个组诗的题目就叫《税的山重水复》,自己觉得还是很有诗意的,至少把一个比较枯燥的题材写活了。所以说,抒发生活中的诗意,要有一双发现美的眼睛,还要有观察美的角度,还要有呈现美的技巧,将你心中的美变成诗歌,变成人们可以感触的审美愉悦。当然,这和一个诗人的生活经历、长期积累以及文学素养有关。大家以后也要经历这个环节。

今天来到这里,看到大家对文学这么热情,我很感动。与大家在一起,让我也找到了青春的激情,感觉也年轻了。谢谢大家!

(资料来源:吕宗林《诗意生活演讲稿》,http://blog.sina.com.cn/s/blog_4525d82b0100jj2a.html)

二、阅读下面这篇论文,回答文后的问题

浅论企业核心竞争力

随着市场经济的发展,企业核心竞争力已经成为企业竞争优势的决定性力量。从短期看,企业产品质量、性能和服务质量决定了企业的竞争能力;从长期看,以企业资源为基础的核心能力则是企业保持竞争优势的决定性源泉。笔者仅就企业核心竞争力谈一点浅见。

一、核心竞争力的含义

1991年,普拉汉拉德和哈默在《哈佛商业评论》上发表"The Core Competence of the Corporation"一文,标志着企业核心竞争力理论的正式提出,他们认为,核心竞争力是企业组织中的集合性知识(Collective Learning),特别是如何协调多样化生产经营技术和有机结合多种技术流的知识。随着产品生命周期的日益缩短和企业经营的日益国际化,一个企业的差异化竞争优势,来源于企业管理层如何比竞争对手既快速又低成本地将遍布于企业内的各种技术和生产技巧有机结合起来形成核心竞争力的能力。企业的核心竞争力是指企业开发独特产品、发展独特技术能力为基础,通过企业战略决策、生产制造、市场营销、内部组织协调管理的交互作用而获得使企业保持持续竞争优势的能力,是企业在其发展过程中建立与发展起来的一种资产与知识的互补体系,同时企业核心竞争力的强弱在很大程度上受企业所面临的产业技术与市场动态性的影响。

通俗地讲,企业的核心竞争力就是企业在那些关系自身生存和发展的关键环节上所独有的、比竞争对手更强的、持久的某种优势、能力或知识体系。"企业文化"是企业生存和发展的"元气",是企业核心竞争力活力主根和动力之源。"创新"是一个企业生存、发展的内在要求和基本形式,也是一个企业不断适应环境、实现自我超越的必然过程。"人才"是企业的核心战略资源,企业之间的较量,归根结底是人才及其综合素质的较量,"能力"作为企业核心竞争力的转换要素,特指企业动员、协调和开发企业内外资源的生产力,这种组合提供了企业潜在的竞争优势。一般来说,核心能力存在于企业中人的身上,而不是存在于企业资产负债本身,核心能力深深地植根于技巧、知识和人的能力之中。

二、核心竞争力的构成

核心竞争力是一个复杂和多元的系统,包含多个层面。归纳起来主要包括以下几个方面:

1. 创新能力

一个企业要保持发展和竞争优势,就必须善于总结和提高,永远追求卓越,不断超越自我,不断进取和创新。所谓创新,就是根据市场和社会的不断变化,在原基础上重新整合人才、资本等资源,进行新产品开发和更有效组织生产,不断创造和适应市场,实现企业的更大发展,它包括技术创新、产品和工艺创新、管理创新。在以技术快速更新和产品周期不断缩短为主要特征的现代企业竞争中,创新是保持长久竞争优势的动力源泉。创新能力是一个企业具有核心能力和旺盛生命力的体现。

2. 形象力

这是通过塑造和传播优秀企业形象而形成的一种对企业内外公众的凝聚力、吸引力、感召力和竞争力,是隐含在企业生产经营活动背后的一种巨大的潜在力,是企业新的生产力资源,它包括产品形象、服务形象、品牌形象和管理形象。我们知道,塑造企业形象不是一朝一夕的事,形象力资源要求企业从长远发展角度来审视和制定企业的战略规划,它从企业的发展趋势和运行的前景着眼,能对企业的发展产生长远的、战略性的推动力,带有战略性思考与制度安排的特征。

3. 服务增值能力

现代市场发展的一个重要趋势,就是服务竞争在现代市场竞争中的地位和作用越来越突出。质量概念,不仅包括产品质量,也包括服务质量。国外企业文化研究中首先使用的"服务增值"的概念,值得重视。因为同样质量的产品,可以因服务好而"增值",也可以因服务差而"减值"。企业形象从根本上说是表现为产品质量和服务质量。服务的永恒主题是企业同客户、用户、消费者的关系问题。这里包括如何使抱怨用户转变成满意用户、忠诚用户,进而成为传代用户,包括如何开发忠诚的顾客群,包括不丢失一个老客户而不断开发新客户的问题,包括如何使营销服务成为情感式劳动,真正让用户、顾客引导决策,进而引导产品开发的问题。

4. 管理能力

总理在去年的政府工作报告中指出今年是管理年,要向管理要效益。据统计,生产中有50%的效益来自管理,技术管理中的80%来自管理,可见管理能力的重要性。企业的管理也是生产力,它涉及企业结构组合、信息传递、沟通协调、激励奖惩以及各种生产要素的优化组合,通过高效优势的动作,保障技术优势的发挥,也保障了将生产优势转化为市场优势。

三、核心能力的培育

企业核心竞争力的形成不是一种短期行为,而在于要把企业建设成为一种创新型的学习型组织,在不断学习和积累中形成特有的竞争力,并通过机制来保障这种竞争力的发展。因此,形成并保持企业核心竞争力是一项长期的根本性战略。为此,必须做好以下工作:

1. 建立学习型组织

企业核心竞争力的出现是系统整合的结果,尤其面对日益复杂多变的环境,企业需要比以往任何时候更重视持续地、更快地获取信息和知识。而且这种学习必须是全体的、主动的、积极的和创造性的。彼得·圣吉认为,企业是一个系统,可以通过不断学习来提高发展的能力,《第五项修炼》即在组织中实行共同愿景、自我超越、团队学习、改善心智模式和系统思考,在企业中建立一个相互关照、彼此通融的"学习型组织"。使组织形成"学习—持续改进—建立持续性竞争优势"的良性循环。

2. 建立良好的企业文化

从企业文化力的功能来说,它有5个方面:第一,凝聚力。企业文化搞好了是一种"黏合剂"。可以把广大员工紧紧地黏合、团结在一起,这是一种凝聚功能和向心功能。第二,导向力。包括价值导向与行为导向。在企业行为中该怎么想?怎么做?企业价值观与企业精神,发挥着无形的导向功能。第三,激励力。企业文化所形成的文化氛围和价值导向是一种精神激励,能够调动与激发职工的积极性、主动性和创造性,把人们的潜在智慧诱发出来。第四,约束力。在企业行为中哪些不该做、不能做,企业文化、企业精神常常发挥着一种"软"约束的作用,是一种免疫功能。第五,纽带力。企业、特别是大企业集团,维系发展要有两种纽带:一个是产权、物质利益的纽带;另一个是文化、精神道德的纽带。这两种纽带相辅相成,缺一不可。

3. 建立良好的管理队伍

企业核心竞争力是企业综合实力的表现,是人的主观能动性得以发挥的成果。要产生这样的效果,必须使企业有良好的领导者和良好的运行体系。拿破仑说过"世界上没有无用的士兵,只有无用的将军"。没有良好的领导者和运行体系,就难以建立起人力资源的集群和激励人力资源发挥的力量,而没有知识结构合理、能力结构互补、规模相当、人才队伍稳定的集群,是很难发挥出主观能动性的,也很难保持持久的核心竞争力的优势。

4. 坚持技术创新与技术领先

技术能力是企业赖以生存的关键。小平同志说,科学技术是第一生产力。产品与服务的领先其支柱是科技。像英特尔不断推出高性能的微处理器的能力,诺基亚不断推出新功能手机的能力,微软不断推出新的计算机软件的能力等都是保持领先、形成垄断的基础能力。

综上所述,企业核心竞争力是企业综合实力的象征,是决定企业生死存亡的关键。企业应把核心能力的管理放到战略的高度来考虑,在企业的发展过程中逐渐积累、培育领先于对手的核心能力。

(资料来源:转引自刘杰,付胜著《经济文书写作范例》,人民出版社2005年出版)

问题:

1. 为这篇论文写出摘要和关键词。
2. 列出这篇论文的提纲。
3. 这篇论文的本论部分采用了什么样的结构形式?有何特点?
4. 这篇论文还存在哪些不足?

三、写作题

1. 你所在的学校于4月22日世界地球日这天组织了主题宣传演讲活动,若你参加演讲,请写一篇演讲稿。

2. 假如你向往的一家单位在招聘网站上刊登了招聘信息,有适合你的职位,请给该单位负责招聘的××经理拟写一份求职信。

3. 结合所学专业,在收集资料、分析思考的基础上,确定一个你感兴趣的题目,参照毕业论文的写作方法,写一篇小型的专业论文。

第七章

常用礼仪文书

[章前提示]

　　现代社会,大到国家、中到单位、小到个人都离不开社会交往活动。人们在社交活动中,用来表示喜庆、哀悼、相互交往的礼节性和仪式性的文章总称礼仪文书。礼仪文书具有协调关系、沟通信息、加强了解、增进友谊等作用,它是竞争对手或合作伙伴之间交往顺畅的润滑剂和重要工具。因此,学会常用礼仪文书的写作对即将踏入社会的大学毕业生是十分重要的。社交活动中要用到的礼仪文书种类繁多,大致上可以分为两大类:一是函电类,如感谢信、慰问信、邀请信、请柬、贺信(电)、唁函(电)等;二是致辞类,如祝词、贺词、欢迎词、欢送词、答谢词等。本章主要介绍礼仪场合常用到的邀请信、感谢信、慰问信、祝词、贺词、欢迎词、欢送词、答谢词的写作。要求通过学习和写作训练,掌握它们的写作方法和基本要求,并能写出符合规范要求的常用礼仪文书。

第一节　礼仪书信

[学习目标]

　　了解礼仪书信的类型及特点,熟悉礼仪书信的构成与写法,掌握礼仪书信的语言表达技巧,会撰写各种场合用的礼仪书信。

开篇案例

一封特殊的感谢信

　　据《济南时报》报道:某日晚张先生回家时发现随身带的月票夹丢失。夹子里不仅有月票,还有身份证和一些重要的客户资料。张先生回忆月票夹很可能丢在了72路公交车上。后来,在72路车队工作人员的帮助下,张先生"贵重"的月票夹失而复得。为了感谢72路车队,张先生制作了一封特殊的感谢信——一幅充满谢意的写真喷画,送给了济南公交72路车队。

　　上述案例告诉我们:在社会生活中,当我们得到别人的关心、支持或帮助时,应该及时表达感谢之情。此外,在重大节日、纪念日或特殊情况下,要向有关单位或个人表示慰勉、祝贺之意,或邀请参加活动等,如不能亲自到场,就需要用书面形式来表示慰勉、祝贺或邀请之意,以联络感情。本节就为大家介绍这种联络感情的书面形式——礼仪书信。

一、基本知识

礼仪书信是社会交往活动中,单位之间、单位与个人之间或个人与个人之间使用的一类书信。

礼仪书信用途专门、内容单一,主要有邀请信、感谢信、慰问信、贺信、请柬、唁函等。它除了具有一般书信的特征外,还应具有以下两个特征:

(1) 礼节性。字里行间始终贯串着礼貌、谦和、真挚和尊敬的态度。

(2) 真挚性。自始至终洋溢着强烈的感情色彩,体现作者的真诚友好。如邀请信、感谢信要热情真挚,贺信要热情洋溢,慰问信要温暖体贴,而唁函就必须沉痛庄重。目的是用恰切的语言传递感情,以沟通思想,加深信任,增进友谊。

二、例文看台

例文 1

感 谢 信

尊敬的李经理:

  您好!

  我叫张××,是 5 月 10 日 20 位参加贵公司行政秘书职位面试者中的第五位,我来自××职业技术学院商务秘书专业。

  感谢贵公司给了我一次面试的机会,感谢您给了我一次与您交谈的愉快的经历。这次面试,开阔了我的视野,增长了我的见识,也相信您对我各方面综合能力的肯定,一定能够增强我的竞争优势,让我在求职的路上更加坚定自己的信心。通过这次面试,我更加深刻地理解了贵公司的企业文化和管理方式。我十分欣赏贵公司的企业文化和管理方式,也相信自己的专业知识、专业技能、实习经历和综合素养能够使自己胜任行政秘书的职位。真诚期望有机会成为贵公司的一员,为贵公司的发展贡献一分力量。如蒙不弃,惠于录用,必将竭尽才智!

  当然,我也深知,如我者甚众,胜我者恒多。无论我能否被贵公司录用,我都坚信,选择贵公司是明智之举。无论今后我在哪里工作,我都将尽心尽力做一名具有强烈责任感、与单位荣辱与共的员工,成为积极进取、脚踏实地而又具有创新意识的新型人才。

  再次感谢您百忙中的阅读。

  此致

敬礼

张××　敬上
××××年××月××日

【评析】这是一则求职感谢信,它用语得体,言简意赅,字里行间既充满自信又给人留下好印象。问候语之后,作者用一句话向对方做了自我介绍,目的是加深印象。接着对对方表示感谢和夸赞,并巧妙地毛遂自荐,表明自己的求职愿望。最后一个段落,看似是向对方表明自己求职择业态度,实则是再一次加深对方对自己的好印象,争取求职成功。收束之时还不忘再一次表示感谢,礼貌周全。本文从内容到形式都值得我们借鉴学习。

例文 2

2017 届高校毕业生公益专场招聘会邀请函

各有关单位：

  江苏省人才市场、江苏省职业介绍中心、南京市人才服务中心、南京市劳动就业服务管理中心联合相关高校,定于 2016 年 10 月 29 日举办 2017 届高校毕业生公益专场招聘会。现将有关事项函告如下：

一、活动时间和地点

时间：2016 年 10 月 29 日(周六)8:30—13:30

地点：南京国际博览中心(南京市建邺区燕山路 199 号)

二、参会对象

(一) 有高校毕业生需求的各类用人单位

(二) 应、往届高校毕业生

三、活动规模

本次招聘会预设展位 1000 个,设综合区、经济开发区专区、人力资源服务机构专区、医药卫生专区和教育师范专区,其中综合区预设展位 600 个,其他专区各预设展位 100 个。

四、参会须知

本次活动为公益性质,对所有参会单位和各类高校毕业生免收一切进场费用。

(一) 申请展位

用人单位请提前办理核实手续,须出具有关部门批准设立的文件或营业执照(副本)、加盖公章的招聘简章和《参会申请表》申请展位,核实通过后,凭《参会回执》确认参会。

(二) 报到布展

经确认的参会单位请于 10 月 18 日前将招聘简章(电子版)发送至电子邮箱：jiangsurc@126.com,以便统一制作招聘海报。

参会单位请于 10 月 29 日自行前往会场,8:30 前凭《参会回执》报到布展。

(三) 提供服务

招聘会当日,免费为每个展位提供 1 桌 3 椅、统一规格的招聘海报 2 张、午餐、矿泉水等。每展位参会代表限 2 人。

五、联系方式

(一) 江苏省人才市场

联系人：翟老师、石老师、王老师

电话：025-83236142、83236145、83238817、83238870

地址：南京市广州路 213 号

(二) 江苏省职业介绍中心

联系人：宋老师

电话：025-83233822、83233823

地址：南京市鼓楼街 5 号

附件：1. 2017届高校毕业生公益专场招聘会招聘简章模板
2. 2017届高校毕业生公益专场招聘会参会回执

江苏省人才市场

江苏省职业介绍中心

南京市人才服务中心

南京市劳动就业服务管理中心

2016年9月26日

【评析】 这份招聘会邀请函开篇介绍了举办招聘会的主体、时间和地点，并用"现将有关事项函告如下"过渡到主体部分。主体部分主要向可能参加招聘会的用人单位介绍了活动的具体时间和地点、参会对象、活动规模、参会须知和联系方式等内容。信函内容条理清晰，明确具体。

例文3

习近平致第十二届世界华商大会的贺信

第十二届世界华商大会：

值此第十二届世界华商大会开幕之际，我谨代表中国政府和人民，并以我个人的名义，向大会的召开致以热烈的祝贺！向来自世界各地的华商朋友们表示诚挚的欢迎！

长期以来，广大华侨华人秉承中华民族优秀传统，艰苦创业，拼搏进取，积极融入住在国社会，同当地人民和睦相处，在事业上取得长足发展，为各国经济发展和社会进步做出了积极贡献。

中国改革开放事业取得伟大成就，广大华侨华人功不可没。三十多年来，华侨华人发挥在资金、技术、管理、商业网络等方面的优势，在中国各地投资兴业，用自己的智慧和汗水，有力促进了中国经济社会发展，有力推动了中国同世界的交流合作。我向大家表示衷心的感谢！

中国已经确定了"两个一百年"的奋斗目标，开启了实现中华民族伟大复兴中国梦的新征程。实现中国梦，是海内外中华儿女的共同愿景，也将为世界各国人民带来更多利益和机遇。

全面建成小康社会，实现中华民族伟大复兴，为广大华商施展抱负提供了广阔舞台。我们将进一步深化改革、完善政策、强化服务，依法保护华商投资兴业权益，鼓励和支持广大华商为中国发展献智出力。

"长风破浪会有时，直挂云帆济沧海。"希望广大华商把握机遇、发挥优势，积极关心和参与中国改革开放和现代化建设，在互惠合作中实现自身事业更大发展，为共圆中华民族伟大复兴的中国梦，推动中国人民同世界各国人民的交流合作，做出新的更大的贡献！

预祝第十二届世界华商大会圆满成功！

中华人民共和国主席　习近平

2013年9月25日

【评析】 这是国家主席习近平祝贺第十二届世界华商大会开幕的贺信。贺信开头首先对大会的召开表明祝贺之意，继而向来自世界各地的华商朋友表示诚挚欢迎。礼仪周到，言辞热情。主体部分首先称赞了广大华侨华人对住在国和中国经济社会发展及推动中外交流做出的贡献。接着向华商阐明海内外中华儿女的共同愿景,并希望广大华商继续为民族复兴做出新贡献。最后惯用语收束全文,干脆利落。该文主旨鲜明,层次井然,语言精练,篇幅紧凑。

例文4

致全县大学生村干部的慰问信

全县大学生村干部们:

岁序更迭,万象更新。值此201×年元旦来临之际,县委组织部谨向辛勤工作、无私奉献在基层一线的各位大学生村(社区)干部致以诚挚的问候!并向支持你们到村(社区)任职的家人表示衷心的祝愿和节日的祝福!

回首过去的一年,你们齐心协力,锐意进取,把自己的青春和梦想、积极和热情挥洒在广阔的田野,成就着新农村的每一点改变,推动着农业的每一个发展,帮助农民收获着每一份喜悦,这是你们成绩显著的一年。在各级党组织的关心和领导下,你们努力发挥大学生思维活跃、视野开阔、渠道广阔、富有创造的特点,克服重重困难,深入农村,联系群众,开展调研,扎实工作,用自己所学的知识服务农民,由当初的"学生娃"变成了地道的"农村干部",成为农民的"贴心人",赢得了当地干部群众的信任,展现了当代大学生志存高远、服务农民、奉献社会的精神风貌,殷实了你们的人生"日记"。

站在新的起点上,201×年对你们充满了机遇和挑战,我们的农民生活还算不上富裕,农村面貌还需进一步改善,农业新科技、新知识还有待大力推广和实践,这些需要你们继续发挥吃苦奉献的精神,以扎根基层、服务农村为目标,尽自己所能为我们新农村建设做出自己应有的贡献。

大学生到农村任职,是时代的呼唤,是农民的期盼,也是党对大学生的期望,而你们更是××县干部队伍的生力军,希望你们在新的一年里刻苦勤奋,大胆实践,勇挑重担,再接再厉,努力开拓新农村建设的新路子,虚心向基层干部群众学习,不断提高自己处理实际问题的能力,创新发展农村经济、增加农民收入的思路和渠道。真正成为实现我县二次创业的带头人,农民脱贫致富的领路人。

百舸争流千帆竞,天时人事日相催。我们相信,在各级党组织的关怀和支持下,你们一定能够凭借自己的热情和豪迈,在大学生村干部这个舞台上创造出崭新的业绩,在××这块热土上展翅飞翔,让我们的事业更加蒸蒸日上!

最后,衷心祝愿你们新年快乐,工作进步,身体健康!

中共××县委组织部
大学生村干部管理办公室
201×年元旦

【评析】这是201×年元旦中共某县委组织部和大学生村干部管理办公室写给全县大学生村干部的新年慰问信。开头首先向全县大学生村干部及他们的家人表示节日的祝贺与慰问。主体部分肯定了大学生村干部在上一年克服重重困难,用自己所学的知识服务农民、奉献社会所取得的成绩,赢得了当地干部群众的信任,殷实了你们的人生"日记"。接着展望下一年,对大学生村干部提出了希望和要求,并鼓励他们再创新的业绩。最后再一次表示祝福。该慰问信重点突出,层次清晰,语气诚恳,用语朴实,具有感染力。

三、礼仪书信的构成与写法

礼仪书信通常由标题、称呼、正文、落款等部分构成。

(一)标题

标题可直接写文种名称,如"邀请信""感谢信""贺信""慰问信"等,也可在文种前写明受文对象,如"致×××的感谢信(贺信或慰问信)"。

(二)称呼

称呼即对受文对象的称呼,要礼貌、恰当,符合写作者与受文对象之间的关系和身份。

(三)正文

正文因其用途不同,写作内容也有所不同。

(1)邀请信应写明问候语、邀请参加活动的原因、内容、时间、地点、要求等。请柬比邀请信更简洁,无须写活动原因。

(2)感谢信应写明为什么感谢(何时得到对方的关心、支持、帮助以表示感谢),感谢什么,对方关心、帮助的效果、作用,再次表示感谢。

(3)贺信正文首先要表明贺意,接着应写出祝贺事实,表示肯定与赞扬,写出表明希望、勉励等话语,再次表示祝贺。

(4)慰问信常见的有表示慰勉的,表示同情、安慰的,在节日之际表示慰问的三类。正文应根据不同情况进行写作。

(四)落款

落款应写明写信人姓名或单位名称,注明写信时间。

四、写作注意事项

(1)要注意细微差别。如邀请信和请柬之间的区别要分清。

(2)称谓要妥当。对受文对象的称呼要符合发文者的身份,不可过于亲近,也不能太疏远,要切合受文者和发文者的关系。

(3)内容切题,用语得体,感情真挚,篇幅简短。

五、病文诊断

感 谢 信

××公司:

　　××学院工商管理系市场营销专业20××届的×××等10位同学,在贵公司进行了为期6个月的毕业实习。实习期间,同学们得到了贵公司的领导和全体职员的大力支持和关怀。实习的时间虽然不长,同学们却取得了很大的成绩,达到了预期的实习目的。为此,我系特向贵公司表示衷心的感谢!此致敬礼!

××学院工商管理系
20××年4月20日

【诊断】这是一封内容有缺漏的感谢信。该感谢信首先点明了感谢的缘由——在此进行毕业实习。其次表示实习得到大力支持和关怀,接着写明收效,最后表达感谢之情。但通观全文,该例文没有对实习期间得到的具体支持和关怀以及具体的实习收获适当展开,缺少对对方适当的赞扬和评价,也没有表明向对方学习的态度和决心,以及以实际行动感谢对方的支持和关怀等内容。使得感谢信内容过于空泛,语言运用也过于板滞,让人觉得缺少真诚。最后的"此致敬礼"格式不对,应另起一行,"此致"空两格,"敬礼"顶格写。

第二节 祝词 贺词

[学习目标]

了解祝词与贺词的使用范围和差异,掌握祝词与贺词的构成与写法,会撰写祝词与贺词。

开篇案例

意味深长的祝酒词

2003年8月27日,中国外交部长李肇星在钓鱼台国宾馆举行晚宴,欢迎参加朝核问题北京六方会谈的各国代表。会谈商讨的虽是极富火药味的禁核问题,但李外长以主人的身份,由钓鱼台的历史谈起,像给老朋友讲故事似的,说钓鱼台"是一个充满善意和可能给这里的人带来好运气的地方"。并由此很自然地引出这次北京六方会谈的宗旨:"和平最可贵,通过对话争取和维护和平最可贵。"李外长的祝酒词,语气平和、亲切,引用恰当。他由古诗"任凭风浪起,稳坐钓鱼台",谈到对会谈的希望,联想巧妙。并在祝酒词结尾很自然地提议:"为北京六方会谈成功,为大家在钓鱼台'稳坐'愉快,为和平、健康干杯!""稳坐"一词含蓄蕴藉,一语双关,既是对会谈进展状况的期望,也是对会谈结果的良好祝愿,与"增进互信和和解"的会谈基调恰相呼应。

财经工作,也离不开祝贺致意的活动,如开业、开工、开幕、竣工典礼等都可能用到祝词或贺词。祝词、贺词往往针对特定活动,具有祝颂色彩,它注重礼节,格式规范,用词讲究,带有感情色彩。本节就为大家介绍祝词、贺词的写作。

一、基本知识

(一)祝词的含义

一般是对正在开始做、尚未有结果的事情或活动表示祝愿、希望时所使用的礼仪文书。

祝词的应用范围大致表现在三个方面:一是祝人。祝寿辰、祝婚礼、祝生子等。二是祝事。祝会议,祝节日,祝开业、开工、竣工典礼,祝乔迁,祝就业就职,祝学业事业有成等。三是祝酒。所谓祝酒,并非把酒作为祝贺对象,酒只是人际交往的一种媒介,用酒作为一种助兴的形式。祝酒词不但用于外交场合,也用于地区间的经济文化交往,企业间洽谈生意,逢年过节亲友的喜庆宴会等各种场合。祝酒词与其他祝词在正文写作上略有不同。后面将进一步介绍。

（二）贺词的含义

贺词泛指对人、对事表示庆贺、道喜的礼仪文书。

贺词常见的有会议贺词、事业成功贺词、新婚贺词、节日贺词、庆典贺词等。

（三）祝词与贺词的异同

1. 相同点

两者都是礼仪文书，有些场合可通用；写作的基本结构相同；都有较热烈的感情。

2. 不同点

祝词与贺词多数情况下因各自的含义和涉及对象的不同而有所不同。祝词一般是在事情未果时表示祝愿与希望，贺词则一般是在事情结束或告一段落时表示庆贺与道喜。祝词多用祝愿性词语，而贺词多用祝贺性词语。

二、例文看台

例文 1

祝 酒 词

女士们、先生们：

晚上好！"中国国际××博览会"今天开幕了。今晚我们有机会同各界朋友欢聚，感到无比高兴。我谨代表中国国际贸易促进会××市分会、中国国际商会××分会，对各位朋友光临我们的招待会，表示热烈欢迎！

"中国国际××博览会"自上午开幕以来，已引起了我市及外地科技人员的浓厚兴趣。这次博览会在××举行，为来自全国各地的科技人员提供了经济技术交流的好机会。我相信博览会在推动这一领域的技术进步以及经济贸易的发展将起到积极作用。

今晚，各国朋友欢聚一堂，我希望中外同行广交朋友，寻求合作，共度一个愉快的夜晚。

最后，请大家举杯，为"中国国际××博览会"的圆满成功，为朋友们的健康，干杯！

××××年××月××日

【评析】 这是一篇"中国国际××博览会"招待会上的祝酒词。得体的称呼后，简单亲切的问候语"晚上好"，缩短了致辞人和与会者之间的心理距离。接着致辞人表达了博览会开幕后各界朋友欢聚的高兴心情，并对与会者表示欢迎。致辞一开始就营造出真诚、热烈、欢快的气氛。主体部分既有对博览会的评价、展望，又表达了致辞人的希望，内容全面，点到为止。最后用为"……干杯"表示良好的祝愿。整个致辞简短、流畅，字里行间洋溢着真挚的情感。

例文 2

在马尔巴赫市一次晚宴上的祝酒词

女士们、先生们：

中国人宴会上的习惯是先致辞后吃饭，这样做的好处是把该办的事办完，沉住气，不慌不忙地吃；而欧洲人是吃起来以后再讲话，今天我是入乡随俗——吃饱了再说。

今天，我很高兴在这里见到了许多新朋友，并且一起庆祝我们的签字仪式。刚才，佐尔格和我谈到，在德国，结婚遇到下雨预示着会有好兆头。那么开普勒市长 1985 年访问铜陵时适逢下雨；今天我们签字，雨婆婆又再度光临；如果说协议标志着一种结合的话，这雨将是我们两市的好兆头。

在此,我再一次邀请马尔巴赫人访问铜陵。希望大家认识中国,了解中国。在许多人眼里,中国是一个神秘的国度。我相信凡是和我们接触过的人都会感受到,中国人民是多么的生动。

最后,让我端起这金色的葡萄酒,在席勒的故乡,用他的著名诗歌《欢乐颂》里的一段话,为我们已经签订的盟约干杯!

"巩固这个神圣的团体,凭着这金色的美酒起誓;对于盟约要矢志不移,凭星空的审判者起誓。"

【评析】这是一篇轻松活泼、别具一格的祝酒词。开篇从双方不同的宴会"习惯"入题,幽默风趣,引人入胜。接下来抓住"下雨"的由头,即兴发挥,营造友好融洽的宴会气氛。语言自然、生动、形象,联想巧妙。随后的再次邀请,顺理成章。最后引用诗人席勒的诗句祝酒、盟誓,随境而谴,恰切得体。

例文3

贺　词

各位领导、各位来宾、各位朋友:

上午好!

今天,×××纺织厂在此隆重集会,庆祝建厂10周年,我荣幸地代表出席庆典大会的各兄弟单位的同事,向贵厂成立10周年表示热烈的祝贺!向贵厂的全体职工致以诚挚的问候!

贵厂技术力量雄厚,已建成年产×万米的××生产线,现生产30个品种的适销对路的产品,××××年晋升国家二级企业。贵厂成绩卓越,经济高速发展,与建厂初期相比,××××年工业总产值增长3倍,销售收入增长4.2倍;"××"牌砂洗真丝获××××年全国消费者信得过产品金奖,"××"牌麦尔登呢获××××年国家银质奖,"××"牌精纺华达呢获××××年国家金质奖。贵厂建厂10年,取得了巨大的成就,为繁荣我国经济做出了突出成绩,可喜可贺。

最后,祝愿贵厂更加兴旺发达!为我国经济社会的发展做出更大贡献!

谢谢大家!

【评析】这是一份在×××纺织厂10周年庆典会议上的贺词。开头首先向×××纺织厂表达祝贺之意。接着称赞×××纺织厂成立10年来所取得的成就,为繁荣我国经济做出的贡献。用具体事例赞扬成就,内容实在明确,语言概括简练。最后表示进一步的祝愿。

三、祝词与贺词的构成与写法

祝词与贺词一般由标题、称呼和正文三个部分组成。

(一)标题

标题一般由致辞人、致辞场合和祝词或贺词三个要素组成,如"×××给××××会议的贺词";也可只写文种名称。

(二)称呼

要视祝贺对象的身份而定,并有个体与群体之分:个体一般直接称呼被祝贺者本人,群体一般称"同志们,朋友们"。在有外国首脑及男女外宾参加的集会或宴会上,要注意称呼的顺序，先写对外国首脑的称呼，再写"女士们，先生们"，然后写"朋友们"。称呼要热情、友好、亲切。

(三) 正文

正文可分为开头、主体和结尾三个部分。

1. 开头

开头要写好祝贺语。写对人、对事、对会议、对节日的祝贺，对象不同，祝贺语也不一样。节日祝贺词，主要写"致以节日的祝贺"；会议祝贺词，写"向大会表示热烈的祝贺"；祝寿词，写对祝寿对象表示祝贺的话语。祝酒词与其他祝词不同，不写祝语，而要写欢迎语，表明宴会性质、设宴单位和表示欢迎、感谢之意等。

2. 主体

这是祝词、贺词的中心内容，一般要写明祝贺什么，为什么祝贺，祝贺的意义等。要依据不同对象进行写作。比如祝寿词，一般要叙述和评价祝寿对象以往的功劳和业绩，号召学习，激励发扬；事物祝贺词一般是评价其意义，褒扬其成就，赞颂其精神，并指出其影响等；祝酒词多为叙述其友谊，对双方所共同关心的问题进行回顾与展望，指出其美好前景等。

3. 结尾

结尾写祝愿、希望或祝贺、道喜之类的话语。如节日祝贺词，写"祝节日愉快"等；会议祝贺词，写"祝会议圆满成功"等；祝寿词，则写"祝健康长寿"等。祝酒词则一般以"我提议，为××××干杯"作结。

四、写作注意事项

1. 要了解祝贺对象和场合

祝词与贺词是在特定场合面对特定对象的，因此写作时既要了解祝贺对象的基本情况，又要明确祝贺的场合。

2. 态度要诚恳，感情要真挚

"感人心者，莫先乎情。"写作时，要笔端含情，字里行间充溢着热烈、欢快、喜庆的情感色彩。

3. 话题要适境

内容要符合讲话的情境、场合，切合听众对象。因此，应选择双方都感兴趣的话题。只有话题选择恰当，才能收到良好的社交效果。

五、病文诊断

祝 酒 词

各位来宾，先生们，女士们：

大家晚上好！我们A公司和尊敬的B公司为了共同发展，就××工程的合作进行了反复磋商、谈判，今天总算达成了一致。刚才，我和B公司的赵董事长正式在合同上签了字。"路漫漫其修远兮，吾将上下而求索"，今天，我们的求索终于有了令人高兴的结果，这是值得庆贺的喜事。回顾漫长的谈判历程，应该说双方都表现出了极大的诚意，特别是我们A公司为了顾全大局，着眼长远，不惜做出了重大牺牲和让步。我们认为，通过合作，能够交上B公司这样尊贵的朋友，我们的牺牲是值得的。今天的签约只是双方合作的起点,我希望在今后的合作中,双方能相互信任,相互尊重,相互体谅,把我们共同的事业不断推向前进。"酒逢知己千杯少",借此机会,我提议:为双方的愉快合作,为在座所有朋友们的健康,干杯!

201×年3月10日

【诊断】这是一份不符合写作要求的祝酒词。主要存在以下问题:第一,称呼不符合礼貌原则。女士优先是社交场合通行的礼仪规则,该祝酒词先称呼先生,后称呼女士,是不礼貌的。第二,话题选择不当,不符合宴会的情境、场合。祝酒词是为宴会增添喜庆气氛的,应该选择双方共同关心的话题来讲,如双方的友好合作以及未来的合作前景等。该祝酒词恰恰违反了这个写作要求。首先,漫长而曲折的谈判历程,在庆祝双方签约的宴会上,应该回避,而该祝酒词不但没有回避,反而用"反复磋商""总算""终于""回顾漫长的谈判历程"等语句强调,并引用屈原的诗句进行渲染,这样势必冲淡宴会的喜庆气氛,达不到协调关系、增进了解、加强合作的社交目的。其次,致辞人声称自己公司做出了重大牺牲和让步,如"特别是我们A公司为了顾全大局,着眼长远,不惜做出了重大牺牲和让步""我们的牺牲是值得的",这些语句与宴会的喜庆气氛不一致,听起来对方占了很大便宜,这不是一次平等互利的合作,容易使对方尴尬难堪,理应回避。

第三节 欢迎词 欢送词 答谢词

[学习目标]

了解欢迎词、欢送词和答谢词的基本知识,掌握欢迎词、欢送词和答谢词的构成与写法,能够撰写出符合要求的欢迎词、欢送词和答谢词。

开篇案例

多姿多彩的奥斯卡获奖者的致辞

"简洁是智慧的灵魂"。第28届奥斯卡最佳剧本奖得主帕迪的"我感到骄傲,非常感谢"和著名电影悬念大师希区柯克获得奥斯卡欧文·泰尔伯格纪念奖时的"谢谢……大家!"恐怕是最简明扼要的答谢词了。

谦虚是一种美德,是一种修养,也是一种脉脉的温情。许多奥斯卡金像奖的得主技艺超群、功绩斐然,但在荣誉面前却十分谦虚。如:"没有许多人的帮助,哪有我的今天"是著名影星马龙·白兰度第一次登上奥斯卡领奖台时的致辞;第25届奥斯卡最佳影片导演西席·蒂密尔的致辞是"我不过是成功链上的一个环节";奥斯卡历史上最年轻的最佳导演威廉·弗里德金获奖时则表示:"我还得好好学习。"

幽默是一种情趣,是一种智慧的火花。1984年,音乐片《莫扎特》荣获8项大奖,得奖者莫利·古利挪揄道:"我今天所以获奖,因为莫扎特本人没有参加角逐。"

最为别致的答谢词恐怕要数第31届奥斯卡最佳作曲奖得主弗里德里克·洛伊的演说,当时他刚动过心脏手术。他说:"我从我那颗有点破碎的心的深处感谢大家。"

奥斯卡金像奖不仅是美国电影界的最高奖,也被视作国际影坛第一奖。一年一度的奥斯卡金像奖仪式吸引着全球各地的影迷们。奥斯卡获奖者的致辞也多姿多彩,或简洁,或谦逊,或幽默,令人回味。

在经贸活动中,企业间的交流、合作、洽谈生意,都少不了迎来送往的场合。这就需要用到欢迎词、欢送词和答谢词。这类礼仪文书往往具有临时性、应酬性、针对性、广泛性等特点。它篇幅短小,要力求点到为止。

一、基本知识

(一)欢迎词的含义

欢迎词是在迎接宾客的欢迎仪式上或宴会、会议上向来宾发表的欢迎之词。由于欢迎词经常在宴会上宣读,因此有的祝酒词本身又是欢迎词。

在商贸活动中,遇上来宾参观、访问,或是有新职员加入,在见面之初,致上一篇热情洋溢的欢迎词,往往是必不可少的礼貌礼节。

(二)欢送词的含义

欢送词是在欢送仪式上或宴会上向来宾发表的欢送之词。

每逢来访的客户、同行告辞或是遇到同事离职、朋友远去之际,为了表示对他们的尊重,于情于理,商务人员都应当表达离别之意。欢送词能够体现出致辞者对友情的珍惜,也会让被欢送者倍觉温暖,使临别之情不尽依依。致欢送词要充分地表达致辞者的惜别之意,与此同时,也可表现出致辞者对友谊的无比珍视。

(三)答谢词的含义

答谢词是宾客对主人或主人对宾客表示感谢所发表的致辞。

在商务交往活动中,需要答谢的场合很多。如受到热情的接待、获得奖励、被授予荣誉称号、本单位举行庆典、事业上取得了重大成就的时刻,都应当向来宾或在场者致辞答谢。在商务往来活动中发表一篇言之有物的答谢词,较之于悄声说一个"谢"字,要更为郑重其事,影响更大,更能让人感动,收到良好的社交效果。

二、例文看台

例文1

<h3 style="text-align:center">在俄罗斯中国旅游年开幕式上的致辞</h3>

(2013年3月22日,莫斯科)
中华人民共和国主席 习近平

尊敬的普京总统,女士们,先生们,朋友们:

在早春三月的美好时节,我们在这里隆重举行俄罗斯中国旅游年开幕式。我们大家心中都有一个美好的期盼,就是希望俄罗斯中国旅游年活动能够像春天一样百花齐放、姹紫嫣红。

首先,我谨代表中国政府和人民,并以我个人的名义,向友好的俄罗斯政府和人民,向支持和协助举办中国旅游年的俄罗斯朋友们,表示衷心的感谢!

中俄两国山水相连,是好邻居、好伙伴、好朋友。亲仁善邻,国之宝也。我和普京总统一致决定,把扩大各领域务实合作作为今后两国关系发展的重点,为提高两国人民生活水平和质量提供重要推动力。

旅游是传播文明、交流文化、增进友谊的桥梁，是人民生活水平提高的一个重要指标，出国旅游更为广大民众所向往。旅游是综合性产业，是拉动经济发展的重要动力。旅游是修身养性之道，中华民族自古就把旅游和读书结合在一起，崇尚"读万卷书，行万里路"。

俄罗斯是旅游大国。古老的文明和灿烂的文化在世界上独树一帜，快速发展的现代风貌吸引着世人眼球，伏尔加河、乌拉尔山、贝加尔湖的美丽风光享誉世界，莫斯科、圣彼得堡、叶卡捷琳堡、索契等城市的独特魅力备受青睐。我记得，中方去年拍摄了《你好，俄罗斯》百集电视专题片，展现出俄罗斯秀丽的自然风光和各民族的多彩风情。去年，中国俄罗斯旅游年成功举办，中国赴俄罗斯旅游人数增加46％，两国双向往来330万人次。中国成为俄罗斯第二大旅游客源国，俄罗斯则是中国第三大旅游客源国。

中国是拥有五千多年历史的文明古国，又是充满发展活力的东方大国，旅游资源得天独厚，被列入世界文化和自然遗产的就有四十多处。中华书画、京剧、中医等传统文化博大精深，雄伟壮丽的三山五岳、气势磅礴的万里长城、独一无二的兵马俑、享誉世界的少林寺、阳光明媚的热带海滩等自然和人文景观异彩纷呈。中国已成为全球第三大入境旅游接待国和出境旅游消费国。希望双方以举办旅游年为契机，把旅游合作培育成中俄战略合作的新亮点。

旅游是增强人们亲近感的最好方式。我听说，2012年7月19日，到俄罗斯参加"你好，俄罗斯"旅游交流活动的1100名中国游客，齐聚莫斯科宇宙酒店音乐厅，俄罗斯艺术家为中国游客表演了精彩的节目，当《莫斯科郊外的晚上》熟悉的旋律响起时，全场中俄观众共同引吭高歌，勾起了大家心中最美好的回忆。同年9月底至10月初，应北京市政府之邀，50个俄罗斯家庭到北京参加民宿交流活动，住在北京普通市民家中，中方接待家庭对能在自己家里接待俄罗斯家庭表现出了强烈的愿望，很多家庭由于没有得到接待机会而深感遗憾。这些中俄家庭就像亲人一样一起生活，结下了深厚友谊，分别时都依依不舍。我相信，他们都会把这一段美好的经历永远珍藏在心中。

女士们、先生们！"有朋自远方来，不亦乐乎！"中国人民正致力于建设美丽中国。今晚开幕式文艺演出的主题就是"美丽中国"。我代表热情好客的中国人民，盛情邀请俄罗斯朋友来中国旅游，欢迎你们到中国做客，观赏自然风光，体验中华文明，增进人民友谊。

谢谢大家！

【评析】这篇致辞称呼得体，礼仪周全。致辞开篇首先表达了对成功举办俄罗斯中国旅游年的期盼之情和对俄方的感谢之意，并巧妙引用《左传》"亲仁善邻，国之宝也"的名句肯定两国扩大务实合作的重要性，接着引出旅游的话题，肯定俄罗斯旅游资源的独特魅力和中国俄罗斯旅游年的成功举办。旅游既是修身养性之道，又是增进人们之间友谊的最好方式，对中俄来说，更是战略合作的新亮点。接下来推介中国得天独厚的旅游资源和传统文化，并借用《论语》"有朋自远方来，不亦乐乎"的名句，向俄罗斯朋友发出盛情邀请，欢迎他们到中国旅游做客，观赏自然风光，体验中华文明，增进人民友谊就顺理成章。这是一篇格式规范，结构完整，内容充实，语气亲切友好的致辞，表达既文雅动人，又如话家常。

例文 2

文化——在 2011 级本科生开学典礼上的致辞

（2011 年 9 月 9 日）
华中科技大学校长　李培根

同学们：

上午好！

首先，请允许我代表学校党委和行政，向新同学们表示热烈的欢迎！

给新同学们谈谈文化的话题，就算是你们进校的第一课。

你们来到大学，与中学不一样的是，每个人都有自己的专业。专业及其所需的基础理论学习固然非常重要，但千万别忘了提高自己的文化素养。尽管提高文化素养是一辈子的事情，但在大学应该是学习和提高文化素养非常有利和重要的阶段。

文化是什么？周易有言："刚柔交错，天文也；文明以止，人文也。观乎天文，以察时变；观乎人文，以化成天下。"看来，文化是与人类文明联系在一起的。从小处看，文化也是一个群体在一定的时期内形成的某种思想、行为方式、习惯、生活方式等。

你们或许知道，这个学校的文化素质教育有其特别之处。我们的老校长杨叔子院士曾经说："一个国家，一个民族，如果没有先进的科学技术，一打就垮，只有任人宰割；一个国家，一个民族，如果没有优秀的人文文化，不打自垮。"

著名学者余秋雨先生曾说：经济能给一个民族带来富裕，但只有文化才能给一个民族带来尊严。

中国正处于崛起于世界的一个特别阶段。你们将是这个阶段的主角。不用说，中华崛起需要先进文化。我们如何把自己的先进文化带给世界，也把世界的先进文化融入我们的社会生活中，这一任务远比工业的现代化、科技的现代化更艰巨。于此，任何一个优秀的知识分子都有一份责任。

"五四"时期，曾有过关于德先生和赛先生的讨论。时值五四运动 90 周年之际，即 2009 年，有学者认为"德先生赛先生依然年轻"。

一方面需要文化的传承，另一方面也需要文化的批判、自省乃至创新。胡锦涛同志号召我们"以更加虚心的态度借鉴和吸收人类文明成果"，还要求重视文化传承与创新。梁启超曾说过"拿西洋文明来扩充我的文明，又拿我的文明去补西洋的文明，叫他化合起来成一种新的文明。"这里大概就包含了文化传承、反省与自觉。张岱年、季羡林等七十六名中华文化研究者于 2001 年发表《中华文化复兴宣言》，许嘉璐、季羡林等在 2004 年发表《甲申文化宣言》，均是号召中国的有识之士共同为中华文化复兴而奋斗！

文化之重要性并非只是体现在国家和民族上，也体现在每一个个体的人身上。文化是你终生都要感受、学习、应用的东西，它在有形与无形之中，在生活与工作中，在一个群体甚至家庭之中。它甚至比你的专业知识更加影响你未来的发展和成功。文化素养对自己到底有什么好处？梁思成先生于 1948 年在清华大学有一个演讲，曰《半个人的时代》，斥文理分家。他把只懂技术、不谙人文的人称为空心人；把奢谈人文、不晓科技的称为边缘人。如果你希望自己成为一个完整的人，一定得注意提高自己的文化素养。

你未来的生涯及成功需要文化素养。即使你将来纯粹从事技术工作，技术的总体、宏观的把握需要文化；技术的表达需要文化；与他人的沟通协调需要文化。至于更大的成功则更需要文化。若希望未来天将降大任于你,则首先取决于你的文化素养。请记住,专业知识能给你带来一份像样的工作,但只有文化才能给你带来大任与成功。

怎样提高自己的文化素养?

人文素养是文化素养之关键。而培养自己的人文素养,首先得学习中国与世界的文化。你们不仅应该从课堂学习,更需要平素自己的涉猎。大学的图书馆、网络、各种讲座为你们提供了学习文化知识的良好条件。学校的很多社团,如读书会、记者团等,都是你们提高文化素养的好地方。

要善于从科技知识中去理解文化要义,把科技的某些知识上升到哲理、文化。恩格斯把自然科学知识上升到自然辩证法就是最好的榜样。能够从哲理与文化层面去把握科技知识,有助于提高自己运用科技知识的能力,有助于提高自己的创新或发现能力。另一方面,从科学知识中也可进行一些人文思考。如当今的环境科学、能源工程、人工智能、生物医学等方面的进展都给人类新的启示,也应该引发人类哲学与伦理上的思考。我们在不断追求科学与技术进步的同时,是否也得追问未来人类将走向哪里?

人生中有些看似很简单的问题,其实蕴含着深刻的文化。宋代学者程颐言:"天文,天之理也;人文,人之道也。"人为什么要活着? 这是一个再通俗不过的发问,其实也是一个重大的哲学问题,就连哲学家、思想家都得去思考的问题,恐怕也是"人之道"的基本问题。深刻地理解这一问题,就得从人的存在根基去认识。当然,你们中间的绝大多数人并不需要思考得那么艰深,但是必须要领悟其中基本的内涵。完成了中等教育,并不等于你们已经完成了养成教育。在大学里你们依然需要学习、思考、领悟这类基本问题。你的存在是大自然的赐予,你当然要珍惜,要爱自己。但是爱自己的前提是你首先得尊重他人的存在,这就需要一个"爱"字。在《心灵鸡汤》一书中,有夏尔丹的一段精彩的话:"人类在探索太空,征服自然后,将会发现自己还有一股更大的能力,那就是爱的力量,当这天来临时,人类文明将迈向一个新的纪元。"爱就是一种文化!

你们要善于从华中科大的校园文化中去吸取营养。这所学校的发展速度之快是颇受关注的,仅此一点必定说明她有着自己独特的文化。你们要善于发现她的文化中的积极因素与特别味道,让那些因素去滋养你们,让那种味道去熏陶你们,从而使你们健康成长。不用我告诉你们华中科大的文化是什么,好好体会吧,你们有足够的时间。如果未来四年的学习还不能感受到这所大学的文化滋养与熏陶,你的大学生活可能是失败的。当然,这所学校的文化显然不能说是完美的,因此,也希望你们用自己的行动去丰富我们的校园文化。

提高自己的文化素养,除了学习文化知识,还有更重要的是——悟。学习中需要悟;观察世事需要悟;日常生活中需要悟;为人处世需要悟。悟有助于识别和体验不同的文化。北京的中关村、陕北的黄土地、武汉的市井小巷等都有其特定的文化;大学的教授们、政府的官员们、乡村的农民、城里的打工者身上都写着别样的文化。不管你未来是希望弘扬还是改造某种文化,首先你得读懂它。而真正读懂是需要"悟"的。总之,我以为悟道比学习知识更重要。道,无处不在,正所谓"道不远人"。文化亦然。

有一点特别值得注意的是,行道更是高文化素养的反映。有言道:"闻道者百,悟道者十,行道者一。"犹见行道之难了。你若能够在学习、生活中自觉地践行"道",你也就真正成为文化人了。

有两点我想特别提醒一下同学们。其一,你们一定要注意识别网络文化中的积极与消极因素。网络无疑是20世纪最伟大的发明,它已经而且还将深刻地改变这个世界。但需要警惕的是,它也破坏了或者正在破坏某些好的秩序;它还把一些人从现实带到了虚无。其二,今天社会中有一些落后的东西、陋习、潜规则等正在不断地侵蚀我们的文化。当荣辱不分、耻不为耻的时候,即使科技再发达、工业再进步,国家也是没有希望的。而此中的关键尤在于知识分子。龚自珍言:"士皆知有耻,则国家永无耻矣;士不知耻,为国之大耻。"同学们,你们这些未来之士,可要担负知耻的责任。

亲爱的同学们,一定要成为一个真正有文化的人。希望你们文化中国,文化自己!

【评析】本文是华中科技大学前校长李培根院士在华中科技大学2011级新生开学典礼上的致辞。李培根院士围绕"文化的话题",从文化是什么、文化的重要性和怎样提高文化素养三个方面,旁征博引,给新生上了一堂生动的"进校第一课"。文章首先引我国古代文化典籍《周易》的片段告诉学生:文化是什么?并列举了杨叔子、余秋雨、梁启超等名人对文化的理解,指出中华崛起需要先进文化,任何一个优秀的知识分子都应该承担起传承、批判、自省与创新文化的责任。接着点明"文化之重要性并非只是体现在国家和民族上,也体现在每一个个体的人身上",告诉学生:专业知识能带来一份像样的工作,但只有文化才能带来大任与成功。那么,怎样提高自己的文化素养?李院士建议学生从学习中国与世界的文化、把握科技知识中的文化要义、思考"人之道"的基本问题等方面来提高自己的文化素养,并提醒学生要善于从校园文化中去汲取营养,同时还要学会"悟"和践行"道"。在致辞即将结束时,李培根院士引用龚自珍的名言勉励同学们要担负起"知耻"的责任,成为一个真正有文化的人,文化中国,文化自己。整篇致辞引经据典,娓娓道来,既用语自然,如话家常,又主旨鲜明,层次井然,极富感召力。

例文3

×××厂30周年厂庆宴会上的欢迎词

女士们、先生们:

值此×××厂30周年厂庆之际,请允许我代表×××厂,并以我个人的名义,向远道而来的贵宾们表示热烈的欢迎。

朋友们不顾路途遥远专程前来贺喜并洽谈贸易合作事宜,为我厂30周年厂庆更添了一份热烈与祥和,我们由衷地感到高兴,并对朋友们为增进双方友好关系做出努力的行动,表示诚挚的谢意!

今天在座的各位来宾中,有许多是我们的老朋友,我们之间有着良好的合作关系。我厂建厂30年能取得今天的成绩,离不开老朋友的真诚合作和大力支持。对此,我们表示由衷的钦佩和感谢。同时,我们也为能有幸结识来自全国各地的新朋友感到十分高兴。在此,我谨代表全厂再次向新朋友们表示热情欢迎,并希望能与新朋友们密切协作,发展相互间的友好合作关系。

"有朋自远方来,不亦乐乎。"在此新老朋友相会之际,我提议:为今后我们之间的进一步合作,为我们之间日益增进的友谊,为朋友们的健康幸福,干杯!

【评析】这是某厂30周年厂庆宴会上的欢迎词。这份欢迎词在表达上最突出的特点是考虑周到,礼貌得体。在欢迎、感谢老客户、老朋友的同时,不忘对新朋友、新客户表示热烈欢迎。欢迎词开头首先对前来参加庆典活动的客人表示热烈欢迎。接着表达"有朋自远方来,不亦乐乎"的高兴心情,对老朋友给予的合作与支持表示真诚感谢,对前来参加活动的新朋友表示欢迎,并表明发展相互间友好合作关系的希望。最后以"为……干杯"表示良好祝愿。整篇欢迎词欢快、流畅、简短,感情色彩浓烈,使新老朋友之间的友谊在友好、热烈的喜庆气氛中得以升华。

例文 4

答 谢 词

尊敬的×××先生,尊敬的×××集团公司的朋友们:

首先,请允许我代表××代表团全体成员对×××先生及×××集团公司对我们的盛情接待表示衷心的感谢。

我们一行五人代表××公司首次来贵地访问,此次来访时间虽短,但收获颇大。仅三天时间,我们对贵地电子业有了比较全面的了解,与贵公司建立了友好的技术合作关系,并成功地洽谈了×××电子技术合作事宜。这一切,都得益于主人的真诚合作和大力支持。对此,我们表示衷心的感谢。

电子业是新兴的产业,蒸蒸日上,有着广阔的发展前景。贵公司拥有一支由网络专家组成的庞大队伍,技术力量相当雄厚,在网络工作站技术市场中一枝独秀。我们有幸与贵公司建立友好的技术合作关系,为我地电子业的发展提供了新的契机,必将推动我地的电子业迈上一个新台阶。

最后,我代表××公司再次向×××集团公司表示感谢,并祝贵公司迅猛发展,再创奇迹。更希望彼此继续加强合作,共创美好明天。

最后,我提议:为我们之间正式建立友好合作关系,为今后我们之间的密切合作,干杯!

【评析】这是一篇××代表团访问某地后主人设宴为其送行的宴会上代表团团长的答谢词。文章开头首先表明谢忱。接下来的主体部分,通过谈访问收获、肯定对方的合作与支持、适度地称赞对方,来表达对主人的感谢之情。内容明确,谢意真诚。随后的感谢、祝愿与希望水到渠成,自然得体。这篇答谢词言辞恳切,感情真挚,表达凝练、概括、有度。

例文 5

某师政委在欢送"赴京医疗救援组"仪式上的致辞

亲爱的"赴京医疗救援组"全体同志:

在"非典"肆虐、举国迎战的关键时刻,你们一行9人主动请缨,驰援北京。我谨代表××师全体官兵与随军亲属,向你们致以崇高的敬意并表示热烈的欢送!

抗击"非典"是一场没有硝烟的战争,你们将要奔赴战争的最前沿,接受一场最为严峻的考验。相信你们完全能够凭靠你们高超的技术和无私无畏的战斗精神,做好医疗护理与个人防护工作,顺利地完成党和人民赋予你们的光荣而神圣的使命!希望你们发扬我军的优良传统,听从当地党、政领导的指挥,密切配合北京及其他部队的医护人员,打好、打赢这一仗,××师全体官兵与随军亲属期盼着你们早日凯旋!

祝你们旅途平安,一路顺风!

【评析】这是一篇暂别型欢送词。在"非典"肆虐的关键时刻,我们应该怎样欢送白衣战士去抗击"非典"这一场没有硝烟的战争呢？这篇欢送词虽然只有短短的六句话，但恰到好处地表达了致辞人真挚诚恳的情感与希望，短小精悍，简洁之至，送别之意尽在其中，符合欢送词写作的规范要求。开头共两句话，第一句话点明欢送的背景，第二句话表明欢送之意。主体共三句话，重点表达了对即将奔赴抗击"非典"最前沿的"赴京医疗救援组"的鼓舞与激励之意。结尾的欢送之语既是对"赴京医疗救援组"的良好祝愿，又与上面所提到的"早日凯旋"的送别基调恰相呼应。

三、欢迎词、欢送词和答谢词的构成要素与写法

欢迎词、欢送词和答谢词的结构一般由三个部分组成：

（一）标题

标题写明谁致的什么迎送、答谢词。

（二）称呼

称呼写明迎送、答谢谁。

（三）正文

正文包括开头、主体和结尾三个部分。

1. 开头

开头根据讲话场合的不同，首先写出迎送答谢之语，表示欢迎、惜别或答谢之意。

2. 主体

主体是迎送词、答谢词的中心内容。或阐述宾客来访的意义与作用，或回顾双方之间的交往与友谊，或赞扬双方之间友好合作的成就，或表示对双方今后交往的意见与期望，或对重大原则问题表示立场，或鼓舞、激励奔赴新岗位者的斗志等。

3. 结尾

结尾再一次表示欢迎、欢送或感谢，可写祝愿和希望之类的话，向对方表示良好的祝愿。

四、写作注意事项

熟悉对象，了解场合，话题恰当，用语得体，客套有度。

五、病文诊断

风华商场总经理的欢迎词

尊敬的各位教师、各位同学们：

风华商场坐落于××市商业中心的繁华地段，是我市营业面积最大的商场。希望我们的服务能够让各位满意。欢迎各位来此实习。

我们将忠诚地为同志们服务效劳，并希望你们能够提出宝贵意见。

2016 年 10 月 10 日

【诊断】这份欢迎词存在以下问题：首先，致辞的称呼不规范。应将"教师"改为"老师"，去掉第二个"各位"。其次，正文的写作不符合要求。开头缺少表示欢迎之意的话语；主体部分没有对同学们到本商场实习的意义作简要评价，没有向师生简单介绍商场在经营管理方面的基本情况，也没有表达希望双方友好合作意思。结尾缺少再次表示欢迎和祝愿的话语。

最后,该欢迎词中的"希望我们的服务能够让各位满意""我们将忠诚地为同志们服务效劳"等语句不适合该欢迎词,属于语言运用不得体。

第四节 综合训练

(一)请仔细阅读下面的祝酒词,试分析这篇祝酒词的主要特点。

在欢迎参加朝核问题北京六方会谈代表晚宴上的祝酒词

各位团长、朋友们:

我代表中国政府,欢迎各位来北京参加六方会谈,祝贺会谈的举行。

钓鱼台曾是中国清朝一位年轻皇帝送给他一位老师的礼物,是一个充满善意和可能给这里的人带来好运气的地方。

身处此地,一种历史感会油然而生。

这座花园目睹过许多重大外交事件。在这里,通过对话,冰山可以消融,敌意可以化解,信任可以培育。钓鱼台历史的最好启迪就是:和平最可贵,通过对话争取和维护和平最可贵。

进入新世纪,各国人民更加渴望和平与发展、友谊与合作。但东北亚地区仍未完全摆脱冷战阴影。

朝鲜半岛核问题的发生,在使我们面临挑战的同时,也为有关各方尽释前嫌,实现东北亚持久和平与稳定提供了机遇。

今天的会谈就是各方求同存异、增进互信和和解的难得契机,值得珍惜。

中国古诗曰:"任凭风浪起,稳坐钓鱼台"。这里的钓鱼台泛指世界各国的钓鱼台,也包括我们所在的这个钓鱼台。希望并相信各位同事将以自己的远见、智慧、耐心、勇气和对和平事业的诚意寻求共赢。为此,我提议,为北京六方会谈成功,为大家在钓鱼台"稳坐"愉快,为和平、健康干杯!

(二)仔细阅读下面的感谢信,分析其优点及存在的不足。

感 谢 信

天津中医一附院的领导:

你们好!

今天我怀着万分感激的心情给你们写这封信,感谢贵医院的一位好医生,他把病人当成了自己的亲人,他的医德医风令人敬佩令人感动,他的热情深深地感染了我们!使我们再也无法抑制自己的感激之情,为了表达我们对他的敬意与谢意特拿起笔来给你们写这封感谢信。

我的父亲已经年过80,一直身体都无大碍,可是于2012年11月发现血尿,这令我们全家人陷入了担忧、苦闷、焦急的心情低谷,奔走了数家医院,几乎医生在检查后都给予了不太乐观的诊断,并且都是住院开刀治疗。而且父亲本人的情绪也是日渐低落。

父亲从发现血尿起,尝试了许多药物,都没有明显的改善,在面临这父亲这样高龄能不能够接受开刀治疗的问题上,我们左右为难,就在这样不知所措的时候,我们遇到了贵医院的何永生主任,能遇到这样的好医生真是我们修来的福分。何主任待人和蔼可亲,耐心细致的询问病情，安抚病人的情绪。在了解了父亲的病情后，他准确下方，针对父亲的病情给予了有效的治疗，令我们既欣喜又意外的是，服药一周后，血尿完全没有了。除此之外，他还耐心的指导我们怎样护理病人。他总是微笑面对每一位病人，对每位患者都是那样的热情那样的关心，使我们一见到他就像见到了自己的亲人，就像见到了一个大救星！

何主任精湛的医术让父亲避免了手术的痛苦和危险，对病人耐心负责的态度更让我们患者家属更加充满了信心，这样的医生才是老百姓心目中名副其实的好医生。把病人交付给这样一个认真负责又热情的医生手里，我们真是一百个放心！

声声的道谢都无法表达我们对何永生主任的感激之情，就让这封信略表一下我们对何主任的一片敬意吧！他的工作热情，他的为人令我们敬佩！他不愧为白衣天使！我们深为贵医院能有这样的好医生而感到骄傲和自豪！

希望贵医院能够接受我们这片敬意与谢意！让何永生主任这种把病人当作自己的亲人，急病人之所急，救死扶伤的精神永远发扬光大！

最后让我们向何主任深深地鞠上一躬！说声：谢谢！向贵医院深深地鞠上一躬！道声：谢谢！

感谢人：患者周××及家人
20××年1月30日

（三）请根据以下材料，以飞跃公司×××总经理的名义给×××重型汽车制造有限公司发一份祝贺对方10周年庆典的贺信。

今年10月18日是×××重型汽车制造有限公司成立10周年纪念日。该公司是一家注重自力更生、艰苦创业的公司，不但在重型汽车研发方面取得了重大成就，而且培养了大批人才。多年来，该公司曾为飞跃公司培训了20名技术人员。

（四）请根据以下材料，以你所在学校的名义给×省×县人民政府发一份慰问信。

××××年××月××日×时×分我国×省×县发生了6.5级强烈地震，且余震不断。使当地人民群众的生命财产遭受了重大损失。目前，已造成15人死亡、100人受伤，受灾群众近15万人，并有1万多户居民房屋倒塌，交通、通讯等基础设施损毁。你所在学校开展了赈灾捐助活动，向灾区人民捐助人民币20万元，为灾区人民恢复生产、重建家园尽一点绵薄之力。

（五）你喜欢的一位运动员在某一项运动的世界大赛上获得了冠军。请以你所在学校学生会的名义给这位运动员写一封贺信表示祝贺。

（六）你所在学校拟召开毕业典礼大会，你作为在校生代表要在大会上发言，为即将毕业的同学送行。请你拟写一篇毕业典礼上的欢送词。

（七）今年你所在学校建校60周年，10月18日学校拟举办建校60周年庆祝大会，××大学校长被邀请参加庆祝大会，并代表兄弟院校参会嘉宾发言。请你为该校长准备一份贺词。

（八）你所在学校××专业的部分学生到××集团公司进行为期半年的毕业实习。××集团公司在学生到来时召开了欢迎会，实习结束时召开了欢送会。请你为××集团公司职业培训部的经理分别写一篇欢迎词和欢送词，为带队老师写一篇答谢词。

参考文献

[1] 牟宗荣,王文哲,李岷.当代应用文写作实务[M].北京:化学工业出版社,2001.
[2] 杨文丰.高职应用写作[M].北京:高等教育出版社,2006.
[3] 吴培华,李毓平.新编经济应用写作教程[M].苏州:苏州大学出版社,1996.
[4] 杨成杰,刘礼慧.财经应用文写作[M].长沙:湖南人民出版社,2005.
[5] 王春泉,孙硕.应用文写作范文大全[M].西安:三秦出版社,2004.
[6] 马林.实用公文全编[M].太原:山西教育出版社,2005.
[7] 陈少夫,邱国新.应用写作教程[M].广州:中山大学出版社,2001.
[8] 吴晓林,张志成.应用文写作[M].北京:科学出版社,2005.
[9] 汪祥云,蒋瑞松.应用文写作[M].上海:上海交通大学出版社,2000.
[10] 张德实.应用写作[M].北京:高等教育出版社,2003.
[11] 邱宣煌.财经应用文写作[M].大连:东北财经大学出版社,2001.
[12] 经文略,等.企业文案撰写模式大全[M].广州:广东经济出版社,2001.
[13] 鲁捷,李永新.新编财经应用文写作[M].大连:大连理工大学出版社,2004.
[14] 尹依.新编财经写作[M].北京:中国商业出版社,2007.
[15] 盛明华.常用经济应用文写作教程[M].上海:立信会计出版社,2004.
[16] 杨润辉.财经写作[M].北京:高等教育出版社,2001.
[17] 邹家梅.新编财经写作[M].广州:暨南大学出版社,2004.
[18] 孙玲,秦万山.财经应用文[M].北京:对外经济贸易大学出版社,2001.
[19] 任鹰.经济应用写作学习参考书[M].北京:北京大学出版社,2003.
[20] 金小敏,郑娅莉.最新商务文书写作全编[M].北京:气象出版社,2001.
[21] 张建.应用写作[M].北京:高等教育出版社,2005.
[22] 寿静心.应用写作教程[M].北京:中国言实出版社,2001.
[23] 丁柏铨.广告文案写作教程[M].上海:复旦大学出版社,2005.
[24] 单宝.企业创意与策划[M].北京:民主与建设出版社,2002.
[25] 叶润平.应用写作[M].合肥:合肥工业大学出版社,2005.
[26] 杨元华,孟金蓉.秘书写作[M].上海:复旦大学出版社,2001.
[27] 鸾照钧.法律及涉法公文法律文书病例与评改[M].北京:中国时代经济出版社,2007.
[28] 黄永红.新编应用写作[M].合肥:安徽大学出版社,2000.
[29] 林心治.应用写作教程[M].重庆:重庆大学出版社,2001.
[30] 阮航.应用写作[M].重庆:西南交通大学出版社,2004.
[31] 孙绍玲.应用文写作[M].大连:东北财经大学出版社,2005.
[32] 郭冬.秘书写作[M].北京:高等教育出版社,2003.
[33] 苏平,钟萌.应用文写作教程[M].北京:北京工业大学出版社,2005.
[34] 周姬昌.写作学高级教程[M].武汉:武汉大学出版社,1989.
[35] 邓晓益.科技与教育文书规范写作[M].重庆:重庆出版社,2002.
[36] 郝维.应用文写作教程[M].北京:商务印书馆,2004.

[37] 应届生求职网.应届生求职简历全攻略[M].上海:上海交通大学出版社,2009.
[38]《中华人民共和国招标投标法》.
[39]《中华人民共和国合同法》.
[40]《中华人民共和国仲裁法》.
[41]《中华人民共和国民事诉讼法及其司法解释》.
[42]《党政机关公文处理工作条例》.
[43]《党政机关公文格式》国家标准(GB/T 9704—2012).